Aksel Severin Steen

Beobachtungs-Ergebnisse der norwegischen Polarstation Bossekop in Alten

1. Teil

Aksel Severin Steen

Beobachtungs-Ergebnisse der norwegischen Polarstation Bossekop in Alten
1. Teil

ISBN/EAN: 9783743396272

Hergestellt in Europa, USA, Kanada, Australien, Japan

Cover: Foto ©ninafisch / pixelio.de

Manufactured and distributed by brebook publishing software (www.brebook.com)

Aksel Severin Steen

Beobachtungs-Ergebnisse der norwegischen Polarstation Bossekop in Alten

DIE INTERNATI... RFORSCHUNG

BEOBAC...

NORWEGISC...

BOSS...

IM AUFTRAG... CH...

HISTORI...

...NITTEN.

CHRISTIANIA

1887.

DRUCK BEI GRØNDAHL & SØN.

Vorwort.

Mit Bezug auf einen von Professor *H. Mohn* dem Norwegischen Cultus-Ministerium übersandten Vorschlag wurde dem Unterzeichneten infolge eines vom 5. Februar 1884 datirten Schreibens des genannten Ministeriums die Ausführung der Berechnungen sowie die Übernahme der Redaction und Publication des auf der Norwegischen Polarstation Bossekop in Alten 1882—1883 gesammelten Beobachtungsmateriales und der sich daraus ergebenden Resultate übertragen.

Die Herausgabe des Werkes erfolgt in zwei Theilen. Der erste Theil, welchen ich hiermit dem wissenschaftlichen Publicum vorzulegen die Ehre habe, umfasst ausser einer kurzen historischen Einleitung die Abschnitte Astronomie und Meteorologie. Der andere, voraussichtlich noch vor dem Ausgange des laufenden Jahres erscheinende Theil, wird die Abschnitte Magnetismus und Nordlicht enthalten.

Bei der Ausführung mehrerer der tabellarischen Arbeiten fand ich von Seiten der Herren Cand. jur. *Karl Hesselberg* und Cand. real. *Nils Oftedal* sachkundige Unterstützung. Die Übertragung des Textes ins Deutsche wurde von Dr. phil. *C. M. Ranft* ausgeführt.

Herrn Director, Professor Dr. *H. Mohn*, welcher mir bei der Ausarbeitung des Werkes durch schätzbare Rathschläge und Winke in wohlwollendster Weise seine Unterstützung zu Theil werden liess, sage ich hiermit zugleich meinen aufrichtigen und ergebensten Dank.

Christiania im Juni 1887.

Aksel S. Steen.

Druckfehler und Verbesserungen.

Seite:		Lies:
— 2 —	Luftdruck. 1882. August. Monatsmittel 9 a. m.: 51.26	51.21
— 12 —	— 1882. Juni	1883 Juni.
	1882. Juli	1883 Juli.
— 19 —	Temperatur der Luft. 1882. October. Monatsmittel 12 p. m.: 2.58 . .	2.58.
— 48 —	Richtung und Geschwindigkeit des Windes. 1882. December. Monatsmittel 4 a. m.: 3.9 . .	3.9.
	Monatsmittel 9 a. m.: 5.3 . .	5.3.

Inhalt.

HISTORISCHE EINLEITUNG.

Nachdem Hrr. Professor *Mohn*, als Delegirter Norwegens, an der ersten internationalen Polar-Conferenz theilgenommen hatte, die im October 1879 nach Hamburg berufen worden war, um den vom k. k. österreichischen Linienschiffs-Lieutenant *Karl Weyprecht* vorgelegten Plan einer internationalen Durchforschung des Polargebietes hinsichtlich seiner physischen Verhältnisse einer Discussion zu unterziehen, übersandte derselbe dem Departement für Kirchen- und Unterrichtswesen der norwegischen Regierung einen motivirten Vorschlag behufs Errichtung einer Polarstation in Finmarken auf Kosten der norwegischen Staatskasse, indem zugleich die Wirksamkeit der Station für die Dauer eines Jahres, vom 1. September 1881 bis zum 1. September 1882, in Aussicht genommen wurde. Die königlich norwegische Regierung kam darauf in Beziehung auf Professor Mohns Vorschlag mit einer Eingabe bei dem norwegischen Storthing behufs Bewilligung der zur Förderung der Sache erforderlichen Geldmittel ein, und am 28. April 1880 wurde für das Budgetjahr 1. Juli 1880 bis 30. Juni 1881 als erster Beitrag zur Betheiligung Norwegens an der internationalen Untersuchung der physischen Verhältnisse des Polargebietes die Summe von 9000 Kronen bewilligt.

Auf der nächstfolgenden Conferenz der internationalen Polar-Commission zu Bern im August 1880 wurde infolge Beschlusses die Realisation des Unternehmens auf ein Jahr hinausgeschoben, und auf der 3ten Polar-Conferenz zu St. Petersburg im August 1881 endlich ein definitives Programm für die internationalen Polarstationen aufgestellt, deren Wirksamheit möglichst früh nach dem 1. August 1882 beginnen und möglichst spät vor dem 1. September 1883 abgeschlossen werden sollte.

Da von Seiten Norwegens die zur Ausführung des Unternehmens erforderlichen Geldmittel zur Verfügung standen, und die Betheiligung der übrigen Länder im Laufe des Frühjahrs 1881 ziemlich sicher war, so handelte es sich nunmehr um die Wahl des für die Errichtung der norwegischen Polarstation geeignetsten Platzes. Hiebei konnten wohl schwerlich andere Punkte als Tromsø, Hammerfest und Bossekop in Alten in Betracht kommen. Nachdem seitens des meteorogischen Institutes die durchschnittlichen Bewölkungsverhältnisse jener drei Orte einer sorgfältigen Berechnung unterzogen worden waren, deren Zweck es sein sollte, in Erfahrung zu bringen, welcher Ort für die Beobachtung der Nordlichterscheinungen die günstigsten Bedingungen gewährte, gelangte man zu dem Resultate, dass Bossekop in dieser Beziehung jenen beiden anderen Plätzen bei weitem vorgezogen werden müsse, indem man zugleich anzunehmen berechtigt war, dass trotz der völlig arktischen Natur des Ortes die klimatischen Verhältnisse in Alten im Grossen und Ganzen der Ausführung der Beobachtungen weniger Abbruch thun würden, als dies bezüglich der beiden anderen Plätze der Fall war. Man entschloss sich daher vorläufig Bossekop als Beobachtungsplatz zu wählen, zumal da dieser Ort bereits früher einmal der Schauplatz einer wissenschaftlichen Thätigkeit von ganz ähnlicher Natur gewesen war, indem nämlich die französische wissenschaftliche Expedition unter Leitung von *Lottin* und *Bravais* während des Winters 1838–39 daselbst eine Reihe physischer Beobachtungen von hohem Werthe ausführte. Da die Stationen des meteorologischen Institutes in Nordland und West-Finmarken im Laufe des Sommers 1881 inspicirt werden sollten, und mir diese Inspectionsreise übertragen wurde, so ertheilte man mir gleichzeitig den Auftrag, gelegentlich der Inspicirung der meteorologischen Station zu Bossekop, die näheren Verhältnisse bezüglich der zu errichtenden Polarstation an Ort und Stelle zu untersuchen. Ich fand den Ort ganz besonders zu diesem Zweck geeignet; ein frei gelegenes Haus mit umliegenden Ländereien, woselbst die erforderlichen Observatorien und die übrigen Beobachtungs-Apparate zweckmässig placirt werden konnten, stand gerade leer und war unter annehmbaren Bedingungen miethweise zu haben. Überdies entdeckte ich die Plätze, wo die Franzosen 1838—39 ihre magnetischen Observatorien errichtet hatten; es bot sich also hier eine günstige Gelegenheit, die magnetischen Beobachtungen der event. zu errichtenden Polarstation direct an jene früheren französischen anzuknüpfen und zugleich hierdurch die seculäre Periode der erdmagnetischen Elemente dieses arktischen Ortes näher kennen zu lernen.

Nach einer von Professor Mohn dem Departement für das Unterrichtswesen übermittelten Vorstellung wurde infolge eines vom 17. September 1881 datirten Schreibens des Departements Bossekop in Alten definitiv als Beobachtungsplatz für die norwegische Polarstation angenommen, und der Herausgeber dieses Werkes zum Vorstand derselben ernannt. Ausserdem wurde Herr Professor Mohn, in seiner Eigenschaft als Mitglied der internationalen Polar-Commission, ermächtigt, die übrigen für den Betrieb der Station erforderlichen Funktionäre in Übereinstimmung mit den im Plane vorgesehenen Besoldungen anzustellen.

Das Personal der norwegischen Polarstation bestand somit aus folgenden Mitgliedern:

1. *Aksel S. Steen*, cand. real., erster Assistent am Norw. meteorolog. Institut, geb. 1849. Vorstand.
2. *Carl Krafft*, cand. phil., geb. 1852. Vice-Vorstand.
3. *Jens Fr. Schroeter*, cand. real., geb. 1857. Beobachter.
4. *Iver Hesselberg*, stud. real., geb. 1862. Beobachter.
5. *Oluf Hagen*, Instrumentenmacher, geb. 1854. Wachtmeister.

Der Vorstand war vom 1. April, der Wachtmeister vom 1. Mai, und die übrigen Mitglieder vom 1. Juli 1882 an angestellt; die Anstellung sämmtlicher Personen währte bis zum 30. September 1883.

Die Monate April und Mai 1882 brachte man grösstentheils mit Organisationsarbeiten zu; die neuen von der Station angeschafften sowie die verschiedenen Institutionen entliehenen Instrumente wurden in einem der Navigationsschule in Christiania zugehörigen Locale desselben Hauses, in dem sich das meteorologische Institut befindet, aufgestellt, geprüft und verglichen. Die vorbereitenden Arbeiten waren endlich Anfang Juni soweit vollendet, dass die Verpackung erfolgen und sämmtliche Materialien unter der Obhut des mitfolgenden Wachtmeisters am 8. Juni mit einem Dampfer nordwärts versandt werden konnten. Am 14. Juni reiste ich mit Familie in Begleitung des Vice-Vorstands per Eisenbahn nach Drontheim, wo wir uns an Bord des die Materialien führenden Dampfers begaben und endlich am Abend des 22. zu Bossekop in Alten anlangten, nachdem wir noch Tags vorher Gelegenheit gehabt hatten, mit den Mitgliedern der österreichischen Polarexpedition, die an Bord des „Pola" eben den Hafen von Tromso verliessen, um nach einem ersten missglückten Versuche das Ziel ihrer Reise, Jan Mayen, zu erreichen, die herzlichsten Begrüssungen auszuwechseln. Anfang Juli kamen die beiden Beobachter, die Herren Schroeter und Hesselberg in Alten an, so dass das Personal der Station nunmehr vollzählig zugegen war.

Bossekop, am Ende des Altenfjords unter 69° 58' N. B. und 23° 15' L. E. v. Greenw. gelegen, ist wohl zunächst als ein Küstendorf zu betrachten. Es findet sich hier eine Post- und Telegraphenstation und steht der Platz mittelst eines Localdampfers im Altenfjord während des Winters einmal und in den Sommermonaten zweimal wöchentlich im Verkehr mit Hammerfest und Oxfjord; Schiffsstationen für die grossen Küstendampfer, welche das ganze Jahr hindurch einen regelmässigen Verkehr zwischen Finmarken und dem südlichen Theile des Landes sammt Hamburg unterhalten.

Der Name Bossekop (eigentlich Bossegoppe), welcher lappischen Ursprungs ist und „Walbucht" bedeutet, kam ursprünglich lediglich dem ansehnlichsten Handelsplatze (Bossekop Gaard = Gehöfte) zu, dient indessen nunmehr zur Bezeichnung des ganzen Complexes von Häusern, die jenen umgeben. Alten heisst der ganze District zu beiden Seiten des Altenelv, welcher Fluss von Kontokeino herabkommt und in der Nähe des Handelsplatzes Elvebakken, ca. 5 Kilometer in östlicher Richtung von Bossekop, in den Altenfjord mündet.

Das Gehöfte Breverud, welches für einen jährlichen Miethszins von 800 Kronen gepachtet worden war, und zwar vom 1. Juni 1882 bis zum 1. September 1883, stand der Station behufs Benutzung zur Verfügung. In der ersten Etage des zweistöckigen Hauptgebäudes befanden sich das Arbeitszimmer, der gemeinsame Speisesaal, das Zimmer des Vice-Vorstands sammt die Küche, während die drei Räume des zweiten Stockwerkes vom Vorstand nebst Familie bezogen wurden. Dem Wachtmeister war im Brauhaus ein Gemach, das zugleich als Werkstätte dienen konnte, angewiesen worden, während für die beiden Beobachter auf dem in unmittelbarer Nähe liegenden Gehöfte Monsbakken eine Wohnung für eine monatliche Bezahlung von 12 Kronen gemiethet wurde.

Unmittelbar nach unserer Ankunft auf der Station begann die erste Arbeit mit einer sorgfältigen Untersuchung des für die Errichtung der Observatorien bestimmten Terrains, indem ich an mehreren Punkten vorläufige Bestimmungen der magnetischen Constanten vornahm, um den Boden des für das magnetische Observatorium vorgesehenen Platzes in Bezug auf seinen Eisengehalt zu prüfen. Da nun aus diesen angestellten Beobachtungen zur Genüge hervorging, dass keine Ursache vorlag, das Vorhandensein grösserer Eisenmassen in der Nähe anzunehmen, so konnte man unverzüglich zur Aufführung der Gebäude selbst schreiten, da sowohl das Baumateriale als die erforderlichen Arbeitskräfte infolge telegraphischer Requisition, die im Voraus einem Handelsmanne des Ortes, Herrn *Diedrik Nielsen*, welcher in wohlwollendster Weise die ganze Zeit über als Commissionär der Station fungirte, übermittelt worden war, bereits zur Verfügung standen.

Die erste Hälfte des Monats Juli verwendete man vorzüglich auf allerhand organisatorische Arbeiten, die Auspackung und Zusammensetzung der Instrumente, vorläufige Beobachtungen behufs Einübung des Personals, Ausarbeitung von Schemata und andere Vorbereitungen für die späteren regelmässigen Beobachtungsarbeiten und beaufsichtigte gleichzeitig die Aufführung der Observatorien.

Am 18. Juli war das magnetische Observatorium so weit fertiggestellt, dass man die Variationsinstrumente in dasselbe überführen und mit deren Aufstellung beginnen konnte. Wenige Tage später war auch das astronomische Observatorium vollendet. Die Aufstellung der magnetischen Variationsinstrumente, sowie die endliche den magnetischen Verhältnissen des Platzes entsprechende Regulierung derselben nahm längere Zeit in Anspruch und war eine höchst mühsame Arbeit. Indessen gelang es doch unseren vereinten Anstrengungen, Alles so frühzeitig und vollkommen in Stand zu setzen, dass sämmtliche ordinäre Beobachtungen am 31. Juli, 12 Uhr Mittag, ihren Anfang nehmen konnten, weshalb ich auch am Vormittage des folgenden Tages Herrn Professor Mohn, der zur Zeit an der zu Kopenhagen tagenden Conferenz des internationalen, permanenten meteorologischen Comités theilnahm, auf telegraphischem Wege die erfreuliche Mittheilung zu machen die Ehre hatte, dass die Beobachtungen dem aufgestellten Programme gemäss in vollem Gange seien.

Tafel I stellt den Situationsplan der Polarstation und deren Umgebungen dar.

Mittelst der Holzschnitte Fig. 1—3, die nach Photographien geschnitten sind, erhält man eine mehr detaillirte Vorstellung von den getroffenen Arrangements.

Fig. 1 ist die Wiedergabe einer vom westlichsten Fenster in der zweiten Etage des Wohnhauses aufgenommenen Photographie, von wo aus sich nämlich gegen NNW eine Aussicht über das ganze Terrain der Polarstation darbietet.

In Fig. 2 sieht man den östlichsten Theil des theilweise unterirdischen magnetischen Observatoriums, den sogenannten Variationsraum, der vollständig mit Erde, Sand und Torf überdeckt war, sowie die Windfahne, die Aufstellung der Regenmesser, die Peilscheibe und den auf einem Pfeiler angebrachten Nordlicht-Theodoliten mit einem daneben befindlichen Schreibapparate.

Fig. 3 zeigt uns eine Ansicht vom Thermometerhause und dem Inneren desselben bei geöffneten Thüren, sowie die Façade des Wohnhauses gegen N mit der auf einer Scheibe des westlichsten Fensters der ersten Etage angebrachten Mire.

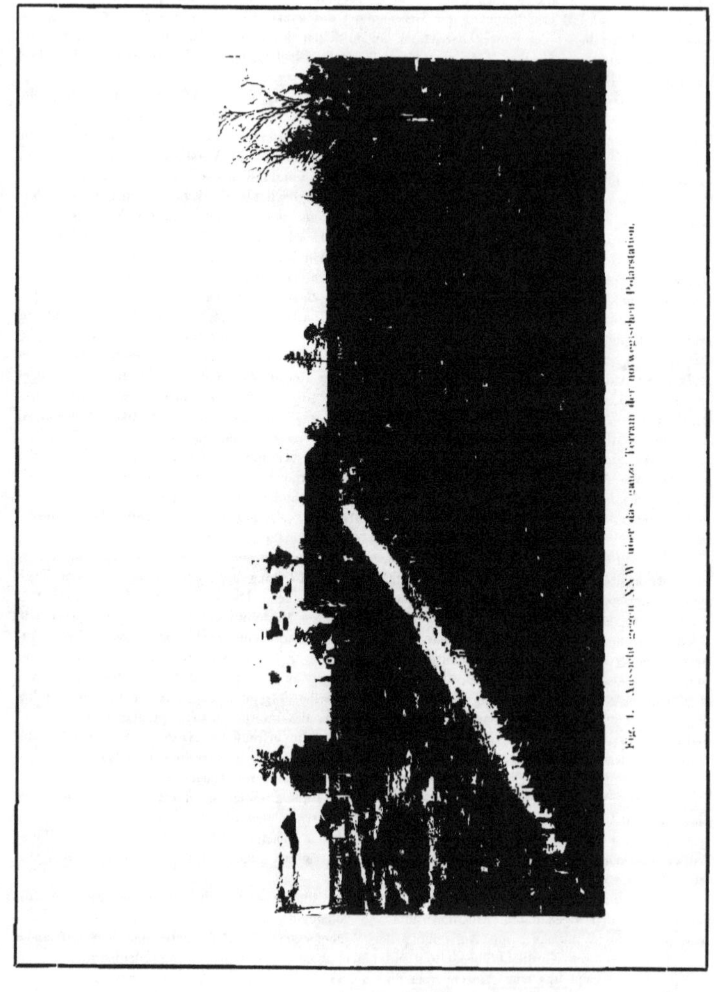

Fig. 1. Aussicht gegen NNW über das ganze Terrain der norwegischen Polarstation.

Fig. 2. Das magnetische Observatorium. Die Windfahne. Die Regenmesser. Der Nordlicht-Theodolit.

Fig. 3. Das Wohnhaus. Die Thermometerhütte.

Die Vertheilung der Arbeit innerhalb des Personales war folgendermassen angeordnet:

Ausser der obersten controllirenden Leitung der Wirksamkeit der Polarstation in allen Richtungen übernahm ich persönlich die Ausführung der magnetischen absoluten Messungen, sowie die vorläufige Reduction, Berechnung und Zusammenstellung derselben und alle den Erdmagnetismus betreffenden Berechnungen, ferner einen Theil der astronomischen Beobachtungen nebst den dahin gehörigen Berechnungen, einzelne Bestimmungen meteorologischer Constanten, sowie schliesslich das Rechnungswesen.

Der Vice-Vorstand, Herr *Krafft*, hatte speciell die Nordlichtbeobachtungen unter seiner Aufsicht, trug die Original-Beobachtungen in eigens dafür eingerichtete Protocolle ein und stellte gelegentlich spectroscopische Untersuchungen an. Ausserdem standen die Psychrometer-Beobachtungen sowie die absoluten Bestimmungen der Luftfeuchtigkeit unter seiner Controlle. Schliesslich war er der Photograph der Station und führte für eigne Rechnung einen photographischen Apparat mit sich.

Herr *Schroeter* hatte die Chronometer, deren tägliche Vergleiche er ausführte, in Obhut zu nehmen, gleichzeitig führte er das Chronometer-Journal, holte auf der Telegraphenstation die Zeitsignale ab und präparirte täglich die Zeitbestimmungen für die folgenden 24 Stunden. Er betheiligte sich auch gemeinschaftlich mit mir an den astronomischen Beobachtungen und ihrer vorläufigen Berechnung, deren wesentlichste Arbeit ihm zufiel. Überdies übernahm er die vorläufige Berechnung der täglichen Periode der meteorologischen Elemente und assistirte theilweise in Gemeinschaft mit den Herren Krafft und Hesselberg bei den magnetischen absoluten Bestimmungen mittelst correspondirender Ablesungen der Variationsinstrumente.

Herr *Hesselberg* machte sämmtliche Tiefseetemperatur-Messungen und lag ihm ausserdem die tägliche Einregistrirung aller stündlichen magnetischen und meteorologischen, sowie der magnetischen Termin-Beobachtungen und zugleich die vorläufige Reduction der meteorologischen Beobachtungen ob. Schliesslich machte er die Aufnahme und entwarf die Karte vom Territorium und den nächsten Umgebungen der Polarstation.

Wachtmeister *Hagen* verrichtete die äusseren Arbeiten, hatte Lampen und Öfen nachzusehen, Holz zu hauen, die nöthigen Gänge zu besorgen, die Gebäude zu beaufsichtigen, sowie gelegentliche kleinere Reparaturen an Instrumenten, Inventar u. dergl. auszuführen.

Hinsichtlich der gewöhnlichen stündlichen Beobachtungen hatte man den Tag in 4 Wachen von je 6 Stunden getheilt: von 2—8 Uhr Morg., von 8 Uhr Morg. bis 2 Uhr Nachm., von 2 Uhr Nachm. bis 8 Uhr Abends, von 8 Uhr Abends bis 2 Uhr Morg., Göttinger Zeit, und wurde der Wachtdienst von den Mitgliedern der Station in folgender Reihenfolge: Steen, Krafft, Hagen, Hesselberg, Schroeter verrichtet. Am Sonnabend Nachmittag schlug man regelmässig eine neue Wachttabelle für die kommende Woche an.

An den Termintagen mussten die Wachen verdoppelt werden, indem ein Beobachter behufs Ablesung von 5 zu 5 Minuten stetig bei den magnetischen Variationsinstrumenten postirt war, während dem ordinären Wachthabenden die Ausführung der meteorologischen und Nordlicht-Beobachtungen oblag. Überdies wurde an jedem Termintage planmässig während einer festgesetzten Stunde das Variationsinstrument zur Bestimmung der magnetischen Declination alle 20 Sek. abgelesen, eine Anordnung, die vom 1. December an auch bezüglich des zur Bestimmung der Horizontalintensität aufgestellten Variationsinstrumentes in Kraft trat. Wenn nun zur selben Zeit die Nordlichterscheinungen mit besonderer Intensität und Ausdehnung auftraten, so ereignete es sich nicht selten, dass sich sämmtliche fünf Mitglieder der Station gleichzeitig in beobachtender Thätigkeit befanden: ein Mann bei den alle 5 Minuten abzulesenden Variationsinstrumenten System I, ein zweiter und dritter bei dem alle 20 Sek. abzulesenden Instrumente System II, ein vierter war mit meteorologischen Beobachtungen und der fünfte schliesslich am Nordlicht-Theodoliten beschäftigt.

Als vicarirender Beobachter fungirte zeitweise Herr *P. Guldahl*, Schreiber an der Altener Hardesvogtei, dessen bereitwillige Unterstützung uns bei vielfachen Gelegenheiten, und besonders an den anstrengenden Termintagen, zu unschätzbarem Nutzen gereichte.

Der Gesundheitszustand des Personales muss während der ganzen Zeit durchgehends als ein ausgezeichneter bezeichnet werden, indem nur leichte und schnell vorübergehende Unpässlichkeiten, die keines ärztlichen Beistandes bedurften, hin und wieder vorkamen.

Die Instrumente und Apparate functionirten während der ganzen Periode im Grossen und Ganzen fast anstandslos, so dass die Beobachtungen ohne Unterbrechung ihren regelmässigen Gang gehen konnten.

Ende Juli und Anfang August stattete Herr Professor *Mohn*, der auf einer Inspectionsreise nach den meteorologischen Stationen Finmarkens begriffen war, unserer Station einen mehrtägigen Besuch ab. Derselbe führte persönlich behufs Polhöhenbestimmungen eine Reihe astronomischer Beobachtungen aus. *Sophus Tromholt*, welcher bekanntlich in demselben Jahre zu Koutokeino, etwa 150 Kilom. südlich von Bossekop, überwinterte, um daselbst specielle Nordlichtbeobachtungen anzustellen, besuchte auf seiner Reise nach und von Koutokeino ebenfalls die Station.

Die Bewohner des Districtes legten für die Arbeiten der Station ein reges Interesse an den Tag und nicht sehr selten stellten sich Reiselustige ein, die ein besonderes Vergnügen daran fanden, die Observatorien und die übrige wissenschaftliche Ausrüstung der Station in Augenschein zu nehmen.

Am 1. September 1883, 12 Uhr Mittag, Göttinger Zeit, wurden die stündlichen Beobachtungen abgeschlossen. Einige wenige Bestimmungen von Constanten kamen in den ersten Tagen des Monats noch zur Ausführung; am 3. September erfolgte die Abrüstung der magnetischen Variationsinstrumente. Den 4. und 5. Septbr. benutzte man zum Einpacken, und am Abend des 6ten wurden sowohl Personal als Material an Bord des Dampfers „Kong Carl“, der aus diesem Grunde gelegentlich seiner Reise von Hammerfest nach Christiania bei Bossekop anlegte, eingeschifft. An Bord wurde uns das Vergnügen zu Theil, mit sämmtlichen Mitgliedern der Holländischen Polarexpedition, die nach ihrer Überwinterung vom Karischen Meere kommend, ebenfalls auf der Heimreise begriffen waren, zusammen zu treffen. Herr Hesselberg und ich nebst Familie verliessen zugleich mit den Holländern das Schiff in Drontheim und reisten per Eisenbahn nach Christiania, woselbst wir am 13. September ankamen, während die Herren Krafft, Schroeter und Hagen ihre Reise mit dem Dampfer die Küste entlang weiter fortsetzten und den 17. September zugleich mit den Materialien in Christiania anlangten.

Den noch übrigen Theil des Monats September benutzte man zur Auspackung und Aufstellung der Instrumente im meteorologischen Institute, wo sämmtliche Materialien vorläufig niedergelegt wurden. Verschiedene zum Inventar gehörige Gegenstände, die man in Alten zurückliess, wurden gelegentlich versteigert und die beiden Observatorien später auf den Abbruch verkauft. Das magnetische Observatorium steht indessen bis jetzt noch unberührt auf seinem Platze. Die Wirksamkeit der norwegischen Polarstation hatte somit am 30. September 1883 ihren endlichen Abschluss gefunden.

ASTRONOMIE.

Infolge des von Seiten der Polar-Conferenz zu St. Petersburg für die internationalen Polarstationen festgestellten Arbeitsprogrammes, sollten die obligatorischen astronomischen Beobachtungen sowohl Zeit- als Ortsbestimmungen umfassen und mittelst fest aufgestellter Instrumente (Universal- oder Passageinstrument) ausgeführt werden, ohne indessen hierbei den Gebrauch guter Reflexionsinstrumente auszuschliessen. Zugleich wurde die Anforderung gestellt, dass man, auf der betreffenden Station angekommen, sich wo möglich unverzüglich zufriedenstellende Orts- (namentlich Längen-) bestimmungen verschaffen müsse, indem die Effectivität der ganzen internationalen Arbeit auf einer strengen Gleichzeitigkeit hinsichtlich der Durchführung der magnetischen Beobachtungen, für welche mittlere Göttinger Zeit als sämmtlichen Stationen gemeinsame Normalzeit angenommen worden war, beruhen würde.

Für die norwegische Polarstation mussten indessen die astronomischen Beobachtungen, sofern dieselben sich auf Ortsbestimmungen bezogen, von nur untergeordneter Bedeutung bleiben, indem die Lage der Station durch die von der geographischen Vermessungs-Anstalt Norwegens schon einige Jahre früher in Finmarken ausgeführten Triangulirungsarbeiten, deren Ergebnisse wahrscheinlich in Kurzem veröffentlicht werden, mit hinlänglicher Genauigkeit bekannt war. Einer gefälligen Mittheilung des damaligen Chefs der trigonometrischen Section der geographischen Vermessung und jetzigen Oberstlieutenants im Generalstabe, des Herrn *W. Haffner*, verdanke ich die mir vor meiner Abreise nach Alten zugestellte Angabe folgender Coordinaten der Polarstation zu Bossekop:

N. B.	69° 57′ 29.″3
L. E. v. Gr.	$1^h\ 32^m\ 59.^s1$.

In ähnlicher Weise mussten die lokalen Zeitbestimmungen als ziemlich überflüssig erscheinen, da die nur 800 m von der Polarstation entfernte Telegraphenstation eine günstige Gelegenheit darbot, die von der Sternwarte in Christiania zweimal wöchentlich sämmtlichen Telegraphenstationen des Landes übermittelten Zeitsignale zu benutzen.

Indessen wurden gleichwohl, behufs Verification der geographischen Constanten des Ortes, einige wenige astronomische Beobachtungen ausgeführt, während die wesentlichste astronomische Beobachtungsarbeit sich lediglich auf die für die Berechnung des absoluten Werthes der magnetischen Declination, sowie für die Orientirung der Nordlichterscheinungen nothwendigen Azimuthbestimmungen erstrecken sollte.

Die nachfolgenden astronomischen Instrumente standen der Station zur Verfügung:
Ein Repsoldsches Universalinstrument[1]), der geographischen Vermessungs-Anstalt in Christiania angehörig. 5 Chronometer, nämlich: Box-Chronometer Kessels 1333, der Instrumentensammlung der

[1]) Eine Beschreibung dieses Instrumentes findet man in: F. G. W. Struwe: Arc du méridien de 25° 20′ entre le Danube et la Mer Glaciale. St. Pétersbourg 1857. Tom. II. pag. 15—16.

norwegischen Marine, Box-Chronometer Frodsham 3555, der norwegischen Nordmeer-Expedition, Box-Chronometer Mewes, der geographischen Vermessungs-Anstalt, Taschen-Chronometer Kessels 1280, der Sternwarte in Christiania und schliesslich Taschen-Chronometer Bröcking, dem Vicevorstand der Station, cand. *Krafft*, angehörig. Das Chronometer Mewes war nach Sternzeit, die vier anderen nach mittlerer Sonnenzeit regulirt. Ausserdem brachte Professor *Mohn*, welcher in den Monaten Juli und August 1883 der Station einen Besuch abstattete, einen mit Quecksilberhorizont und Stativ versehenen Sextanten von Troughton mit.

Ein kleines astronomisches Observatorium war auf freiem Felde, circa 30 m westlich vom magnetischen Observatorium und 100 m nordwestlich vom Wohnhause, aus rohen Planken und Brettern aufgeführt worden. Siehe Situationsplan: O. Dasselbe war von kubischer Form mit 2.5 m. Länge, Breite und Höhe. Sein Dach, dass sich gegen N. und S. neigte, sowie die nördliche und südliche Wand, waren zum Zwecke der Beobachtungen mit Luken versehen. Die astronomischen Arbeiten wurden theils von cand. *Schroeter* und theils von mir ausgeführt, auch nahm Herr Professor *Mohn* an den weiter unten erwähnten Polhöhenbestimmungen Antheil.

A. Zeitbestimmung.

Von den oben erwähnten 5 Chronometern wurde Chronometer Frodsham 3555, das auf einem eigens dazu hergerichteten Regale innerhalb des Arbeitszimmers aufgestellt war, und während der ganzen Zeit den ihm angewiesenen Platz nicht änderte, als Hauptuhr benutzt. Daneben hatte Chronometer Mewes, welches nur dann und wann behufs Sternbeobachtungen nach dem astronomischen Observatorium transportirt wurde, seinen Platz. Das Chronometer Kessels 1333 wurde als Beobachtungsuhr im magnetischen Observatorium angebracht, und Kessels 1280 als portatives Instrument beim Empfange der Zeitsignale, sowie bei Sonnenbeobachtungen verwendet, während schliesslich Chronometer Bröcking als Reserveuhr diente. Die Chronometer wurden von Schroeter täglich mit einander verglichen und die Resultate ins Journal eingetragen.

Die Zeitbestimmung stützte sich also, wie bereits mitgetheilt, lediglich auf die zweimal wöchentlich, am Sonntag und Mittwoch, von der Sternwarte in Christiania einlaufenden Signale. Ein Mitglied des Personales, gewöhnlich Schroeter, fand sich alsdann jeden Sonntag, kurz vor 9 Uhr a. m. Gr. Zeit (10^h 33^m Altener Zeit), und jeden Mittwoch, kurz vor 8 Uhr a. m. Gr. Zeit (9^h 33^m Altener Zeit), mit dem Chronometer Kessels 1280, nachdem im Voraus eine Vergleichung desselben mit der Hauptuhr stattgefunden, auf der Telegraphenstation ein. Das Zeitsignal, welches in drei einzelnen Schlägen auf Morses Apparat mit einem Zeitintervalle von je einer Minute (59^m 0^s, 0^m 0^s, 1^m 0^s) bestand, und bezw. durch ein, zwei und drei Doppelschläge nach jedem Signalschlage markirt wurde, observirte man im Allgemeinen mit grosser Schärfe, indessen kam es doch vor, dass, infolge eingetretener Störungen auf der Telegraphenlinie, einer oder zwei der drei Signalschläge verloren gingen, oder auch, dass einer derselben etwas schwach und undeutlich gehört wurde. Bei der hieraus entspringenden Unsicherheit der Zeitbestimmung hat es sich indessen wohl in keinem Falle um mehr als etwa einige wenige Zehntel einer Sekunde gehandelt. Da die benutzte Uhr 0.4 Sekunden schlägt, so konnte jeder einzelne Signalschlag, selbst wenn er noch so scharf gehört wurde, doch kaum mit grösserer Genauigkeit als 2 Zehntel einer Sekunde observirt werden. Bei grösseren Störungen blieb das Signal zuweilen ganz aus, oder es wurde auch wohl ein einzelner, indessen so schwacher und unbestimmter Schlag vernommen, dass die ganze Zeitbestimmung cassirt werden musste. Von den während der ganzen Zeit, vom 26. Juli 1882 bis 2. September 1883, erwarteten 116 Signalen gingen 18 verloren, die übrigen eingelaufenen 98 sind auf den ganzen Zeitraum ziemlich gleichmässig vertheilt. Das grösste zwischen zwei benutzten Signalen liegende Zeitintervall vom 21. Februar bis 4. März beträgt 11 Tage, und das vom 22. April bis 2. Mai 10 Tage. Nach der Rückkehr von der Telegraphenstation wurde das bei den Observationen benutzte Chronometer wieder mit der Hauptuhr verglichen, und der Stand der letzteren für den Signalmoment auf mittlere Greenwich. Zeit berechnet. Der Zeitpunkt, zu welchem ein Zeitsignal auf der Telegraphenstation eintrifft, fällt indessen, wie Professor Mohn in dem Generalberichte der Norwegischen Nordmeer-

Expedition V. Astronomische Beobachtungen, pag. 3 und 4, nachweist, nicht genau mit resp. $9^h\ 0^m\ 0^s$ und $8^h\ 0^m\ 0^s$ mittlerer Greenw. Zeit zusammen.

Der galvanische Strom, welcher das Zeitsignal vom Telegraphenapparat der Sternwarte in Christiania nach Alten übermittelt, geht nämlich nicht direct durch die Apparate aller zwischenliegenden Telegraphenstationen, sondern wird mittelst Relais von gewissen Stationen, in unserem Falle: Christiania, Drontheim und Lödingen, weiter geleitet. Das Signal erleidet hierdurch eine Verzögerung, und kann dieselbe, infolge der von Professor Mohn angestellten Untersuchungen, für drei Relais der Art auf $0.^s2$ geschätzt werden.

Der Berechnung des Signalmomentes an der Sternwarte in Christiania liegt ein zwischen Christiania und Greenwich angenommener Längenunterschied von $0^h\ 42^m\ 54.^s5$ zu Grunde. Neuere telegraphische Längenbestimmungen der Kopenhagener Sternwarte, mit welcher Christiania chronometrisch verbunden ist, ergeben indessen für die Länge Christianias einen Werth von $0^h\ 42^m\ 53.^s8$. Legt man diesen Werth der Berechnung zu Grunde, so wird bei Absendung des Signales von Christiania die Uhr in Greenwich genau resp. $9^h\ 0^m\ 0.^s7$ und $8^h\ 0^m\ 0.^s7$ sein, und jedes Signal trifft mithin im Ganzen $0.^s9$ später, als ursprünglich angenommen, in Alten ein.

An der Sternwarte in Christiania wird die auf die Angabe des Normalpendels gestützte Berechnung des Signalmomentes, sowohl vor als nach Absendung eines jeden Signals, mittelst einer Combination von Zeitbestimmungen stets corrigirt. Diese Correctionen sind mir in wohlwollendster Weise von Herrn Observator *Geelmuyden* behufs Benutzung zur Verfügung gestellt worden. Dieselben haben mich denn auch in den Stand gesetzt, nachstehende Tabelle 1 über den täglichen Stand und Gang unserer Hauptuhr, mit Berichtigung oben erwähnter Fehler, vorlegen zu können.

Die Tabelle ist folgendermassen berechnet worden:

In dem vorläufig zu Bossekop für jeden Signalmoment berechneten und auf Greenwicher Zeit reducirten Werth des Standes der Uhr ist sowohl die Stromzeit, der Längenfehler Christianias als auch der Zeitfehler in der Absendung des Signales corrigirt worden. Die corrigirten Werthe sind auf einem Stücke carrirten Papieres abgesetzt, und durch die auf diese Weise markirten Punkte ist aus freier Hand eine Curve gezogen. Dieser Curve ist darauf der Stand der Uhr für jeden Tag $8^h\ 0^m\ 0^s$ a. m. mittlerer Greenwich. Zeit entnommen. Die mit fetten Typen bezeichneten Zahlen beziehen sich unmittelbar auf die eingelaufenen Zeitsignale. Auch enthält die Tabelle eine Rubrik für den täglichen Gang der Uhr. Wie leicht ersichtlich, trat im ersten Theile des in Rede stehenden Jahres eine Verlangsamung im Gange der Hauptuhr ein, während derselbe im Laufe der Monate September und October ganz allmählig eine Beschleunigung zu zeigen anfing, welche Acceleration sich auch — jedoch mit einiger Steigerung im Laufe des Sommers 1883 — ziemlich gleichmässig erhielt. Die Uhr war noch kurz vor der Abreise nach Alten von einem Uhrmacher in Christiania nachgesehen worden.

Wie bereits oben mitgetheilt, wurde das Chronometer Kessels 1333 zu den magnetischen Beobachtungen benutzt. Da diese nun nach bürgerlicher mittlerer Göttinger Zeit ausgeführt wurden, so berechnete man den Stand des Chronometers Kessels 1333 auf Göttingen nach den zwischen dieser Uhr und der Hauptuhr täglich angestellten Vergleichen, und zwar mit Hilfe des Chronometers Kessels 1280, das zu diesem Zwecke vom Arbeitszimmer nach dem magnetischen Observatorium und wieder zurück transportirt werden musste. Im magnetischen Beobachtungsjournale notirte man täglich die Uhrzeit (Chronometer Kessels 1333) schon für den folgenden Tag, 12 Uhr Mittag, Göttinger Zeit, in ganzen Sekunden, und für jede der zwischenliegenden Stunden die Sekunde der ersten Ablesung. Nach den nun zum Zwecke einer genaueren Berechnung des Standes und Ganges der Hauptuhr vorliegenden Daten habe ich den corrigirten Stand des Chronometers Kessels 1333 auf Göttinger Zeit für jeden Tag $8^h\ 0^m\ 0^s$ a. m. Greenwich. Zeit berechnet, und denselben mit dem am Observatorium zu Bossekop für denselben Zeitmoment benutzten Stand verglichen. Das Resultat findet sich in folgender Tabelle 2 zusammengestellt, aus der ersichtlich ist, wie viele ganze und Zehntel Sekunden die magnetischen Instrumente täglich zu früh (+) oder zu spät (—) abgelesen wurden.

Tab. 1. Corrigirter Stand des Chronometers Frodsham 3555 vor mittlerer Greenwich. Sonnenzeit täglich $8^h\ 0^m\ 0^s$ Gr. Z., nebst dem täglichen Gang der Uhr.

	1882. Juli		August		September		October		November		December		1883. Januar	
	Stand	Gang	Stand	Gang	Stand	Gang	Stand	Gang	Stand	Gang	Stand	Gang	Stand	Gang
1			$1^h 26^m$ 21.1	−0.6	$1^h 25^m$ 39.1	−1.1	$1^h 25^m$ 30.7	−0.2	$1^h 25^m$ 36.3	+0.2	$1^h 25^m$ 51.5	+0.8	$1^h 26^m$ 14.9	+0.8
2			20.5	−0.7	38.0	−0.8	30.5	−0.2	36.5	+0.4	52.3	+0.9	15.7	+0.8
3			19.8	−0.7	**37.2**	−0.7	30.3	−0.3	36.9	+0.6	**53.2**	+0.8	**16.5**	+1.0
4			19.1	−0.8	36.5	−0.7	30.0	−0.2	37.5	+0.7	54.0	+0.9	17.5	+1.1
5			18.3	−1.5	35.8	−0.5	29.8	−0.1	**38.2**	+0.5	54.9	+0.7	18.6	+1.0
6			**16.8**	−1.4	**35.3**	−0.6	29.7	−0.1	38.7	+0.5	55.6	+0.7	19.6	+1.0
7			15.4	−1.6	34.7	−0.7	29.6	0.0	39.2	+0.6	56.3	+0.7	**20.6**	+0.8
8			13.8	−1.6	34.0	−0.5	**29.6**	+0.2	39.8	+0.5	57.0	+0.7	21.4	+0.8
9			**12.2**	−0.8	33.5	−0.4	29.8	+0.3	40.3	+0.4	57.7	+0.6	22.2	+0.9
10			11.4	−0.4	**33.1**	+0.1	30.1	+0.4	40.7	+0.4	**58.3**	+0.6	**23.1**	+1.0
11			11.0	−0.5	33.2	+0.6	**30.5**	+0.1	41.1	+0.3	58.9	+0.6	24.1	+1.2
12			10.5	−0.5	33.8	+0.5	30.6	−0.1	**41.4**	+0.4	59.5	+0.6	25.3	+1.5
13			**10.0**	−1.1	**34.3**	0.0	30.5	−0.1	41.8	+0.5	**26** **0.1**	+0.6	26.8	+1.7
14			8.9	−1.4	34.3	−0.3	30.4	0.0	42.3	+0.6	0.7	+0.5	**28.5**	+1.3
15			7.5	−1.5	34.0	−0.5	**30.4**	+0.3	42.9	+0.9	1.2	+0.7	29.8	+1.1
16			**6.0**	−1.7	33.5	−0.4	30.7	+0.4	43.8	+1.0	1.9	+0.6	30.9	+0.8
17			4.3	−1.5	**33.1**	−0.2	31.1	+0.5	44.8	+0.9	**2.5**	+0.7	**31.7**	+0.8
18			2.8	−1.5	32.9	−0.2	**31.6**	+0.5	45.7	+0.8	3.2	+0.9	32.5	+0.8
19			1.3	−1.5	32.7	−0.2	32.1	+0.6	**46.5**	+0.7	4.1	+0.9	33.3	+0.9
20			25 59.8	−1.5	32.5	−0.2	32.7	+0.4	47.2	+0.6	**5.0**	+1.1	34.2	+1.0
21			58.3	−1.4	32.3	−0.2	33.1	+0.4	47.8	+0.6	6.1	+1.1	**35.2**	+1.0
22			56.9	−1.4	32.1	−0.2	**33.5**	+0.5	**48.4**	+0.5	7.2	+1.1	36.2	+1.1
23			**55.5**	−1.7	31.9	−0.2	34.0	+0.4	48.9	+0.5	8.3	+1.1	37.3	+1.0
24			53.8	−2.2	**31.7**	−0.2	34.4	+0.4	49.4	+0.5	**9.4**	+0.9	**38.3**	+0.8
25			51.6	−2.3	31.5	−0.3	**34.8**	+0.4	49.9	+0.4	10.3	+0.7	39.1	+0.7
26	$1^h 26^m$ 31.6	−2.5	49.3	−2.2	31.2	−0.2	35.2	+0.3	**50.3**	+0.2	11.0	+0.7	39.8	+0.7
27	29.1	−2.1	**47.1**	−2.1	**31.0**	−0.1	35.5	+0.3	50.5	+0.2	**11.7**	+0.6	40.5	+0.6
28	27.0	−1.9	45.0	−1.9	30.9	0.0	35.8	+0.2	50.7	+0.1	12.3	+0.6	**41.1**	+0.7
29	25.1	−1.7	43.1	−1.7	30.9	−0.1	**36.0**	+0.1	**50.8**	+0.3	12.9	+0.6	41.8	+0.8
30	**23.4**	−1.4	**41.4**	−1.1	30.8	−0.1	36.1	+0.1	51.1	+0.4	13.5	+0.7	42.6	+0.9
31	22.0	−0.9	40.3	−1.2	**30.7**		36.2	+0.1	51.5		**14.2**	+0.7	43.5	+1.0
32	21.1		39.1				36.3				14.9		44.5	

	1883. Februar		März		April		Mai		Juni		Juli		August	
	Stand	Gang	Stand	Gang	Stand	Gang	Stand	Gang	Stand	Gang	Stand	Gang	Stand	Gang
1	$1^h 26^m$ 44.5	+1.2	$1^h 27^m$ 21.2	+1.4	$1^h 28^m$ 10.6	+1.7	$1^h 29^m$ 6.2	+2.6	$1^h 30^m$ 7.7	+1.7	$1^h 31^m$ 5.9	+2.8	$1^h 32^m$ 27.4	+2.7
2	45.7	+1.3	22.6	+1.4	12.3	+1.7	**8.8**	+2.7	9.4	+1.6	8.7	+3.2	30.1	+2.6
3	47.0	+1.4	24.0	+1.4	14.0	+1.7	11.5	+2.8	**11.0**	+1.5	11.9	+3.5	32.7	+2.5
4	**48.4**	+1.3	**25.4**	+1.5	**15.7**	+1.9	14.3	+2.5	12.5	+1.4	**15.4**	+3.6	35.2	+2.7
5	49.7	+1.4	26.9	+1.5	17.6	+2.0	16.8	+2.4	13.9	+1.4	19.0	+3.2	**37.9**	+2.6
6	51.1	+1.4	28.4	+1.5	19.6	+2.0	**19.2**	+2.1	**15.3**	+1.4	22.2	+2.8	40.5	+2.3
7	**52.5**	+1.5	**29.9**	+1.6	21.6	+1.9	21.3	+2.1	16.7	+1.5	25.0	+2.7	42.8	+2.2
8	54.0	+1.5	31.5	+1.7	**23.5**	+1.6	23.4	+2.1	18.2	+1.5	**27.7**	+2.6	**45.0**	+2.3
9	55.5	+1.4	33.2	+1.7	25.1	+1.5	**25.5**	+1.9	19.7	+1.5	30.3	+2.7	47.3	+2.4
10	56.9	+1.5	34.9	+1.7	26.6	+1.3	27.4	+1.8	21.2	+1.5	33.0	+2.6	49.7	+2.5
11	58.4	+1.4	**36.6**	+1.6	**27.9**	+1.4	29.2	+1.8	22.7	+1.6	35.6	+2.6	52.2	+2.4
12	59.8	+1.4	38.2	+1.5	29.3	+1.5	31.0	+1.8	24.3	+1.7	38.2	+2.4	**54.6**	+2.4
13	27 1.2	+1.4	39.7	+1.6	30.8	+1.5	**32.8**	+1.7	**26.0**	+1.9	40.6	+2.4	57.0	+2.4
14	**2.6**	+1.5	**41.3**	+1.7	32.3	+1.6	34.5	+1.8	27.9	+2.0	43.0	+2.3	59.4	+2.4
15	4.1	+1.5	43.0	+1.8	**33.9**	+1.6	36.3	+1.9	29.9	+2.1	**45.3**	+2.5	**33** **1.8**	+2.3
16	5.6	+1.4	44.8	+1.8	35.5	+1.6	**38.2**	+1.9	32.0	+2.3	47.8	+2.6	4.1	+2.2
17	7.0	+1.4	46.6	+1.8	37.1	+1.7	40.1	+1.9	**34.3**	+2.3	50.4	+2.6	6.3	+2.2
18	**8.4**	+1.3	**48.4**	+1.7	38.8	+1.7	42.0	+2.0	36.6	+2.5	53.0	+2.5	8.5	+2.2
19	9.7	+1.2	50.1	+1.6	**40.5**	+1.9	44.0	+2.0	39.1	+2.6	55.5	+2.5	10.7	+2.3
20	10.9	+1.1	51.7	+1.6	42.4	+2.1	**46.0**	+2.0	**41.7**	+2.9	58.0	+2.4	13.0	+2.3
21	**12.0**	+1.0	**53.3**	+1.6	44.5	+2.2	48.0	+2.1	44.6	+3.1	32 0.4	+2.4	15.3	+2.4
22	13.0	+1.0	54.9	+1.5	**46.7**	+2.1	50.1	+2.1	47.7	+2.8	**2.8**	+2.2	**17.7**	+2.3
23	14.0	+1.1	56.1	+1.4	48.8	+2.0	**52.2**	+1.9	50.5	+2.3	5.0	+2.2	20.0	+2.5
24	15.1	+1.1	57.8	+1.3	50.8	+1.9	54.1	+1.7	**52.8**	+1.7	7.2	+2.2	22.5	+2.8
25	16.2	+1.1	**59.1**	+1.4	52.7	+2.0	55.8	+1.8	54.5	+1.5	**9.4**	+2.3	25.3	+2.5
26	17.3	+1.2	28 0.5	+1.5	54.7	+2.1	57.6	+1.7	56.0	+1.6	11.7	+2.3	**27.8**	+2.2
27	18.5	+1.3	2.0	+1.6	56.8	+2.2	**59.3**	+1.7	**57.6**	+1.8	14.0	+2.5	30.0	+2.1
28	19.8	+1.4	3.6	+1.7	59.0	+2.3	30 1.0	+1.6	59.4	+1.9	16.5	+2.7	32.1	+2.1
29	21.2		5.3	+1.8	29 1.3	+2.4	2.6	+1.8	31 1.3	+2.1	**19.2**	+2.6	**34.2**	+2.3
30			7.1	+1.8	3.7	+2.5	**4.4**	+1.6	3.4	+2.5	21.8	+2.7	36.5	+2.7
31			8.9	+1.7	6.2		6.0	+1.7	**5.9**		24.5	+2.9	39.2	+3.0
32			**10.6**				7.7				**27.4**		42.2	

Tab. 2. Unterschied zwischen der corrigirten mittleren Göttinger Sonnenzeit und der benutzten Beobachtungszeit $8^h\ 0^m\ 0^s$ a. m. mittl. Greenwich. Z.

	1882. Aug.	Septbr.	Octbr.	Novbr.	Decbr.	1883. Januar	Febr.	März	April	Mai	Juni	Juli	Aug.
1	−2.1	−0.2	+1.1	+1.4	+1.4	+2.9	−0.4	+1.6	−2.1	−0.3	+0.7	−1.0	−0.6
2	−1.7	−1.5	+0.8	+1.8	+0.7	+2.8	−0.4	+1.6	−0.5	−0.6	+0.6	−1.1	−0.3
3	−2.1	+0.3	+1.2	+1.8	+0.4	+0.3	−2.3	+1.9	−0.1	−0.7	+0.6	−1.5	−0.2
4	−1.5	+0.4	+1.2	+2.1	−0.4	+0.4	−3.1	+3.5	+0.2	−1.0	+0.7	0.0	0.0
5	−1.4	+0.1	+0.4	+2.1	−1.1	+1.7	0.0	+1.7	+1.1	−1.0	+0.7	−0.7	+0.2
6	+1.0	+0.2	+2.2	+1.2	−1.4	+2.4	+0.3	+2.2	+0.2	−1.0	+1.2	−1.6	−1.1
7	+0.7	+1.1	+3.1	+2.7	−0.6	+2.5	+0.2	+2.9	+0.1	−0.4	+1.5	−2.7	−1.1
8	+0.1	+1.6	+4.8	−0.3	+0.3	+2.1	+0.3	+3.0	+0.2	−0.2	+1.4	−3.4	−1.5
9	+1.1	+1.2	+1.4	−0.6	+0.7	+2.7	+2.0	+4.3	+0.4	−0.1	+1.2	−1.2	−1.2
10	+2.3	+1.7	+0.7	−0.8	+0.4	+1.4	+1.1	+3.4	+1.1	−0.1	+0.4	−0.1	−1.5
11	+2.0	+0.4	−0.5	−0.3	+0.7	+0.3	+0.6	+2.9	+1.2	0.0	+0.1	+1.0	−1.5
12	+1.3	−0.2	−0.4	−0.1	+0.8	+1.3	+0.6	+0.5	+0.9	0.0	−0.1	+1.2	−1.4
13	+0.3	−0.6	−0.6	+1.6	+0.2	+1.5	+1.3	+2.1	+1.5	+1.7	−0.1	+1.3	−1.5
14	+1.5	0.0	−0.8	+0.9	+0.2	−0.2	+0.8	+2.7	+1.5	+1.3	+0.1	+1.7	−2.0
15	+3.3	+0.2	−1.1	+1.3	+0.7	−0.6	+0.8	+0.2	+1.1	+1.6	+0.2	+2.2	−2.3
16	+4.6	+0.2	+1.2	+1.4	+0.2	−0.3	−0.5	−0.8	+1.4	+1.9	+0.2	−0.6	−1.7
17	+0.8	+0.5	+1.5	+1.0	+1.1	+0.8	−0.9	−1.1	+1.0	+1.4	−0.5	−0.4	−1.1
18	+0.3	+0.5	−0.1	+0.1	+0.4	+1.1	−1.0	−1.1	+0.8	+0.3	+0.7	−0.3	−1.4
19	+2.1	−0.5	+0.9	0.0	−0.1	+0.7	−1.1	−0.2	+0.9	−0.9	+0.8	+0.3	−1.7
20	+2.0	−0.1	+0.7	+0.4	+0.1	+0.3	−0.9	+0.7	+0.9	−1.4	+0.5	+0.5	−1.5
21	+2.3	−0.5	+0.4	+0.5	0.0	0.0	+0.3	+0.7	+0.6	0.0	+0.4	+0.7	−1.8
22	+0.9	−0.5	+1.0	+0.2	−0.8	+0.8	+1.0	+1.5	+0.4	+0.2	+0.2	−0.1	−2.0
23	+0.9	+0.5	+1.6	+0.5	−2.6	+1.4	+0.9	+0.8	+0.4	+0.3	+0.4	−1.2	−1.6
24	+2.2	+1.0	+2.2	+0.6	−3.4	+2.4	+0.4	+0.6	+0.4	+0.7	+0.8	−2.0	−1.3
25	+3.3	+0.9	+2.0	+0.6	−0.2	+1.7	+0.8	+1.0	+0.1	+1.4	+1.6	−2.2	−1.0
26	+3.9	+0.4	+2.0	+0.4	−0.1	+1.7	+1.0	+1.3	0.0	+2.2	+3.0	−0.8	−2.1
27	+4.1	+1.1	+2.2	+1.1	+0.4	+1.5	+1.3	+0.1	−0.1	+1.8	+4.0	−1.8	−1.2
28	+2.0	0.0	+2.5	+1.6	+0.9	+1.7	+0.9	−0.6	+0.3	+0.4	+2.4	−2.2	−3.1
29	+1.0	+0.5	+2.3	+1.9	+1.4	+0.5		−0.4	0.0	+0.7	+1.1	−2.7	−1.8
30	+1.1	+0.8	+2.3	+2.3	+2.3	+0.1		−0.7	0.0	+0.9	+1.0	−1.4	−1.7
31	+0.3		+1.4		+3.1	−0.4		−1.6		+0.8		−0.9	−1.1

Aus vorliegender Tabelle wird man leicht ersehen können, dass der Fehler in der voraus berechneten Beobachtungszeit durchschnittlich ganz unerheblich ist; niemals hat er ein Maximum von 5 Sekunden erreicht, 5 mal liegt sein Werth zwischen 4 und 5 Sekunden, 13 mal zwischen 3 und 4 Sekunden. Der störende Einfluss dieses Fehlers in der benutzten Beobachtungszeit macht sich natürlich am meisten bei den an jedem Termintage, alle 20 Sekunden, ausgeführten Ablesungen bemerkbar; wenn man indessen hier in Betracht zieht, dass bei starken magnetischen Störungen eine Ablesung wohl kaum in weniger als etwa 4 bis 5 Sekunden ausgeführt werden kann, und dass bei ruhigen Verhältnissen eine Ablesung sich innerhalb einiger weniger Sekunden kaum um ein Zehntel eines Theilstriches ändert, so kann man mit Gewissheit annehmen, dass die magnetischen Beobachtungen zu Bossekop in Bezug auf die Zeit mit grösstmöglicher Genauigkeit durchgeführt worden sind.

B. Längenbestimmungen.

Um die bereits erwähnten, zweimal wöchentlich von Christiania eingelaufenen telegraphischen Zeitsignale zu einer Verification der von der geographischen Vermessungs-Anstalt angegebenen Länge zu benutzen, wurde das Repsold'sche Universalinstrument einige Male als Passageinstrument zur Beobachtung des Durchganges der Sterne durch den Meridian auf dem Pfeiler im astronomischen Observatorium aufgestellt. Diese Beobachtungen müssen jedoch, wie die nach der Rückkehr angestellten Berechnungen zur Genüge darthun, als misslungen betrachtet werden. Der Grund dürfte wohl in verschiedenen unvorhergesehenen Umständen liegen, denen man möglicherweise hätte begegnen können, wenn der geringe Personalbestand, und zumal eine sorgfältige und gewissenhafte Durchführung der obligatorischen Arbeiten während des Winters mit seinen vielen Nordlichterscheinungen keine so strenge Oekonomie hinsichtlich der disponiblen Arbeitskraft erfordert haben würde.

Die angegebene Länge 1ʰ 32ᵐ 59.'1 E. v. Greenw. ist daher unverändert beibehalten worden. Dieselbe ist indessen nur bei der Berechnung der Correction des Chronometers Kessels 1280 auf Bossekop. Zeit, welche genannte Uhr man zu den weiter unten erwähnten Polhöhen- und Azimuthbestimmungen benutzte, zur Anwendung gekommen.

C. Polhöhenbestimmungen.

Eine Verification der angenommenen Polhöhe wurde im Laufe des Sommers 1883 mittelst Beobachtungen der Circummeridianhöhen von Sonne und Polaris erhalten. Zu diesem Zwecke benutzte man theils das Repsold'sche Universalinstrument, theils den von Professor Mohn mitgebrachten Troughton'schen Sextanten, dasselbe Instrument, dessen sich Professor Mohn zu seinen astronomischen Beobachtungen während der Nordmeer-Expedition in den Jahren 1876—78 bedient hatte[1]). Die Ablesungen an diesem Sextanten erfordern eine Correction, deren Werth für verschiedene Punkte des Limbus von Professor Mohn bestimmt worden ist. Die Beobachtungen mit dem Sextanten fanden im Hofraume, auf der Südseite des Wohnhauses, statt, und zwar in einer Entfernung von 65 m oder 2.1 Bogen-Sekunden südlich von dem im astronomischen Observatorium errichteten steinernen Pfeiler, woselbst die Beobachtungen mit dem Universalinstrumente angestellt wurden. Als Zeitmesser benutzte man bei diesen Beobachtungen Chronometer Kessels 1280.

Diese Verificationsbestimmungen ergaben folgendes Resultat:

1883. Juli 24. Circummeridianhöhen der Sonne mit Troughtons Sextanten, vom Hofplatze aus, gemessen. Beobachter: *Mohn.*

$$\varphi = 69^\circ\ 57'\ 36.''2$$

Limbuscorr. des Sextanten: $-\ 2.''6$

Correction f. d. astr. Pfeiler: $+\ 2.''1$

$$\varphi = 69^\circ\ 57'\ 35.''7$$

1883. Juli 28. Circummeridianhöhen der Sonne mit Troughtons Sextanten, vom Hofplatze aus, gemessen. Beobachter: *Mohn.*

$$\varphi = 69^\circ\ 57'\ 30.''3$$

Limbuscorr. des Sextanten: $-\ 3.''2$

Correction f. d. astr. Pfeiler: $+\ 2.''1$

$$\varphi = 69^\circ\ 57'\ 29.''2$$

Legt man dieser letzteren Bestimmung, der Zahl der gemessenen Sonnenhöhen entsprechend, das vierfache Gewicht der ersteren bei, so erhält man als Werth der mit Hilfe des Sextanten bestimmten Polhöhe: $\varphi = 69^\circ\ 57'\ 30.''5$ (I)

1883. August 17. Circummeridianhöhen der Sonne mit Repsolds Universalinstrument gemessen. Beobachter: *Mohn.*

$$\varphi = 69^\circ\ 57'\ 35.''3 \quad \text{(II)}$$

1883. August 21. Circummeridianhöhen von Polaris, mit Repsolds Universalinstrument gemessen. Beobachter: *Steen.*

$$\varphi = 69^\circ\ 57'\ 29.''9 \quad \text{(III)}$$

1883. August 21. Circummeridianhöhen von Polaris, mit Repsolds Universalinstrument gemessen. Beobachter: *Schroeter.*

$$\varphi = 69^\circ\ 57'\ 27.''8 \quad \text{(IV)}$$

---

[1]) The Norwegian North-Atlantic Expedition 1876—78. V. H. Mohn: Astronomical Observations. p. 1.

Legt man nun den Bestimmungen (I) und (II) ein Gewicht = 1, dagegen (III) und (IV), die mit Hilfe von Sternbeobachtungen ausgeführt wurden, ein Gewicht = 2 bei, so erhält man schliesslich für das astronomische Observatorium der Polarstation die Polhöhe:

$$\varphi = 69^{0}\ 57'\ 30.''2 \pm 1.''0$$

also einen Werth, der den angegebenen nur um 0.''9 übertrifft.

D. Bestimmungen des Azimuthes.

Zu den absoluten Bestimmungen der magnetischen Declination und den Positionsbestimmungen des Nordlichtes bedurfte man einer Mire, die sowohl vom Pfeiler des Unifilarmagnetometers als auch vom Nordlichtpfeiler aus gesehen werden konnte. Auf der Scheibe eines der Fenster des Wohnhauses fixirte man zu diesem Zwecke mittelst weisser Oel-Farbe einen ziemlich breiten, verticalen Streifen, dessen Mitte ein schmales, farbenfreies rectanguläres Feld zeigte. Bei Tage erschien das Mittelstück als ein schwarzer Strich auf weissem Grunde, und des Nachts, wo hinter dem Fenster ein Licht aufgestellt wurde, als ein heller Strich auf dunklem Grunde. Mit Repsholds Universalinstrumente bestimmte man sowohl vom Nordlichtpfeiler aus als auch vom Pfeiler des Unifilarmagnetometers im magnetischen Observatorium das Azimuth dieser Mire.

1882. September 11. p. m. Das Universalinstrument behufs Beobachtung der Sonne im ersten Vertical auf dem Nordlichtpfeiler aufgestellt. Chronometer Kessells 1280. Beobachter: *Steen.*

	Filament	Uhr	red. auf Mittelfil.	
⊙	I	$4^h\ 44^m\ 42.^s0$	$4^h\ 45^m\ 53.^s05$	Ocular W.
	II	45 18.8	54.48	
	$\frac{III_1 + III_2}{2}$	45 54.2	54.20	
	IV	46 30.8	55.30	
	V	47 6.0	54.26	
	Mittel:		$4^h\ 45^m\ 54.^s26$	
	Uhrcorrection		$+\ 55^m\ 9.^s8$	
	Mittlere Zeit in Bossekop		$5^h\ 41^m\ 4.^s06$	
⊙	V	$4^h\ 50^m\ 34.^s8$	$4^h\ 51^m\ 46.^s55$	Ocular E.
	IV	51 10.2	46.30	
	$\frac{III_2 + III_1}{2}$	51 47.05	47.05	
	II	52 22.0	46.32	
	I	52 58.8	47.75	
	Mittel:		$4^h\ 51^m\ 46.^s80$	
	Uhrcorrection		$+\ 55^m\ 9.^s8$	
	Mittlere Zeit in Bossekop		$5^h\ 46^m\ 56.^s60$	

Einstellung auf die Mire.

Kreisablesung:	Ocular W.	$307^0\ 15'\ 47.''8$
	Ocular E.	$127^0\ 15'\ 27.''5$
	Collimationsfehler:	$\mp\ 10.''15$

	Ocular W.	Ocular E.
Kreisablesung für die Sonne	76° 16′ 5.″5	257° 6′ 35.″8
Reduction für Sonnenradius und Collimationsfehler	− 16′ 10.″9	+ 16′ 10.″1
Reducirte Kreisablesung	75° 59′ 54.″6	257° 22′ 45.″9
Azimuth des Sonnencentrums	87° 54′ 13.″6	89° 17′ 6.″1
Südpunkt:	348° 5′ 41.″0	168° 5′ 39.″8
Mireablesung mit Berichtigung des Collimationsfehlers	307° 15′ 37.″65	127° 15′ 37.″65
Azimuth der Mire:	319° 9′ 56.″65	319° 9′ 57.″85

Mittel: 319° 9′ 57.″25.

Das Azimuth der Mire vom Nordlichtpfeiler aus kann also mit hinreichender Genauigkeit = *S* **40° 50.′0** *E* gesetzt werden.

1882. September 28. a. m. Das Universalinstrument, aufgestellt auf dem Pfeiler des Unifilarmagnetometers im magnetischen Observatorium, dessen nach S. gehende Thür behufs Einstellung des Instrumentes auf die Mire und die Sonne geöffnet war. Chronometer Kessels 1280. Beobachter: *Steen.*

1ste Bestimmung.

	Fil.	Uhr		Fil.	Uhr
⊙	$\frac{I + V}{2}$	7ʰ 52ᵐ 12.ˢ5	⊙	$\frac{I + V}{2}$	8ʰ 0ᵐ 28.ˢ4
	$\frac{III_1 + III_2}{2}$	12.8		$\frac{III_1 + III_2}{2}$	28.2
	Uhrzeit:	7ʰ 52ᵐ 12.ˢ65			8ʰ 0ᵐ 28.ˢ3

Mittel: 7ʰ 56ᵐ 20.ˢ47
Uhrcorrection: + 55ᵐ 27.ˢ15

Mittlere Zeit in Bossekop: 8ʰ 51ᵐ 47.ˢ62

Daraus das Azimuth der Sonne:

A = 313° 59′ 53.″6
Kreisablesung: 41° 32′ 10.″75

Südpunkt: 87° 52′ 17.″15
Mireablesung: 40° 23′ 0.″5

Azimuth der Mire: 312° 50′ 43.″35

2te Bestimmung:

	Fil.	Uhr		Fil.	Uhr
⊙	$\frac{III_1 + III_2}{2}$	8ʰ 26ᵐ 15.ˢ6	⊙	$\frac{III_1 + III_2}{2}$	8ʰ 33ᵐ 1.ˢ6

Mittel: 8ʰ 29ᵐ 38.ˢ60
Uhrcorrection: + 55ᵐ 27.ˢ18

Mittlere Zeit in Bossekop: 9ʰ 25ᵐ 5.ˢ78

Daraus das Azimuth der Sonne:

$A =$	$322^{\circ}\ 19'\ 8.''7$
Kreisablesung:	$49^{\circ}\ 51'\ 20.''0$
Südpunkt:	$87^{\circ}\ 32'\ 12.''3$
Mireablesung:	$40^{\circ}\ 22'\ 58.''25$
Azimuth der Mire:	$312^{\circ}\ 50'\ 45.''95$

1882. October 4. a. m. Dieselbe Aufstellung des Universalinstrumentes. Chronometer Kessels 1280. Beobachter: *Schroeter*.

1ste Bestimmung:

	Fil.	Uhr		Fil.	Uhr
⊙	$\frac{I + V}{2}$	$7^h\ 42^m\ 55.'8$	|⊙	$\frac{I + V}{2}$	$7^h\ 48^m\ 40.'4$
	$\frac{II + IV}{2}$	56.4		$\frac{II + IV}{2}$	40.2
	$\frac{III_1 + III_2}{2}$	56.0		$\frac{III_1 + III_2}{2}$	40.0
	Uhrzeit:	$7^h\ 42^m\ 56.'07$			$7^h\ 48^m\ 40.'20$

Mittel:	$7^h\ 45^m\ 48.'14$
Uhrcorrection:	$+\ 55^m\ 35.'29$
Mittlere Zeit in Bossekop:	$8^h\ 41^m\ 23.'43$

Daraus das Azimuth der Sonne:

$A =$	$312^{\circ}\ 30'\ 6.''0$
Kreisablesung:	$319^{\circ}\ 53'\ 26.''9$
Südpunkt:	$7^{\circ}\ 23'\ 20.''9$
Mireablesung:	$320^{\circ}\ 14'\ 4.''4$
Azimuth der Mire:	$312^{\circ}\ 50'\ 43.''5$

2te Bestimmung:

	Fil.	Uhr		Fil.	Uhr
⊙|	$\frac{I + V}{2}$	$8^h\ 1^m\ 34.'2$	|⊙	$\frac{I + V}{2}$	$8^h\ 6^m\ 44.'4$
	$\frac{II + IV}{2}$	34.0		$\frac{II + IV}{2}$	44.4
	$\frac{III_1 + III_2}{2}$	34.2		$\frac{III_1 + III_2}{2}$	44.4
	Uhrzeit:	$8^h\ 1^m\ 34.'13$			$8^h\ 6^m\ 44.'40$

Mittel:	$8^h\ 4^m\ 9.'27$
Uhrcorrection:	$+\ 55^m\ 35.'31$
Mittlere Zeit in Bossekop:	$8^h\ 59^m\ 44.'58$

Daraus das Azimuth der Sonne:

$A =$	$317^{\circ}\ 0'\ 28.''7$
Kreisablesung:	$324^{\circ}\ 23'\ 55.''0$
Südpunkt:	$7^{\circ}\ 23'\ 26.''3$
Mireablesung:	$320^{\circ}\ 14'\ 4.''4$
Azimuth der Mire:	$312^{\circ}\ 50'\ 38.''1$

1882. October 20. a. m. Dieselbe Aufstellung des Universalinstrumentes. Chronometer Kessels 1280. Beobachter: *Schroeter.*

1ste Bestimmung.

	Fil.	Uhr		Fil.	Uhr
⊙	$\frac{I + V}{2}$	$7^h\ 49^m\ 11.^s6$	⊙	$\frac{I + V}{2}$	$7^h\ 55^m\ 55.^s2$
	$\frac{II + IV}{2}$	11.8		$\frac{II + IV}{2}$	55.5
	$\frac{III_1 + III_2}{2}$	11.8		$\frac{III_1 + III_2}{2}$	55.2
	Uhrzeit:	$7^h\ 49^m\ 11.^s73$			$7^h\ 55^m\ 55.^s30$

Mittel:	$7^h\ 52^m\ 33.^s52$
Uhrcorrection:	$+\ 55^m\ 54.^s67$
Mittlere Zeit in Bossekop:	$8^h\ 48^m\ 28.^s19$

Daraus das Azimuth der Sonne:

$A =$	$316^0\ 38'\ 33.''9$
Kreisablesung:	$330^0\ 37'\ 36.''0$
Südpunkt:	$13^0\ 59'\ 2.''1$
Mireablesung:	$326^0\ 49'\ 40.''2$
Azimuth der Mire:	$312^0\ 50'\ 38.''1$

2te Bestimmung.

	Fil.	Uhr		Fil.	Uhr
⊙	$\frac{I + V}{2}$	$8^h\ 10^m\ 40.^s9$	⊙	$\frac{I + V}{2}$	$8^h\ 17^m\ 21.^s1$
	$\frac{II + IV}{2}$	40.7		$\frac{II + IV}{2}$	21.0
	$\frac{III_1 + III_2}{2}$	40.8		$\frac{III_1 + III_2}{2}$	21.6
	Uhrzeit:	$8^h\ 10^m\ 40.^s80$			$8^h\ 17^m\ 21.^s23$

Mittel:	$8^h\ 14^m\ 1.^s02$
Uhrcorrection:	$+\ 55^m\ 54.^s69$
Mittlere Zeit in Bossekop:	$9^h\ 9^m\ 55.^s71$

Daraus das Azimuth der Sonne:

$A =$	$321^0\ 48'\ 7.''1$
Kreisablesung:	$335^0\ 47'\ 11.''0$
Südpunkt:	$13^0\ 59'\ 3.''9$
Mireablesung:	$326^0\ 49'\ 40.''2$
Azimuth der Mire:	$312^0\ 50'\ 36.''3$

3te Bestimmung.

	Fil.	Uhr		Fil.	Uhr
⊙	$\frac{I + V}{2}$	$8^h\ 25^m\ 51.^s8$	⊙	$\frac{I + V}{2}$	$8^h\ 29^m\ 48.^s5$
	$\frac{II + IV}{2}$	52.3		$\frac{II + IV}{2}$	48.4
	$\frac{III_1 + III_2}{2}$	52.1		$\frac{III_1 + III_2}{2}$	47.9
	Uhrzeit:	$8^h\ 25^m\ 52.^s07$			$8^h\ 29^m\ 48.^s27$

Mittel:	$8^h\ 27^m\ 50.^s17$
Uhrcorrection:	$+\ 55^m\ 54.^s71$
Mittlere Zeit in Bossekop:	$9^h\ 22^m\ 44.^s88$

Daraus das Azimuth der Sonne:

$A =$	$324^\circ\ 54'\ 8.''6$
Kreisablesung:	$338^\circ\ 53\ \ 6.''75$
Südpunkt:	$13^\circ\ 58'\ 58.''2$
Mireablesung:	$326^\circ\ 49'\ 40.''2$
Azimuth der Mire:	$312^\circ\ 50'\ 42.''0$

24te Bestimmung.

	Fil.	Uhr		Fil.	Uhr
⊙	$\frac{I+V}{2}$	$8^h\ 35^m\ 10.^s1$	⊙	$\frac{I+V}{2}$	$8^h\ 40^m\ 57.^s4$
	$\frac{II+IV}{2}$	10.0		$\frac{II+IV}{2}$	57.4
	$\frac{III_1+III_2}{2}$	10.0		$\frac{III_1+III_2}{2}$	57.6
	Uhrzeit:	$8^h\ 35^m\ 10.^s03$			$8^h\ 40^m\ 57.^s47$

Mittel:	$8^h\ 38^m\ 3.^s75$
Uhrcorrection:	$+\ 55^m\ 54.^s74$
Mittlere Zeit in Bossekop:	$9^h\ 33^m\ 58.^s49$

Daraus das Azimuth der Sonne:

$A =$	$327^\circ\ 37'\ 43.''3$
Kreisablesung:	$341^\circ\ 36'\ 45.''0$
Südpunkt:	$13^\circ\ 59'\ 1.''7$
Mireablesung:	$326^\circ\ 49'\ 40.''2$
Azimuth der Mire:	$312^\circ\ 50'\ 38.''5$

1883. März 27. p. m. Aufstellung des Universalinstrumentes auf dem Pfeiler des Unifilarmagnetometers zur Beobachtung der Sonne in der Nähe des ersten Verticals durch die Fensteröffnung in der westlichen Wand des magnetischen Observatoriums. Chronometer Kessels 1280. Beobachter: *Steen.*

	Fil.	Uhr		Fil.	Uhr
⊙	$\frac{I+V}{2}$	$4^h\ 38^m\ 30.^s5$	⊙	$\frac{I+V}{2}$	$4^h\ 50^m\ 3.^s0$
	$\frac{II+IV}{2}$	30.2		$\frac{II+VI}{2}$	3.2
	$\frac{III_1+III_2}{2}$	30.2		$\frac{III_1+III_2}{2}$	3.2
	Uhrzeit:	$4^h\ 38^m\ 30.^s30$			$4^h\ 50^m\ 3.^s13$

Mittel:	$4^h\ 44^m\ 16.^s72$
Uhrcorrection:	$+\ 58^m\ 31.^s1$
Mittlere Zeit in Bossekop:	$5^h\ 42^m\ 47.^s82$

Daraus das Azimuth der Sonne:

$A =$	85° 34′ 52.″2
Kreisablesung:	128° 10′ 30.″9
Südpunkt:	42° 35′ 38.″7
Mireablesung:	355° 26′ 39.″6
Azimuth der Mire:	312° 51′ 0.″9

1883. März. 28. p. m. Dieselbe Aufstellung des Universalinstrumentes. Chronometer Kessels 1280.

1ste Bestimmung. Beobachter: *Schroeter.*

	Fil.	Uhr		Fil.	Uhr
⊙	$\frac{I+V}{2}$	3^h 59^m 18.'6	⊙	$\frac{I+V}{2}$	4^h 8^m 33.'5
	$\frac{II+IV}{2}$	19.1		$\frac{II+VI}{2}$	33.0
	$\frac{III_1+III_2}{2}$	18.9		$\frac{III_1+III_2}{2}$	33.1
	Uhrzeit:	3^h 59^m 18.'87			4^h 8^m 33.'20

Mittel:	4^h 3^m 56.'04
Uhrcorrection:	+ 58^m 32.'4
Mittlere Zeit in Bossekop:	5^h 2^m 28.'44

Daraus das Azimuth der Sonne:

$A =$	76° 14′ 53.″8
Kreisablesung:	118° 40′ 21.″0
Südpunkt:	42° 25′ 27.″2
Mireablesung:	355° 16′ 32.″8
Azimuth der Mire:	312° 51′ 5.″6

2te Bestimmung. Beobachter: *Steen.*

	Fil.	Uhr		Fil.	Uhr
⊙	$\frac{I+V}{2}$	4^h 15^m 28.'2	⊙	$\frac{I+V}{2}$	4^h 24^m 5.'8
	$\frac{II+IV}{2}$	?		$\frac{II+IV}{2}$	5.5
	$\frac{III_1+III_2}{2}$	28.1		$\frac{III_1+III_2}{2}$	5.8
	Uhrzeit:	4^h 15^m 28.'15			4^h 24^m 5.'70

Mittel:	4^h 19^m 46.'92
Uhrcorrection:	+ 58^m 32.4
Mittlere Zeit in Bossekop:	5^h 18^m 19.'32

Daraus das Azimuth der Sonne:

$A =$	80° 0′ 33.″7
Kreisablesung:	122° 25′ 49.″9
Südpunkt:	42° 25′ 16.″2
Mireablesung:	355° 16′ 23.″1
Azimuth der Mire:	312° 51′ 6.″9

Man hat somit für das Azimuth der Mire vom Pfeiler des Unifilarmagnetometers aus folgende Werthe:

1882.	September	28. . .	312° 50′	43.″35
		28. . .		45.95
	Oktober	4. . .		43.5
		4. . .		38.1
		20. . .		38.1
		20. . .		36.3
		20. . .		42.0
		20. . .		38.5
1883.	März	27. . .	51′	0.9
		28. . .		5.6
		28. . .		6.9
		Mittel:	312° 50′	47.″2

Das Mittel aus den im September und October ausgeführten Bestimmungen ist 312° 50′ 40.″7, und das Mittel aus den im März gemachten Bestimmungen: 312° 51′ 4.″5. Es scheint also entweder in Bezug auf den Pfeiler des Unifilarmagnetometers oder das Fenster, an welchem die Mire angebracht war, eine kleine Verschiebung stattgefunden zu haben; da indessen die Variation des Azimuthes nicht einmal 0.′4 beträgt, so wird dieselbe für die absoluten Declinationsbestimmungen, welche, wie im Abschnitte über Magnetismus nachgewiesen werden wird, kaum mit grösserer Genauigkeit als 1′ ausgeführt werden können, von keiner Bedeutung sein. Ich habe daher als den endlichen Werth für das Azimuth der Mire das Mittel aus sämmtlichen 11 Bestimmungen: 312° 50′ 47.″2 oder

312° 50.′79

angenommen.

METEOROLOGIE.

Die meteorologischen Beobachtungen wurden im Sinne des (nach den Beschlüssen der Petersburger-Conferenz) festgestellten Programmes gemacht, und umfassten demzufolge Observationen über Druck, Temperatur und Feuchtigkeit der Luft, Richtung und Geschwindigkeit des Windes, Menge, Form und Zug der Wolken, sowie über Niederschläge und die übrigen atmosphärischen Erscheinungen.

Die Beobachtungen nahmen am 31. Juli 1882 um 12 Uhr Mittag, Göttinger Zeit, ihren Anfang und wurden ohne Unterbrechung bis zum 1. September 1883, um 12 Uhr Mittag, Göttinger Zeit, stündlich fortgesetzt. Die Reihenfolge, welche hiebei eingehalten wurde, war folgende: Nachdem die magnetischen Variationsinstrumente 3 Minuten nach jeder vollen Stunde zum letzten Male abgelesen waren, bestimmte man zunächst mit Hilfe von Mohn's Handwindmesser die Geschwindigkeit des Windes, worauf Richtung und Stärke des Windes, Menge, Form und Zug der Wolken notirt, sodann die Thermometer und schliesslich das Barometer abgelesen wurden. Im Ganzen waren hiezu gewöhnlich 6^m, von $0^h\,4^m$ bis $0^h\,10^m$ erforderlich. Man kann demnach den durchschnittlichen Beobachtungsmoment der meteorologischen Beobachtungen auf 7^m nach jeder vollen Stunde, mittlerer Göttinger Zeit, festsetzen. Da nun die mittlere Altener Zeit derjenigen Göttingens gerade 53^m voraus ist, so sind mithin diese Beobachtungen genau nach jeder vollen Stunde Ortszeit, sowie ausserdem unmittelbar nach den magnetischen Beobachtungen, denen Göttinger Zeit zu Grunde gelegt war, ausgeführt worden.

Eine vorläufige Reduction der meteorologischen Beobachtungen wurde durch das ganze Beobachtungsjahr täglich von Herrn *I. Hesselberg* ausgeführt. Nach der Heimkehr habe ich die Bestimmungen sämmtlicher Instrumentenkonstanten revidirt und die definitiven Werthe der meteorologischen Elemente durch die nöthigen Correctionen verbessert. Hrr. Cand. *Karl Hesselberg*, früher Assistent am hiesigen meteorologischen Institute, hat gemeinschaftlich mit mir an der Aufstellung der Tabellen der stündlichen Beobachtungen und an der Berechnung der Mittelwerthe Theil genommen.

A. Luftdruck.

Der Station standen drei, dem meteorologischen Institute in Christiania entliehene Barometer, nämlich ein Fortin'sches Quecksilber-Barometer Secretan 349, als Normale, dann ein Quecksilber-Barometer — Kew Construction — Adie No. 1568, welches Instrument zu den stündlichen Beobachtungen benutzt wurde, und schliesslich ein Aneroid-Barometer, als Reserve zur Verfügung.

Beide Quecksilber-Barometer waren während der ganzen Beobachtungsperiode, mit den Cysternen in gleicher Höhe, an der Wand des als Arbeits- und Wachtzimmer benutzten Raumes, dessen Temperatur innerhalb 24 Stunden nur geringen Variationen unterworfen war, nebeneinander aufgehängt. Bei so häufigen wie stündlich stattfindenden Ablesungen des Barometers ist es natürlich von grosser Bedeutung, auf die Erhaltung einer gleichmässigen Zimmertemperatur vorzügliche Sorgfalt zu verwenden. Auf plötzliche Temperaturänderungen, welche beispielsweise beim Auslüften des Locales leicht eintreten können, dürfte man namentlich seine Aufmerksamkeit zu richten haben. Es bot sich nämlich im Laufe des Winters mehrmals Gelegenheit, constatiren zu können, dass, falls die Thüre während der Reinigung des Zimmers am Morgen geöffnet und zufälligerweise erst unmittelbar vor den zu machenden Beobachtungen wieder geschlossen wurde, die erhaltene Ablesung sowohl von der vorausgegangenen als der nachfolgenden stündlichen Ablesung, nachdem sämmtliche auf 0° C. reducirt waren, erheblich abwich. Diese Abweichungen, denen unmöglich andere Ursachen, als die jedesmal nachweisbar plötzlich veränderten Temperaturverhältnisse zu Grunde liegen konnten, beliefen sich mitunter bis auf 0.5 und 1 mm. Glücklicherweise wurde ich schon sehr bald auf diesen Übelstand aufmerksam und liess die fehlerhaften Werthe, im Ganzen etwa 5 bis 6, bevor dieselben noch ins Hauptjournal eingetragen wurden, mittelst graphischer Interpolation ausgleichen; gleichzeitig traf ich, behufs Abhilfe jenes Übelstandes, die Vorkehrung, dass ein Auslüften des Locales nur unmittelbar nach stattgehabter Ablesung des Barometers vorgenommen würde, und spätestens eine halbe Stunde vor Vornahme der nächsten Beobachtung abgeschlossen sein müsse.

Die Höhe der Quecksilbercysternen über dem Mittelwasserstand wurde mit Hilfe von Wrede's Nivellirspiegel gemessen und gleich 30.0 m. gefunden.

Die constante Correction der Quecksilber-Barometer wurde sowohl vor der Abfahrt als nach der Rückkehr durch Vergleiche mit dem Normal-Barometer des meteorologischen Instituts bestimmt, sowie durch eine Reihe von Vergleichen mit einem anderen Kew-Barometer, Adie No. 1506, welches Instrument Professor *Mohn* bei Gelegenheit seines im Juli und August 1883 der Station abgestatteten Besuches mitgebracht hatte, einer weiteren Controlle unterzogen. Auch nahm man ausserdem im Laufe der in Rede stehenden Beobachtungsperiode öfters, mindestens einmal wöchentlich, correspondirende Lesungen an beiden Quecksilber-Barometern vor.

Man muss infolge des von Professor Mohn im Vorworte zum „Jahrbuch des Norwegischen meteorologischen Instituts für 1884" geführten Nachweises annehmen, dass das ältere Normalbarometer Negretti & Zambra 648 des meteorologischen Instituts, mit welchem Instrumente sämmtliche in Bossekop benutzten Barometer verglichen sind, seit dem Jahre 1875 eine constante Correction von + 0.60 mm. gehabt hat. Bei Zugrundelegung dieses Werthes erhält man als Resultat der vor der Abfahrt nach Alten angestellten Vergleiche:

		Const. Correction:
1878. October	Adie 1506	+ 0.05
1882. Mai und Juni	Adie 1568	+ 0.14
1882. Mai und Juni	Secretan 349	+ 0.81

Nach der Heimkehr erhielt man für die constante Correction der Barometer folgende Werthe:

1883. September—November	Adie 1506	+ 0.04
1883. September—December	Adie 1568	+ 0.13
1883. September	Secretan 349	+ 0.79

Nimmt man nun an, dass das in Alten als Normale benutzte Barometer Secretan 349 während der ganzen Beobachtungsperiode eine constante Correction von + 0.80 mm. gehabt habe, welcher Werth das Mittel aus den vor und nach der Reise in Christiania gefundenen Correctionen ist, so ergiebt sich als Resultat der zwischen diesem Barometer und dem zu den stündlichen Beobachtungen dienenden Barometer Adie 1568 in Alten ausgeführten Vergleiche:

Adie 1568.

		Zahl der Vergleiche:	Const. Correction:
1882.	Juli	20	+ 0.19
	August	8	+ 0.14
	September	6	+ 0.17
	October	8	+ 0.14
	November	5	+ 0.16
	December	6	+ 0.10
1883.	Januar	8	+ 0.15
	Februar	6	+ 0.10
	März	10	+ 0.09
	April	6	+ 0.11
	Mai	8	+ 0.13
	Juni	6	+ 0.08
	Juli	7	+ 0.12
	August	9	+ 0.11

Nimmt man nun das Mittel aus diesen 14 Werthen, indem man bei jedem einzelnen die Zahl der Vergleiche, aus denen derselbe gewonnen wurde, in Rechnung zieht, so ergiebt sich schliesslich als Werth für die constante Correction des Barometers:

+ 0.14 mm.

Die mit Hilfe des Barometers Adie 1506 ausgeführten Controllbestimmungen erfolgten serienweise zu zwei verschiedenen Malen, indem nämlich in der Zeit von 23. bis 26. Juli 1883 6 Vergleiche zwischen den 3 Barometern stattfanden, bei welcher Gelegenheit Professor Mohn gewöhnlich das Barometer Adie 1506, während ich oder ein anderes Mitglied des Personales die beiden anderen Barometer abzulesen pflegte. Nachdem Professor Mohn eine Inspectionsreise nach Ost-Finmarken unternommen und bei dieser Gelegenheit Adie 1506 als Reise-Normale mitgebracht hatte, wurden nach dessen Rückkunft nach Bossekop in der Zeit von 13. bis 18. August 6 neue Vergleiche zwischen den 3 Barometern ausgeführt. Nimmt man nun an, dass die constante Correction für Adie 1506 gleich + 0.04 gewesen, welcher Werth ja, wie oben mitgetheilt, nach der Rückkehr durch Vergleiche mit der Normalen des Institutes in Christiania gefunden wurde, und setzt man gleichzeitig die Correction für Secretan 349, wie oben, gleich + 0.80, so ergeben sich folgende Correctionen für Adie 1568:

	Correction durch Vergleichung mit Adie 1506:	Correction durch Vergleichung mit Secretan 349:
1883.		
Juli 23—26	+ 0.17	+ 0.16
Aug. 13—18	+ 0.13	+ 0.15
Mittel:	+ 0.15	+ 0.15

Die Zusammenstellung der zur Berechnung der constanten Correction des Beobachtungs-Barometers ausgeführten Bestimmungen ergiebt folgendes Endresultat:

Christiania:	Mai und Juni 1882	+ 0.14
Bossekop:	Juli 1882 bis Aug. 1883 durch Vergleichung mit Secretan 349	+ 0.14
Bossekop:	Juli und August 1883 durch Vergleichung mit Adie 1506	+ 0.15
Christiania:	September bis Decbr. 1883	+ 0.13

Bei der Reduction sämmtlicher in Bossekop mit Adie 1568 gemachten Barometerbeobachtungen ist daher als constante Correction für dieses Barometer

+ 0.14 mm.

benutzt worden.

Die über den Tabellen angeführte Schwere-Correction ist nach der im „Jahrbuch des Norwegischen Meteorologischen Institutes für 1882. Vorwort pag. III" benutzten, von Professor Dr. *O. I. Broch* aufgestellten Formel:

$$b_{45} - b = b\,(-\alpha.\cos 2\varphi - \beta H)$$

berechnet worden.

In derselben bedeutet: b die auf 0° und das Normalbarometer reducirte Barometerhöhe der Polarstation, deren Breite $\varphi = 69^{\circ}\ 58.5'$ und deren Seehöhe H = 30.0 m. ist. b_{45} ist die auf die normale Schwere reducirte Barometerhöhe: α und β sind Constanten.

$$\alpha = 0.00259.\ \beta = 0.000000196.$$

Nach dieser Formel ist folgende Tabelle berechnet worden:

b.	Schwere Correction.
715.2—720.1	1.42
20.2— 25.2	1.43
25.3— 30.2	1.44
30.3— 35.3	1.45
35.4— 40.4	1.46
40.5— 45.4	1.47
45.5— 50.5	1.48
50.6— 55.5	1.49
55.6— 60.6	1.50
60.7— 65.6	1.51
65.7— 70.7	1.52
70.8— 75.7	1.53
75.8— 80.8	1.54

B. Temperatur der Luft.

Die Thermometerhütte war, wie aus dem Situationsplan Taf. I ersichtlich, auf einem freien, etwa mitten zwischen dem Wohnhause und dem magnetischen Observatorium gelegenen, offenen Platze aufgestellt. Dieselbe war von Christiania mitgenommen worden, und nach Wild's Muster mit doppeltem Dache und einer doppelten, hinteren Wand gegen S angefertigt. Die Seitenwände gegen E und W waren persiennenförmig und die nach N gekehrte offene Seite mit zwei persiennenförmigen Flügelthüren versehen, die während der Wintermonate entfernt wurden, im Sommer hingegen, wenn nicht etwa der Stand der Sonne oder die Bewölkungsverhältnisse gegen Abend das Schliessen derselben geboten, in der Regel offen standen. Vor der am 4. April 1883 stattfindenden Aufstellung wurden die Thüren, die ursprünglich die ganze Öffnung deckten, nach oben zu dergestalt abgeschnitten, dass zwischen der inneren Fläche des Daches und dem oberen Ende der geschlossenen Thüren eine 30 cm. breite Öffnung entstand. Wild's Meinung nach sollte dieselbe eine Breite von 50 cm. haben, derselbe hat indess hiebei wohl kaum die Beobachtungsstationen in hohen Breiten vor Augen gehabt. Im Innern der Thermometerhütte war ein aus Eisenblech erzeugtes, gewöhnliches, viereckiges Häuschen angebracht, dessen Boden, hintere Wand und Thür persiennenförmige Öffnungen zeigten, und war dieselbe von derselben Construction, wie diejenigen, deren man sich auf den Stationen des Norwegischen meteorologischen Instituts bedient. Dasselbe war indessen im Ganzen etwas geräumiger, indem seine Breite 45 cm., Tiefe 33 cm. und die Höhe bis zum schräge verlaufenden Dache 72 cm. betrug, während das letztere an und für sich 14 cm. hoch war.

Der Station standen folgende Thermometer zur Verfügung:

Ein in ganze Grade C eingetheiltes Normalthermometer Secretan. Eigenthum des meteorologischen Instituts. 6 in 0,2° C eingetheilte Psychrometer-Thermometer, mehrere in ganze Grade eingetheilte Thermometer, sowie mehrere Maximum- und Minimum-Thermometer, alle von Åderman in Stockholm bezogen. Sämmtliche Thermometer waren vor der Abreise von Christiania mit einem Normalthermometer, dessen Correctionen in Bezug auf die Kew-Normale des meteorologischen Instituts bekannt waren, verglichen worden.

Die in der Thermometerhütte aufgestellten und während des ganzen Jahres benutzten Psychrometer-Thermometer, nämlich Åderman No. 211, das als trockenes, und No. 206, das als feuchtes Thermometer in Verwendung stand, wurden im Laufe des Winters in Bezug auf ihren Nullpunkt einer zweimaligen Untersuchung unterzogen, wobei sich folgendes Resultat ergab:

	Correction bei 0°:	
	No. 211	No. 206
1882. Decbr. 18	+ 0.07	+ 0.03
1883. Mai 22	+ 0.05	+ 0.05

Da die Correctionen kleiner als 0.1° waren, so kamen dieselbe nicht zur Verwendung.

Beide Indexthermometer wurden der Controlle wegen im Laufe von 24 Stunden mehrmals, speciell um 8ʰ Morgens und 8ʰ Abends, sowie vom 12 Februar 1883 an, auch 12 Uhr Nachts abgelesen.

Bei Gelegenheit der am 14. März 8 Uhr pm. vorgenommenen Ablesung zeigte es sich, dass das bisher benutzte Maximumthermometer in Unordnung gekommen war, indem sich kleine Partien der Luftblase in den vorderen Theil der Röhre gedrängt hatten. Indem man den Versuch machte, das Instrument wieder in Stand zu setzen, zerbrach es und musste daher durch das andere mitgebrachte Maximumthermometer ersetzt werden, obgleich auch dieses mit demselben Fehler behaftet war, den man, trotz aller Mühe und Anstrengung, nicht auszugleichen vermochte. Durch stetige Controlle und Vergleiche, die zwischen diesem und dem trockenen Thermometer bei steigender Temperatur angestellt wurden, gelang es indessen, im Ganzen ziemlich verlässliche Maximumtemperaturen zu erhalten, wenn man die Tage vom 8. bis 18. Mai in Abrechnung bringt, während welcher Zeit die Ablesungen des Maximumthermometers, trotz aller möglichen Controlle, so sinnlos zu sein schienen, dass ich bei der nach der Rückkehr vorgenommenen Revision der Beobachtungen dieselben ganz und gar cassiren und als das tägliche Maximum der Temperatur schlechthin die höchste der ordinären ständlichen Ablesungen angeben zu müssen glaubte. Am 2. Juni gelangte ein neues, von Stockholm bezogenes Maximumthermometer Åderman No. 2 an, welches sofort in Gebrauch genommen wurde; dies Instrument erwies sich als volkommen correct und verlässlich bis zum Abschlusse der Beobachtungen am 1. September.

Bei den Ablesungen des Minimumthermometers machten sich keine Störungen geltend, so dass dasselbe Exemplar während der ganzen Beobachtungsperiode in Verwendung stand. Das Spiritusende wurde zur Controlle der jedesmal angewandten Correction stets gleichzeitig mit dem Index abgelesen.

Die Höhe der Thermometerkugeln über dem Erdboden wurde durch directe Messung gefunden:

Psychrometerthermometer	3.6 m.
Maximumthermometer	3.5 m.
Minimumthermometer	3.4 m.

Der unmittelbar unter der Thermometerhütte liegende Erdboden war mit Ginster und Gras spärlich bewachsen.

C. Feuchtigkeit der Luft.

Das Psychrometer war, wie oben erwähnt, in gewöhnlicher Weise im Innern des kleinen Thermometerhäuschens aufgestellt. Der Boden desselben war persiennenförmig, ohne jedoch mit einem Ventilator versehen zu sein. Einen solchen hatte man nun freilich von Christiania mitgebracht, da indessen bei der Construction des Thermometerhäuschens eine derartige Einrichtung ursprünglich nicht vorgesehen war, und in Alten, wider Erwarten, weder Werkzeug noch sachkundige Arbeiter zur Ausführung der hiezu nothwendigen Veränderungen aufzutreiben waren, so konnte der Ventilator nicht zur Verwendung gelangen, was sicherlich in hohem Grade zu bedauern ist, da die durchschnittliche Windgeschwindigkeit in Bossekop sehr gering ist.

Behufs versuchsweiser Ausführung absoluter Feuchtigkeitsbestimmungen wurde ein von Golaz in Paris bezogenes Alluard'sches Condensationshygrometer mitgenommen. Bei den Probeexperimenten indessen, welche vor der Abreise mit diesem Instrumente in Christiania angestellt wurden, erwies sich der zum Apparate gehörige Blasebalg, welcher einen Luftstrom durch den Ätherbehälter unterhalten sollte, dermassen unzweckmässig, dass ich einen eigens verfertigten Aspirator an dessen Stelle anbringen liess. Hierdurch erlangte man noch den Vortheil, dass der Beobachter, der nunmehr der für die Bewegung des Blasebalges erforderlichen mechanischen Arbeit überhoben ward, seine ganze Aufmerksamkeit lediglich auf den Apparat selbst zu richten vermochte. Das Hygrometer war mit 2 Thermometern versehen, von denen das eine behufs Ablesung des Thaupunktes mit seiner Kugel innerhalb des Ätherbehälters angebracht war, während das andere als Schleuderthermometer zur Bestimmung der Lufttemperatur in unmittelbarer Nähe des Apparates Verwendung fand. Die Correctionen beider Thermometer wurden sowohl vor der Abreise in Christiania als auch späterhin in Bossekop zu wiederholten Malen einer Verification unterzogen.

Die Controlle der Psychrometerbeobachtungen durch absolute Feuchtigkeitsbestimmungen mit Hilfe des Hygrometers wurde dem Vice-Vorstand der Station, Cand. Krafft, übertragen, welcher im Laufe des Winters, mit theilweiser Assistenz der Herren Schroeter und Hesselberg, eine Anzahl solcher Controllbestimmungen ausführte, deren Resultate in folgender Tabelle niedergelegt sind. In derselben bezeichnet:

e_{H} den Druck des Wasserdampfes in mm., aus den mit dem Hygrometer ausgeführten Thaupunktbeobachtungen berechnet,

e_{P} den Druck des Wasserdampfes aus den entsprechenden Psychrometerbeobachtungen berechnet (Jelinek's Tafeln).

F_{H} die mittelst des Hygrometers gefundene relative Feuchtigkeit.

F_{P} die mittelst des Psychrometers gefundene relative Feuchtigkeit;

ferner ist $\Delta e = e_{\text{H}} - e_{\text{P}}$ und $\Delta F = F_{\text{H}} - F_{\text{P}}$. Die letzte Columne veranschaulicht die Richtung und die Geschwindigkeit des Windes in Metern per Sekunde.

Controll-Bestimmungen der absoluten Feuchtigkeit.

Datum og Stunde		h.	m.	Hygrometer Alluard. Temp. der Luft.	Thau-punkt.	e_H	F_H	Psychrometer. Trocke-nes Therm.	Feuchtes Therm.	e_P	F_P	Δe	ΔF	Richt. u. Geschw. des Windes.	
1882. Septbr.	28.	4	23 p	9.5	2.8	5.6	63	9.4	6.6	5.7	64	−0.1	−1	SE	5
		5	13 p	8.9	3.0	5.7	67	8.9	6.4	5.7	66	0.0	+1	SSE	5
— —	29.	1	53 p	7.9	3.2	6.1	77	7.7	6.2	6.2	79	−0.1	−2	SSE	3
		5	8 p	6.4	3.4	5.9	81	6.7	5.4	5.9	82	0.0	−1	SE	3
		9	38 p	6.6	3.6	5.9	81	6.3	5.2	6.0	84	−0.1	−3	SE	5
— —	30.	1	38 p	8.5	4.8	6.5	78	8.4	6.7	6.3	77	+0.2	+1	SSE	5
		1	53 p	8.6	5.3	6.7	80	8.4	7.0	6.6	81	+0.1	−1	SSE	6
		4	53 p	8.4	5.3	6.7	81	8.2	7.0	6.8	83	−0.1	−2	SE	4
October	3.	6	0 p	9.8	8.4	8.3	91	9.3	9.1	8.5	98	−0.2	−7		0
Novbr.	14.	12	38 p	−9.4	−12.5	1.7	78	−9.6	−10.0	1.9	89	−0.2	−11	SE	5
— —	15.	11	53 a	−12.1	−14.9	1.4	80	−12.1	−12.2	1.7	96	−0.3	−16	SE	6
1883. Januar	10.	1	20 p	−6.8	−8.5	2.4	88	−7.0	−7.4	2.4	89	0.0	−1	ESE	4
— —	16.	12	53 p	−16.4	−19.6	1.0	77	−16.3	−16.7	1.0	80	0.0	−3	SE	4
— —	19.	12	53 p	−0.8	−7.1	2.6	61	−0.4	−2.3	2.9	65	−0.3	−4	WNW	2
— —	20.	MD		−9.3	−12.5	1.7	77	−9.3	−9.5	2.1	94	−0.4	−17	SE	2
— —	21.	12	50 p	−10.2	−13.5	1.6	77	−10.6	−10.7	1.9	97	−0.3	−20	SE	3
— —	25.	1	0 p	−2.3	−8.0	2.5	64	−2.2	−3.9	2.5	65	0.0	−1	SSE	6
		1	30 p	−2.6	−8.2	2.4	65	−2.4	−4.1	2.5	65	−0.1	0	SSE	6
— —	26.	1	30 p	−7.9	−13.8	1.5	62	−7.5	−8.5	1.8	72	−0.3	−10	S	3
		2	0 p	−7.7	−13.8	1.5	61	−7.3	−8.4	1.8	69	−0.3	−8	SE	8
— —	27.	MD		−6.5	−12.0	1.8	65	−6.2	−7.5	1.9	66	−0.1	−1	E	3
Februar	6.	12	43 p	−10.0	−15.0	1.4	67	−10.2	−10.9	1.6	76	−0.2	−9	SE	3
		2	8 p	−8.7	−14.5	1.5	63	−8.6	−9.6	1.6	70	−0.1	−7	ENE	3
— —	8.	3	20 p	−14.4	−19.0	1.0	69	−14.0	−14.4	1.3	85	−0.3	−16	ESE	4
— —	9.	12	30 p	−12.0	−17.2	1.2	66	−10.6	−11.6	1.3	65	−0.1	+1	SE	4
		3	40 p	−12.5	−18.7	1.0	60	−12.0	−12.8	1.2	70	−0.2	−10	SSE	5
März	27.	1	30 p	−10.2	15.6	1.3	65	−7.6	−8.9	1.6	64	−0.3	+1	ESE	3
— —	28.	6	0 a	−15.2	−17.4	1.2	83	−15.0	−15.0	1.4	100	−0.2	−17	E	3

Die Zahl der Bestimmungen ist, wie aus obigem ersichtlich, nur gering, allein mehrere Umstände stellten sich, namentlich in der kältesten Zeit, wo solche Controllbestimmungen von grösstem Interesse sind, der Ausführung derselben entgegen. Zunächst war es, so zu sagen, unmöglich, in der Nähe der Thermometerhütte einen zur Aufstellung des Hygrometers geeigneten Platz, welcher gegen die Sonnenstrahlen hinlänglichen Schutz gewährte, ausfindig zu machen. Nur bei bewölktem Himmel oder während der Zeit, zu welcher die Sonne unter dem Horizonte weilte, bot sich daher Gelegenheit, Hygrometerbeobachtungen anstellen zu können, indem man hiebei das Instrument auf einem eigens hergerichteten Tische aufstellte, der aus einem Baumstumpfe als Fuss mit einem darauf befestigten Brette bestand, und dessen Entfernung in nördlicher Richtung vom Psychrometer circa 5 m. betrug. Mitunter sah man sich genöthigt, das Hygrometer auf der Nordseite des Wohnhauses, welches Schutz gegen die Sonne gewährte, anzubringen, so dass sich die Entfernung des Instrumentes vom Psychrometer nahezu auf 60 m. belief. Es lässt sich daher nicht wohl annehmen, dass bei den obwaltenden Umständen die Feuchtigkeitsverhältnisse der Luft an beiden Beobachtungsorten identisch waren, indem namentlich die Nähe des Wohnhauses auf die Hygrometerbeobachtungen nicht ohne Einfluss gewesen sein dürfte. Ein nicht unwesentlicher Übelstand trat ferner bei Anwendung des Aspirators zu Tage, indem derselbe bei tiefer Lufttemperatur unmöglich frostfrei gehalten werden konnte. Dadurch dass sich in der Ausflussröhre Eistheilchen ansetzten und das Wasser nach verhältnissmässig kurzer Zeit nicht abfliessen konnte, musste eine Stagnation des durch den Ätherbehälter geführten Luftstromes eintreten. Um diesem Übelstande zu begegnen, kam man auf den Gedanken, ein Loch durch die Wand des Arbeitszimmers zu bohren und den Aspirator im Innern dieses Raumes zu placiren; mittelst eines durch dieses Loch geführten Kautschukschlauches setzte man den Aspirator mit dem im Freien placirten Hygrometer in Verbindung, wodurch es gelang, mehrere ziemlich verlässliche Resultate zu erzielen. Viele Versuche missglückten indessen wegen unzureichender Grösse des Aspirator-Behälters, indem nämlich alles Wasser, noch ehe die Abkühlung im Ätherbehälter den Thaupunkt erreicht hatte, bereits ausgelaufen war, was sich namentlich bei sehr tiefer Temperatur häufig ereignete.

Herr Krafft, welcher für eigne Rechnung eine aus Bunge's Fabrik bezogene chemische Wage mitgenommen hatte, versuchte den Feuchtigkeitsgehalt der Luft mittelst Wägens zu bestimmen, musste jedoch mangels hinlänglich fester Aufstellung der Wage schon sehr bald von diesen Versuchen abstehen.

Aus dem früher Gesagten geht zur Genüge hervor, dass in Bezug auf die Bestimmung der Feuchtigkeitsverhältnisse der Luft an dieser Stelle lediglich die Psychrometerbeobachtungen, die mit grösstmöglicher Sorgfalt ausgeführt wurden, in die Wagschale fallen. Solange sich die Temperatur über dem Gefrierpunkt erhielt, war neben dem feuchten Thermometer ein Gefässchen mit Wasser angebracht, welches vermittelst eines Dochtes bis zu der mit einem Läppchen umwickelten und stets feuchtgehaltenen Thermometerkugel geleitet wurde. Im Winter versah sich der Beobachter gewöhnlich mit einem Gefässchen warmes Wassers, um das Thermometer eine Viertelstunde vor der Ablesung, unmittelbar vor Vornahme der magnetischen Beobachtungen, zu befeuchten, während in die kältesten Periode, wenn das Quecksilber längerer Zeit bedurfte, um nach der Befeuchtung hinlänglich sinken zu können, dieser Befeuchtungsprocess unmittelbar nach Ablesung des feuchten Thermometers erfolgte, so dass dasselbe für die folgende stündliche Beobachtung in Ordnung war. Professor Mohn macht in seinen „Grundzüge der Meteorologie, 4. Ausgabe pag. 98" darauf aufmerksam, dass bei sehr kaltem und nassem Wetter eine halbe Stunde verstreichen könne, bis das nasse Thermometer seinen tiefsten Stand einnimmt. Mehrere diesbezügliche Versuche, welche man in Bossekop anstellte, legten klar an den Tag, dass in manchen Fällen ein Zeitraum von einer halben Stunde nicht einmal genügte, während man eine Stunde nach stattgefundener Befeuchtung mit völliger Gewissheit den tiefsten Stand des feuchten Thermometers erhielt. Hiernach dürfte, meiner Meinung nach, für die stündlichen Beobachtungen auf arctischen Stationen, die bequeme Regel aufzustellen sein, dass man im Winter das nasse Thermometer unmittelbar nach der Ablesung mit warmem Wasser befeuchtet, wodurch das Instrument, mit Ausschluss aller weiteren Manipulationen, zur Beobachtung der nächstfolgenden Stunde fertiggestellt ist. Behufs Warmhaltung des Wassers wurde bei uns das betreffende Gefässchen, in passender Weise über der Beobachtungslampe angebracht.

Die in den Tabellen niedergelegten Zahlenwerthe für den Druck der Wasserdämpfe und die relative Feuchtigkeit sind mit den Ablesungen des feuchten und trockenen Thermometers als Argument, den Jelinek'schen Psychrometer-Tafeln entnommen.

D. Wind.

Die Windfahne, ein aus Flaggenzeug erzeugter und an der Spitze einer verticalen eisernen Stange befestigter Wimpel, unter welchem sich das Orientirungskreuz befand, war auf dem Gipfel einer geköpften Kiefer, in einer Höhe von 6.9 m. über dem Boden, (Taf. I. W.) angebracht. Die Windrichtung konnte mit Hilfe dieses Wimpels und Orientirungskreuzes sowohl bei Tag als bei Nacht mit Leichtigkeit bestimmt werden, wenn man hievon einige wenige Male während eines sehr starken Unwetters mit Schneetreiben, bei welcher Gelegenheit der Wimpel nicht zu sehen war, in Abrechnung bringt. Zur Bestimmung der Windrichtung benutzte man in diesem Falle die späterhin im Abschnitte „Nordlicht" beschriebene Peilscheibe, indem sich der Beobachter neben der Scheibe, mit dem Rücken gegen den Wind, aufstellte und die Ablesung durch Schätzung vornahm. Die Stärke des Windes wurde nach Beaufort's Scala (0—12) notirt und dessen Geschwindigkeit mit Hilfe dreier Anemometer, von verschiedener Aufstellung, bestimmt. Das bei allen einzelnen stündlichen Beobachtungen benutzte Hauptinstrument war ein dem meteorologischen Institute zugehöriger Handwindmesser von Mohn, und zwar dasselbe Exemplar, dessen man sich während der

Norwegischen Nordmeer-Expedition, in den Jahren 1877 und 78, an Bord des Schiffes Vöringen bediente, und welches im Generalbericht der Expedition näher beschrieben ist.[1]) Das Instrument hatte in dem zwischen den einzelnen Beobachtungen liegenden Zeitraum entweder im Innern des zu absoluten Bestimmungen dienenden Raumes des magnetischen Observatoriums, oder, wenn derartige Bestimmungen ausgeführt wurden, im astronomischen Observatorium seinen Platz. Da der Windmesser theilweise aus Eisen erzeugt war, so liegt die Vermuthung nahe, dass dessen Anwesenheit im magnetischen Observatorium, trotz des grossen Abstandes, einen merklichen Einfluss auf den Stand der magnetischen Variationsinstrumente hätte ausüben sollen. Ein derartiger Einfluss war indessen nicht zu entdecken.

Behufs Beobachtung der Windgeschwindigkeit exponirte der Beobachter den Windmesser auf einem zu diesem Zwecke vorgesehenen Platze (Taf. I. H.), hielt denselben mit der rechten Hand möglichst in die Höhe, während er gleichzeitig mit der Linken die Uhr zum Ohre führte und die für die Registrirung des Mechanismus erforderlichen 30 Sekunden zählte. Die Höhe des Kugelkreuzes über dem Erdboden betrug während der Registrirung 2.4 m. Es möge hier zugleich bemerkt werden, dass der Beobachter, falls bei der herrschenden Windrichtung das magnetische Observatorium der freien Luftströmung zum Kugelkreuze im Wege zu sein schien, sich einen freieren Platz in der Nähe auswählte.

Für den Reibungscoefficienten des Windmessers fand Professor Mohn im Jahre 1877 einen Werth von 1.6 und 1878 einen solchen von 1.2. Vor der Abreise nach Alten wurde das Instrument von einem Instrumentenmacher in Christiania nachgesehen und ausgeputzt. Im Laufe des in Rede stehenden Jahres bestimmte man den Reibungscoefficienten zweimal aufs neue, nämlich am 28. September 1882 p. m. und am 17. März 1883 a. m., bei welchen Gelegenheiten jedesmal absolute Windstille herrschte. Die erstere der beiden Bestimmungen, am 28. Septbr., ging in folgender Weise vor sich: Zwei der Beobachter, die Herren Krafft und Hesselberg, liefen innerhalb einer halben Minute, den Windmesser mit der rechten Hand vertical in die Höhe haltend, je einmal in der Richtung von N nach S und einmal in entgegengesetzter Richtung längs eines ebenen, harten und in gerader Linie verlaufenden, horizontalen Weges. Ich selber beobachtete die Zeit und gab das Signal zum Beginn und Ende des Laufes und der Registrirung. Die durchlaufenen Distanzen wurden darauf gemessen. Das sich ergebende Resultat war folgendes:

1882. September 28.

Richtung.	Distanz in Metern.	Wirkl. Geschw. in Metern per Sek.	Der Windmesser zeigte:	Reibungscoeff. k.	Beobachter
N—S	170.6	6.0	4.8	+ 1.2	He.
S—N	155.6	5.2	3.8	+ 1.4	He.
N—S	151.8	5.1	3.8	+ 1.3	K.
S—N	140.3	4.7	3.5	+ 1.2	K.
				Mittel 1.275	

Am 17. März 1884 wurde k auf folgende Weise bestimmt: Die Herren Schroeter und Hesselberg legten auf einem mit einem Pferde bespannten Schlitten eine bestimmte Distanz D dreimal in der Richtung von N nach S und umgekehrt in gleichmässigem Trabe zurück. Hesselberg hielt den Windmesser und beobachtete zugleich die Zeit, während Schroeter die Zügel führte. Von diesen 6 Bestimmungen müssen jedoch 2 cassirt werden, nämlich No. 2. weil die Luft nicht ganz ruhig war, indem man etwas Gegenwind bemerkte; als der Schlitten hielt, zeigte der Windmesser eine unreducirte Windgeschwindigkeit von 0.4 m. per Sec. Der Gegenwind während der Fahrt hat nämlich zur Folge, dass der Windmesser eine höhere Zahl registrirt, und erhält man auf diese Weise einen zu kleinen Reibungscoefficienten, ohne dass sich Gelegenheit bietet, denselben durch irgend welche Correction zu verbessern, da nicht mit Sicherheit constatirt werden kann, ob und in wieweit die Windgeschwindigkeit sich während des ganzen Versuches constant erhalten hat. Eine andere Be-

[1]) The Norwegian North-Atlantic Expedition 1876—1878 X. Meteorology. By H. Mohn. pag. 6—8.

stimmung No. 5 misslang dadurch, dass etwa auf der Mitte der Bahn ein beladener Wagen angetroffen wurde, um den man herumfahren musste, wodurch mithin die Distanz vergrössert, die Geschwindigkeit der Fahrt hingegen in Bezug auf eine kurze Wegstrecke vermindert wurde, welche Umstände alle beide zur Folge haben, dass man einen zu kleinen Werth für den Reibungscoefficienten erhält. Die mittelst controllirter Messungen gefundene Distanz D war = 895 m. Die Bestimmungen ergaben folgendes Resultat:

1883. März 17.

No.	Richtung.	Gebrauchte Zeit.	Wirkl. Geschw.	Windmesser.		Reibungscoeff.
		in Sek.	in M. p. Sek.	zeigte:	in M. p. Sek.	k.
1.	N—S	245	3.65	22.4	2.74	+ 0.91
2.	S—N	203	4.41	26.2	3.87	(+ 0.54)
3.	N—S	221	4.05	21.2	2.88	+ 1.17
4.	S—N	208	4.30	22.5	3.25	+ 1.05
5.	N—S	207	4.32	24.9	3.61	(+ 0.71)
6.	S—N	193	4.46	23.3	3.62	+ 0.84

Lässt man No. 2 und 5 ganz unberücksichtigt, so ergiebt sich als Mittel aus den 4 übrigen Bestimmungen für k = + 0.992.

Man muss dem Vorhergehenden zufolge annehmen, dass der Werth des Reibungscoefficienten im Laufe der Beobachtungsperiode stetig abgenommen hat, ein Umstand, der sich leicht erklären lässt, wenn man in Erwägung zieht, dass sich das Instrument durch den häufigen Gebrauch immer mehr abnutzt, und man wird ohne Zweifel die Abnahme des Reibungscoefficienten der Zeit proportional setzen dürfen, da ja der Windmesser die ganze Zeit über mit einem Intervalle von je einer Stunde in Thätigkeit war. Ich habe daher die beiden, mittelst Beobachtung gewonnenen Werthe von k nach ihren entsprechenden Data auf einem Stücke carrirten Papieres abgesetzt und mittelst geradliniger, graphischer Interpolation für k folgende Werthe, die dann später bei der endlichen Reduction der mit dem Handwindmesser gemachten Windbeobachtungen zur Verwendung gelangten, gefunden:

		k.
1882.	Juli 31—October 15	1.3 m.
	October 16—Decbr. 11	1.2 -
	Decbr. 12—1883. Februar 10 . . .	1.1 -
1883.	Februar 11—April 10	1.0 -
	April 11— Juni 8	0.9 -
	Juni 9—September 1	0.8 -

Ausser dem Handwindmesser hatte man noch ein gewöhnliches Robinson'sches Anemometer, das am westlichen Giebel des Wohnhauses, etwas oberhalb der Dachfirste, angebracht war, in Reserve. Die Höhe des Kugelkreuzes über der Erdoberfläche betrug 7.4 m. Dieser Windmesser wurde innerhalb 24 Stunden nur einmal, nämlich um 12 Uhr Mittag Ortszeit abgelesen. Am 23. Mai 1883 stellte man im Laufe des Nachmittags zwischen diesem englischen Anemometer und Mohn's Handwindmesser eine Reihe Vergleiche an. Hesselberg war mit dem Handwindmesser auf dem Dache postirt, so dass die Kugelkreuze beider Instrumente in gleicher Höhe waren; Hagen hatte seinen Platz auf der Leiter, dem Zählwerk des Robinson'schen Windmessers gerade gegenüber; auf ein von mir gegebenes Zeichen (ich stand unten im Hofe) wurde abgelesen, indem Hesselberg gleichzeitig den Knopf des Handwindmessers, der schon vorher auf 0.0 eingestellt war, zudrückte. Nach Verlauf von 30 Sekunden wurde wieder ein Signal gegeben; neue Ablesung an Robinson; der Handwindmesser wird abgelesen und auf 0.0 zurückgestellt. Die Beobachtungen ergaben folgende Werthe:

Handwindmesser abgelesen	Corrig. Windgeschwindigk. in Metern per Sek. V.	Robinson Zahl der Rotationen des letzten Rades in 30 Sek. A.	V_R.
5.2	6.1	1.05	6.2
5.4	6.3	1.09	6.3
5.9	6.8	1.14	6.5
7.0	7.9	1.63	8.0
7.4	8.3	1.60	8.2
8.3	9.2	1.85	9.2
7.4	8.3	1.60	8.2
7.0	7.9	1.52	7.9
6.4	7.3	1.39	7.4
6.2	7.1	1.44	7.3

Bezeichnet man die wirkliche Windgeschwindigkeit in Metern per Sekunde, als Durchschnittswerth eines Zeitintervalles von 30 Sekunden betrachtet, mit V, so lässt sich folgende Gleichung aufstellen:

$$V = k_R + a\,A$$

wo k_R den Reibungscoefficienten des Robinson'schen Windmessers, a einen constanten Factor, A die Zahl der Rotationen des letzten Rades im Zählwerke des Robinson'schen Windmessers in 30 Sek., bezeichnet. Vorstehende Reihe von Vergsleichsbeobachtungen habe ich nun mit Hilfe der Methode der kleinsten Quadrate zur Bestimmung der Constanten k_R und a benutzt, und gefunden:

$$k_R = 2.24. \qquad a = 3.7404.$$

Die Substitution dieser Werthe in vorstehende Formel liefert die mit V_R bezeichnete Zahlenreihe. Der Windmesser auf dem Dache gelangte indessen bei den stündlichen Beobachtungen nicht zur Verwendung, da der Handwindmesser glücklicherweise die ganze Zeit hindurch anstandslos functionirte.

Ein Hagemann'scher Windmesser, Eigenthum des meteorologischen Instituts in Christiania, wurde im Arbeitszimmer aufgestellt, von wo aus eine aus Kautschuk, Glas und Compositionsmetal, erzeugte Röhrenleitung durch die Wand in's Freie und längs der Flaggenstange nach dem östlichen Giebel des Wohnhauses führte. Die Auffangspitze des Anemometers befand sich einige Centimeter über dem Knopfe der Flaggenstange und 12.4 m. über der Erdoberfläche. Die mit diesem Instrumente gemachten Beobachtungen müssen leider als völlig misslungen betrachtet werden, was wahrscheinlich theils dem Umstande, dass dies Instrument ein älteres und durch den Gebrauch ziemlich abgenutztes Exemplar war, theils auch der ungünstigen Aufstellung desselben zuzuschreiben ist, indem die etwas dünne Flaggenstange im Winde hin und her schwankte, so dass die horizontale Stellung der Oberfläche der Anemometerspitze nie mit Sicherheit constantirt werden konnte. Es ereignete sich auch, am häufigsten bei starken Südwinden, dass Luft abwärts durch die Röhre strömte, indem sich nämlich der Zeiger bei zunehmender Windgeschwindigkeit nach links anstatt nach rechts über die eingetheilte Scala hin bewegte. Eine andere als die erwähnte Aufstellung dieses Windmessers konnte mit dem besten Willen nicht zu Wege gebracht werden.

E. Wolken. Niederschlag.

Die Menge der Wolken wurde durch Schätzung nach der gewöhnlichen Scala von 0—10 bestimmt. Sofern die Bewölkung hauptsächlich aus oberen Wolken bestand und diese sehr dünn und durchsichtig waren, so versah man die Zahl, welche die Wolkenmenge angiebt, mit einer o als Exponent; waren nur untere Wolken, die gleichzeitig einen hohen Grad von Dichte zeigten, sichtbar, so wurde die betreffende Zahl des Scala mit dem Exponenten 2 versehen.

Bei der Bezeichnung der Wolkenformen hielt man sich an die allgemeine Howard'sche Terminologie und benutzte demzufolge für die unteren Wolken: Cumulus (Cu), Cumulostratus (Cust) und Stratus (Str), für die oberen Wolken: Cirrus (Ci), Cirrocumulus (Cicu) und Cirrostratus (Cist). Die Bezeichnung Nimbus gelangte nicht zur Verwendung, da, meines Wissens, kein charakteristisches Beispiel dieser Wolkenform vorkam. Meiner Erfahrung nach dürfte es auch in den meisten Fällen mit Schwierigkeit verbunden sein, in Bezug auf eine Regen- oder Gewitter-bringende Wolkenform zwischen den Bezeichnungen Cumulostratus und Nimbus die richtige Wahl zu treffen, wenn man eben nicht einer jeden Wolke, die Niederschlag bringt, den Namen Nimbus beilegen will. Dies gilt namentlich den nördlicheren Gegenden, wo die blauschwarze Farbe, die ja gewöhnlich als charakteristisches Merkmal der Nimbus-Wolke aufgestellt wird, niemals so intensiv wie in südlicheren Breiten hervortritt.

Die Bezeichnung Stratus ist von jeher immer mehr oder weniger willkürlich gewesen und wohl nie einer concisen Definition unterzogen worden. Ich habe diese Bezeichnung für das völlig mit Wolken bedeckte Firmament gewählt, wenn die Bewölkung durchaus gleichmässig grau erschien, so dass keine Wolken-Contouren zu erkennen waren. Stratus hat oft Niederschläge im Gefolge.

In den die stündlichen Beobachtungen enthaltenden Tabellen sind wegen des knappen Raumes für die verschiedenen Wolkenformen folgende Symbole eingeführt worden:

a = Str.
u = Cu.
i = Ci.
s = Cust.
c = Cicu.
r = Cist.

Zur Erklärung der benutzten Bezeichnungen mögen hier einige Beispiele angeführt werden.

6°. ic. 6 Zehntel des Firmamentes mit ungemein leichtem und dünnem Cirrus und Cirrocumulus bedeckt.

5^{2}. su. Die Hälfte des Firmamentes mit ungemein dichtem Cumulostratus und Cumulus bedeckt.

10°. r. Das ganze Firmament mit einem sehr dünnen, feinen, durchsichtigen Schleier von Cirrostratus bedeckt.

10^{2}. s. Das ganze Firmament mit ungemein dichten Cumulostratus-Wolken von deutlichen Contouren bedeckt.

10. a. Das ganze Firmament mit einer gleichmässig grauen Schichte unterer Wolken, deren Contouren nicht zu erkennen sind, bedeckt.

10^{2}. a. Dem vorhergehenden Beispiele entsprechend, mit dem Unterschiede jedoch, dass die gleichmässige Wolkenschichte sehr dicht und dunkel ist.

In den Tabellen sind die Wolkenformen nach ihrer scheinbaren relativen Menge derart geordnet, dass diejenige Form, welche in grösster Menge vorkam, zuerst angeführt erscheint.

8. srieu bedeutet mithin, dass von den genannten 5 Wolkenformen, welche zusammen 8 Zehntel des Firmamentes bedecken, Cumulostratus in grösster, Cumulus in kleinster Menge auftritt.

Der Zug der Wolken ist entsprechend der Himmelsgegend, aus welcher sie kommen, bezeichnet worden. Da nun eine durch Schätzung vorgenommene Beurtheilung des Zuges der Wolken, welche sich in grosser Entfernung vom Zenithe befinden, oft mit erheblichen Fehlern verbunden sein kann, so gelangte die Zugrichtung nur dann zur Notirung, wenn die betreffende Wolke gerade im Zenith über dem Orientirungskreuze der Windfahne stand. Mit Beziehung auf den Beschluss der internationalen Polar-Conferenz in Wien sind in den die stündlichen Beobachtungen enthaltenden Tabellen nur die Zugrichtungen der unteren Wolken niedergelegt. Der Zug der oberen Wolken findet sich in einer besonderen Tabelle zusammengestellt. Schliesslich ist noch eine eigne Tabelle über die während der Ausführung der Beobachtungen notirten Bemerkungen beigefügt worden.

Niederschläge und die übrigen atmosphärischen Erscheinungen wurden mit den allgemein gebräuchlichen Symbolen bezeichnet:

● Regen.
✱ Schnee.
● ✱ Schnee und Regen, gemischt.
△ Graupeln.
≡ Nebel.
∝ (Frostrauch) Rauhfrost.
⌓ Thau.
⊔ Reif.
Ҝ Gewitter.
⌒ Regenbogen.
⊕ Sonnenring.
⦶ Sonnenhof.
Ⓓ Mondring.
Ⓓ Mondhof.

Die Niederschlagsmenge bestimmte man mit Hilfe eines kreisrunden Regen- und eines viereckigen Schneemessers, deren Auffangflächen je 22.5 cm.² betrugen. Beide Apparate waren nebeneinander (Taf. I. R.), mit der offenen Fläche 1 m. vom Erdboden abstehend, angebracht. Deren Inhalt wurde innerhalb 24 Stunden mindestens einmal, um 12 Uhr p. m. Ortszeit, untersucht, während die Gefässe, auch nach jedem stattgehabten Niederschlag, geleert wurden.

In den nachfolgenden Tabellen sind die stündlichen meteorologischen Beobachtungen den Beschlüssen der Wiener-Conferenz gemäss zusammengestellt worden.

Die Nordlichtbeobachtungen, welche in ihrer Gesammtheit in einem besonderen Abschnitte behandelt werden, haben an dieser Stelle keine weitere Berücksichtigung gefunden.

Am Schlusse findet sich eine Zusammenstellung der Monats- und Jahres-Mittel sowie der Mittel für die Jahreszeiten.

Tafeln II—IV geben eine graphische Darstellung des täglichen Ganges der meteorologischen Elemente.

Die Temperaturmessungen im Altenfjord, welche als facultative Beobachtungen zu betrachten sind, haben am Ende dieses Abschnittes ihren Platz erhalten.

TABELLEN

DER

STÜNDLICHEN METEOROLOGISCHEN BEOBACHTUNGEN.

Luftdruck.

1882. August. 700 mm + Höhe des Barometers über Meer: 30.0 m. **Bossekop.**

Datum	1	2	3	4	5	6	7	8	9	10	11	Mittag	1	2
1	53.7	53.2	52.8	52.3	52.0	51.9	50.6	50.1	50.3	51.1	51.2	51.6	52.0	51.5
2	54.2	54.2	54.6	54.8	54.9	54.9	55.1	55.0	54.9	54.6	54.6	54.4	54.0	53.7
3	50.6	50.1	49.7	49.2	48.8	48.5	47.8	47.6	47.0	46.8	46.4	46.3	46.0	45.6
4	49.3	49.6	49.9	50.3	50.7	50.9	51.2	51.2	51.3	51.4	51.6	51.8	51.9	52.0
5	54.3	54.5	54.5	54.6	54.7	54.5	54.5	54.4	54.2	54.0	54.1	54.1	53.9	53.8
6	55.6	55.8	56.0	56.1	55.1	56.1	56.2	56.2	56.3	56.2	56.2	55.7	55.4	55.2
7	56.0	56.1	56.0	55.9	55.8	55.9	56.0	56.2	56.3	56.6	56.6	56.7	56.8	56.7
8	57.2	57.2	56.9	57.0	56.8	56.7	56.6	56.6	56.4	56.4	56.3	56.3	56.4	56.3
9	56.7	56.7	56.4	56.0	55.7	55.5	55.1	54.8	54.5	54.4	53.9	53.6	53.3	52.8
10	50.1	49.7	49.1	48.6	48.2	47.8	47.6	47.4	47.4	47.7	47.8	48.3	48.9	49.1
11	48.0	47.6	46.9	46.0	45.4	44.6	43.6	42.9	42.2	41.7	41.3	41.3	40.9	40.6
12	40.4	40.6	40.9	41.1	41.4	41.6	42.2	43.4	44.5	45.5	46.5	47.6	47.9	48.7
13	52.4	52.3	52.0	52.1	52.1	52.2	52.2	52.1	52.3	52.0	52.2	52.1	52.4	52.4
14	53.9	54.3	54.6	54.6	55.0	55.2	55.6	55.8	56.4	56.5	56.7	57.0	57.0	56.9
15	54.7	54.1	53.4	53.0	52.5	52.2	51.6	51.3	51.2	51.0	50.7	50.6	50.7	50.8
16	52.3	52.1	52.2	52.4	52.4	52.8	53.1	53.3	53.7	54.1	54.5	54.7	54.8	54.9
17	54.8	54.8	54.8	55.0	55.2	55.3	55.6	55.9	56.3	56.8	56.9	56.9	57.0	56.7
18	56.5	56.2	55.8	55.6	55.5	55.4	55.4	55.3	55.3	55.4	55.4	55.3	55.5	55.6
19	57.8	58.1	58.3	58.6	58.9	59.0	59.1	59.6	59.8	59.8	60.0	60.0	60.1	60.1
20	59.3	59.0	58.6	58.2	58.1	57.7	57.4	57.1	56.6	56.3	56.1	55.6	55.4	54.8
21	52.6	52.5	52.3	52.4	52.1	52.2	52.2	52.7	52.6	52.7	52.7	52.7	52.5	52.5
22	51.8	51.4!	51.5	51.1	50.8	50.9	50.7	50.7	50.5	50.3	50.2	49.9	50.1	50.0
23	48.8	48.9	48.8	48.7	48.5	48.5	48.6	48.7	48.6	48.6	48.6	48.5	48.5	48.6
24	48.9	49.0	49.0	48.9	49.0	48.9	48.9	49.0	48.9	49.0	48.9	49.1	49.0	49.0
25	48.1	48.0	47.8	47.4	47.8	47.6	47.6	47.7	47.9	48.2	48.1	48.6	48.7	48.7
26	48.9	48.8	48.8	48.9	48.9	48.7	48.9	49.0	49.2	49.1	49.2	49.3	49.5	49.5
27	50.7	50.9	50.8	50.7	50.6	50.5	50.4	50.5	50.4	50.6	50.6	50.4	49.9	49.7
28	49.4	49.4	49.2	49.0	48.6	48.8	48.6	48.5	48.4	48.2	48.1	48.0	48.0	47.6
29	45.4	45.2	44.9	44.5	44.2	43.7	43.4	43.0	42.4	42.1	41.7	41.0	40.5	39.8
30	38.2	38.2	38.4	38.4	38.6	38.8	39.3	40.1	40.4	40.8	41.4	41.9	42.4	42.8
31	47.9	48.3	48.6	49.0	49.3	50.0	50.4	50.8	51.2	51.2	51.5	51.5	51.6	51.8
Mittel	**51.56**	51.51	51.40	51.30	51.25	51.20	**51.15**	51.19	51.26	51.26	51.29	51.32	51.32	51.23

1882. September. $\varphi = + 69^0\ 57'\ 29''$.

Datum	1	2	3	4	5	6	7	8	9	10	11	Mittag	1	2
1	51.5	51.5	51.6	51.1	50.9	51.0	50.8	50.6	50.5	50.5	50.2	49.9	49.8	49.7
2	49.3	49.1	48.9	48.6	48.6	48.5	48.4	48.5	48.3	48.3	48.3	48.4	48.3	48.2
3	49.6	50.0	50.2	50.2	50.6	51.0	51.4	51.8	52.1	52.5	52.8	53.4	53.8	54.3
4	56.4	56.5	56.3	56.3	56.1	56.1	56.1	55.9	55.9	55.9	55.9	55.9	55.7	55.8
5	56.4	56.4	56.4	56.8	56.8	57.2	57.3	57.3	57.2	57.2	56.9	56.9	56.5	56.2
6	54.3	53.9	53.5	53.4	53.5	53.4	53.3	53.3	53.0	53.0	52.8	52.5	52.1	51.8
7	48.1	48.1	48.1	48.2	48.2	48.0	47.9	47.8	47.8	48.0	48.4	48.9	49.7	50.5
8	52.7	52.3	51.8	51.3	50.8	50.5	50.2	49.6	49.3	49.3	49.0	48.8	48.4	48.2
9	50.3	50.2	50.1	50.1	49.9	50.0	50.1	50.2	50.6	51.4	52.0	53.2	54.0	54.7
10	57.8	57.7	57.6	57.6	57.1	56.7	56.4	56.4	56.2	56.3	56.7	56.8	56.9	57.2
11	58.6	58.7	58.8	58.7	58.5	58.5	58.5	58.4	58.3	58.1	57.9	57.6	57.4	57.4
12	58.9	59.1	59.3	59.3	59.5	59.7	59.7	59.7	59.7	59.4	59.2	59.2	58.6	58.3
13	58.0	57.9	58.0	57.6	57.7	57.6	57.4	57.1	57.1	56.9	56.7	56.4	56.2	56.0
14	55.4	55.3	55.4	55.3	55.3	55.2	55.1	55.2	55.3	55.1	55.2	55.2	55.2	55.0
15	53.7	53.1	52.2	52.0	51.3	51.0	50.7	50.7	50.7	51.3	52.0	52.3	53.1	53.9
16	58.5	58.5	58.3	58.3	58.2	58.2	58.1	58.2	58.0	58.2	58.1	58.0	58.3	58.2
17	59.6	59.3	59.5	59.3	59.5	59.5	59.6	59.8	59.8	60.0	60.0	60.0	60.0	60.0
18	60.5	60.0	59.8	59.1	58.6	58.2	57.7	57.5	57.1	57.2	56.8	56.7	56.9	56.7
19	56.6	56.3	56.0	55.4	54.7	54.1	53.4	53.0	53.1	53.4	53.4	53.2	53.1	53.0
20	50.3	51.0	51.5	51.9	52.1	52.7	53.5	53.7	54.8	55.8	56.6	57.1	57.4	57.5
21	53.9	53.0	52.3	51.2	50.6	50.2	50.0	49.9	50.0	50.3	50.6	51.1	51.7	51.8
22	56.2	56.0	56.2	56.2	56.3	56.4	56.3	56.4	56.3	56.2	55.9	56.1	56.5	56.3
23	55.8	55.5	55.3	55.2	55.1	55.2	55.5	55.6	55.5	55.5	55.4	55.4	55.1	55.9
24	55.3	55.0	54.8	54.7	54.3	54.3	54.1	54.3	54.3	54.2	54.0	53.9	53.8	54.6
25	56.1	55.8	55.8	55.8	55.4	55.1	54.9	54.6	54.2	53.7	53.1	52.9	52.5	51.8
26	47.2	47.4	48.2	50.3	52.3	53.5	54.7	55.8	56.5	58.1	58.3	59.1	59.4	59.8
27	57.1	56.9	56.8	56.4	56.2	56.2	56.4	56.1	56.2	56.2	56.0	55.9	55.9	55.9
28	57.2	57.2	57.1	57.2	57.2	57.1	57.3	57.7	57.5	57.6	57.7	57.7	57.7	57.6
29	59.5	59.4	59.3	59.4	59.4	59.2	59.1	59.2	59.3	59.4	59.2	59.2	59.1	59.0
30	58.8	58.7	58.5	58.3	58.1	58.0	57.9	57.6	57.5	57.7	57.5	57.5	57.3	57.2
Mittel	55.12	54.99	54.91	54.84	54.84	54.74	**54.73**	**54.73**	54.74	54.89	54.89	54.97	55.01	55.05

Luftdruck.

Bossekop. Mittlere Ortszeit. Schwere-Correction: + 1.49 bei 751.3. **August 1882.**

3	4	5	6	7	8	9	10	11	12	Tages-mittel	Maxim.	Minim.	Differenz
51.6	52.1	52.4	52.6	53.1	53.2	53.3	53.7	53.6	54.0	52.25	54.0	50.1	3.9
53.5	53.3	53.1	52.8	52.4	52.0	51.7	51.3	51.2	50.9	53.59	55.1	50.9	4.2
45.7	45.9	46.0	46.0	46.4	46.7	47.1	47.7	48.3	48.6	47.45	50.6	45.6	5.0
52.1	52.4	52.6	52.8	53.1	53.2	53.6	53.4	53.9	54.2	51.85	54.2	49.3	4.9
53.7	53.6	53.8	54.4	54.5	54.8	55.0	55.2	55.4	55.5	54.42	55.5	53.6	1.9
55.3	55.5	55.5	55.8	55.9	55.9	55.9	55.5	55.9	56.1	55.85	56.3	55.2	1.1
56.5	56.7	56.7	56.8	57.0	57.0	57.2	57.1	57.2	57.1	56.54	57.2	55.8	1.4
56.2	56.2	56.2	56.2	56.4	56.3	56.3	56.5	56.7	56.8	56.54	57.2	56.2	1.0
52.6	52.1	52.0	51.8	51.4	51.2	51.1	50.8	50.8	50.4	53.48	56.7	50.4	6.3
49.2	49.0	49.0	49.2	49.2	49.0	48.8	48.7	48.4	48.2	48.60	50.1	47.4	2.7
40.6	40.4	40.6	40.6	40.4	40.3	39.8	39.6	39.7	39.9	42.29	48.0	39.6	8.4
49.5	50.0	50.2	50.3	50.6	50.9	51.4	51.7	51.8	52.1	46.69	52.1	40.4	**11.7**
52.6	52.8	52.8	52.9	52.9	53.1	53.1	53.1	53.2	53.4	52.52	53.4	52.0	1.4
56.9	56.7	56.7	56.4	56.2	56.0	55.8	55.5	55.2	55.1	55.83	57.0	53.9	3.1
51.0	51.1	51.1	51.0	51.1	51.4	51.6	52.0	52.1	52.3	51.77	54.7	50.6	4.1
55.1	55.0	54.9	55.0	55.2	55.1	54.9	54.9	54.5	54.6	54.01	55.1	52.1	3.0
56.7	56.6	56.4	56.3	56.5	56.4	56.5	56.4	56.4	56.4	56.11	57.0	54.8	2.2
55.3	55.6	55.8	55.8	56.1	56.2	56.7	57.0	57.3	57.6	55.90	57.6	55.5	2.3
60.0	60.2	60.6	60.0	60.0	60.0	60.0	60.0	59.9	59.4	**59.53**	**60.2**	57.8	2.4
54.6	54.2	53.8	53.6	53.4	53.4	53.2	53.0	52.8	52.6	55.67	59.3	52.6	6.7
52.3	52.0	52.1	52.4	52.2	52.2	52.1	52.1	52.1	52.3	52.35	52.7	52.0	0.7
49.8	49.3	50.2	50.9	50.0	49.9	49.9	48.8	48.9	48.9	50.28	51.8	48.8	3.0
48.6	48.6	48.5	48.5	48.5	48.5	48.5	48.8	48.7	48.9	48.63	48.9	48.5	**0.4**
48.9	49.1	49.0	48.6	48.6	48.5	48.3	48.1	48.0	48.0	48.73	49.1	48.0	1.1
48.9	48.6	48.4	48.5	49.0	48.6	48.7	49.0	48.9	49.0	48.33	49.0	47.4	1.6
49.4	49.4	49.4	49.4	49.8	50.1	50.4	50.3	50.4	50.7	49.42	50.7	48.7	2.0
49.5	49.3	49.2	49.2	49.1	49.1	49.3	49.4	49.4	49.5	49.99	50.9	49.1	1.8
47.4	47.1	46.8	46.8	46.4	46.3	46.1	46.0	45.9	45.7	47.68	49.4	45.7	3.7
39.1	38.9	38.4	38.0	37.9	37.9	37.7	37.8	37.8	38.1	**40.98**	45.4	**37.7**	7.7
43.3	43.9	44.3	44.7	45.4	45.8	46.3	46.7	47.3	47.5	42.29	47.5	38.2	9.3
51.9	51.9	52.0	52.0	52.0	51.9	51.4	51.6	51.5	51.5	50.87	52.0	47.9	4.1
51.23	51.21	51.22	51.27	51.31	51.31	51.35	51.35	51.39	51.46	51.30	53.18	49.54	3.64

$\lambda = + 23^{0}\ 14'\ 46'' = + 1^{h}\ 32^{m}\ 59^{s}$. Schwere-Correction: + 1.49 bei 755.1. **September 1882.**

3	4	5	6	7	8	9	10	11	12	Tages-mittel	Maxim.	Minim.	Differenz
49.5	49.3	49.2	49.2	49.2	49.4	49.3	49.4	49.5	49.3	50.11	51.5	49.2	2.3
47.9	48.3	48.6	48.6	48.7	49.0	49.1	49.2	49.2	49.3	**48.65**	49.3	47.9	1.4
54.5	54.8	55.2	55.7	55.8	56.1	56.1	56.3	56.8	56.5	53.39	56.8	49.6	7.2
53.7	55.6	55.7	55.7	55.9	56.0	56.3	56.4	56.5	56.4	56.04	56.5	55.6	0.9
56.0	55.5	55.4	55.3	55.0	54.8	54.6	54.5	54.5	54.5	56.07	57.3	54.5	2.8
51.1	50.7	50.4	49.9	49.7	49.2	48.9	48.5	48.0	48.1	51.60	54.3	48.1	6.2
51.1	51.8	52.5	52.8	53.1	53.7	53.7	53.8	53.5	53.3	50.29	53.8	47.8	6.0
47.6	47.4	47.6	48.4	49.7	50.0	50.5	50.3	50.4	50.4	49.77	52.7	47.4	5.3
55.5	56.2	56.6	57.0	57.3	57.7	58.0	58.2	58.3	58.1	53.74	58.3	49.9	8.4
57.3	57.6	58.0	58.0	58.2	58.2	58.1	58.2	58.3	58.4	57.40	58.4	56.2	2.2
57.5	57.8	57.8	57.9	58.1	58.2	58.4	58.4	58.5	58.8	58.20	58.8	57.4	1.4
58.2	58.0	57.9	57.9	57.6	57.8	58.0	58.1	58.2	58.1	58.72	59.7	57.6	2.1
56.0	55.9	55.7	55.6	55.7	55.6	55.2	55.3	55.2	55.3	56.50	58.0	55.2	2.8
55.0	55.2	55.3	55.2	55.3	55.2	55.0	55.0	54.7	54.1	55.13	55.4	54.1	1.3
54.6	55.4	56.0	56.8	57.2	57.7	57.9	58.1	58.3	58.6	54.11	58.6	50.7	7.9
58.3	58.4	58.4	58.7	58.7	59.1	59.4	59.2	59.3	59.6	58.51	59.6	58.0	1.6
60.2	60.4	60.6	60.7	60.6	60.8	60.8	60.8	60.8	60.7	**60.14**	**60.8**	59.3	1.5
56.8	56.8	57.1	57.1	57.0	56.9	56.4	56.5	56.8	56.7	57.54	60.5	56.4	4.1
53.1	53.1	52.9	52.8	52.4	51.9	50.9	50.4	50.2	50.0	53.27	56.6	50.0	6.6
57.8	57.7	57.7	57.4	57.1	56.9	56.4	55.7	55.2	54.8	55.11	57.8	50.3	7.5
52.4	52.7	53.3	53.9	54.5	55.0	55.4	55.5	55.8	56.2	52.55	56.2	49.9	6.3
56.5	56.5	56.1	56.3	56.4	56.2	56.3	56.4	56.2	55.9	56.25	56.5	55.9	**0.6**
54.8	54.9	55.2	55.4	55.4	55.4	55.7	55.8	55.5	55.4	55.35	55.8	54.8	1.0
55.3	55.5	55.6	55.8	56.0	56.3	56.4	56.3	56.5	56.2	55.06	56.5	53.8	2.7
51.1	50.1	49.5	49.1	48.8	48.5	48.2	47.6	47.2	47.0	52.03	56.1	**47.0**	9.1
59.9	60.1	60.1	59.9	59.8	59.6	59.1	58.8	58.3	57.7	56.41	60.1	47.2	**12.9**
55.9	56.1	56.0	56.2	56.5	56.6	56.9	57.1	57.1	57.1	56.40	57.1	55.9	1.2
57.8	58.1	58.4	58.6	58.8	59.0	59.0	59.4	59.5	59.4	57.99	59.5	57.1	2.4
59.1	59.1	59.1	59.3	59.3	59.2	59.2	59.0	58.9	59.0	59.20	59.5	58.9	**0.6**
57.1	56.8	56.7	56.5	56.7	56.7	56.5	56.5	56.8	56.6	57.40	58.8	56.5	2.3
55.12	55.19	55.28	55.39	55.48	**55.56**	55.52	55.49	55.47	55.38	55.10	57.03	53.07	3.96

Luftdruck.

1882. October. 700 mm + Höhe des Barometers über Meer: 30.0 m. **Bossekop.**

Datum	1	2	3	4	5	6	7	8	9	10	11	Mittag	1	2
1	56.7	56.5	56.5	56.4	56.4	56.3	56.0	56.0	55.7	55.8	55.9	56.0	56.3	56.1
2	54.3	54.3	54.0	53.8	54.0	54.0	54.0	54.3	54.5	54.5	54.7	54.8	55.1	55.4
3	58.5	58.6	58.6	58.4	58.2	58.2	58.7	59.2	59.3	59.7	60.2	60.7	61.2	61.5
4	61.2	60.8	60.5	60.0	59.7	59.2	59.2	59.2	59.4	59.4	59.5	59.4	59.4	59.1
5	55.9	55.7	55.5	55.1	55.0	54.0	53.0	52.3	51.7	51.2	51.0	50.4	49.9	50.3
6	55.4	56.0	55.9	56.0	56.1	56.5	56.7	56.8	57.4	58.1	58.6	59.2	59.9	60.6
7	65.6	65.8	65.9	66.6	66.8	66.8	67.2	67.3	67.5	67.5	67.6	67.7	67.7	67.9
8	64.5	63.3	62.3	61.8	61.1	60.7	60.4	60.4	61.3	62.3	62.0	63.6	64.6	65.2
9	66.5	66.3	66.2	65.8	65.9	65.7	65.5	65.3	64.8	64.4	63.7	63.5	63.2	62.6
10	58.2	58.0	57.9	57.8	57.7	57.4	57.3	57.0	57.2	57.1	57.0	57.1	57.1	57.2
11	59.0	58.8	59.1	59.0	59.2	59.3	59.6	60.1	60.1	60.3	60.6	60.8	60.8	60.9
12	61.9	62.0	62.0	62.1	61.9	61.8	61.9	62.0	61.8	61.7	61.8	61.6	61.7	61.6
13	62.3	62.6	62.8	62.8	63.0	63.0	63.1	63.6	63.7	64.0	64.1	64.4	64.6	64.9
14	67.5	67.6	67.7	67.6	67.7	67.8	67.8	68.1	68.2	68.2	68.3	68.4	68.4	68.3
15	69.7	69.8	69.9	70.2	70.3	70.4	70.5	70.6	70.6	70.6	70.4	70.1	69.9	69.8
16	69.3	69.3	69.3	69.1	68.1	69.0	69.2	69.8	69.5	69.9	70.0	69.9	70.0	69.9
17	70.2	70.0	69.9	69.8	69.5	69.3	68.9	68.3	68.0	68.0	67.8	67.7	67.6	67.6
18	66.3	66.1	65.8	65.3	65.1	65.0	64.8	64.9	64.7	64.9	64.7	64.6	64.4	64.2
19	65.6	65.9	66.4	67.0	67.4	67.6	68.0	68.3	68.8	68.9	69.4	69.8	69.8	69.7
20	70.3	70.2	70.1	70.4	70.2	70.2	70.1	70.1	70.0	69.9	69.8	69.4	69.2	68.7
21	65.8	65.3	64.7	64.6	64.2	63.9	63.7	63.9	63.5	63.2	63.1	62.5	61.9	61.3
22	58.7	58.6	58.2	58.4	58.0	57.9	58.0	57.8	57.5	57.4	57.5	57.5	57.3	57.1
23	56.2	56.2	56.1	55.8	55.7	55.7	55.7	55.7	55.6	55.7	55.6	55.3	55.2	54.9
24	55.3	55.3	55.3	55.6	55.6	55.7	55.8	55.9	56.2	56.2	56.4	56.9	56.5	56.5
25	57.1	56.8	56.7	57.0	56.9	56.8	56.8	57.1	56.9	57.1	56.9	56.8	56.5	56.9
26	56.3	56.2	55.9	55.6	55.6	55.4	55.3	55.6	55.8	55.7	55.4	57.3	55.1	55.0
27	53.3	53.1	53.0	53.0	52.7	52.5	52.3	52.5	51.7	51.7	51.5	51.4	51.3	51.1
28	51.1	51.2	51.3	50.9	51.0	51.3	51.5	51.8	52.2	52.5	52.8	53.2	53.4	53.7
29	56.9	57.1	57.2	57.5	57.6	57.8	58.0	58.2	58.4	58.3	58.5	58.7	58.6	58.7
30	58.2	58.1	57.8	57.9	57.3	57.1	56.9	56.8	56.6	56.4	56.5	56.0	55.8	55.1
31	52.1	52.0	51.7	51.7	51.3	51.0	50.7	50.5	50.5	50.4	50.3	50.3	50.5	50.4
Mittel	60.64	60.56	60.45	60.42	60.33	60.24	**60.21**	60.30	60.29	60.35	60.40	60.42	60.42	60.39

1882. November. $\varphi = + 69^0\ 57'\ 29''$.

Datum	1	2	3	4	5	6	7	8	9	10	11	Mittag	1	2
1	53.9	54.4	54.8	55.3	55.4	55.7	56.0	56.4	57.0	57.3	57.9	58.5	58.8	59.2
2	62.2	62.3	62.2	62.0	62.0	61.9	61.9	62.0	62.0	62.0	61.9	61.8	61.7	61.7
3	60.9	60.8	60.6	60.8	60.7	60.5	60.4	60.5	60.3	59.9	59.8	59.5	59.2	59.1
4	56.5	55.8	55.7	54.8	54.5	54.0	53.7	53.3	53.3	53.3	53.3	52.6	52.4	53.4
5	53.4	53.7	53.1	53.2	53.0	53.0	53.0	52.9	53.2	53.2	53.3	53.1	53.0	52.8
6	49.5	49.1	49.2	49.3	48.8	48.1	47.8	47.9	48.5	48.1	48.1	47.9	47.7	47.4
7	45.9	46.3	46.4	46.1	45.7	45.9	45.9	46.0	46.1	47.0	46.8	46.8	47.1	47.3
8	48.2	48.2	48.2	48.3	48.5	48.5	48.5	48.6	48.7	48.8	49.0	49.0	49.0	49.0
9	48.8	48.9	49.1	48.7	49.2	49.3	49.4	49.5	49.7	50.0	50.2	50.1	50.1	50.0
10	50.8	50.8	51.0	51.0	50.9	50.9	51.0	51.3	51.8	51.8	52.0	51.9	52.1	52.1
11	52.1	51.9	51.9	51.8	51.7	51.7	51.6	51.4	51.7	51.3	51.5	51.4	51.8	51.9
12	52.3	52.4	52.4	52.1	51.7	51.4	50.9	50.4	50.4	50.8	50.6	50.4	50.4	50.4
13	53.0	53.7	54.6	55.4	56.1	56.8	57.5	58.2	58.7	59.1	59.5	60.1	60.3	60.6
14	64.7	64.8	65.1	65.2	65.4	65.5	65.6	65.6	66.0	66.1	66.3	66.4	66.4	66.5
15	66.9	67.3	67.4	67.6	67.8	67.8	68.0	68.2	68.4	68.5	69.3	69.1	69.3	69.5
16	70.0	69.8	69.7	69.8	69.4	69.5	69.3	69.5	69.4	69.7	69.5	69.2	69.0	68.9
17	67.3	67.0	67.0	66.6	66.5	66.5	66.6	66.4	66.5	66.6	66.4	66.3	66.1	66.0
18	65.8	65.6	65.5	65.4	65.8	65.9	65.9	66.0	66.2	66.3	66.1	66.4	66.2	66.2
19	65.0	64.7	64.6	64.4	64.2	64.1	64.1	63.9	63.8	64.0	64.1	63.7	63.6	63.2
20	61.6	60.9	60.8	60.8	60.7	60.6	60.4	60.2	60.4	60.7	60.4	60.2	59.8	59.2
21	56.2	55.9	55.7	55.4	55.1	55.2	55.1	54.9	54.8	54.3	54.4	53.8	53.2	52.9
22	48.7	48.3	48.0	47.8	47.3	46.7	46.2	45.9	45.8	45.6	45.7	45.4	45.4	45.0
23	44.8	45.1	45.2	45.5	45.9	46.1	46.6	46.7	47.0	47.5	48.0	48.3	48.6	48.7
24	52.3	52.5	52.8	53.1	53.1	53.2	53.4	53.8	54.0	54.7	55.0	55.1	55.0	54.9
25	54.7	54.7	54.6	54.1	54.0	53.7	53.3	53.1	53.5	53.1	53.0	52.8	52.5	52.0
26	50.6	50.4	50.1	50.3	50.1	50.2	50.0	49.9	50.2	50.3	50.4	50.3	50.3	50.3
27	51.2	51.5	51.5	51.4	51.7	51.3	51.4	51.7	51.6	51.9	52.0	51.8	52.0	51.9
28	52.4	52.5	52.7	52.9	53.2	53.4	54.0	54.2	54.0	54.1	54.2	54.0	53.8	53.4
29	54.0	53.8	54.0	54.2	54.5	54.7	54.8	55.4	55.5	56.0	56.4	56.7	56.5	56.6
30	54.2	53.1	52.5	51.5	51.4	51.5	49.8	49.5	49.7	49.7	49.8	49.7	49.8	49.6
Mittel	55.60	55.54	55.55	55.49	55.48	55.45	**55.40**	55.44	55.61	55.72	**55.83**	55.74	55.70	55.66

Luftdruck.

Bossekop. Mittlere Ortszeit. Schwere-Correction: + 1.50 bei 760.5. **October 1882.**

3	4	5	6	7	8	9	10	11	12	Tagesmittel	Maxim.	Minim.	Differenz
55.9	55.8	55.7	55.5	55.7	55.5	55.3	54.7	54.3	54.5	55.81	56.7	54.3	2.4
55.7	56.0	56.1	56.6	57.0	57.3	57.6	58.0	58.2	58.5	55.53	58.5	53.8	4.7
61.9	62.0	62.1	62.3	62.2	62.0	62.0	61.8	61.4	61.3	60.43	62.3	58.2	4.1
58.9	58.8	58.8	58.2	57.9	57.2	57.1	56.3	56.2	56.1	58.81	61.2	56.1	5.1
50.5	50.6	51.9	53.5	54.0	54.2	54.9	54.5	55.1	55.5	53.15	55.9	**49.9**	6.0
61.6	61.8	62.6	63.0	63.7	64.4	64.6	64.7	65.1	65.2	60.00	65.2	55.4	**9.8**
67.9	68.0	68.0	67.9	67.6	67.2	66.8	66.6	66.0	65.2	67.05	68.0	65.2	2.8
65.0	65.1	65.7	65.9	66.3	66.6	66.6	66.7	66.9	66.7	63.96	66.9	60.4	6.5
61.9	61.5	61.0	60.7	60.5	60.1	59.7	59.3	59.0	58.5	62.98	66.5	58.5	8.0
57.2	57.3	57.3	57.5	57.6	57.6	58.0	58.3	58.4	59.1	57.60	59.1	57.0	2.1
61.0	61.1	61.3	61.4	61.6	62.0	62.1	62.1	62.0	62.0	60.59	62.1	58.8	3.3
61.5	61.5	61.7	61.8	62.0	62.1	62.4	62.5	62.4	62.4	61.92	62.5	61.5	1.0
65.1	65.1	65.5	65.6	66.1	66.3	66.6	66.8	67.2	67.2	64.60	67.2	62.3	4.9
68.3	68.6	69.2	69.1	69.1	69.3	69.5	69.2	69.6	69.7	68.47	69.7	67.5	2.2
69.6	69.6	69.6	69.5	69.7	69.7	69.6	69.6	69.5	69.4	**69.94**	70.6	69.4	1.2
70.3	70.2	70.2	70.4	70.6	70.6	70.5	70.6	70.6	70.5	69.91	70.6	69.0	1.6
67.6	67.6	67.3	67.4	67.1	66.9	66.9	66.9	66.9	66.5	68.07	70.2	66.5	3.7
64.2	63.7	63.8	63.8	64.0	64.3	64.6	64.8	65.1	65.3	64.77	66.3	63.7	2.6
69.9	70.2	70.5	70.5	70.6	70.7	70.6	70.7	70.6	70.4	69.05	**70.7**	65.6	5.1
68.4	68.0	68.2	68.2	67.9	67.4	67.0	67.1	66.7	66.2	68.90	70.3	66.2	4.1
61.1	60.5	60.5	60.2	59.8	59.6	59.5	59.1	59.1	58.9	62.11	65.8	58.9	6.9
56.9	57.1	56.7	56.7	56.6	56.4	56.5	56.4	56.2	56.3	57.32	58.7	56.2	2.5
54.4	54.3	54.2	54.3	54.2	54.4	54.5	54.7	54.9	55.0	55.18	56.2	54.2	2.0
56.6	56.9	57.0	57.1	57.0	57.1	57.1	57.1	57.0	57.0	56.38	57.1	55.3	1.8
57.1	56.7	56.9	56.6	56.7	56.8	56.7	56.7	56.6	56.5	56.82	57.1	56.5	**0.6**
55.0	55.0	54.9	54.9	54.6	54.6	54.4	54.2	53.9	53.7	55.14	56.3	53.7	2.6
51.0	51.1	51.0	51.0	50.9	51.1	51.2	51.4	51.4	51.2	51.77	53.3	50.9	2.4
53.9	54.3	54.7	55.0	55.2	55.6	55.7	56.1	56.3	56.6	53.38	56.6	50.9	5.7
58.8	58.9	59.0	58.7	59.0	58.8	58.8	58.7	58.5	58.5	58.30	59.0	56.9	2.1
55.0	54.8	54.4	54.2	53.9	53.5	53.0	53.1	52.8	52.4	55.57	58.2	52.4	5.8
50.6	51.0	51.2	51.5	51.8	52.1	52.4	52.8	53.1	53.5	**51.39**	53.5	50.3	3.2
60.41	60.42	60.55	60.61	60.67	60.69	**60.72**	60.69	60.68	60.64	60.48	62.33	58.56	3.77

$\lambda = + 23^0\ 14'\ 46'' = + 1^h\ 32^m\ 59^s$. Schwere-Correction: + 1.50 bei 755.6. **November 1882.**

3	4	5	6	7	8	9	10	11	12	Tagesmittel	Maxim.	Minim.	Differenz
59.6	59.8	60.1	60.5	61.0	61.2	61.4	61.9	61.9	62.1	58.34	62.1	53.9	8.2
61.4	61.1	61.1	61.5	61.2	61.2	61.2	61.0	60.9	60.9	61.63	62.3	60.9	1.4
59.0	58.8	58.7	58.1	57.4	57.3	57.2	56.8	56.4	56.5	59.13	60.9	56.4	4.5
53.2	53.2	53.3	53.5	53.6	53.8	53.9	54.0	53.7	53.8	53.86	56.5	52.4	4.1
52.2	51.8	51.1	50.8	50.8	50.8	50.6	50.3	50.2	49.7	52.18	53.7	49.7	4.0
47.3	47.3	47.2	47.0	47.0	46.7	46.6	46.5	46.3	46.2	47.73	49.5	46.2	3.3
47.4	47.4	47.4	47.5	47.5	47.8	47.9	48.3	48.3	48.2	46.96	48.3	45.7	2.6
48.9	49.0	49.0	49.0	48.9	48.9	48.8	49.0	48.9	48.7	48.73	49.0	48.2	**0.8**
50.1	50.2	50.2	50.3	50.4	50.5	50.6	50.6	50.6	50.6	49.88	50.6	48.7	1.9
52.2	52.3	52.4	52.6	52.5	52.6	52.6	52.4	52.4	52.3	51.82	52.6	50.8	1.8
51.9	52.3	52.2	52.3	52.3	52.4	52.4	52.6	52.6	52.6	52.01	52.6	51.3	1.3
50.2	50.3	50.3	50.4	50.6	50.7	51.1	51.6	51.8	52.6	51.09	52.6	50.2	2.4
61.0	61.5	62.0	62.4	62.7	62.8	63.2	63.7	64.0	64.3	59.63	64.3	53.0	**11.3**
66.3	66.4	66.5	66.6	66.8	66.7	66.9	67.0	67.0	66.9	66.11	67.0	64.7	2.3
69.5	69.7	69.9	70.1	69.9	70.3	70.2	70.2	70.3	70.2	**68.97**	**70.3**	66.9	3.4
68.8	68.4	68.4	68.2	68.0	67.9	67.6	67.6	67.6	67.3	68.85	70.0	67.3	2.7
66.1	65.8	66.1	65.6	65.6	65.8	65.8	65.9	65.8	65.7	66.25	67.3	65.5	1.8
65.9	66.1	66.1	66.1	66.2	66.0	66.0	65.7	65.5	65.1	65.92	66.3	65.1	1.2
62.8	62.5	62.5	62.0	61.9	61.7	61.6	61.4	61.2	61.3	63.18	65.0	61.2	3.8
59.1	59.0	58.7	58.3	58.4	58.0	57.6	57.2	56.9	56.5	59.43	61.6	56.5	5.1
52.4	52.2	51.7	51.5	50.8	50.5	50.1	50.0	49.4	49.1	53.11	56.2	49.1	7.1
45.0	44.6	44.6	44.6	44.7	44.6	44.7	44.7	44.7	44.7	**45.78**	48.7	**44.6**	4.1
49.1	49.6	50.1	50.2	50.5	50.8	51.2	51.6	51.8	52.0	48.37	52.0	44.8	7.2
55.1	55.1	55.1	55.1	55.1	54.9	55.0	54.9	54.9	54.7	54.28	55.1	52.3	2.8
51.8	51.6	51.5	51.4	51.3	51.1	51.1	50.7	50.8	50.7	52.55	54.7	50.7	4.0
50.3	50.6	50.7	50.7	50.7	50.7	50.9	51.1	51.1	51.3	50.48	51.3	49.9	1.4
51.8	51.5	51.4	51.2	51.2	51.3	51.6	51.8	52.2	52.3	51.63	52.3	51.2	1.1
53.5	53.3	53.6	53.2	52.9	53.1	53.4	53.4	53.6	53.8	53.44	54.2	52.4	1.8
56.5	56.3	56.2	56.0	55.9	55.8	55.4	54.9	54.8	54.7	55.40	56.7	53.8	2.9
49.7	49.8	50.2	50.6	50.6	50.7	51.0	51.2	51.5	51.7	50.78	54.2	49.5	4.7
55.60	55.58	55.61	55.58	55.55	55.55	55.59	55.60	55.57	55.55	55.58	57.36	53.76	3.50

Luftdruck.

1882. December. 700 mm + Höhe des Barometers über Meer: 30.0 m. **Bossekop.**

Datum	1	2	3	4	5	6	7	8	9	10	11	Mittag	1	2
1	51.7	52.2	52.5	53.3	53.4	54.2	54.6	54.7	55.7	56.0	56.7	57.1	57.4	57.8
2	63.4	63.7	64.2	64.5	64.8	65.1	65.2	65.6	65.8	66.2	66.5	66.5	66.6	66.5
3	65.0	64.7	64.1	64.4	64.2	63.8	63.4	63.6	63.5	63.2	63.0	62.7	62.6	62.2
4	60.5	60.2	60.1	60.0	60.1	60.4	60.6	60.7	60.9	61.3	61.8	61.6	61.6	61.8
5	62.9	62.8	63.1	62.9	62.9	63.1	63.1	63.2	63.5	63.4	63.9	64.3	64.3	64.6
6	65.1	64.9	64.9	64.7	64.6	64.5	64.4	64.3	64.7	64.8	64.6	64.6	64.5	64.5
7*	64.1	63.7	63.7	63.6	63.6	63.3	63.5	63.6	63.5	63.5	64.0	64.0	63.8	64.0
8	64.8	64.6	64.5	64.2	64.5	64.5	64.4	64.4	64.6	64.9	65.1	65.1	65.2	65.1
9	67.3	67.4	67.6	67.8	67.9	68.1	68.7	68.8	69.1	69.5	70.1	70.0	70.0	70.4
10	69.6	69.5	69.4	69.1	68.6	68.3	67.9	68.5	68.4	68.7	68.8	68.8	68.1	68.0
11	63.6	62.9	62.5	62.2	62.0	61.9	61.7	61.5	61.2	60.9	60.6	60.3	59.9	60.1
12	60.1	59.6	59.1	58.5	58.0	57.7	57.3	57.3	57.2	57.2	57.2	56.4	56.3	55.7
13	51.2	50.6	50.0	49.8	49.0	48.5	47.5	46.5	46.1	45.9	45.2	44.5	43.6	42.8
14	50.4	51.2	52.6	53.4	54.0	54.5	54.9	55.3	55.9	56.8	57.3	57.6	57.9	57.8
15	54.7	54.4	54.2	54.3	54.9	56.0	57.1	57.9	58.9	59.5	60.0	60.4	60.7	60.7
16	60.9	60.8	60.7	60.5	60.6	60.7	60.6	60.7	60.9	61.1	61.2	61.8	62.0	61.8
17	67.9	68.6	69.0	69.2	69.8	70.1	70.3	70.7	70.9	70.7	70.9	70.6	70.2	69.6
18	65.3	65.0	64.7	64.3	63.8	63.8	63.7	63.4	63.5	63.2	63.2	63.2	63.8	64.4
19	69.1	69.4	69.5	69.9	70.0	70.1	70.1	70.0	69.8	69.9	69.5	68.9	68.5	67.8
20	63.3	62.6	61.8	60.9	60.0	59.2	58.3	57.6	56.7	56.1	55.7	55.1	54.8	54.5
21	57.0	57.3	57.5	57.7	57.6	57.6	57.7	57.7	57.7	57.7	57.5	57.1	56.6	56.5
22	53.2	52.7	52.5	52.1	51.8	51.5	51.3	51.2	51.1	51.2	51.4	51.0	50.9	50.6
23	47.3	47.2	47.1	47.1	47.3	47.1	46.9	47.0	47.2	47.3	47.2	47.4	47.7	47.6
24	47.6	47.6	47.7	47.4	47.7	47.8	47.7	47.8	48.1	48.2	48.7	48.8	48.1	48.2
25	49.8	49.6	49.4	49.2	49.2	49.3	49.4	49.6	49.7	50.0	50.2	50.0	50.0	49.7
26	49.8	49.8	49.6	49.2	49.1	49.0	48.5	48.7	49.1	48.8	48.8	48.5	48.1	47.4
27	42.8	42.4	41.8	41.1	40.2	39.4	38.6	37.8	37.3	37.3	37.5	37.7	37.4	37.1
28	35.5	35.6	35.7	36.0	35.9	36.3	36.5	36.9	37.3	37.8	38.5	38.9	39.2	39.7
29	44.4	45.0	45.2	45.4	45.7	45.8	46.2	46.3	46.7	47.2	47.3	47.8	48.0	48.4
30	47.6	47.3	46.9	46.3	46.2	46.0	45.5	45.2	44.7	44.7	44.6	44.1	43.6	43.1
31	40.6	40.9	41.4	41.7	42.4	42.5	42.9	43.6	44.1	44.5	45.2	45.9	46.4	47.0
Mittel	56.66	56.59	56.55	56.47	56.45	56.45	**56.40**	56.47	56.57	56.70	**56.85**	56.80	56.70	56.63

1883. Januar. $\varphi = + 69^0\ 57'\ 29''$.

Datum	1	2	3	4	5	6	7	8	9	10	11	Mittag	1	2
1	50.7	50.5	50.5	50.3	49.8	49.4	49.0	49.0	49.0	49.0	49.5	49.7	49.7	49.5
2	42.0	41.1	40.3	39.5	39.0	38.5	37.8	37.6	37.3	36.9	36.7	36.5	36.4	36.1
3	37.3	37.6	37.8	38.2	38.3	38.6	39.0	39.6	40.1	40.9	41.1	41.2	41.3	41.4
4	43.4	42.9	42.5	42.5	43.4	44.5	45.3	48.1	49.8	51.4	52.0	52.6	53.4	53.8
5	58.6	60.0	59.8	60.2	60.5	61.0	61.3	61.8	63.2	62.2	62.7	62.7	62.8	62.9
6	61.1	60.9	60.4	59.8	59.3	58.6	57.7	57.1	56.4	55.5	55.1	54.1	53.3	52.5
7	51.5	52.1	52.1	52.3	52.4	52.8	53.0	53.4	53.7	54.1	54.3	54.3	54.3	54.2
8	54.0	53.7	53.5	53.5	53.5	53.3	53.0	53.0	52.3	51.4	50.7	50.3	48.8	48.2
9	52.1	52.8	53.7	53.9	54.1	54.3	54.8	55.0	55.2	55.9	56.3	56.8	57.2	57.5
10	60.8	61.0	61.4	61.5	61.4	61.6	61.3	61.5	61.6	61.3	61.3	60.7	60.2	59.4
11	50.2	50.8	51.6	52.0	52.2	52.6	52.6	52.4	52.3	52.3	52.6	52.5	53.9	52.9
12	55.2	55.5	55.6	55.7	56.1	56.4	56.8	57.7	58.3	58.9	59.2	59.3	59.6	59.9
13	61.5	61.5	61.6	61.5	61.4	61.4	61.4	61.5	61.6	61.5	61.7	61.8	61.7	61.8
14	61.3	61.1	60.9	60.6	60.4	60.2	59.9	59.8	59.6	59.3	59.0	58.4	58.0	57.8
15	55.7	55.6	55.4	55.2	55.1	55.1	55.0	55.1	55.6	55.8	55.9	55.8	56.0	56.2
16	56.7	56.8	56.7	56.6	56.6	56.9	56.9	56.9	57.1	56.5	56.4	55.9	55.7	55.8
17	55.5	55.5	55.4	55.4	55.2	55.3	55.8	55.8	55.7	55.8	56.0	55.9	55.9	56.0
18	53.5	53.2	52.9	52.1	51.9	51.5	51.2	50.6	50.6	50.1	49.6	49.7	49.6	49.6
19	44.3	43.7	43.3	43.2	43.2	43.1	43.3	43.8	43.6	43.5	43.6	44.0	43.8	44.0
20	43.4	43.4	43.2	43.2	43.1	43.1	43.0	43.1	43.2	43.8	43.7	43.4	44.1	44.3
21	46.2	46.5	46.8	47.1	47.4	47.8	48.3	48.9	49.6	50.5	51.4	52.0	53.0	54.1
22	69.4	70.4	71.3	71.6	72.1	72.8	73.2	73.5	73.6	73.9	73.9	73.7	73.6	73.1
23	66.5	65.5	64.5	63.5	63.0	62.2	61.3	60.1	59.3	58.7	57.6	56.7	56.5	56.7
24	51.7	50.4	50.0	49.1	48.2	47.6	46.9	46.6	46.2	45.9	45.4	46.3	45.9	45.7
25	45.8	45.4	45.2	44.7	44.5	44.0	43.2	42.8	42.7	42.8	42.4	42.3	42.2	42.3
26	42.7	42.7	42.2	41.6	40.7	40.0	39.9	39.3	39.1	39.0	39.3	40.1	40.2	40.0
27	38.0	38.4	38.7	39.1	39.5	39.6	40.2	40.4	40.9	41.5	41.9	42.1	42.5	42.7
28	42.0	41.7	41.1	40.7	40.5	40.0	39.5	39.6	39.5	39.4	39.5	40.2	39.6	39.3
29	38.5	38.5	38.5	38.3	38.3	38.4	38.4	38.2	38.2	38.3	38.6	38.5	38.2	38.1
30	34.1	33.7	33.1	32.7	32.3	31.5	30.7	30.2	29.5	29.1	28.5	27.9	27.3	26.9
31	28.2	28.4	28.6	29.0	29.5	29.7	30.2	30.4	30.8	31.3	31.7	32.0	32.4	32.8
Mittel	**50.06**	50.04	49.95	49.83	49.77	49.74	49.67	49.77	49.83	49.89	49.92	49.92	49.87	49.85

Luftdruck.

Bossekop. Mittlere Ortszeit. Schwere-Correction: + 1.50 bei 756.6. **December 1882.**

3	4	5	6	7	8	9	10	11	12	Tagesmittel	Maxim.	Minim.	Differenz
58.1	58.9	59.3	59.5	60.1	60.6	61.6	62.1	62.6	63.1	57.23	63.1	51.7	**11.4**
66.4	66.2	66.2	66.3	66.0	65.8	65.8	65.4	65.7	65.4	65.33	66.6	63.4	3.2
62.3	62.2	62.0	61.5	61.2	61.3	60.9	60.8	60.7	60.5	62.65	65.0	60.5	4.5
62.0	62.2	63.3	62.4	62.6	62.6	62.9	63.0	63.0	63.0	61.57	63.0	60.0	3.0
64.7	64.8	64.9	65.0	65.1	65.3	65.3	65.3	65.1	65.1	64.11	65.3	62.8	2.5
64.5	64.6	64.4	64.3	64.3	64.4	64.5	64.8	64.8	64.6	64.60	65.1	64.3	**0.8**
64.0	64.1	64.0	64.4	64.6	64.9	64.9	64.8	64.9	65.0	64.06	65.0	63.5	1.5
65.4	65.2	65.6	65.7	66.0	66.0	66.4	67.0	67.0	67.3	65.30	67.3	64.2	3.1
70.2	69.9	70.1	69.8	70.0	70.1	70.0	69.7	69.8	69.7	**69.25**	**70.4**	67.3	3.1
67.4	67.0	66.9	66.5	66.1	65.7	65.4	65.1	64.6	64.0	67.52	69.6	64.0	5.6
60.0	62.2	62.6	60.4	60.4	60.5	60.9	60.8	60.7	60.5	61.10	63.6	59.9	3.7
55.3	55.2	54.8	54.4	54.0	53.7	53.3	53.1	52.6	52.1	56.09	60.1	52.1	8.0
43.6	42.5	42.8	42.9	43.5	44.4	45.8	47.1	48.1	49.2	46.25	51.2	42.5	8.7
58.0	57.9	57.5	57.0	56.5	55.9	55.5	55.1	54.8	54.7	55.52	58.0	50.4	7.6
60.7	61.0	62.5	60.3	60.6	60.9	60.7	61.1	60.9	60.9	58.80	61.1	54.2	6.9
62.1	63.1	63.5	63.9	64.3	65.0	65.5	66.4	66.8	67.3	62.59	67.3	60.5	6.8
69.5	69.2	69.1	68.8	68.4	68.3	67.8	67.1	66.6	65.9	69.18	70.9	66.6	4.3
64.7	64.9	65.4	66.0	66.7	67.3	67.6	68.0	68.4	68.8	65.13	68.8	63.2	5.6
67.0	66.8	66.7	66.0	65.7	64.7	65.1	64.5	64.1	63.7	67.78	70.1	63.7	6.4
53.7	54.1	54.1	54.0	53.8	54.3	54.9	55.6	56.0	56.6	56.78	63.3	53.7	9.6
56.1	56.2	56.0	55.7	55.0	54.7	54.2	54.2	54.2	53.8	56.39	57.7	53.8	3.9
50.2	49.8	49.7	49.2	48.5	47.9	47.8	47.8	47.7	47.8	50.37	53.2	47.7	5.5
47.6	47.3	47.3	47.5	47.4	47.3	47.9	47.7	47.8	47.6	47.37	47.9	46.9	1.0
48.4	48.7	48.3	48.4	48.3	48.7	48.9	49.2	49.4	49.8	48.31	49.8	47.4	2.4
49.8	50.0	49.9	49.9	49.8	49.9	50.1	50.0	50.0	49.8	49.76	50.2	49.2	1.0
47.2	47.0	46.5	46.1	45.8	45.5	45.1	44.4	44.0	43.5	47.48	49.8	43.5	6.3
37.1	37.0	36.4	36.2	35.8	35.3	35.0	35.2	35.2	35.3	**37.78**	42.8	**35.0**	7.8
40.1	40.6	41.3	41.7	41.8	42.4	42.7	43.2	43.7	44.1	39.23	44.1	35.5	8.6
48.5	48.9	48.8	48.9	48.7	48.6	48.3	48.1	47.9	47.8	47.25	48.9	44.4	4.5
42.3	41.9	41.5	41.1	40.9	40.6	40.7	40.8	40.6	40.6	43.62	47.6	40.6	7.0
47.6	48.3	48.7	49.2	49.5	49.8	50.1	50.2	50.5	50.5	45.98	50.5	40.6	9.9
56.56	56.63	56.62	56.55	56.50	56.53	56.63	56.69	56.72	56.71	56.60	59.27	53.97	5.30

$\lambda = + 23^0\ 14'\ 46'' = + 1^h\ 32^m\ 59^s$. Schwere-Correction: + 1.48 bei 749.8 **Januar 1883.**

3	4	5	6	7	8	9	10	11	12	Tagesmittel	Maxim.	Minim.	Differenz
49.4	49.1	49.0	48.4	48.1	47.4	46.5	45.4	44.2	43.0	48.59	50.7	43.0	7.7
36.2	36.1	36.4	36.2	36.4	36.5	36.6	36.5	36.9	37.0	37.52	42.0	36.1	5.9
41.5	41.8	41.8	42.0	42.3	43.2	43.1	43.6	43.6	43.5	40.80	43.6	37.3	6.3
54.3	55.0	55.2	55.4	55.2	55.7	56.3	57.0	57.4	58.2	51.05	58.2	42.5	15.7
62.9	63.1	62.9	62.5	62.3	62.3	62.3	62.1	62.1	61.6	61.78	63.1	58.6	4.5
51.9	51.3	50.9	50.4	50.1	50.0	50.2	50.8	50.9	51.2	54.56	61.1	50.0	11.1
54.1	53.9	53.7	53.4	53.1	53.0	53.4	53.7	53.7	54.2	53.36	54.3	51.5	2.8
47.9	48.2	48.5	48.7	48.6	48.7	48.8	49.4	50.3	51.4	50.82	54.0	47.9	6.1
57.9	58.2	58.8	59.0	59.1	59.4	59.6	60.1	62.2	62.6	56.77	60.6	52.1	8.5
58.6	57.9	57.0	55.7	54.1	53.0	51.8	51.2	50.6	50.2	58.13	61.6	50.2	11.4
53.1	53.2	53.2	53.6	54.0	54.1	54.3	54.5	55.0	55.2	52.92	55.2	50.2	5.0
60.3	60.6	62.8	60.8	61.0	61.1	61.2	61.2	61.4	61.5	58.92	61.5	55.2	6.3
61.9	61.8	61.8	61.8	61.7	61.6	61.3	61.2	61.2	61.4	61.57	61.9	61.2	**0.7**
57.4	57.2	56.9	56.7	56.5	56.0	56.3	55.9	55.9	55.8	58.37	61.3	55.8	5.5
56.3	56.4	56.6	56.5	56.4	56.2	56.3	56.4	56.8	56.7	55.92	56.8	55.0	1.8
55.9	56.0	56.1	55.8	55.7	55.7	55.6	55.6	55.7	55.5	56.21	57.1	55.5	1.6
55.9	55.5	55.3	55.3	54.9	54.6	54.4	54.3	54.1	53.8	55.30	56.0	53.8	2.2
49.2	48.8	49.0	48.7	48.4	47.5	47.0	46.5	46.1	45.0	49.68	53.5	45.0	8.5
43.9	43.9	43.8	43.6	43.1	43.0	43.0	42.9	43.2	43.1	43.50	44.3	42.9	1.4
44.2	44.1	44.1	44.2	44.4	44.7	44.7	45.3	45.5	45.8	43.95	45.8	43.1	2.7
55.1	55.9	57.5	59.5	61.2	62.8	64.5	66.0	67.3	68.5	54.50	68.5	46.2	**22.3**
72.5	71.9	71.4	70.9	70.5	69.9	69.1	68.3	67.6	67.3	**71.48**	**73.9**	67.3	6.6
56.0	56.6	55.9	56.1	56.1	55.8	55.2	54.3	53.5	52.7	58.51	66.5	52.7	13.8
46.4	46.8	46.4	46.7	46.8	46.0	46.1	45.5	46.0	45.9	47.02	51.7	45.4	6.3
42.2	42.2	42.2	42.6	42.5	42.7	42.7	42.7	42.6	42.7	43.14	45.8	42.2	3.6
39.8	39.1	38.9	38.3	37.8	37.7	37.7	37.6	37.6	37.8	39.55	42.7	37.6	5.1
42.9	43.1	43.5	43.7	43.5	43.5	43.1	42.4	42.5	42.5	41.51	43.7	38.0	5.7
38.7	38.6	38.7	38.6	38.5	38.4	38.2	38.3	38.4	38.5	39.48	42.0	38.2	3.8
37.9	37.5	37.5	36.7	36.7	36.1	35.8	35.5	35.4	35.0	37.55	38.6	35.0	3.6
26.6	26.5	26.6	26.4	26.5	26.7	26.7	27.1	27.2	27.7	**28.98**	34.1	**26.4**	7.7
33.0	33.1	33.3	33.8	34.2	35.1	35.8	36.7	37.4	38.2	32.32	38.2	28.2	10.0
49.80	49.79	49.80	49.74	49.67	49.63	**49.55**	49.61	49.69	49.72	49.82	53.17	46.58	6.59

Luftdruck.

1883. Februar. 700 mm + Höhe des Barometers über Meer: 30.0 m. **Bossekop.**

Datum	1	2	3	4	5	6	7	8	9	10	11	Mittag	1	2
1	39.3	40.1	41.1	42.3	42.5	43.0	43.7	44.4	45.3	46.2	46.8	47.1	47.3	47.9
2	50.6	50.6	51.0	51.5	51.5	52.0	52.0	52.4	52.5	52.6	53.0	52.8	52.7	52.9
3	53.3	53.2	53.4	53.6	53.6	53.6	53.6	53.7	54.0	54.2	54.4	54.7	55.1	55.5
4	56.3	56.0	56.0	56.1	56.0	55.8	55.7	55.8	55.7	55.9	56.3	56.3	56.6	56.6
5	59.7	60.3	60.6	60.8	60.9	61.3	61.8	62.2	62.5	62.8	63.3	63.5	63.7	64.0
6	66.9	67.0	67.2	67.5	67.5	67.5	67.4	67.8	67.8	67.7	67.8	67.5	67.7	67.5
7	65.7	65.5	65.1	65.0	64.9	65.1	65.5	65.8	66.5	67.0	67.2	67.5	67.6	68.1
8	70.9	71.1	71.1	71.2	71.3	71.2	71.5	71.2	71.2	71.4	71.8	71.9	71.7	71.4
9	67.8	67.2	66.4	66.0	65.4	64.6	63.8	62.9	62.7	62.1	61.7	61.3	61.1	61.0
10	57.3	57.4	56.8	55.8	55.8	55.8	55.4	55.2	54.8	54.8	54.2	53.8	53.5	53.1
11	48.6	48.2	48.2	48.0	48.3	48.1	48.7	48.9	49.4	49.3	49.7	49.9	50.0	49.9
12	49.1	49.2	49.2	48.9	48.7	48.1	47.3	46.3	45.8	44.8	45.3	44.8	45.1	45.2
13	49.3	49.8	50.4	50.8	51.4	51.9	52.6	53.0	53.6	54.2	54.9	55.4	56.0	56.2
14	57.5	57.9	58.2	58.7	59.0	59.3	59.3	59.7	59.9	60.1	60.2	60.4	60.4	60.6
15	60.0	59.7	59.7	59.7	59.7	60.0	59.8	60.2	60.4	60.6	61.0	61.1	61.4	61.7
16	63.6	63.6	63.5	63.8	63.7	63.9	64.0	63.6	63.3	63.2	63.3	62.9	62.6	62.2
17	59.6	60.0	60.1	60.2	60.3	60.5	60.9	61.0	61.7	62.3	62.9	63.5	63.9	64.4
18	67.6	67.5	67.5	67.2	66.8	66.4	65.8	65.5	65.3	65.0	64.8	64.7	64.7	64.7
19	62.6	62.9	62.7	62.6	62.3	61.8	61.4	61.0	61.0	61.0	60.7	61.1	61.4	61.2
20	60.3	59.7	59.1	58.3	57.6	57.3	56.9	56.4	56.2	55.0	54.6	53.6	53.1	51.6
21	46.8	46.3	45.4	45.4	44.8	44.3	44.0	43.3	42.5	42.0	41.7	40.8	40.1	39.0
22	32.8	32.7	32.9	32.9	33.0	33.1	33.1	33.1	32.7	31.6	31.2	30.7	30.5	30.2
23	29.9	30.0	30.4	30.2	29.8	30.1	30.4	30.8	31.1	31.4	32.0	32.8	33.2	33.2
24	41.3	41.7	42.2	42.5	42.7	42.7	42.9	42.7	42.5	42.0	41.7	41.4	40.7	39.5
25	29.7	30.0	30.2	30.5	31.1	31.7	32.4	33.2	34.2	35.1	36.1	37.4	38.1	39.1
26	50.1	50.8	51.4	52.0	52.7	53.0	52.9	53.2	53.6	54.2	54.3	54.5	54.7	54.6
27	43.4	41.4	38.6	37.0	34.4	32.3	30.7	29.5	28.3	26.9	26.5	26.3	26.4	26.8
28	28.7	29.3	29.8	30.5	31.3	31.6	32.1	32.4	32.9	33.5	34.8	36.0	37.5	38.1
Mittel	52.45	52.47	52.44	52.46	52.39	52.36	52.34	52.33	52.41	52.39	52.58	52.63	52.74	52.79

1883. März. $\varphi = + 69^0\ 57'\ 29''$.

Datum	1	2	3	4	5	6	7	8	9	10	11	Mittag	1	2
1	54.6	55.3	56.1	56.7	57.6	57.9	57.6	57.9	57.3	57.7	57.7	57.3	56.6	56.2
2	47.7	47.9	47.6	47.1	46.9	46.5	46.1	45.5	45.1	45.1	45.1	45.0	44.7	43.9
3	45.7	47.7	49.6	50.5	49.7	48.6	48.6	48.7	49.3	50.2	50.7	51.4	52.2	52.8
4	57.3	56.9	56.0	55.7	55.3	54.6	53.9	53.3	52.6	51.6	50.3	49.4	47.8	47.0
5	41.6	40.9	40.6	40.5	40.0	39.6	39.6	39.6	39.6	39.4	39.0	39.4	39.8	40.1
6	42.3	42.5	42.6	43.1	43.4	43.9	44.1	44.4	44.9	45.0	45.5	45.8	45.9	46.0
7	47.9	48.3	48.7	49.1	49.5	50.1	50.6	51.1	51.5	52.0	52.5	52.9	53.2	53.9
8	58.2	58.5	58.6	58.7	58.6	58.4	58.2	58.1	57.9	58.4	58.2	58.2	58.1	58.0
9	55.9	55.8	55.7	55.6	55.3	55.0	54.7	54.8	54.5	54.3	54.3	54.0	54.0	53.5
10	44.7	43.5	41.9	40.1	39.2	39.2	39.7	39.7	39.9	40.0	40.0	40.3	40.6	40.5
11	42.6	42.8	42.8	43.3	43.3	43.5	43.6	43.7	43.7	43.8	44.0	44.0	44.1	43.9
12	44.2	44.0	43.8	43.7	43.5	43.5	43.2	43.1	42.9	43.1	43.4	43.2	43.4	43.5
13	44.8	45.0	45.3	46.0	46.5	46.8	47.4	48.2	48.7	49.0	49.9	50.5	51.2	51.8
14	58.8	59.1	59.4	60.0	60.6	61.2	61.6	61.9	62.3	62.5	62.7	62.8	63.0	63.0
15	64.7	64.8	64.9	65.0	64.8	65.1	65.1	65.0	65.1	65.2	65.1	64.9	64.7	64.6
16	66.2	66.2	66.5	66.7	67.4	67.7	67.9	68.0	68.1	68.2	68.4	68.7	69.0	69.5
17	71.7	71.8	71.6	71.1	71.1	71.1	71.0	71.1	70.9	71.1	71.1	71.1	71.3	71.0
18	69.9	69.9	69.9	70.3	69.9	70.3	70.4	70.6	71.0	71.1	71.3	71.5	71.6	71.5
19	66.1	64.7	63.0	61.4	58.8	58.2	56.9	54.5	52.3	51.3	49.4	48.7	48.6	48.8
20	59.7	60.4	61.1	61.5	62.0	62.4	62.8	63.4	63.9	64.3	65.2	65.5	65.9	66.1
21	67.8	67.7	67.6	67.7	67.6	67.6	67.5	67.4	67.3	67.1	67.0	67.0	66.7	66.5
22	63.6	63.0	62.3	61.6	60.4	60.2	58.8	57.5	56.7	55.9	54.9	54.0	52.7	51.7
23	42.3	41.2	40.2	39.0	37.7	36.4	35.1	33.5	32.4	31.3	30.2	29.2	28.5	27.9
24	30.1	30.3	30.7	31.3	31.5	31.7	32.3	33.0	33.9	34.7	35.6	36.1	36.9	37.4
25	39.4	39.3	39.1	38.7	38.4	38.3	37.8	37.3	37.2	37.0	36.8	36.6	36.4	36.1
26	33.2	33.4	33.7	33.9	34.2	34.3	34.3	34.4	34.3	34.4	34.7	34.9	34.9	34.8
27	36.4	36.6	36.9	37.0	37.1	37.3	37.5	37.6	37.9	38.0	38.2	38.4	38.4	38.5
28	39.1	39.3	39.1	39.2	39.2	39.5	39.6	39.8	39.8	40.0	40.1	40.1	40.3	40.5
29	44.2	44.4	44.6	44.8	45.0	45.3	45.6	45.9	46.2	46.5	46.6	46.7	46.9	47.1
30	43.2	43.3	43.4	43.5	43.8	44.0	44.3	45.2	45.6	46.6	47.2	47.9	48.7	49.2
31	53.0	53.6	54.1	54.3	54.3	54.6	54.8	54.7	55.0	54.9	54.7	54.7	54.8	54.6
Mittel	50.87	50.90	50.88	50.87	50.73	50.72	50.66	50.61	50.57	50.63	50.64	50.65	50.67	50.64

Luftdruck.

Bossekop. Mittlere Ortszeit. Schwere-Correction: + 1.49 bei 752.7. **Februar 1883.**

3	4	5	6	7	8	9	10	11	12	Tagesmittel	Maxim.	Minim.	Differenz
48.1	48.3	48.1	48.1	48.7	49.0	49.3	49.4	49.9	50.2	46.09	50.2	39.3	10.9
53.2	53.1	53.2	53.3	53.4	53.3	53.3	53.0	53.1	53.1	52.50	53.4	50.6	2.8
55.7	55.8	55.8	56.2	56.2	56.4	56.6	56.5	56.4	56.5	54.92	56.5	53.2	3.3
56.5	56.6	56.4	56.5	56.6	56.8	57.5	58.2	58.9	59.3	56.60	59.3	55.7	3.6
64.7	64.7	65.0	65.1	65.3	65.4	65.9	66.2	66.3	66.7	63.45	66.7	59.7	7.0
67.4	67.0	66.8	66.8	66.5	66.5	66.4	66.2	66.3	66.0	67.11	67.8	66.0	**1.8**
68.2	68.5	68.5	69.0	69.3	69.7	70.0	70.1	70.4	70.6	67.53	70.6	64.9	5.7
71.3	71.2	70.8	70.5	70.1	69.6	69.4	69.1	68.8	68.4	**70.75**	**71.9**	68.4	3.5
60.7	60.7	60.7	60.0	59.5	59.2	58.9	58.5	58.0	57.7	62.00	67.8	57.7	10.1
52.6	52.3	51.8	51.4	50.8	50.1	49.8	49.6	49.3	49.1	53.35	57.3	49.1	8.2
49.9	49.6	49.2	49.5	49.2	49.0	48.9	48.1	48.5	49.0	49.00	50.0	48.0	2.0
45.2	45.3	45.4	45.8	46.3	46.7	47.2	47.9	48.8	49.2	46.90	49.2	44 8	4.4
56.1	56.4	56.3	55.5	55.2	55.2	55.9	56.1	56.6	57.0	54.16	57.0	49.3	7.7
60.6	60.2	60.5	60.7	60.7	60.8	60.5	60.4	60.3	60.1	59.83	60.8	57.5	3.3
61.8	61.7	61.9	62.1	62.1	62.2	62.3	62.9	63.0	63.2	61.18	63.2	59.7	3.5
61.5	61.0	60.6	60.1	59.9	59.6	59.4	59.4	59.3	59.5	61.98	64.0	59.3	4.7
64.8	65.3	65.7	66.2	66.3	66.5	66.9	67.3	67.3	67.4	63.54	67.4	59.6	7.8
64.7	64.6	64.3	64.0	63.7	63.3	63.4	63.4	63.5	63.2	65.07	67.6	63.2	4.4
61.0	61.5	61.8	61.5	61.2	61.2	61.3	61.2	61.2	60.7	61.48	62.9	60.3	2.6
52 1	52.1	51.0	50.2	50.1	50.0	49.7	49.3	48.5	47.3	53.75	60.3	47.3	13.0
38.6	38.1	37.7	37.3	37.0	36.0	35.4	34.4	34.0	33.3	40.34	46.8	33.3	13.5
30.1	30.1	30.0	30.1	30.1	30.1	30.1	30.1	30.1	30.0	31.30	33.1	30.0	3.1
35.8	36.7	37.5	37.7	38.5	39.0	39.6	40.2	40.5	41.1	34.30	41.1	29.8	11.3
38.4	37.3	36.2	35.1	33.8	32.5	31.6	30.6	30.2	29.8	38.42	42.9	29.8	13.1
40.5	41.6	42.8	43.8	45.0	46.0	46.9	47.9	48.7	49.4	38.39	49.4	29.7	19.7
54.7	54.7	54.2	53.6	53.0	52.2	51.1	49.6	47.7	45.7	52.44	54.7	45.7	9.0
27.1	27.2	27.0	27.3	27.3	27.4	27.4	27.7	27.9	28.1	**30.11**	43.4	**26.3**	17 1
40.8	42.8	41.3	46.0	47.6	49.0	50.3	51.7	52.6	53.5	39.09	53.5	28.7	**24.8**
52.93	53.01	52.98	52.98	52.98	52.95	53.04	53.04	**53.07**	53.04	52.70	56.74	48.82	7.92

$\lambda = + 23^0\ 14'\ 46'' = + 1^h\ 32^m\ 59^s$. Schwere-Correction: + 1.49 bei 750.7. **März 1883.**

3	4	5	6	7	8	9	10	11	12	Tagesmittel	Maxim.	Minim.	Differenz
55.4	54.2	53.3	52.7	51.5	50.5	49.7	49.1	48.7	48.2	54.58	57.9	48.2	9.7
43.1	41.6	38.5	37.0	37.5	38.0	41.2	43.1	43.7	45.0	43.87	47.9	37.0	10.9
53.5	53.9	54.7	55.7	56.5	57.0	57.4	57.8	58.0	58.1	52.43	58.1	45.7	12.4
46.0	45.5	44.7	44.4	44.0	43.4	42.8	43.2	42.7	42.4	49.20	57.3	42.4	14.9
40.3	40.5	40.8	41.3	41.5	41.7	41.9	41.8	41.8	42.1	40.56	42.1	39.0	3 1
46.5	46.7	46.7	46.7	46.9	46.8	47.1	47.5	47.5	47.6	45.39	47.6	42.3	5.3
54.6	55.4	56.1	56.5	56.5	57.0	57.4	57.5	57.9	58.1	53.26	58.1	47.9	10.2
57.8	57.7	57.5	57.5	57.4	57.2	57.0	56.5	56.5	56.2	57.81	58.7	56.2	2.5
53.2	52.6	52.3	51.7	50.6	50.6	49.3	48.7	47.5	46.2	52.93	55.9	46.2	9.7
40.3	40.5	40.8	40.8	41.1	41.2	41.5	41.5	41.9	42.3	40.89	44.9	39.2	5.7
43.7	43.8	44.0	44.1	44.3	44.4	44.3	44.4	44.5	44.2	43.78	44.5	42.6	1.9
43.2	43.5	43.0	42.8	42.8	43.0	43.0	43.3	43.7	44.1	43.37	44.2	42.8	1.4
52.2	52.9	53.6	54.3	55.2	55.9	56.4	56.9	57.5	58.1	51.00	58.1	44.8	13.3
63.2	63.4	63.5	64.0	64.0	64.1	64.2	64.4	64.5	64.7	62.45	64.7	58.8	5.9
64.8	64.7	65.0	65.1	65.3	65.8	65.7	65.7	65.7	65.9	65.11	65.9	64.6	**1.3**
69.7	70.2	70.3	70.5	70.8	71.1	71.2	71.6	71.8	71.8	69.06	**71.8**	66.2	5.6
70.8	70.4	70.4	70.4	70.2	70.2	70.0	69.8	69.8	69.8	**70.76**	**71.8**	69.8	2.0
71.6	71.2	71.2	71.1	71.0	70.4	69.8	69.1	68.1	67.2	70.41	71.6	67.2	4.4
49.6	49.8	50.4	50.7	51.5	53.0	54.7	55.9	57.3	58.6	54.76	66.1	48.6	17.5
66.3	66.5	66.5	66.9	67.1	67.4	67.4	67.5	67.9	67.8	64.81	67.8	59.7	8.1
66.4	66.4	66.2	66.1	65.9	65.8	65.2	64.9	64.6	64.2	66.59	67.8	64.2	3.6
50.6	49.3	48.8	47.9	47.4	46.6	45.9	45.3	44.6	43.4	53.44	63.6	43.4	**20.2**
27.9	28.2	28.8	28.8	29.0	29.2	29.4	29.5	29.7	30.0	**32.30**	42.2	**27.9**	14.3
38.0	38.3	39.3	39.6	39.4	40.1	40.2	40.1	39.9	39.7	35.84	40.2	30.1	10.1
35.9	35.6	35.2	35.1	34.9	34.7	34.6	34.5	33.8	33.4	36.50	39.4	33.4	6.0
34.9	34.9	35.1	35.4	35.5	35.8	35.9	36.0	36.2	36.3	34.81	36.3	33.2	3.1
38.4	38.4	38.6	38.8	38.8	39.0	39.2	39.3	39.3	39.3	38.12	39.3	36.4	2.9
40.9	41.3	41.4	41.8	42.1	42.6	43.1	43.2	43.3	43.8	40.79	43.8	39.1	4.7
47.0	46.3	46.2	46.0	45.4	44.7	44.2	43.8	43.4	43.3	45.41	47.1	43.3	3.8
49.7	50.1	50.2	50.6	51.2	51.5	51.9	52.2	52.3	52.6	47.84	52.6	43.2	9.4
54.2	54.0	53.5	53.9	54.1	54.4	54.8	55.8	56.2	56.6	54.57	56.6	53.0	3.6
50.64	50.57	**50 54**	50.59	50.63	50.74	50.85	50.96	50.98	**51.00**	50.73	54.32	46.98	7.34

Luftdruck.

1883. April. 700 mm + Höhe des Barometers über Meer: 30.0 m. **Bossekop.**

Datum	1	2	3	4	5	6	7	8	9	10	11	Mittag.	1	2
1	56.9	57.2	57.4	57.2	57.3	57.2	57.5	57.8	58.1	58.3	58.7	58.9	58.8	58.9
2	57.4	56.7	56.0	55.6	55.2	54.7	54.7	54.5	54.4	54.1	54.0	54.0	54.1	54.4
3	58.8	59.2	59.5	60.3	60.8	61.2	61.5	62.1	62.4	62.9	62.9	63.0	62.9	62.9
4	63.7	63.8	63.9	64.2	64.4	64.9	65.1	65.3	65.4	65.5	65.8	66.1	66.2	66.2
5	66.5	66.9	66.9	66.8	67.0	67.1	67.1	67.4	67.5	67.4	67.2	67.0	66.8	66.5
6	66.6	66.5	66.6	66.5	66.8	66.7	66.9	67.1	67.3	67.6	67.8	68.2	68.3	68.5
7	69.1	69.3	69.5	69.6	60.7	69.8	69.8	69.6	69.3	69.4	68.9	68.6	68.2	67.8
8	60.9	59.9	59.2	58.3	57.3	56.4	55.6	54.8	54.3	53.8	53.5	53.2	52.9	52.9
9	52.8	53.1	53.6	53.9	54.5	54.6	54.9	55.2	55.6	56.0	56.2	56.6	56.8	56.8
10	57.8	57.9	58.0	58.1	58.2	58.2	58.3	58.4	58.2	58.1	58.2	58.2	57.9	57.8
11	55.3	55.0	54.6	53.9	53.4	53.1	52.7	52.2	51.8	51.3	51.1	50.8	50.7	50.6
12	48.3	48.1	48.2	48.2	48.5	48.7	48.8	49.0	49.2	49.5	50.3	50.7	51.2	51.6
13	52.2	52.1	51.7	51.8	51.4	51.1	50.7	50.6	50.3	49.6	49.2	48.8	48.7	48.7
14	47.0	46.9	46.9	46.7	46.4	46.4	46.3	46.2	46.3	46.4	46.2	46.5	46.5	46.5
15	47.9	47.9	48.4	49.0	48.9	49.0	49.6	49.5	49.5	49.7	49.7	49.6	49.7	50.0
16	49.5	49.5	49.4	49.3	48.7	48.2	48.5	48.7	48.4	48.3	48.5	48.5	48.2	48.3
17	48.1	48.6	48.4	48.4	48.6	48.3	48.3	49.0	49.7	49.9	50.5	50.6	50.7	50.9
18	53.8	53.6	53.9	54.4	54.6	55.1	55.3	55.5	55.7	55.8	55.5	55.1	54.9	54.9
19	58.0	58.8	59.6	60.2	60.9	61.6	62.1	63.1	63.6	64.4	65.1	65.9	66.6	67.2
20	73.5	73.9	74.3	74.5	74.6	74.9	75.3	75.6	75.5	75.4	75.5	75.5	75.4	75.3
21	76.3	76.4	76.4	76.3	76.3	76.4	76.5	76.5	76.5	76.6	76.5	76.5	76.4	76.4
22	76.8	76.5	76.7	76.8	76.9	76.8	76.8	76.8	76.8	76.5	76.4	76.2	76.3	76.3
23	75.5	75.3	75.2	75.1	75.1	74.9	74.6	74.3	74.0	73.7	73.4	72.7	72.5	72.3
24	68.3	67.9	67.4	66.9	66.8	66.6	66.5	66.4	66.1	66.1	66.0	65.8	65.4	65.1
25	64.0	63.8	63.8	63.8	63.6	63.4	63.0	62.8	62.8	62.7	62.4	62.2	62.3	62.2
26	61.2	61.1	61.1	61.0	61.0	60.8	60.9	61.1	61.2	61.3	61.6	61.7	61.7	61.7
27	63.1	63.1	63.4	63.5	63.5	63.6	63.5	63.6	63.6	63.3	63.3	63.1	63.0	62.7
28	62.3	62.3	62.2	62.3	62.3	62.3	62.2	62.0	61.9	61.9	61.9	61.9	61.9	62.3
29	67.1	67.1	67.3	67.4	67.5	67.7	67.7	67.9	67.9	67.8	67.6	67.4	67.1	66.8
30	64.7	64.7	64.8	65.0	65.3	65.6	65.7	65.9	66.0	65.9	65.8	65.7	65.5	65.4
Mittel	60.78	**60.77**	60.81	60.83	60.85	60.84	60.88	60.96	60.98	60.97	60.99	60.97	60.92	60.91

1883. Mai. $\varphi = + 69^{\circ}\ 57'\ 29''$

Datum	1	2	3	4	5	6	7	8	9	10	11	Mittag.	1	2
1	64.0	63.9	63.9	63.8	64.0	63.8	63.9	63.9	64.1	64.1	64.3	64.2	64.3	64.3
2	65.8	65.8	65.8	65.9	65.8	65.8	65.7	65.5	65.5	65.2	65.2	64.7	64.1	63.9
3	60.5	60.0	59.6	59.4	58.8	58.5	58.1	57.5	57.0	56.6	56.0	55.5	54.9	54.4
4	50.9	50.9	50.7	50.5	50.3	50.3	50.3	50.3	50.3	50.3	50.5	50.5	50.6	50.7
5	52.6	52.9	53.3	53.1	53.1	53.1	52.9	53.2	53.2	53.2	53.2	53.2	53.0	53.0
6	53.5	53.6	53.8	54.0	54.1	54.1	54.3	54.4	54.6	54.8	54.9	54.8	54.8	54.9
7	56.3	56.3	56.4	56.5	56.5	56.7	56.6	56.4	56.4	56.2	56.4	56.4	56.3	55.9
8	55.5	55.4	55.2	55.4	55.2	55.3	55.2	54.9	55.0	55.0	55.0	54.9	54.8	54.7
9	56.0	56.2	56.3	56.3	56.5	56.8	56.9	57.3	57.6	57.8	58.0	58.0	58.2	58.4
10	56.5	56.2	55.5	55.0	54.6	54.1	53.6	53.0	53.2	53.1	53.4	53.4	53.4	53.4
11	51.7	51.6	51.5	51.2	50.9	50.8	50.7	50.7	50.7	50.6	50.8	50.9	51.1	51.2
12	52.3	52.5	52.7	52.8	52.8	52.9	53.1	53.1	53.2	53.1	53.2	53.0	53.0	52.8
13	49.5	49.5	49.6	49.6	49.6	49.6	49.8	50.1	50.4	51.0	51.1	51.5	51.9	52.0
14	52.7	52.7	52.7	52.8	52.5	52.4	52.5	52.8	52.9	53.1	53.5	53.6	53.7	53.8
15	55.1	55.2	55.3	55.5	55.7	55.8	55.8	55.8	56.0	56.1	56.2	56.4	56.5	56.7
16	57.1	57.1	56.9	56.7	56.6	56.5	56.5	56.4	56.2	56.3	56.1	56.2	55.7	55.6
17	55.5	55.6	55.7	55.9	56.0	56.1	56.2	56.2	56.4	56.3	56.4	56.4	56.3	56.4
18	55.2	55.0	54.7	54.7	54.7	54.6	54.6	54.6	54.7	54.7	54.8	54.7	54.7	54.5
19	54.0	53.9	54.0	53.9	54.1	54.2	54.3	54.4	54.5	54.5	54.7	54.7	54.6	54.7
20	54.8	54.7	54.6	54.7	54.8	54.8	54.9	55.2	55.3	55.5	55.6	55.8	56.0	56.3
21	59.5	59.2	59.3	59.1	59.1	59.0	59.0	59.0	59.0	58.8	58.9	58.8	58.6	58.6
22	57.2	57.2	57.0	56.9	56.8	56.8	56.8	56.6	56.5	56.0	56.0	55.7	55.3	55.1
23	53.6	53.5	53.2	53.2	52.8	52.9	52.9	52.7	52.7	52.7	52.8	52.6	52.4	51.9
24	48.1	48.0	48.0	48.0	48.0	47.9	48.1	48.8	49.0	49.4	49.9	49.7	49.7	49.6
25	49.8	49.8	49.7	49.8	50.1	50.7	51.0	51.8	52.2	52.7	53.3	53.7	54.2	54.2
26	56.1	56.2	56.5	56.7	56.8	56.8	56.6	56.4	56.3	56.0	55.8	55.6	55.4	54.9
27	53.3	53.2	53.1	53.1	52.9	52.5	52.3	51.9	51.7	50.7	50.6	50.6	51.0	51.0
28	48.9	48.9	48.7	48.6	48.4	48.4	48.3	48.0	48.1	49.0	49.8	50.8	52.7	53.8
29	60.4	60.5	60.8	60.9	60.9	61.1	61.1	61.1	61.1	60.9	60.6	60.6	60.5	60.6
30	61.1	61.2	61.3	61.2	60.8	60.6	60.3	60.1	59.9	59.4	59.3	59.1	58.9	58.7
31	59.4	59.5	59.6	59.5	59.4	59.6	59.8	59.8	59.9	60.0	59.9	60.0	59.8	59.8
Mittel	**55.38**	55.36	55.34	55.31	55.24	55.24	55.23	55.22	55.28	55.26	55.36	55.35	55.37	55.35

Luftdruck.

Bossekop. Mittlere Ortszeit. Schwere-Correction: + 1.51 bei 760.9. **April 1883.**

3	4	5	6	7	8	9	10	11	12	Tagesmittel	Maxim.	Minim.	Differenz
59.3	59.5	59.4	59.5	59.4	59.4	59.2	59.0	58.6	58.3	58.40	59.5	56.9	2.6
54.6	55.1	55.4	55.6	56.0	56.6	56.8	57.3	57.7	58.4	55.55	58.4	54.0	4.4
62.9	62.7	62.7	62.8	63.1	63.4	63.5	63.6	63.7	63.7	62.19	63.7	58.8	4.9
66.0	66.1	66.1	66.2	66.3	66.4	66.3	66.5	66.5	66.4	65.55	66.5	63.7	2.8
66.0	65.8	56.9	65.9	66.1	66.2	66.5	66.5	66.5	66.5	66.67	67.5	65.8	1.7
68.5	68.5	68.6	68.9	68.9	69.1	68.9	68.9	68.9	68.9	67.90	69.1	66.6	2.5
67.3	67.0	66.6	66.0	65.3	64.7	64.0	63.1	62.6	61.6	67.37	69.8	61.6	8.2
52.3	52.1	52.2	52.1	52.0	52.0	52.0	52.2	52.4	52.5	54.37	60.9	52.0	8.9
56.9	57.0	57.3	57.3	57.5	57.6	57.7	57.8	57.9	57.7	56.05	57.9	52.8	5.1
57.7	57.8	57.7	57.6	57.5	57.1	56.7	56.3	56.0	55.6	57.64	58.4	55.6	2.8
50.5	50.2	49.9	49.7	49.5	49.3	49.3	49.1	48.9	48.6	51.31	55.3	48.6	6.7
51.8	52.0	52.3	52.3	52.5	52.8	52.8	52.5	52.3	52.1	50.57	52.8	48.1	4.7
48.6	48.2	48.2	47.7	47.8	47.8	47.6	47.1	47.1	46.9	49.33	52.2	46.9	5.3
46.9	46.8	46.7	47.0	47.1	47.2	47.6	47.9	47.9	47.7	**46.83**	47.9	**46.2**	1.7
49.9	49.7	49.9	49.6	49.7	49.8	49.7	49.7	49.7	49.7	49.41	50.0	47.9	2.1
48.4	47.9	47.8	47.7	47.9	48.1	48.2	48.3	47.9	48.2	48.43	49.5	47.7	1.8
51.0	51.4	51.7	51.9	52.2	52.6	52.9	53.1	53.3	53.4	50.56	53.4	48.1	5.3
54.0	53.3	53.5	53.8	54.1	55.0	55.7	56.3	56.9	57.4	54.89	57.4	53.5	3.9
67.8	68.6	69.4	69.9	70.8	71.7	72.3	72.6	72.8	73.2	66.09	73.2	58.0	**15.2**
75.3	75.4	75.3	75.3	75.4	75.7	75.9	76.1	76.1	76.1	75.24	76.1	73.5	2.6
76.4	76.3	76.2	76.4	76.6	76.7	76.9	76.8	76.6	76.6	**76.48**	**76.9**	76.2	**0.7**
76.0	76.2	76.1	76.0	76.1	76.1	76.2	75.9	75.8	75.8	76.37	**76.9**	75.8	1.1
71.9	71.5	71.1	70.8	70.5	70.2	69.8	69.5	69.0	68.7	72.57	75.5	68.7	6.8
64.8	64.8	64.8	64.6	64.2	64.3	64.3	64.2	64.2	64.2	65.65	68.3	64.2	4.1
62.2	62.1	61.9	61.5	61.4	61.4	61.3	61.3	61.3	61.1	62.43	74.0	61.1	12.9
61.7	61.9	61.9	61.9	62.0	62.2	62.4	62.6	62.8	62.9	61.65	62.9	60.8	2.1
62.5	62.4	62.4	62.3	62.2	62.2	62.4	62.3	62.4	62.3	62.90	63.6	62.2	1.4
62.6	62.9	63.5	64.0	64.6	65.4	66.0	66.5	66.7	67.0	63.29	67.0	61.9	5.1
66.6	66.5	66.4	66.0	65.8	65.5	65.1	64.8	64.7	64.6	66.68	67.9	64.6	3.3
65.1	65.0	64.8	64.7	64.4	64.1	64.1	64.1	64.1	64.2	65.03	66.0	64.1	1.9
60.85	60.82	60.86	60.83	60.90	61.02	**61.07**	61.06	61.04	61.01	60.91	63.28	58.86	4.42

$\lambda = + 23^0\ 14'\ 46'' = + 1^h\ 32^m\ 59^s$. Schwere-Correction: + 1.49 bei 755.3 **Mai 1883.**

3	4	5	6	7	8	9	10	11	12	Tagesmittel	Maxim.	Minim.	Differenz
64.3	64.3	64.3	64.5	64.7	64.7	64.9	65.3	65.6	65.6	**64.36**	65.6	63.8	1.8
63.4	63.1	62.9	62.6	62.3	62.2	61.9	61.7	61.3	60.9	64.04	**65.9**	60.9	5.0
53.7	53.4	53.1	52.9	52.7	52.2	51.8	51.6	51.4	51.4	55.46	60.5	51.4	9.1
50.9	51.2	51.4	51.3	51.5	51.9	52.1	52.2	52.5	52.4	51.02	52.4	50.3	2.1
53.1	52.9	52.8	52.7	52.6	52.6	52.7	52.9	53.2	53.2	52.99	53.3	52.6	**0.7**
54.8	54.7	54.6	54.9	55.0	55.2	55.3	55.8	55.9	56.1	54.70	56.1	53.5	2.6
55.6	55.5	55.4	55.2	55.3	55.5	55.7	55.7	55.6	55.5	56.01	56.7	55.4	1.3
54.6	54.6	54.4	54.4	54.4	54.7	54.9	55.3	55.6	55.7	55.00	55.7	54.4	1.3
58.2	58.2	58.6	58.5	58.4	58.4	58.1	57.9	57.4	57.0	57.54	58.6	56.0	2.6
53.3	53.2	52.9	52.7	52.6	52.6	52.4	52.4	52.5	52.2	53.55	56.5	52.2	4.3
51.0	51.2	51.2	51.0	51.2	51.4	51.7	51.9	52.0	52.2	51.22	52.2	50.6	1.6
52.5	52.2	51.9	51.5	51.1	50.9	50.6	50.4	50.1	49.7	52.14	53.2	49.7	3.5
52.4	52.8	52.8	52.8	52.7	52.9	52.9	52.9	52.9	52.8	51.38	52.9	49.5	3.4
53.7	53.7	54.0	54.1	54.4	54.5	54.7	54.8	54.9	55.0	53.56	55.0	52.4	2.6
56.8	56.9	56.9	57.1	57.1	57.2	57.3	57.5	57.2	57.4	56.40	57.5	55.1	2.4
55.8	55.5	55.5	55.4	55.4	55.4	55.3	55.4	55.5	55.5	56.03	57.1	55.3	1.8
56.4	56.3	56.3	56.1	55.9	55.8	55.8	55.7	55.6	55.4	56.03	56.4	55.4	1.0
54.4	54.1	54.0	54.0	53.9	53.7	53.6	53.7	53.8	54.0	54.39	55.2	53.6	1.6
54.7	54.6	54.6	54.5	54.6	54.6	54.7	54.7	54.7	54.7	54.45	54.7	53.9	0.8
56.5	56.6	56.9	57.1	57.2	57.7	58.0	58.6	58.8	59.1	56.23	59.1	54.6	4.5
58.3	58.3	58.3	58.3	58.2	58.1	57.8	57.7	57.6	57.3	58.58	59.5	57.3	2.2
54.9	54.7	54.3	54.1	53.9	53.7	53.7	53.7	53.8	53.8	55.44	57.2	53.7	3.5
51.5	50.6	49.9	49.7	49.4	49.4	49.0	48.8	48.8	48.5	51.48	53.6	48.5	5.1
49.7	49.7	49.5	49.7	49.6	49.9	49.9	50.0	50.0	49.8	**49.17**	50.0	**47.9**	2.1
54.9	54.9	55.1	55.2	55.4	55.5	55.6	55.6	55.7	56.1	53.21	56.1	49.7	6.4
54.7	54.0	53.7	53.5	53.5	53.4	53.6	53.6	53.6	53.4	55.13	56.8	53.4	3.4
50.6	50.6	50.1	49.6	49.2	49.0	49.1	49.0	49.2	49.1	50.97	53.3	49.0	4.3
54.8	55.6	56.2	56.7	57.2	57.8	58.3	59.0	59.5	60.3	52.83	60.3	48.0	**12.3**
60.6	60.5	60.5	60.4	60.5	60.4	60.4	60.4	60.5	60.8	60.67	61.1	60.4	**0.7**
58.6	58.5	58.3	58.2	58.3	58.5	58.5	58.9	59.1	59.3	59.50	61.3	58.2	3.1
59.8	59.4	59.4	58.9	58.9	58.7	59.2	59.9	60.5	61.3	59.67	61.3	58.7	2.6
55.31	55.22	55.15	55.08	**55.07**	55.11	55.14	55.26	55.32	55.34	55.26	56.94	53.72	3.22

Luftdruck.

1882. Juni. 700 mm + Höhe des Barometers über Meer: 30.0 m. **Bossekop.**

Datum	1	2	3	4	5	6	7	8	9	10	11	Mittag	1	2
1	61.4	62.1	62.8	63.5	63.9	64.4	64.9	65.3	65.4	65.8	66.1	66.2	66.6	66.7
2	67.1	67.0	66.9	67.0	66.8	66.7	66.2	66.0	65.7	65.5	65.0	64.7	64.3	64.0
3	61.4	61.3	61.1	60.9	60.6	60.2	59.9	59.8	59.7	59.5	59.2	59.0	58.4	58.1
4	58.0	57.9	57.9	57.8	57.4	56.9	56.9	56.7	57.0	56.8	56.4	56.2	56.6	56.4
5	58.5	58.9	59.2	59.3	59.5	59.6	59.8	60.2	60.3	60.8	60.8	60.9	61.0	61.0
6	61.0	61.3	61.6	62.0	61.9	61.8	61.9	62.0	61.9	61.6	61.6	61.4	61.2	60.9
7	61.2	61.2	61.3	61.4	61.3	61.2	61.0	60.9	60.8	60.7	60.7	60.5	60.5	60.4
8	60.6	60.4	60.4	60.2	60.1	60.2	60.1	60.3	60.1	59.9	59.9	59.9	59.8	59.5
9	59.9	59.9	59.9	59.8	59.6	59.5	59.3	59.0	58.8	58.6	58.3	58.0	57.7	57.5
10	57.9	57.3	57.3	57.0	57.2	57.0	56.9	56.9	56.9	56.6	56.4	56.3	55.9	55.8
11	56.8	56.7	56.8	56.9	57.0	57.0	57.1	57.0	57.2	57.0	57.0	57.0	56.7	56.4
12	56.9	57.1	57.0	57.2	57.3	57.4	57.5	57.8	57.9	58.2	58.1	58.0	57.6	57.4
13	55.7	55.6	55.4	55.3	55.3	55.2	55.0	54.9	55.1	55.4	55.5	55.7	55.9	56.3
14	55.7	55.7	55.4	55.1	54.8	54.4	54.0	53.8	53.7	53.6	53.8	54.0	54.3	54.2
15	54.9	54.7	54.6	54.5	54.5	54.4	54.3	54.3	54.0	54.0	53.9	53.9	54.1	54.1
16	54.4	54.3	54.2	54.2	54.1	54.1	54.0	54.0	54.2	53.9	53.7	53.9	54.0	54.0
17	54.2	54.1	53.8	53.6	53.3	53.3	52.9	52.4	51.9	51.8	51.8	51.8	51.9	51.6
18	50.9	50.7	50.5	50.2	50.1	49.8	49.6	49.4	49.5	49.2	49.0	49.0	49.0	49.2
19	52.1	52.5	52.9	53.2	53.3	53.6	53.9	54.1	54.3	54.5	54.8	54.9	55.1	55.2
20	56.1	56.1	56.0	55.8	55.9	56.0	56.2	56.6	57.1	57.3	57.7	58.1	58.3	58.5
21	61.8	62.0	62.3	62.5	62.5	62.7	62.6	62.8	63.0	63.0	63.0	63.0	62.9	62.9
22	63.1	62.8	62.6	62.5	62.4	62.1	62.1	62.1	62.3	62.2	62.5	62.4	62.6	62.4
23	64.4	64.8	64.8	64.8	64.5	64.3	64.2	64.1	64.0	64.0	64.0	64.2	64.2	64.3
24	65.4	65.6	65.7	65.6	65.4	64.9	64.5	63.9	63.5	63.0	62.6	62.3	62.3	62.4
25	63.1	63.0	63.0	62.9	62.9	62.9	62.7	62.8	62.9	62.9	62.9	62.7	62.7	62.6
26	62.4	62.2	62.1	62.1	61.9	61.9	61.8	61.9	62.1	62.1	62.0	62.1	62.1	62.2
27	62.3	62.3	62.1	61.7	61.4	61.4	61.0	60.9	60.8	60.6	60.4	60.2	60.6	59.6
28	57.8	57.5	57.1	56.5	56.2	55.8	55.5	55.0	54.9	54.6	54.2	53.8	53.5	53.1
29	53.9	54.1	54.3	54.2	54.4	54.5	54.8	55.0	54.9	55.5	55.7	55.9	56.0	56.2
30	57.5	57.7	57.8	57.9	58.3	58.5	58.9	59.1	59.4	59.8	60.0	60.2	60.4	60.4
Mittel	58.86	**58.89**	**58.89**	58.85	58.79	58.72	58.65	58.63	58.64	58.61	58.57	58.54	58.52	58.44

1882. Juli. $\varphi = + 69^0\ 57'\ 29''$.

Datum	1	2	3	4	5	6	7	8	9	10	11	Mittag	1	2
1	60.1	60.1	60.0	60.0	60.4	60.6	60.7	60.8	61.0	60.8	60.8	60.9	60.8	60.8
2	59.5	59.3	59.2	59.0	59.0	58.8	58.7	58.7	58.8	58.8	59.0	59.2	59.1	59.3
3	62.1	62.3	62.4	62.9	63.1	63.2	63.2	63.3	63.5	63.4	63.4	63.4	63.2	63.1
4	62.7	62.6	62.6	62.6	62.6	62.6	62.5	62.4	62.4	62.3	62.2	62.2	62.1	62.2
5	61.7	61.6	61.6	61.2	61.2	60.8	60.7	60.4	60.2	60.1	59.8	59.7	59.7	59.4
6	56.6	56.7	56.6	56.0	55.9	55.7	55.3	55.3	55.2	55.0	54.5	54.2	54.0	53.6
7	52.7	52.7	52.6	52.6	52.5	52.5	52.6	52.7	52.7	52.7	52.8	53.0	53.0	53.1
8	54.8	54.8	54.8	54.6	54.6	54.5	54.4	54.5	54.6	54.6	54.6	54.5	54.5	54.5
9	54.3	54.2	54.1	54.1	54.0	54.0	53.8	53.8	53.8	53.9	54.0	53.8	53.9	53.8
10	54.0	53.9	53.8	53.9	53.7	53.7	53.6	53.7	53.7	53.9	53.6	53.6	53.2	53.1
11	52.5	52.5	52.8	52.7	52.6	52.3	52.2	52.1	52.0	51.6	51.4	51.0	50.8	50.6
12	49.2	49.3	49.1	49.0	49.0	48.7	48.6	48.1	48.2	48.0	47.8	47.6	47.4	47.2
13	47.4	47.5	47.4	47.4	47.4	47.4	47.3	47.2	47.1	46.9	46.7	46.5	46.2	46.0
14	45.4	45.2	45.6	44.9	45.0	45.1	45.0	45.1	45.2	45.4	45.2	45.5	45.6	45.9
15	50.2	50.5	50.8	50.9	51.2	51.5	51.6	51.7	51.8	52.1	52.2	52.3	52.1	52.2
16	54.1	54.2	54.5	54.8	55.0	55.1	55.3	55.2	55.2	54.8	54.5	54.5	54.2	53.7
17	52.9	52.9	52.8	52.9	52.7	52.7	52.5	52.1	52.0	51.9	51.8	51.4	51.2	51.0
18	51.4	51.4	51.3	51.3	51.3	51.1	51.1	50.9	50.8	50.9	51.1	51.1	51.2	51.2
19	52.6	52.5	52.4	52.2	52.3	52.2	52.1	52.0	51.8	51.4	51.2	50.7	50.7	50.3
20	50.4	50.4	50.2	50.0	49.9	49.9	49.9	49.9	49.9	50.0	50.3	50.5	50.5	50.6
21	51.8	51.8	51.8	52.1	52.2	52.2	52.5	52.8	52.8	52.6	52.6	52.8	52.7	52.8
22	54.7	54.9	55.0	55.0	54.9	54.8	55.0	55.0	55.1	55.2	55.2	55.2	55.1	54.9
23	55.9	55.8	56.0	56.1	56.0	56.1	56.1	56.2	56.2	56.4	56.4	56.4	56.3	56.3
24	57.1	57.1	57.3	57.5	57.5	57.6	57.5	57.7	57.4	57.3	57.3	57.3	57.3	57.4
25	56.3	56.2	56.1	55.9	55.5	55.0	54.8	54.8	54.6	54.3	54.4	54.3	54.2	54.2
26	55.0	54.8	54.8	54.9	55.1	55.0	54.9	55.1	55.2	55.7	55.5	55.6	55.7	55.8
27	59.5	59.9	60.1	60.4	60.9	61.1	61.5	61.6	62.1	62.5	62.7	62.9	63.1	63.5
28	65.3	65.4	65.5	65.3	65.4	65.4	65.3	65.2	65.2	64.9	64.4	64.3	64.0	63.8
29	62.4	62.4	62.5	62.3	62.1	62.0	61.8	61.4	61.0	60.6	60.2	59.7	59.6	59.4
30	60.3	60.4	60.5	60.6	60.6	60.7	60.9	60.9	61.0	61.2	61.2	60.9	60.6	60.6
31	61.0	61.0	60.9	60.9	60.6	60.3	60.0	60.0	59.9	59.5	59.5	59.4	59.3	59.1
Mittel	55.61	55.62	**55.65**	55.61	55.62	55.57	55.53	55.51	55.50	55.44	55.37	55.30	55.20	55.15

Luftdruck.

Bossekop. Mittlere Ortszeit. Schwere-Correction: + 1.50 bei 758.6. **Juni 1883.**

3	4	5	6	7	8	9	10	11	12	Tagesmittel	Maxim.	Minim.	Differenz
66.7	66.8	67.0	66.9	66.9	67.0	67.1	67.3	67.0	67.0	**65.62**	**67.3**	61.4	**5.9**
63.7	63.3	63.0	62.7	62.5	62.3	62.2	62.0	61.8	61.6	64.50	67.1	61.6	5.5
57.7	57.2	57.1	57.1	57.3	57.4	57.4	57.9	58.2	58.1	58.94	61.4	57.1	4.3
55.8	55.7	55.6	55.5	55.7	56.2	56.9	57.4	57.9	58.2	56.83	58.2	55.5	2.7
61.1	60.7	60.7	60.8	61.4	60.8	60.8	61.1	61.1	61.0	60.39	61.4	58.5	2.9
60.7	60.4	60.3	60.6	61.2	61.4	60.5	60.7	61.1	61.0	61.25	62.0	60.3	1.7
60.3	59.8	59.8	59.6	59.7	59.7	59.9	60.2	60.3	60.4	60.53	61.4	59.6	1.8
59.5	59.5	60.3	60.8	59.9	59.6	59.7	59.8	59.9	59.9	60.01	60.8	59.5	1.3
57.0	56.9	56.7	56.9	56.8	56.7	56.6	56.9	57.4	57.7	58.14	59.9	56.6	3.3
55.4	55.4	55.3	55.4	55.3	55.5	55.7	56.1	56.4	56.7	56.36	57.9	55.3	2.6
56.5	56.4	56.3	56.3	56.3	56.3	56.4	56.4	56.4	56.7	56.72	57.1	56.3	0.8
57.1	56.7	56.5	56.2	55.9	56.1	56.2	56.1	56.3	56.0	57.02	58.2	55.9	2.3
56.5	56.6	56.8	56.8	56.7	56.5	56.6	56.3	56.0	55.9	55.87	56.8	54.9	1.9
54.1	54.2	54.2	54.3	54.5	54.5	54.4	54.7	54.8	55.0	54.47	55.7	53.6	2.1
54.2	54.0	54.0	54.2	54.3	54.4	54.4	54.5	54.5	54.4	54.30	54.9	53.9	1.0
53.8	53.8	53.7	53.8	53.7	54.0	54.1	54.1	54.1	54.2	54.01	54.4	53.7	0.7
51.1	51.4	51.1	51.0	50.9	51.0	50.9	50.9	51.0	51.0	52.04	54.2	50.9	3.3
49.1	49.5	49.6	49.7	50.1	50.7	50.9	51.0	51.5	51.9	**50.00**	51.9	**49.0**	2.9
55.3	55.2	55.2	55.4	55.5	55.6	55.7	56.1	56.1	56.2	54.61	56.2	52.1	4.1
58.7	59.0	59.3	59.6	59.9	60.2	60.4	60.9	61.4	61.6	58.20	61.6	55.8	5.8
62.8	62.9	62.8	62.8	62.9	62.8	62.9	62.9	63.0	63.1	62.75	63.1	61.8	1.3
62.8	62.8	62.9	63.2	63.4	63.6	63.9	64.1	64.2	64.3	62.89	64.3	62.1	2.2
64.1	63.9	63.9	63.9	63.8	64.0	64.2	64.4	64.8	65.2	64.28	65.2	63.8	1.4
62.3	62.3	62.2	62.0	62.0	62.1	62.2	62.5	62.7	63.1	63.35	65.7	62.0	3.7
62.5	62.3	62.1	62.1	62.0	62.0	62.2	62.5	62.5	62.5	62.61	63.1	62.0	1.1
62.1	62.2	62.1	62.1	62.2	62.0	62.1	62.1	62.3	62.4	62.10	62.4	61.8	**0.6**
59.4	58.9	58.6	58.5	58.3	58.2	58.2	58.3	58.2	58.0	59.97	62.3	58.0	4.3
52.7	52.4	52.2	52.9	53.0	53.1	52.7	52.6	53.1	53.6	54.33	57.8	52.2	5.6
56.1	56.1	56.3	56.3	56.3	56.4	56.6	56.7	56.9	57.1	55.59	57.1	53.9	3.2
60.3	60.1	60.1	59.8	59.9	59.9	60.0	60.1	60.1	60.2	59.43	60.4	57.5	2.9
58.32	58.22	**58.19**	58.24	58.28	58.33	58.41	58.56	58.71	58.80	58.57	59.99	57.22	2.77

$\lambda = + 23^0\ 14'\ 46'' = + 1^h\ 32^m\ 59^s$. Schwere-Correction: + 1.49 bei 755.4. **Juli 1883.**

3	4	5	6	7	8	9	10	11	12	Tagesmittel	Maxim.	Minim.	Differenz
60.8	60.4	60.2	60.1	60.1	59.7	59.8	59.9	59.8	59.6	60.34	61.0	59.6	1.4
59.5	59.7	59.9	60.2	60.4	60.9	61.2	61.5	61.7	61.8	59.72	61.8	58.7	3.1
63.3	63.1	63.1	62.9	62.8	62.7	62.6	62.5	62.8	62.8	62.96	63.5	62.1	1.4
62.2	62.1	62.0	62.0	61.9	61.9	61.8	61.8	61.8	61.8	62.22	62.7	61.8	0.9
59.1	58.6	58.5	58.3	58.2	58.1	57.5	57.4	57.2	56.8	59.49	61.7	56.8	4.9
53.5	53.2	53.0	52.9	52.6	52.5	52.4	52.5	52.7	52.8	54.28	56.7	52.4	4.3
53.0	53.0	53.0	52.9	53.1	53.3	53.7	53.8	54.1	54.7	53.03	54.7	52.5	2.2
54.4	54.3	54.4	54.5	54.5	54.5	54.6	54.4	54.5	54.6	54.54	54.8	54.3	**0.5**
53.8	53.8	53.9	53.9	53.8	53.8	54.0	54.2	54.1	54.1	53.95	54.3	53.8	**0.5**
52.9	52.8	52.5	52.6	52.7	52.7	52.8	52.7	52.6	52.6	53.26	54.0	52.5	1.5
50.3	50.2	49.9	49.7	49.5	49.5	49.6	49.5	49.4	49.4	51.00	52.8	49.4	3.4
47.2	47.3	47.1	46.9	47.1	46.8	47.1	47.3	47.3	47.4	47.88	49.3	46.8	2.5
45.9	45.3	45.1	45.1	45.2	45.1	45.0	45.3	45.2	45.1	**46.28**	47.5	45.0	2.5
46.3	46.6	47.0	47.1	47.6	48.0	48.5	49.0	49.6	49.9	46.40	49.9	**44.9**	5.0
52.3	52.4	52.6	52.7	52.9	53.1	53.4	53.7	53.9	53.9	52.17	53.9	50.2	3.7
53.7	53.5	53.2	53.1	52.9	52.9	53.0	53.0	53.2	53.1	54.03	55.3	52.9	2.4
50.9	51.0	51.0	51.0	51.0	50.8	51.0	51.2	51.3	51.4	51.73	52.9	50.8	2.1
51.4	51.5	51.8	51.9	52.0	52.2	52.7	52.7	52.6	52.6	51.56	52.7	50.8	1.9
50.2	50.2	50.2	50.2	50.3	50.0	50.1	50.3	50.3	50.3	51.10	52.6	50.0	2.6
50.7	50.8	50.7	50.9	50.9	51.0	51.2	51.4	51.5	51.7	50.55	51.7	49.9	1.8
52.6	52.7	52.8	52.8	52.8	53.1	53.5	53.6	53.9	54.5	52.74	54.5	51.8	2.7
54.6	54.6	54.7	55.0	55.2	55.3	55.4	55.8	55.7	55.9	55.09	55.9	54.6	1.3
56.3	56.5	56.3	56.5	56.7	56.9	56.9	57.1	57.2	57.2	56.41	57.2	55.8	1.4
57.4	57.3	57.2	57.1	56.8	57.0	57.0	56.8	56.8	56.7	57.23	57.7	56.7	1.0
54.0	54.1	54.2	54.4	54.5	54.3	54.4	54.8	55.0	54.9	54.80	56.3	54.0	2.3
55.8	56.2	56.5	56.8	57.1	57.8	58.2	58.7	58.9	59.4	56.19	59.4	54.8	4.6
63.6	63.6	63.6	64.1	64.3	64.6	64.9	65.2	65.4	65.2	62.76	65.4	59.5	**5.9**
63.5	63.3	63.2	63.2	62.7	62.7	62.8	62.6	62.4	62.5	**64.10**	**65.5**	62.4	3.1
59.3	59.3	59.3	59.4	59.4	59.4	59.6	60.0	60.2	60.3	60.57	62.5	59.3	3.2
60.6	60.4	60.5	60.5	60.4	60.5	60.7	60.8	60.8	61.0	60.69	61.2	60.3	0.9
59.1	59.5	59.4	59.6	59.6	59.9	60.4	60.7	60.9	61.0	60.06	61.0	59.1	1.9
55.10	55.07	**55.05**	55.11	55.13	55.19	55.35	55.49	55.57	**55.65**	55.39	56.79	54.31	2.48

Luftdruck.

1883. August. 700 mm + Höhe des Barometers über Meer: 30.0 m. **Bossekop.**

Datum	1	2	3	4	5	6	7	8	9	10	11	Mittag	1	2
1	61.2	61.2	61.2	61.4	61.3	61.1	60.7	60.6	60.4	60.3	60.2	59.9	59.9	59.7
2	61.1	61.3	61.3	61.3	61.4	61.3	61.2	61.1	61.0	60.9	60.9	60.8	60.7	60.7
3	61.2	61.3	61.3	61.4	61.5	61.5	61.3	61.4	61.4	61.0	61.0	60.8	60.6	60.6
4	60.3	60.3	60.1	59.9	59.8	59.7	59.5	59.5	59.5	59.5	59.3	59.2	58.7	58.5
5	57.6	57.6	57.5	57.3	57.3	57.3	57.1	56.9	56.6	56.3	56.1	55.9	55.6	55.3
6	54.0	53.9	53.8	53.8	53.7	53.6	53.5	53.5	53.5	53.8	53.8	53.7	53.9	53.8
7	54.1	54.2	54.2	54.0	54.0	54.1	54.0	54.1	54.1	54.2	54.1	53.9	53.7	53.5
8	54.0	54.0	54.0	53.9	54.1	54.1	54.1	54.2	54.1	53.9	53.9	53.7	53.4	53.1
9	53.7	53.6	53.7	53.4	53.2	52.9	52.6	52.1	51.7	51.5	51.1	50.7	50.4	50.0
10	48.7	48.6	48.5	48.6	48.5	48.3	48.1	48.0	47.8	47.6	47.3	47.1	47.0	46.7
11	47.5	47.4	47.4	47.4	47.4	47.3	47.2	47.1	47.2	47.2	47.0	46.9	46.9	46.9
12	47.3	47.4	47.3	47.6	47.4	47.4	47.4	47.5	47.5	47.7	47.7	47.7	47.9	47.9
13	50.5	50.6	50.8	50.9	51.0	51.2	51.6	51.9	52.2	52.6	52.8	53.1	53.4	53.7
14	56.7	56.8	57.0	57.1	57.1	57.2	57.5	57.6	57.8	58.0	58.0	58.1	57.9	57.9
15	56.7	56.7	56.6	56.4	56.3	56.1	55.8	55.4	55.2	54.6	54.3	53.9	53.5	52.9
16	50.7	50.6	50.5	50.4	50.4	50.5	50.3	50.3	50.4	50.5	50.4	50.2	50.0	50.1
17	51.6	51.8	51.9	52.2	52.2	52.5	52.7	52.7	52.8	52.8	52.8	52.8	52.8	52.9
18	54.1	54.1	54.1	54.4	54.4	54.3	54.4	54.4	54.7	54.6	54.7	54.6	54.7	54.7
19	55.2	55.2	55.2	55.0	54.4	54.2	54.1	54.0	53.9	53.7	53.6	53.5	53.4	53.3
20	55.0	54.8	54.9	55.0	55.1	55.3	55.6	55.7	56.0	55.9	56.0	56.4	56.8	56.9
21	60.4	60.4	60.6	60.6	61.0	61.6	61.8	61.8	62.3	63.0	63.4	63.9	64.3	64.4
22	64.5	64.4	64.2	63.8	63.7	63.6	63.4	63.3	63.2	63.1	62.8	62.7	62.5	62.4
23	61.5	61.3	61.2	60.9	60.7	60.4	59.9	59.5	59.2	58.6	58.5	58.3	58.1	57.7
24	55.6	55.2	54.9	54.2	54.0	53.6	53.5	53.4	53.3	53.3	53.1	53.0	52.9	52.9
25	52.6	52.7	52.8	53.0	53.0	53.2	53.3	53.5	53.7	53.7	53.9	54.0	54.3	54.4
26	56.1	56.1	56.2	56.3	56.1	56.2	56.2	56.4	56.6	56.7	56.7	56.4	56.0	55.9
27	54.2	53.9	53.8	53.4	53.1	53.0	53.1	53.2	52.9	53.1	53.1	53.1	52.9	52.7
28	51.2	50.8	50.5	50.2	50.0	49.8	49.2	49.0	48.9	48.9	48.4	48.1	48.1	47.8
29	47.6	47.3	47.6	47.0	47.0	47.2	47.1	47.2	47.0	46.9	46.8	46.7	46.5	46.3
30	45.6	45.6	45.6	45.8	45.8	45.8	45.7	45.8	45.9	45.9	45.8	45.7	45.8	45.6
31	46.5	46.8	46.8	46.8	46.9	47.0	46.9	46.9	46.9	47.3	47.5	47.4	47.4	47.4
Mittel	54.42	54.38	54.37	54.30	54.25	54.24	54.16	54.13	54.12	54.10	54.03	53.94	53.87	53.76

Luftdruck.

Bossekop. Mittlere Ortszeit. Schwere-Correction: + 1.49 bei 754.0. **August 1883.**

3	4	5	6	7	8	9	10	11	12	Tagesmittel	Maxim.	Minim.	Differenz
59.7	59.4	59.3	59.5	59.7	60.1	60.2	60.7	60.8	61.0	60.40	61.4	59.3	2.1
60.7	60.7	60.5	60.3	60.1	60.5	61.0	61.0	61.0	61.1	60.91	61.4	60.1	1.3
60.3	60.4	60.1	60.1	60.0	60.0	60.0	60.0	60.0	60.2	60.73	61.5	60.0	1.5
58.3	57.9	57.7	57.7	57.6	57.6	57.7	57.7	57.7	57.8	58.81	60.3	57.6	2.7
55.0	55.0	54.7	54.6	54.3	54.2	54.4	54.1	54.1	54.2	55.79	57.6	54.1	3.5
53.8	53.6	53.6	53.5	53.6	53.6	53.6	53.8	53.9	54.1	53.73	54.1	53.5	**0.6**
53.3	53.4	53.4	53.3	53.2	53.5	53.5	53.8	53.9	54.0	53.81	54.2	53.2	1.0
53.1	53.0	52.9	52.8	52.9	53.0	53.2	53.5	53.7	53.8	53.60	54.2	52.8	1.4
49.7	49.2	49.0	48.7	48.5	48.5	48.5	48.6	48.6	48.7	50.78	53.7	48.5	5.2
46.6	46.6	46.5	46.4	46.4	46.4	46.6	46.8	47.2	47.3	47.40	48.7	46.4	2.3
46.7	46.8	46.7	46.7	46.9	46.9	47.1	47.1	47.1	47.3	47.09	47.5	46.7	0.8
48.0	48.3	48.5	48.8	48.9	49.1	49.4	49.5	49.9	50.2	48.18	50.2	47.3	2.9
54.0	54.2	54.5	54.9	55.2	55.5	55.6	55.9	56.2	56.5	53.28	56.5	50.5	**6.0**
57.7	57.5	57.4	57.4	57.2	57.2	56.9	57.0	56.9	56.9	57.37	58.1	56.7	1.4
52.4	51.9	51.6	51.4	51.4	51.2	51.2	50.9	50.8	50.8	53.67	56.7	50.8	5.9
50.1	49.9	50.3	50.3	50.4	50.4	50.6	50.9	51.1	51.3	50.44	51.3	49.9	1.4
52.9	53.1	53.2	53.4	53.4	53.6	53.7	53.7	53.9	54.1	52.90	54.1	51.6	2.5
54.5	54.6	54.6	54.7	54.7	54.8	54.8	55.1	55.2	55.3	54.60	55.3	54.1	1.2
53.2	53.1	53.3	53.7	54.0	54.3	54.5	54.7	54.9	54.9	54.14	55.2	53.1	2.1
57.3	57.7	58.0	58.1	58.5	58.9	59.1	59.5	59.4	59.8	56.90	59.8	54.8	5.0
64.4	64.4	64.4	64.2	64.3	64.5	64.4	64.5	64.6	64.6	**63.08**	**64.6**	60.4	4.2
62.3	62.2	62.2	62.3	63.3	62.3	62.3	62.1	61.8	61.6	62.88	54.5	61.6	2.9
57.2	56.8	56.4	56.4	56.5	56.4	56.4	56.4	56.1	56.1	58.35	61.5	56.1	5.4
52.5	52.3	52.3	52.3	52.2	52.2	52.4	52.4	52.4	52.6	53.19	55.6	52.2	3.4
54.8	54.8	54.9	55.2	55.4	55.4	55.6	55.6	55.8	56.0	54.23	50.0	52.6	3.4
55.7	55.3	55.0	55.2	54.9	54.8	54.7	54.5	54.4	54.1	55.69	56.7	54.1	2.6
52.3	52.1	52.6	52.3	52.0	51.9	51.9	51.7	51.4	51.2	52.70	54.2	51.2	3.0
47.5	47.4	47.3	47.0	47.6	47.9	47.9	47.9	47.9	47.9	48.65	51.2	47.3	3.9
46.1	45.6	45.9	46.1	45.9	45.8	45.6	46.0	45.8	45.7	46.53	47.6	45.6	2.0
45.4	45.6	45.6	45.9	46.1	46.2	46.4	46.2	46.3	46.4	**45.85**	46.4	**45.4**	1.0
47.5	47.3	47.4	47.2	47.1	47.2	47.0	47.1	47.3	47.4	47.08	47.5	46.5	1.0
53.64	53.55	**53.54**	53.57	53.59	53.67	53.75	53.83	53.87	53.97	53.96	55.41	52.71	2.70

Temperatur der Luft.

1882. August. Höhe des Thermometers über dem Boden: 3.5 m. **Bossekop.**

Datum	1	2	3	4	5	6	7	8	9	10	11	Mittag	1	2
1	12.4	12.4	12.2	12.1	12.1	12.2	12.5	12.8	12.8	12.9	13.4	14.3	14.0	13.8
2	10.8	10.0	10.1	10.3	11.0	12.1	12.5	12.5	13.5	14.0	13.6	13.8	13.3	13.0
3	10.7	9.8	10.4	10.3	11.3	12.2	13.8	14.1	14.3	14.0	14.2	15.8	15.5	18.9
4	13.6	14.2	14.0	14.2	14.1	16.0	17.6	18.1	18.8	18.6	18.9	20.4	21.4	22.3
5	14.2	13.2	11.7	12.8	14.7	15.4	17.6	17.6	17.6	22.2	19.5	23.9	25.4	24.4
6	12.7	12.9	12.7	13.9	14.2	14.0	13.3	13.4	13.6	14.1	14.0	13.9	14.1	13.7
7	11.2	11.7	12.2	12.3	12.5	12.0	12.2	12.6	12.5	12.5	12.8	13.6	13.8	14.2
8	11.8	11.6	11.5	11.5	11.3	11.4	11.8	12.0	12.3	12.3	12.2	12.0	12.3	12.4
9	11.3	11.1	10.7	10.4	11.2	11.6	12.1	12.4	12.8	13.4	13.9	14.8	15.5	16.8
10	12.1	11.5	11.5	11.4	11.5	11.8	12.2	12.3	12.2	14.0	14.6	13.2	12.9	12.5
11	7.3	7.0	7.2	7.2	7.8	9.5	10.4	11.8	12.3	12.7	13.8	14.6	15.3	15.3
12	10.7	10.5	10.7	10.8	10.6	11.1	12.0	11.2	11.5	11.8	11.2	11.2	11.8	11.5
13	8.4	8.8	7.4	7.6	7.9	8.6	10.2	11.2	12.1	13.1	12.4	12.4	12.1	11.8
14	9.6	10.2	10.0	10.0	10.1	10.2	10.2	10.2	10.3	10.7	10.8	11.3	11.4	11.6
15	11.5	11.2	10.8	10.2	10.5	11.8	13.4	14.5	14.6	15.1	16.0	15.9	15.4	16.6
16	13.2	13.4	13.7	13.6	13.0	13.1	13.7	14.2	14.4	14.6	15.2	13.9	13.8	13.3
17	11.6	11.1	11.3	11.6	11.8	11.9	11.9	12.0	11.4	11.4	11.3	12.0	12.1	12.2
18	11.3	11.4	11.7	12.0	12.0	12.4	13.4	12.9	13.4	13.3	13.4	13.6	12.8	12.5
19	11.4	11.3	10.2	10.3	9.9	9.9	10.0	10.4	10.9	11.1	11.2	11.6	12.6	13.5
20	12.5	12.0	11.9	12.4	12.4	13.4	14.0	14.6	16.4	16.9	18.0	18.8	20.1	21.0
21	17.4	16.6	16.5	15.9	16.8	18.0	18.2	15.5	17.4	16.4	17.3	17.2	17.5	16.9
22	10.2	11.2	11.0	10.1	10.8	12.9	15.2	16.5	17.8	19.6	21.1	21.4	21.0	21.8
23	14.2	12.3	13.6	13.8	14.1	14.2	14.5	14.8	15.6	15.8	16.6	17.0	17.4	17.5
24	16.6	16.1	15.8	15.6	15.2	15.2	15.0	14.8	14.8	14.6	14.8	15.0	15.2	14.9
25	12.4	12.0	11.8	11.4	11.1	10.8	10.6	10.9	10.3	9.5	10.1	10.4	10.4	10.4
26	9.6	9.8	9.4	9.4	10.1	10.2	10.8	11.5	11.6	12.3	12.3	13.5	14.6	14.9
27	12.4	12.6	12.5	13.0	11.8	12.0	12.0	12.3	13.0	13.3	14.7	13.7	14.0	14.5
28	12.6	12.1	12.1	11.7	12.6	13.2	13.7	14.2	15.4	15.6	16.4	15.1	14.5	15.8
29	13.0	12.0	12.0	12.2	12.2	12.4	12.9	13.8	12.6	13.3	13.7	13.6	12.3	13.0
30	11.0	10.6	11.5	11.1	12.4	12.0	12.4	11.8	11.9	10.7	10.9	11.1	10.9	10.1
31	6.5	6.0	5.6	5.1	5.0	6.4	5.8	5.9	6.3	7.0	6.7	6.7	6.2	7.1
Mittel	11.75	11.50	11.41	11.39	11.68	12.19	12.77	12.99	13.37	13.77	14.03	14.38	14.50	14.78

1882. September. $\varphi = + 69^\circ 57' 29''$.

Datum	1	2	3	4	5	6	7	8	9	10	11	Mittag	1	2
1	2.7	0.6	0.1	−0.4	−0.5	0.5	2.5	4.1	6.8	7.8	8.7	9.4	10.1	10.2
2	4.2	4.5	4.5	4.2	4.7	5.5	6.0	5.5	6.4	7.4	8.0	7.9	8.4	8.8
3	3.8	3.9	3.9	3.6	3.4	5.0	5.6	6.4	6.8	7.2	7.3	7.6	7.0	6.8
4	1.0	1.4	2.8	3.7	3.6	5.2	6.8	9.2	10.6	11.9	12.4	13.4	13.8	13.4
5	4.5	4.5	3.0	3.0	3.8	3.0	5.1	6.4	7.3	7.8	8.6	8.9	10.0	10.2
6	6.5	8.1	9.0	9.0	9.4	9.2	10.9	12.0	13.6	14.6	15.2	14.3	16.4	16.7
7	11.8	10.7	10.8	9.0	7.8	8.2	9.5	11.0	13.0	12.2	11.9	11.0	10.6	10.3
8	8.3	9.0	9.5	9.6	10.2	9.0	9.1	9.4	10.7	11.0	11.5	12.0	12.9	13.5
9	4.7	6.1	6.0	5.3	5.4	5.2	7.4	8.7	10.3	10.2	10.1	9.6	9.7	9.8
10	3.8	5.3	6.8	7.1	6.6	6.4	7.2	8.4	8.6	9.1	10.5	12.1	12.2	12.0
11	10.9	10.8	8.8	8.6	8.6	7.3	9.0	9.4	11.2	13.0	12.1	11.5	12.0	12.8
12	3.7	3.1	2.9	2.9	2.7	2.4	3.8	5.6	8.0	10.8	9.3	10.5	11.9	11.8
13	13.1	12.1	11.0	12.8	13.0	13.2	13.2	13.8	14.4	15.4	16.3	16.3	17.8	17.8
14	12.0	11.0	10.8	10.0	10.0	10.5	10.5	11.2	11.2	12.3	12.8	13.6	13.1	14.0
15	9.7	10.4	10.8	11.2	11.2	11.5	10.6	10.6	10.6	10.4	10.3	10.8	11.3	10.8
16	5.6	5.4	5.4	5.0	5.0	5.2	6.0	6.9	7.3	7.9	8.8	9.4	9.4	9.9
17	9.0	8.2	8.4	8.2	8.2	8.8	9.0	9.9	10.2	10.2	10.7	9.9	11.2	10.4
18	9.8	9.6	9.8	9.7	10.1	9.7	10.1	10.6	11.2	11.8	11.7	12.0	12.2	13.1
19	10.0	10.8	8.5	6.2	6.2	5.8	7.2	7.8	8.9	7.3	7.0	7.0	7.0	6.7
20	3.4	3.2	6.6	6.2	6.3	7.2	7.4	7.3	6.8	6.6	5.9	6.8	7.0	6.4
21	4.0	4.0	3.9	3.8	3.9	3.6	3.8	4.3	5.0	6.0	5.7	6.0	6.4	6.7
22	1.8	1.8	1.4	1.1	1.6	1.9	2.2	2.5	3.8	4.8	5.5	6.4	7.1	6.7
23	5.3	5.0	4.6	4.5	4.0	4.0	4.1	4.8	6.3	7.1	8.4	10.2	9.3	9.3
24	6.2	5.7	5.8	5.6	5.9	6.0	6.2	7.4	7.8	8.2	9.3	11.6	11.6	9.4
25	3.7	3.3	3.4	2.9	3.0	3.2	2.8	4.0	5.1	6.2	6.5	6.6	6.8	7.0
26	10.0	9.7	10.5	9.6	7.6	6.9	6.1	6.4	5.4	5.8	6.4	5.8	5.5	5.8
27	6.6	7.0	6.6	7.4	7.5	7.5	6.9	7.2	8.5	9.2	10.6	12.2	13.0	11.3
28	6.5	6.8	6.9	6.3	5.8	6.0	6.0	7.4	9.1	10.3	11.0	11.2	11.4	11.4
29	3.8	4.4	4.0	3.1	2.9	5.4	6.1	6.6	7.0	7.7	8.6	8.3	8.2	7.7
30	6.6	6.6	6.8	7.0	7.2	7.2	7.1	7.1	7.1	7.4	7.6	7.8	8.2	8.4
Mittel	6.10	6.43	6.44	6.23	6.17	6.35	6.94	7.73	8.63	9.25	9.62	10.00	10.38	10.30

Temperatur der Luft.

Bossekop. Mittlere Ortszeit. **August 1882.**

3	4	5	6	7	8	9	10	11	12	Tagesmittel	Maxim.	Minim.	Differenz
13.6	12.6	12.4	12.4	11.9	11.6	11.2	11.0	10.9	10.8	12.43	14.7	10.8	3.9
13.3	12.7	12.4	11.7	12.1	12.0	11.6	12.2	11.1	10.8	12.06	14.4	10.0	4.4
17.9	18.5	19.4	19.2	16.8	15.5	16.2	15.1	15.4	14.9	14.76	19.5	9.8	9.7
22.5	21.8	20.8	20.6	20.4	19.8	18.9	17.6	16.3	14.3	18.13	22.6	13.1	9.5
25.0	24.0	24.0	19.4	19.8	17.0	16.2	14.8	14.9	14.6	**18.33**	**25.9**	10.9	**15.0**
14.0	12.9	12.5	12.4	12.7	12.8	12.6	12.2	10.8	10.5	13.08	16.0	10.5	5.5
13.8	12.8	13.0	13.5	13.0	12.6	12.4	12.0	12.1	12.2	12.65	14.4	9.6	4.8
12.7	12.4	13.0	12.8	13.0	13.0	12.8	12.5	12.1	11.7	12.19	13.4	11.3	2.1
16.6	16.5	15.6	15.3	14.2	13.8	13.0	12.7	12.6	12.5	13.32	16.8	10.1	6.7
14.0	14.4	13.6	13.4	12.2	11.5	9.3	7.8	7.8	6.9	11.86	15.2	6.9	8.3
13.3	13.2	12.2	11.2	10.8	10.3	9.8	10.1	9.4	10.9	10.98	15.6	6.4	9.2
11.2	11.8	11.9	11.8	11.3	11.0	10.5	10.4	9.8	9.0	11.05	12.5	8.7	3.8
11.4	11.2	11.3	11.0	10.9	10.7	10.4	9.6	9.2	9.3	10.38	13.4	7.3	6.1
12.4	11.9	12.3	12.3	12.0	11.6	11.2	11.1	11.4	11.5	11.01	12.7	8.9	3.8
17.0	15.1	14.6	14.6	14.3	14.5	13.8	13.8	13.5	14.7	13.89	17.1	9.7	7.4
13.4	13.0	12.6	12.4	11.8	11.9	11.7	11.0	11.3	11.6	13.07	15.2	11.0	4.2
12.1	12.0	12.0	12.2	12.0	12.1	12.3	11.9	11.6	11.6	11.81	12.4	10.9	**1.5**
12.4	12.4	12.0	11.8	11.8	11.5	11.4	11.3	11.3	11.7	12.24	13.6	11.3	2.3
13.2	13.2	13.2	13.4	13.2	13.0	12.8	12.8	12.8	12.6	11.85	13.5	9.6	3.9
20.0	21.0	20.8	19.0	19.5	18.6	17.3	17.1	16.7	16.4	16.70	21.4	11.6	9.8
15.9	15.4	15.8	15.8	17.2	14.4	13.8	11.6	13.0	10.0	15.85	18.2	10.0	8.2
22.1	22.9	22.1	19.7	18.6	17.2	17.8	18.1	16.6	16.0	17.15	23.5	9.2	14.3
17.4	17.8	18.0	17.9	17.7	17.3	17.4	17.0	16.8	16.6	16.05	18.0	12.3	5.7
14.5	13.9	13.6	13.5	13.4	13.3	13.3	13.0	13.0	12.8	14.50	17.5	12.8	4.7
10.2	10.2	10.2	10.3	10.1	9.9	9.8	9.4	9.2	9.3	10.45	13.2	9.2	4.0
16.1	14.9	15.2	14.8	14.0	13.2	12.6	10.9	11.7	11.4	12.28	16.1	9.0	7.1
17.0	17.5	16.9	16.3	15.4	14.2	14.1	13.2	13.1	13.1	13.82	17.5	10.1	7.4
15.6	15.2	14.8	14.5	14.0	13.7	13.6	13.0	12.6	12.5	13.94	16.4	11.7	4.7
12.7	13.6	13.1	12.2	12.2	13.2	13.1	11.8	12.2	11.4	12.60	14.4	11.0	3.4
9.8	9.4	9.0	8.8	8.5	8.1	7.8	7.2	6.9	6.9	10.03	12.6	6.9	5.7
7.0	6.6	7.0	6.2	6.0	6.0	5.9	4.5	3.0	2.9	**5.89**	7.5	**2.9**	4.6
14.78	14.55	14.33	13.88	13.57	13.07	12.70	12.12	11.91	11.66	13.04	15.97	9.79	6.18

$\lambda = + 23^0\ 14'\ 46'' = + 1^h\ 32^m\ 59^s.$

September 1882.

3	4	5	6	7	8	9	10	11	12	Tagesmittel	Maxim.	Minim.	Differenz
11.0	11.1	10.4	10.0	7.4	6.3	4.4	3.6	4.2	4.3	5.64	11.0	**−0.5**	11.5
8.7	9.3	7.4	6.3	5.1	4.6	4.0	4.0	4.0	4.0	5.98	9.3	2.9	6.4
7.2	6.8	6.6	6.2	5.2	1.8	1.8	1.4	0.4	0.4	4.84	7.8	0.4	7.4
13.2	12.8	12.2	10.8	8.8	8.0	4.9	3.9	3.5	4.1	7.97	13.8	−0.1	13.9
10.2	11.0	11.2	10.6	10.8	9.7	10.1	9.6	6.7	6.2	7.18	11.3	2.6	8.7
16.3	15.5	14.7	14.2	14.0	12.4	12.1	11.9	12.0	11.8	12.59	16.9	6.0	10.9
10.8	11.8	11.3	10.8	9.6	9.8	7.2	7.1	7.4	7.7	10.05	13.0	7.1	5.9
13.6	14.2	14.4	11.4	11.8	10.4	6.4	5.8	5.8	5.5	10.21	14.4	5.5	8.9
9.4	8.9	8.0	7.5	6.7	5.0	4.3	3.2	3.9	4.1	7.06	10.6	3.2	7.4
12.5	12.1	13.1	11.6	11.5	11.2	12.0	12.8	12.4	11.5	9.87	13.3	2.7	10.6
13.8	14.2	13.8	11.9	8.9	6.7	5.4	5.6	4.4	4.2	9.79	14.4	4.2	10.2
15.8	16.5	15.8	14.6	13.5	13.1	13.7	14.4	14.3	13.2	9.76	16.5	2.4	**14.1**
18.5	17.8	16.1	15.6	14.8	14.0	13.5	12.7	12.5	12.5	**14.51**	**18.7**	10.9	7.8
14.0	11.9	12.0	12.0	11.3	10.4	10.5	9.8	8.6	9.8	11.39	15.7	8.6	7.1
10.0	8.7	8.0	7.3	7.0	7.3	6.8	6.6	6.1	6.0	9.33	11.8	6.0	5.8
10.2	10.4	10.4	9.9	9.4	8.8	8.7	8.4	8.7	8.7	7.98	10.5	4.9	5.6
9.7	10.7	11.0	10.4	10.3	10.2	9.7	9.8	9.9	9.9	9.75	11.2	8.0	**3.2**
12.1	11.8	11.6	11.8	11.1	11.2	10.4	10.4	13.8	12.7	11.18	13.8	9.6	4.2
5.3	3.9	4.9	3.9	3.6	3.0	3.0	3.1	3.8	3.3	6.01	8.9	3.0	5.9
7.0	6.2	6.1	5.8	4.1	3.6	3.4	4.0	4.3	4.6	5.66	7.5	2.6	4.9
5.8	6.4	5.9	5.2	4.0	2.7	2.3	3.0	2.4	2.2	4.45	6.9	2.2	4.7
7.4	6.1	6.1	5.6	5.4	5.4	5.1	5.1	5.1	5.0	**4.37**	7.8	1.1	6.7
9.9	12.6	11.4	9.8	9.1	8.4	7.9	7.3	7.0	6.5	7.35	12.7	3.7	9.0
9.6	10.4	10.1	9.5	8.8	8.0	6.2	7.2	6.9	4.8	7.84	11.7	4.8	6.9
9.2	8.0	11.0	11.1	11.4	11.3	10.7	9.9	11.5	11.6	7.09	12.1	2.4	9.7
6.0	5.9	4.6	2.9	1.3	3.4	4.5	5.1	5.1	6.3	6.11	11.9	1.3	10.6
13.4	13.1	11.6	9.9	8.0	7.8	8.6	7.7	5.9	4.9	8.85	13.4	4.9	8.5
10.7	9.5	9.0	8.5	6.8	5.8	4.7	1.2	2.2	3.2	7.40	11.6	1.2	10.4
7.4	7.2	6.8	6.2	6.3	6.0	6.6	6.4	6.5	6.2	6.23	8.8	2.9	5.9
8.4	8.4	8.2	8.2	8.2	8.2	8.5	9.0	9.4	9.4	7.83	9.4	5.6	3.8
10.57	10.44	10.12	9.31	8.47	7.82	7.24	7.00	6.96	6.82	8.14	11.89	4.00	7.89

Temperatur der Luft.

1882. October. Höhe des Thermometers über dem Boden: 3.5 m. **Bossekop.**

Datum	1	2	3	4	5	6	7	8	9	10	11	Mittag	1	2
1	9.6	9.2	9.3	9.4	10.0	10.3	10.4	11.1	11.3	13.0	13.3	13.2	13.5	13.3
2	10.8	10.9	10.7	10.6	10.3	10.3	10.4	10.6	11.0	12.4	12.9	14.3	14.3	14.0
3	8.4	7.8	8.8	10.0	9.8	9.5	8.6	8.8	10.2	9.9	9.9	9.6	9.6	9.9
4	10.6	10.8	11.0	11.4	11.3	11.0	10.4	11.0	11.4	12.6	13.6	12.2	14.2	13.8
5	10.2	8.4	7.9	8.4	9.5	8.7	7.6	8.3	9.2	11.7	13.2	12.6	13.4	14.3
6	8.0	8.0	7.4	7.3	6.6	7.2	6.2	7.2	5.6	5.5	4.8	4.6	4.8	3.0
7	1.6	2.4	2.2	2.0	2.4	2.2	1.8	2.4	2.2	3.0	3.2	3.1	3.5	2.9
8	2.0	2.3	3.5	4.5	4.4	6.8	7.2	7.9	7.4	6.4	5.8	5.0	4.9	4.3
9	0.2	−0.4	0.2	5.0	4.9	5.4	4.0	5.3	5.3	5.8	6.0	6.6	7.3	6.9
10	4.6	7.2	6.6	6.6	6.9	7.0	6.6	6.6	6.4	6.4	5.9	5.8	6.3	5.8
11	2.7	2.7	2.5	2.4	2.4	2.2	2.0	2.0	2.4	2.8	3.6	4.1	4.4	4.6
12	1.4	1.2	0.5	0.0	0.0	−0.3	−0.5	−0.3	1.3	1.7	2.2	2.8	3.0	3.0
13	−1.0	−0.7	−1.0	−0.9	−1.6	−1.3	−1.2	−0.5	0.3	1.3	1.8	2.5	3.4	3.7
14	2.8	2.9	3.0	2.6	3.5	4 2	3.9	5.0	5.4	6.1	7.0	7.8	7.0	6.4
15	5.0	5.1	5.3	4.9	4.9	5.3	5.7	5.3	6.0	6.4	6.9	6.0	7.6	8.0
16	3.7	3.8	3.2	3.2	2.6	1.1	1.2	2.1	2.9	3.3	4.1	5.2	6.0	5.8
17	−2.6	−2.6	−3.0	−1.8	−2.5	−1.7	−0.8	0.3	3.5	5.4	4.9	5.0	5.6	5.2
18	−0.1	0.1	−0 1	−0.7	−0.7	−1.0	−1.4	−2.1	−2.6	−0.8	0.1	1.6	1.6	1.3
19	7.8	8.0	7.9	7.7	7.2	7.5	7.4	6.7	6.9	7.6	8.9	8.9	9.0	9.1
20	1.8	1.4	0.4	0.2	−0.1	−0.6	−1.2	−1.7	−1.4	−0.1	0.7	1.3	2.0	2.3
21	0.8	1.4	1.1	0.0	1.3	1.7	3.2	2.9	2.8	3.2	3.1	3.8	4.0	4.0
22	1.4	0.1	1.7	1.8	1.4	2.2	2.3	2.0	3.7	2.8	3.0	4.3	5.6	4.8
23	−1.8	−2.3	−2.5	−3.2	−2.5	−2.2	−2.4	−2.6	−2.6	−2.4	−1.4	−0.7	0.6	1.9
24	−1.6	−1.8	−2.0	−2.3	−2.7	−2.8	−2.6	−2.9	−2.6	−1.8	−0.6	0.4	0.8	0.0
25	−0.6	−0.8	−1.3	−1.8	−1.9	−2.5	−2.6	−2.2	−3.0	−1.1	−0.2	0.1	0.3	0.5
26	0.0	0.0	−0.5	0.0	−0.4	−0.6	−0.4	−0.7	−0.4	−0.2	0.0	0.6	0.6	0.2
27	−0.6	−1.3	−1.6	−1.2	−1.0	−1.1	−0.6	−0.4	−0.4	0.4	0.6	0.9	1.0	1.4
28	2.0	2.0	1.8	1.8	1.6	1.8	1.5	1.7	2.2	2.8	3.0	3.0	2.9	3.2
29	2.1	1.8	1.6	1.7	0.2	−0.4	−1.2	−0.6	−1.2	−0.7	1.4	1.6	2.6	2.4
30	−0.4	−0.5	−0.8	−1.3	−1.0	−1.5	−2.2	−1.8	−2.3	−2.6	−1.9	−1.3	−1.5	−3.0
31	−3.0	−3.2	−3.2	−2.9	−3.1	−3.0	−3.1	−2.8	−2.6	0.0	1.7	1.9	1.0	1.1
Mittel	2.77	2.71	2.60	2.76	2.72	2.76	2.59	2.86	3.17	3.90	4.44	4.74	5.14	4.97

1882. November. $\varphi = + 69^0\ 57'\ 29''$.

Datum	1	2	3	4	5	6	7	8	9	10	11	Mittag	1	2
1	1.5	1.1	1.5	0.8	1.7	1.4	1.4	0.6	0.6	1.3	1.4	1.5	1.4	1.6
2	−1.6	−1.4	−2.1	−3.6	−3.8	−3.4	−1.8	−2.0	−1.8	−1.3	−1.0	−0.7	−0.6	−0.9
3	−0.6	−0.6	−0.5	−0.5	−0.1	−0.7	−0.6	−0.3	−0.9	−0.9	−1.0	−1.0	−0.8	−0.6
4	−1.4	−1.2	−0.8	−0.9	−0.8	−0.7	−0.2	0.4	0.6	1.0	0.9	1.3	1.6	1.4
5	−4.1	−4.3	−4.5	−4.8	−5.3	−5.8	−6.7	−7.0	−8.0	−9.0	−9.0	−9.0	−9.6	−10.5
6	−9.6	−9.8	−10.0	−9.8	−9.9	−10.0	−10.0	−10.3	−10.4	−9.9	−9.7	−9.3	−9.4	−9.4
7	−8.0	−8.1	−8.7	−8.7	−8.1	−7.8	−7.8	−8.0	−7.8	−7.4	−7.3	−6.8	−7.2	−7.3
8	−5.9	−5.8	−5.6	−5.7	−6.2	−5.4	−5.5	−4.9	−5.9	−6.4	−5.3	−5.6	−6.0	−6.6
9	−5.0	−6.0	−6.6	−7.7	−8.0	−8.6	−9.2	−9.4	−9.8	−9.5	−9.6	−9.4	−8.6	−8.9
10	−7.0	−7.0	−7.2	−7.2	−7.3	−7.3	−7.7	−7.4	−7.6	−8.4	−8.6	−8.8	−8.9	−11.0
11	−11.4	−11.0	−10.6	−10.6	−10.1	−9.9	−10.4	−9.8	−9.4	−8.7	−8.2	−7.0	−7.1	−7.0
12	−7.4	−8.2	−8.6	−9.0	−9.7	−7.6	−6.3	−5.8	−5.8	−5.8	−5.2	−4.2	−4.4	−4.6
13	−9.8	−10.0	−10.4	−11.2	−10.8	−11.0	−10.8	−10.2	−10.2	−9.2	−8.4	−8.2	−8.0	−7.8
14	−11.0	−12.0	−12.6	−12.7	−12.4	−12.0	−12.6	−12.3	−11.5	−11.6	−11.1	−10.2	−9.5	−9.0
15	−8.4	−7.4	−8.3	−8.1	−8.7	−8.8	−7.8	−8.1	−8.1	−8.6	−8.0	−8.0	−8.8	−8.6
16	−11.4	−11.9	−11.9	−12.2	−12.4	−12.4	−12.5	−12.7	−12.8	−12.6	−12.4	−12.0	−12.4	−12.0
17	−7.8	−6.9	−6.7	−5.8	−5.0	−4.8	−5.0	−4.2	−4.6	−3.9	−3.9	−3.7	−3.4	−3.2
18	−2.8	−2.8	−3.0	−4.0	−3.5	−5.6	−5.6	−7.3	−7.0	−6.0	−6.8	−7.4	−7.5	−8.4
19	−3.0	−3.7	−4.3	−5.4	−6.7	−5.0	−5.4	−6.0	−6.2	−6.0	−4.9	−3.6	−3.4	−3.9
20	−6.3	−5.4	−5.2	−5.6	−6.2	−6.2	−6.8	−6.8	−7.6	−8.3	−9.1	−8.3	−8.3	−8.5
21	−11.1	−11.4	−11.0	−10.8	−11.4	−11.7	−11.7	−12.2	−13.1	−14.1	−13.6	−14.5	−14.8	−16.5
22	−16.4	−15.4	−14.7	−13.1	−11.8	−11.8	−14.0	−12.8	−11.6	−11.4	−11.4	−11.0	−10.8	−10.0
23	−8.4	−7.7	−6.8	−7.0	−7.1	−5.0	−3.3	−2.7	−4.0	−2.6	−2.6	−2.8	−3.9	−4.2
24	−6.3	−7.2	−9.0	−10.0	−11.2	−13.1	−14.2	−13.7	−14.2	−14.8	−14.8	−15.5	−15.6	−17.0
25	−18.5	−16.9	−16.4	−14.6	−14.9	−15.1	−14.3	−14.1	−13.7	−13.7	−13.6	−12.8	−12.4	−11.8
26	−10.0	−10.0	−10.8	−12.1	−11.3	−13.5	−13.6	−13.6	−14.5	−14.8	−14.9	−15.8	−15.7	−15.6
27	−17.1	−17.4	−17.6	−18.4	−18.0	−18.7	−18.6	−18.2	−19.0	−17.9	−18.0	−17.3	−16.8	−15.9
28	−14.0	−13.5	−13.8	−13.5	−15.0	−15.2	−15.1	−14.0	−14.5	−13.2	−14.0	−14.8	−16.2	−16.9
29	−15.8	−15.8	−15.3	−15.8	−16.2	−15.6	−16.2	−14.8	−13.2	−13.8	−15.0	−15.1	−16.6	−17.1
30	−9.6	−9.3	−8.8	−8.0	−7.2	−8.3	−8.0	−9.0	−10.0	−10.1	−10.7	−11.6	−11.9	−12.2
Mittel	−8.27	−8.23	−8.34	−8.53	−8.58	−8.65	−8.67	−8.55	−8.73	−8.59	−8.53	−8.39	−8.52	−8.75

Temperatur der Luft.

Bossekop. Mittlere Ortszeit. **October 1882.**

3	4	5	6	7	8	9	10	11	12	Tagesmittel	Maxim.	Minim.	Differenz
13.2	13.1	11.9	11.3	11.1	10.6	10.1	10.4	10.6	10.6	11.24	13.5	9.2	4.3
14.1	13.8	14.0	13.5	13.2	13.0	12.0	10.4	9.5	8.6	**11.90**	14.3	8.6	5.7
9.5	9.4	9.4	9.3	9.1	9.1	8.6	8.8	8.8	10.9	9.31	10.9	7.5	3.4
14.7	13.3	13.7	11.9	11.3	10.6	10.1	9.8	11.8	10.8	11.76	**15.0**	9.8	5.2
13.4	12.1	10.4	9.4	9.4	9.4	8.8	8.6	7.8	7.2	10.00	14.5	7.0	7.5
2.6	2.7	2.3	2.3	1.9	2.2	2.5	2.5	2.6	2.8	4.61	8.0	1.8	6.2
2.8	2.8	3.0	2.7	3.0	3.4	4.1	3.5	2.2	2.4	2.70	4.1	1.5	2.6
4.1	4.6	4.4	4.4	3.5	4.0	4.0	3.5	1.8	1.1	4.49	8.0	1.1	6.9
7.3	7.4	7.4	7.2	6.8	6.6	6.6	5.3	3.1	6.0	5.26	7.6	−0.9	8.5
6.0	5.8	5.7	5.6	5.2	5.0	5.0	3.9	3.4	3.0	5.72	7.4	3.0	4.4
3.3	3.1	2.4	1.5	2.2	2.2	1.5	0.6	1.4	1.0	2.50	5.0	0.6	4.4
2.6	1.6	0.9	0.0	−0.1	−1.1	−1.8	−1.2	−1.2	−2.4	0.55	3.0	−2.4	5.4
3.3	2.6	2.2	2.5	1.3	1.6	1.4	1.8	2.5	2.6	1.11	3.7	−3.0	6.7
6.4	6.0	6.4	5.9	5.0	5.3	5.2	5.7	5.8	5.2	5.19	7.8	2.8	5.0
8.9	8.9	8.4	7.6	7.7	7.4	5.8	4.9	4.3	4.2	6.27	8.9	4.2	4.7
5.2	0.0	0.3	0.1	−0.6	−0.9	−1.2	−1.6	−2.0	−2.2	1.88	6.2	−2.2	8.4
3.7	3.4	2.8	1.6	0.9	0.7	0.2	0.1	0.1	0.1	1.17	5.9	−3.2	9.1
1.2	3.0	3.4	4.8	5.2	7.0	7.3	7.4	7.4	7.6	2.02	7.6	−3.0	**10.6**
9.0	8.8	6.3	5.8	5.5	4.5	3.4	2.1	1.6	1.0	6.63	9.4	1.0	8.4
1.0	0.2	−0.7	−0.2	−0.9	−1.5	−0.6	0.0	0.8	1.0	0.17	2.3	−2.2	4.5
4.1	4.3	4.2	4.0	3.9	3.9	4.3	3.6	3.1	2.2	2.95	4.5	0.0	4.5
3.8	1.5	2.4	1.3	1.2	−0.1	−0.2	−1.0	−1.3	−1.8	1.75	5.7	−1.8	7.5
2.9	2.2	−0.4	−0.4	0.0	0.2	0.0	0.0	−0.1	−1.3	−0.83	3.0	−3.5	6.5
−0.7	−1.4	−1.5	−1.6	−1.4	−3.2	−4.4	−1.8	−2.0	−1.4	−1.75	0.9	−4.8	5.7
−0.1	−1.0	−1.2	−1.6	−1.3	−1.1	−1.0	−1.0	−0.6	0.0	−1.04	0.8	−2.6	3.4
0.4	0.1	−0.2	−0.4	−1.4	−1.8	−2.0	−1.4	−0.3	−0.4	−0.38	0.9	−2.0	2.9
1.8	1.9	2.3	2.6	3.0	3.0	2.6	2.3	2.0	1.9	0.81	3.0	−1.6	4.6
3.2	3.0	2.9	2.9	2.7	2.8	2.6	2.6	2.5	2.2	2.45	3.5	1.5	**2.0**
1.6	1.2	1.2	1.1	1.1	0.5	0.3	0.3	−1.0	−0.6	0.71	2.8	−1.7	4.5
−4.9	−5.2	−5.6	−5.2	−4.9	−4.5	−4.0	−3.3	−3.2	−2.8	**−2.73**	−0.4	**−6.4**	6.0
0.8	−0.2	0.2	0.1	0.3	0.7	0.7	−0.1	1.0	0.6	−0.71	2.0	−3.2	5.2
4.68	4.13	3.80	3.54	3.35	3.21	2.95	2.80	2.66	2.58	3.41	6.12	0.49	5.63

$\lambda = + 23^0\ 14'\ 46'' = + 1^h\ 32^m\ 59^s$. **November 1882.**

3	4	5	6	7	8	9	10	11	12	Tagesmittel	Maxim.	Minim.	Differenz
1.6	0.6	−0.5	−0.6	−0.6	−1.0	−1.5	−1.2	−1.3	−1.0	0.51	**2.0**	−1.5	3.5
−1.6	−2.1	−1.9	−1.6	−1.4	−1.0	−1.1	−1.2	−1.4	−0.4	−1.65	−0.4	−4.1	3.7
−0.4	−0.2	−0.2	−0.3	−0.5	−0.2	0.0	−0.3	−0.7	−0.6	−0.52	0.0	−1.9	**1.9**
0.6	0.1	−0.2	−0.4	−1.0	−1.6	−2.6	−3.0	−3.1	−3.6	−0.57	1.7	−3.6	5.3
−11.0	−10.7	−9.5	−9.0	−9.0	−9.0	−9.0	−9.1	−9.4	−9.4	−8.03	−4.1	−11.1	7.0
−9.0	−9.2	−9.0	−8.8	−8.5	−7.8	−7.7	−7.5	−7.5	−7.7	−9.18	−7.5	−10.5	3.0
−7.6	−7.4	−7.2	−6.7	−6.7	−6.9	−7.1	−6.7	−6.5	−6.3	−7.40	−6.3	−9.0	2.7
−6.2	−6.4	−6.5	−6.4	−6.4	−4.9	−6.0	−6.0	−4.7	−5.4	−5.82	−4.6	−7.7	3.1
−9.6	−10.2	−10.2	−10.5	−10.6	−9.2	−8.4	−8.0	−7.9	−8.0	−8.70	−5.0	−11.3	6.3
11.7	−12.9	−13.4	−13.4	−13.4	−13.4	−12.6	−12.9	−12.6	−11.8	−9.98	−7.0	−14.0	7.0
−7.0	−7.0	−6.2	−7.2	−7.0	−6.0	−6.2	−6.8	−6.2	−7.2	−8.25	−5.5	−11.4	5.9
−4.7	−5.3	−6.3	−6.8	−7.2	−8.0	−8.9	−9.4	−9.6	−9.8	−7.03	−3.8	−9.8	6.0
−6.6	−6.4	−6.2	−4.6	−6.7	−8.2	−9.3	−9.7	−11.0	−10.9	−8.98	−0.6	−11.6	11.0
−9.2	−9.5	−9.6	−9.6	−9.2	−8.7	−8.2	−7.8	−6.6	−7.0	−10.25	−6.2	−13.2	7.0
−9.2	−9.2	−9.4	−10.2	−10.0	−10.4	−10.8	−11.0	−11.0	−10.7	−9.07	−7.4	−11.0	3.6
−11.6	−12.2	−11.9	−10.3	−9.0	−8.0	−9.0	−8.9	−8.4	−8.6	−11.23	−7.8	−12.9	5.1
−2.8	−3.5	−4.6	−4.0	−3.5	−4.5	−4.0	−3.5	−3.1	−2.9	−4.39	−2.7	−7.8	5.1
−7.4	−8.2	−8.2	−8.0	−6.2	−6.8	−6.8	−6.5	−4.9	−4.8	−6.06	−2.8	−8.6	5.8
−3.2	−2.8	−3.3	−4.6	−5.6	−5.8	−5.9	−5.8	−6.3	−6.0	−4.87	−2.4	−7.0	4.6
−8.7	−10.0	−9.5	−9.7	−11.0	−11.2	−12.4	−12.6	−11.8	−14.0	−8.73	−5.1	−14.0	8.9
−16.3	−15.4	−16.8	−17.5	−16.8	−17.0	−16.8	−17.4	−16.6	−17.2	−14.40	−10.3	−17.9	7.6
−9.7	−9.3	−9.7	−7.9	−9.1	−8.5	−8.0	−7.4	−8.4	−9.2	−10.99	−7.0	−16.4	9.4
−3.6	−3.8	−5.0	−5.1	−5.5	−5.1	−5.6	−5.7	−5.7	−5.6	−4.94	−2.2	−9.2	7.0
−17.3	−17.2	−17.4	−16.2	−17.9	−16.8	−17.2	−17.8	−17.3	−17.0	−14.53	−5.5	−17.9	**12.4**
−11.6	−10.8	−10.1	−9.4	−9.5	−9.6	−9.7	−10.0	−10.2	−10.5	−12.67	−9.2	−18.5	9.3
−17.3	−18.5	−16.8	−16.8	−15.4	−15.3	−16.5	−16.1	−15.9	−16.1	−14.62	−10.0	−18.5	8.5
−14.6	−15.4	−15.5	−15.3	−15.6	−15.0	−14.4	−14.2	−13.8	−14.0	−16.53	−13.8	**−19.0**	5.2
−17.2	−17.4	−16.9	−16.3	−17.3	−16.9	−16.6	−16.1	−17.8	−15.2	−15.48	−11.6	−17.9	6.3
−16.5	−16.3	−14.0	−13.0	−12.4	−11.3	−10.8	−9.8	−9.6	−10.3	−14.18	−9.6	−17.4	7.8
−12.5	−11.4	−11.6	−11.5	−11.4	−12.6	−13.2	−13.6	−14.4	−14.2	−10.88	−7.0	−14.8	7.8
−8.73	**−8.83**	−8.92	−8.72	−8.81	−8.69	−8.88	−8.87	−8.79	−8.85	−8.65	−5.39	−11.65	6.26

Temperatur der Luft.

1882. December. Höhe des Thermometers über dem Boden: 3.5 m. **Bossekop.**

Datum	1	2	3	4	5	6	7	8	9	10	11	Mittag.	1	2
1	−14.1	−13.6	−14.2	−12.4	−12.0	−11.5	−10.8	−10.1	−10.4	−10.8	−10.0	−11.2	−11.9	−12.5
2	−13.8	−14.8	−15.5	−14.8	−16.2	−16.0	−15.7	−16.0	−16.6	−15.6	−16.4	−17.6	−16.6	−17.2
3	−14.0	−14.2	−12.6	−12.7	−12.9	−13.0	−14.0	−14.0	−14.1	−14.0	−14.0	−13.3	−13.4	−13.6
4	−13.6	−13.0	−13.0	−13.4	−15.0	−16.4	−17.2	−18.0	−18.9	−20.0	−19.4	−18.7	−17.8	−18.9
5	−12.3	−11.8	−11.1	−10.8	−10.3	−10.0	−10.5	−11.6	−11.9	−12.0	−11.1	−12.0	−13.1	−13.3
6	−15.1	−14.8	−15.9	−15.9	−16.1	−16.4	−16.7	−17.3	−17.5	−17.6	−17.6	−18.4	−18.4	−17.9
7	−17.5	−16.2	−16.2	−16.0	−15.5	−14.4	−16.1	−14.6	−13.2	−15.2	−15.0	−14.4	−15.6	−15.8
8	−19.7	−19.7	−19.1	−18.9	−19.0	−19.8	−20.0	−20.4	−20.1	−20.0	−19.9	−19.4	−19.6	−19.8
9	−14.6	−13.4	−13.6	−12.2	−10.8	−11.7	−13.0	−14.6	−13.7	−15.6	−15.8	−16.0	−15.4	−16.0
10	−12.5	−12.2	−12.7	−13.2	−12.3	−11.5	−10.8	−10.7	−11.0	−11.3	−11.7	−11.4	−11.0	−10.8
11	−8.1	−8.5	−9.2	−10.1	−10.0	−11.4	−10.7	−10.8	−10.4	−9.6	−8.5	−6.9	−6.6	−6.5
12	−11.7	−12.4	−10.4	−9.0	−7.4	−5.7	−4.4	−4.2	−4.2	−4.7	−5.0	−5.6	−5.6	−5.0
13	−0.4	−0.4	0.0	0.2	0.2	0.2	0.1	0.4	0.4	0.8	1.0	2.3	1.9	2.0
14	−1.5	−2.0	−2.4	−3.4	−4.2	−4.2	−4.4	−4.8	−5.0	−5.8	−5.7	−6.0	−6.0	−8.3
15	−10.5	−8.6	−5.9	−6.0	−7.4	−7.8	−9.2	−10.2	−10.8	−10.8	−10.8	−10.5	−11.4	−12.0
16	−9.2	−8.7	−7.8	−8.0	−8.0	−7.8	−7.5	−5.7	−5.6	−7.3	−5.2	−5.4	−5.4	−5.6
17	−4.8	−4.8	−5.0	−6.2	−4.7	−6.0	−9.4	−9.7	−10.0	−10.5	−9.0	−9.9	−9.9	−9.8
18	−7.4	−7.5	−8.8	−8.9	−9.1	−8.7	−9.8	−11.7	−13.5	−13.3	−12.0	−10.6	−8.6	−6.9
19	−6.2	−7.6	−7.9	−10.4	−12.2	−12.2	−13.4	−11.4	−11.2	−10.5	−9.6	−7.6	−8.0	−6.0
20	−13.4	−13.1	−12.6	−11.9	−11.2	−11.2	−9.9	−9.0	−8.5	−7.1	−5.8	−4.6	−4.0	−3.3
21	3.4	1.6	0.8	−1.1	−1.4	−0.7	−3.2	−3.5	−3.3	−3.8	−3.8	−4.3	−4.4	−3.8
22	−2.7	−2.6	−2.8	−3.4	−3.1	−3.0	−4.0	−5.4	−6.2	−6.6	−7.4	−7.7	−8.2	−8.9
23	−2.8	−3.6	−4.2	−4.7	−5.8	−6.0	−6.4	−6.8	−7.3	−7.8	−8.2	−8.0	−8.2	−8.2
24	−11.4	−12.5	−12.4	−13.2	−12.0	−11.3	−10.6	−8.2	−8.2	−8.6	−8.5	−8.4	−8.3	−6.0
25	−12.6	−11.8	−12.0	−13.6	−12.0	−13.8	−12.3	−12.4	−12.2	−11.8	−12.5	−12.5	−13.0	−13.9
26	−12.0	−11.7	−10.4	−10.0	−9.1	−8.2	−9.6	−9.2	−9.1	−9.4	−8.9	−7.7	−7.4	−7.7
27	−11.2	−10.6	−11.2	−11.0	−10.6	−10.3	−9.4	−9.0	−8.2	−8.2	−8.9	−9.7	−10.8	−12.2
28	−14.0	−13.8	−13.4	−13.6	−13.3	−12.5	−12.4	−11.8	−12.0	−11.8	−10.8	−6.2	−5.4	−5.2
29	−7.0	−7.4	−8.0	−9.4	−10.4	−11.0	−11.7	−14.0	−15.9	−17.4	−18.2	−18.2	−19.6	−19.4
30	−13.9	−13.0	−11.6	−11.5	−11.0	−11.6	−11.6	−12.6	−12.0	−13.7	−12.6	−14.1	−13.3	−13.4
31	−15.0	−13.4	−14.1	−14.6	−15.8	−16.7	−17.2	−17.4	−17.5	−18.2	−19.1	−19.8	−19.9	−20.8
Mittel	−10.31	−10.16	**−10.10**	−10.29	−10.31	−10.31	−10.70	−10.83	−10.87	**−11.20**	−10.98	−10.76	−10.79	−10.83

1883. Januar. $\varphi = + 69^\circ\ 57'\ 29''$

Datum	1	2	3	4	5	6	7	8	9	10	11	Mittag.	1	2
1	−16.8	−16.7	−16.0	−15.8	−15.2	−15.0	−13.8	−12.4	−11.6	−12.7	−12.2	−12.7	−13.4	−13.0
2	−12.1	−12.1	−13.2	−12.6	−12.2	−13.2	−11.8	−11.4	−11.4	−11.5	−11.6	−11.5	−11.4	−11.4
3	−10.7	−11.7	−12.0	−10.2	−8.8	−9.0	−9.1	−7.8	−7.7	−7.6	−7.3	−8.1	−8.8	−8.8
4	−11.5	−8.9	−8.5	−8.6	−8.7	−9.7	−9.6	−11.0	−11.4	−11.6	−11.9	−11.8	−11.6	−11.1
5	−7.8	−8.0	−7.9	−7.4	−7.6	−7.2	−7.9	−8.0	−8.1	−7.7	−8.0	−8.1	−8.2	−8.6
6	−7.2	−6.4	−6.6	−6.4	−6.0	−5.8	−5.8	−5.7	−5.1	−4.4	−3.9	−3.8	−3.2	−2.0
7	4.4	5.0	4.8	5.0	4.5	4.2	5.2	5.2	5.4	5.2	5.1	5.2	4.7	4.6
8	5.4	5.4	4.3	4.2	3.2	3.6	3.7	3.4	2.2	1.8	2.2	1.0	1.8	0.8
9	−3.0	−3.0	−2.9	−3.4	−2.8	−2.8	−2.9	−1.8	−2.3	−2.3	−2.9	−3.4	−4.7	−5.6
10	−1.4	−8.2	−9.7	−7.5	−6.9	−7.7	−8.6	−8.7	−9.0	−9.3	−9.4	−9.2	−9.2	−7.3
11	1.5	0.4	−0.2	−0.4	−0.6	−1.4	−1.8	−1.8	−1.3	−1.4	−2.2	−1.9	−3.2	−3.4
12	−4.4	−4.8	−5.0	−5.3	−6.0	−6.0	−6.1	−6.4	−7.0	−6.9	−6.0	−5.8	−5.7	−5.6
13	−7.8	−8.3	−7.9	−8.2	−7.9	−8.4	−7.7	−8.3	−8.0	−7.5	−7.9	−7.9	−8.0	−8.8
14	−15.8	−15.9	−16.6	−16.2	−16.4	−16.1	−16.1	−15.4	−14.4	−13.5	−12.2	−11.0	−10.5	−10.0
15	1.4	2.6	2.0	1.2	1.2	0.7	−0.5	−3.2	−4.9	−6.6	−8.3	−9.9	−12.1	−13.1
16	−14.4	−15.3	−15.3	−16.4	−18.4	−19.4	−20.6	−20.2	−19.9	−19.0	−18.0	−17.3	−16.3	−16.4
17	−18.7	−18.6	−18.8	−18.5	−18.2	−17.8	−17.0	−17.4	−17.0	−16.4	−15.9	−15.2	−14.8	−14.4
18	−13.7	−13.4	−13.9	−13.5	−11.5	−10.4	−9.2	−8.2	−7.0	−4.7	−3.5	−3.4	−2.6	−1.9
19	−2.8	−1.1	−1.0	−0.4	0.1	1.6	2.1	2.8	0.4	0.9	1.9	1.9	−0.4	−0.5
20	−6.0	−5.8	−6.7	−7.2	−7.6	−8.4	−9.1	−9.0	−8.9	−8.8	−9.0	−9.3	−9.0	−8.9
21	−13.5	−12.2	−12.0	−12.4	−12.0	−11.1	−10.8	−11.2	−11.4	−10.9	−11.0	−11.4	−10.6	−10.4
22	−5.7	−5.5	−5.9	−6.2	−6.6	−6.6	−7.0	−7.2	−6.8	−7.1	−7.6	−7.4	−6.3	−6.2
23	−0.9	0.0	−1.6	−1.2	0.0	−0.3	0.3	0.4	1.5	1.8	5.4	5.7	5.4	6.1
24	3.6	3.9	4.1	4.0	3.6	2.9	5.9	5.8	5.1	5.4	5.8	5.2	5.3	5.9
25	3.1	2.3	2.6	2.6	2.2	2.2	2.1	2.1	1.6	0.8	0.4	−1.0	−2.2	−4.2
26	−9.8	−9.5	−10.2	−9.3	−7.8	−6.9	−6.6	−6.0	−6.1	−6.3	−6.2	−6.4	−7.2	−7.3
27	−7.4	−7.2	−7.4	−6.4	−5.8	−5.1	−4.7	−4.9	−5.6	−6.0	−5.5	−6.2	−6.1	−6.6
28	−7.7	−6.9	−7.0	−7.7	−8.0	−8.6	−8.3	−8.4	−8.7	−9.4	−9.6	−9.3	−9.2	−8.0
29	−11.5	−10.9	−10.0	−8.6	−9.0	−8.9	−8.1	−7.4	−7.9	−7.8	−7.2	−5.6	−5.1	−4.4
30	−3.8	−3.8	−4.6	−5.0	−5.3	−6.0	−6.6	−7.0	−6.7	−6.9	−7.2	−7.2	−7.4	−7.7
31	−14.0	−15.2	−14.5	−14.2	−16.5	−17.2	−15.2	−15.2	−14.1	−13.0	−12.4	−11.2	−11.4	−10.6
Mittel	−6.74	−6.77	**−7.02**	−6.84	−6.81	−6.86	−6.63	−6.59	−6.65	−6.57	−6.33	−6.35	−6.50	−6.41

Temperatur der Luft.

Bossekop. Mittlere Ortszeit. **December 1882.**

	3	4	5	6	7	8	9	10	11	12	Tagesmittel	Maxim.	Minim	Differenz
	−13.2	−12.6	−11.3	−12.3	−11.6	−12.7	−11.5	−12.0	−12.8	−13.8	−12.05	−8.7	−14.2	5.5
	−16.4	−17.4	−17.2	−17.4	−14.6	−14.8	−13.8	−14.4	−14.2	−15.2	−15.76	−13.8	−17.6	3.8
	−12.6	−13.0	−12.3	−12.0	−11.9	−12.5	−12.4	−12.3	−12.5	−12.7	−13.08	−11.9	−16.5	4.6
	−19.0	−17.6	−16.9	−16.3	−15.8	−15.1	−14.7	−14.0	−13.3	−12.7	−16.11	−12.7	−20.0	7.3
	−13.0	−13.4	−13.3	−13.5	−14.0	−14.1	−14.1	−13.9	−14.4	−14.6	−12.42	−9.9	−14.6	4.7
	−17.2	−18.0	−18.4	−17.4	−17.6	−18.2	−18.8	−18.5	−19.2	−18.2	−17.38	−14.8	−19.5	4.7
	−16.3	−17.1	−17.5	−17.3	−18.3	−18.2	−19.6	−19.4	−19.6	−19.5	−16.60	−12.8	−19.6	6.8
	−19.6	−19.8	−19.4	−19.1	−18.6	−18.2	−17.1	−15.4	−15.0	−15.2	**−18.83**	−15.0	−20.5	5.5
	−16.3	−17.0	−15.6	−16.3	−15.6	−16.0	−16.2	−14.5	−13.9	−13.0	−14.62	−10.5	−17.0	6.5
	−10.4	−10.5	−10.0	−9.5	−9.2	−8.8	−8.9	−9.4	−8.6	−8.4	−10.70	−8.4	−13.2	4.8
	−7.4	−8.4	−9.0	−10.6	−11.6	−12.6	−12.5	−12.8	−12.4	−12.8	−9.89	−6.2	−13.3	7.1
	−5.4	−5.6	−5.5	−5.0	−5.7	−3.2	−2.9	−3.1	−2.4	−1.6	−5.65	−1.6	−12.4	10.8
	1.6	1.0	1.8	1.6	2.0	1.8	0.6	0.6	−0.4	−0.9	**0.77**	2.4	−0.9	3.3
	−9.6	−11.4	−12.8	−12.2	−11.2	−11.4	−12.4	−11.4	−10.3	−12.9	−7.47	−1.5	−13.7	12.2
	−13.0	−14.2	−12.4	−9.3	−9.9	−8.8	−8.2	−8.4	−7.5	−8.2	−9.66	−5.9	−14.2	8.3
	−5.4	−6.6	−6.0	−7.2	−7.6	−8.1	−7.7	−7.8	−8.7	−5.2	−6.98	−4.8	−9.3	4.5
	−9.2	−7.0	−6.0	−6.3	−6.5	−5.7	−6.8	−7.2	−7.2	−7.8	−7.48	−4.5	−10.7	6.2
	−2.3	−2.4	−3.1	−2.1	−2.8	−2.7	−2.8	−2.5	−5.0	−6.2	−6.94	−2.1	−12.5	10.4
	−7.2	−8.8	−8.7	−8.0	−9.3	−11.2	−14.1	−13.8	−13.7	−13.8	−10.12	−6.0	−14.1	8.1
	−3.5	−3.2	−2.4	−1.6	−0.6	0.8	5.2	4.8	4.6	4.0	−4.90	**5.2**	−13.4	**18.6**
	−3.9	−3.9	−4.2	−3.8	−4.2	−4.4	−4.1	−3.5	−3.5	−3.2	−2.76	3.4	−4.6	8.0
	−9.4	−9.0	−7.8	−7.0	−6.6	−5.2	−2.0	−1.3	−0.6	−1.8	−5.13	−0.6	−9.6	9.0
	−8.6	−8.8	−9.5	−9.7	−9.4	−10.4	−11.0	−11.2	−11.6	−11.7	−7.91	−2.8	−11.7	8.9
	−6.4	−8.5	−8.6	−7.8	−8.4	−8.8	−9.6	−9.7	−10.6	−11.3	−9.51	−5.8	−12.7	6.9
	−14.6	−14.4	−14.2	−14.2	−12.8	−13.6	−14.2	−14.0	−12.9	−12.4	−13.03	−11.8	−14.8	**3.0**
	−7.7	−8.2	−9.1	−9.2	−9.3	−10.0	−9.9	−10.3	−10.9	−11.2	−9.43	−7.1	−12.0	4.9
	−13.8	−12.9	−13.6	−13.9	−13.7	−14.2	−13.8	−13.2	−13.5	−14.5	−11.56	−7.9	−14.8	6.9
	−4.0	−4.2	−4.4	−4.4	−4.8	−5.5	−6.0	−6.3	−6.9	−6.8	−8.73	−3.0	−14.0	11.0
	−19.8	−20.0	−20.0	−20.7	−20.6	−19.6	−18.0	−17.8	−16.0	−14.8	−15.62	−7.0	−21.1	14.1
	−13.8	−13.8	−14.6	−15.2	−15.3	−15.5	−15.4	−15.1	−14.9	−14.2	−13.45	−10.9	−15.5	4.6
	−21.1	−20.3	−20.2	−19.5	−19.4	−19.1	−18.6	−18.3	−17.8	−17.2	−17.95	−13.2	**−21.7**	8.5
	−10.89	−11.19	−11.04	−10.88	−10.81	−10.84	−10.67	−10.52	−10.51	−10.57	−10.68	−6.78	−14.18	7.40

$\lambda = + 23^0\ 14'\ 46'' = + 1^h\ 32^m\ 59^s$. **Januar 1883.**

	3	4	5	6	7	8	9	10	11	12	Tagesmittel	Maxim.	Minim	Differenz
	−12.7	−14.1	−14.6	−14.4	−14.7	−14.9	−14.6	−13.8	−13.0	−12.0	−14.00	−11.0	−16.8	5.8
	−11.3	−11.0	−10.7	−11.6	−11.9	−10.6	−11.3	−11.1	−11.5	−11.2	−11.61	−10.4	−13.2	**2.8**
	−9.0	−8.5	−8.8	−9.4	−9.0	−9.0	−10.5	−10.7	−11.1	−11.0	−9.36	−6.8	−12.0	5.2
	−10.7	−10.2	−9.6	−9.2	−7.7	−7.5	−8.0	−7.6	−7.6	−7.4	−9.64	−6.8	−12.0	5.2
	−8.3	−9.2	−11.3	−12.0	−10.3	−7.0	−6.0	−6.2	−7.8	−7.8	−8.18	−6.0	−12.0	6.0
	−1.5	0.6	0.5	2.9	3.1	3.7	4.0	4.4	5.3	4.5	−1.87	5.3	−7.2	12.5
	5.8	3.4	5.4	6.0	5.0	5.0	4.7	6.2	6.0	5.5	**5.06**	6.4	2.7	3.7
	1.0	−0.5	−1.7	−1.5	−3.2	−1.6	−2.3	−2.7	−3.4	−3.4	0.99	5.4	−3.5	8.9
	−5.5	−6.1	−7.0	−6.6	−6.2	−6.4	−5.3	−5.9	−6.8	−2.8	−4.27	−1.2	−7.3	6.1
	−6.7	−6.4	−5.2	−4.5	−3.6	−2.9	−1.8	1.4	2.6	2.5	−5.70	3.1	−9.7	12.8
	−4.0	−3.4	−3.7	−4.0	−4.6	−5.3	−4.4	−4.4	−4.8	−4.5	−2.53	1.5	−5.6	7.1
	−5.3	−5.0	−5.0	−5.2	−5.2	−5.2	−5.4	−6.9	−7.7	−7.7	−5.82	−4.0	−7.7	3.7
	−9.1	−10.0	−12.3	−13.5	−14.2	−15.0	−14.5	−13.9	−15.0	−14.5	−10.19	−7.5	−15.0	7.5
	−8.4	−7.4	−7.8	−6.8	−5.2	−2.2	−0.3	1.8	2.6	0.8	−9.71	2.6	−17.0	**19.6**
	−14.3	−14.9	−14.7	−14.8	−15.4	−14.5	−14.8	−14.5	−15.0	−14.8	−8.22	2.7	−15.7	18.4
	−16.4	−16.5	−17.4	−17.2	−17.2	−17.4	−17.5	−18.0	−18.3	−18.5	**−17.55**	−14.4	**−20.6**	6.2
	−14.0	−13.9	−13.5	−13.2	−13.5	−13.1	−13.0	−12.7	−13.2	−13.2	−15.50	−12.7	−19.0	6.3
	−3.2	−3.8	−4.9	−2.6	−3.2	−3.1	−3.2	−3.9	−4.0	−3.5	−6.35	−1.9	−13.9	12.0
	−1.3	−2.2	−3.6	−5.8	−6.0	−7.0	−6.4	−6.8	−6.8	−5.8	−1.93	3.0	−7.1	10.1
	−8.4	−10.2	−9.9	−10.3	−10.8	−11.1	−11.6	−11.3	−12.3	−12.6	−9.26	−5.5	−12.6	7.1
	−9.6	−9.9	−8.5	−1.6	−2.1	−2.7	−3.7	−5.0	−5.1	−5.4	−8.94	−1.0	−13.9	12.9
	−6.0	−5.5	−5.0	−4.5	−4.3	−3.9	−2.5	−1.2	−1.2	−1.7	−5.33	−1.2	−7.7	6.5
	6.4	6.0	6.1	5.8	5.5	5.2	5.6	4.5	4.2	4.4	3.18	**6.7**	−1.6	8.3
	5.0	5.0	5.3	5.0	4.2	5.3	3.7	4.0	3.2	3.1	4.60	6.1	2.5	3.6
	−5.8	−6.6	−8.0	−8.4	−9.0	−9.1	−9.4	−7.4	−8.6	−8.5	−2.76	3.1	−9.4	12.5
	−7.6	−7.3	−7.4	−6.9	−6.2	−6.3	−6.5	−6.8	−6.6	−7.0	−7.26	−6.0	−10.2	4.2
	−6.9	−8.0	−8.8	−9.4	−9.6	−9.4	−9.0	−7.2	−7.2	−7.2	−6.98	−4.2	−9.9	5.7
	−8.3	−8.4	−8.3	−9.4	−12.2	−12.3	−10.3	−11.5	−12.3	−12.4	−9.26	−6.5	−12.7	6.2
	−3.6	−3.8	−4.0	−3.9	−3.0	−1.6	−2.1	−3.0	−3.2	−3.8	−6.02	−1.5	−11.5	10.0
	−7.9	−8.4	−8.5	−8.8	−8.9	−9.1	−9.8	−11.0	−12.0	−14.0	−7.65	−3.8	−14.0	10.2
	−9.8	−9.2	−8.7	−8.6	−7.5	−7.5	−5.8	−1.8	−0.8	−0.4	−10.62	−0.4	−17.2	16.8
	−6.37	−6.63	−6.83	−6.59	−6.67	−6.34	−6.19	**−5.90**	−6.17	−6.14	−6.54	−2.16	−10.67	8.51

Temperatur der Luft.

1863. Februar. Höhe des Thermometers über dem Boden: 3.5 m. **Bossekop.**

Datum	1	2	3	4	5	6	7	8	9	10	11	Mittag	1	2
1	-1.8	-0.8	-0.2	0.1	-0.1	0.0	-0.4	-0.1	-1.1	-0.6	-0.2	-0.3	-2.2	-3.1
2	-4.8	-4.7	-1.4	-0.7	-1.4	-2.6	-3.8	-3.7	-3.0	-3.0	-2.0	-1.6	-2.8	-3.4
3	-7.6	-8.0	-8.8	-8.0	-7.5	-7.5	-7.0	-6.0	-1.2	-0.1	-0.4	0.3	-1.0	-1.0
4	-7.7	-7.6	-9.6	-9.9	-10.6	-11.2	-11.7	-12.2	-12.8	-12.4	-12.0	-12.2	-10.9	-11.8
5	-0.5	-0.6	-0.2	-0.4	-1.0	-0.2	-0.5	-0.5	-0.4	0.0	0.2	0.6	0.6	1.4
6	-5.6	-7.4	-9.0	-10.7	-10.1	-11.0	-12.0	-13.0	-13.4	-13.3	-12.1	-11.8	-10.6	-8.4
7	-4.6	-4.4	-3.6	-4.2	-4.1	-5.0	-5.4	-5.4	-5.0	-5.0	-4.8	0.5	1.2	-1.4
8	-11.0	-11.8	-12.4	-13.1	-13.6	-14.4	-14.4	-14.4	-14.4	-15.4	-15.0	-13.9	-13.1	-13.3
9	-13.2	-11.9	-12.6	-13.6	-13.3	-13.6	-13.2	-14.3	-14.2	-14.0	-13.8	-11.6	-10.3	-11.9
10	-15.7	-16.0	-15.5	-15.6	-15.2	-15.4	-15.0	-14.9	-14.2	-13.0	-11.0	-8.9	-8.2	-7.4
11	-11.0	-11.7	-9.0	-9.0	-10.4	-11.1	-8.2	-10.6	-10.6	-9.9	-9.4	-7.5	-6.2	-5.5
12	-6.1	-7.0	-4.8	-3.4	-3.0	-2.6	-2.6	0.3	2.0	2.6	2.6	2.7	2.9	2.2
13	2.4	2.1	1.3	-0.2	0.8	1.7	1.6	1.5	2.8	0.6	3.2	2.6	1.4	0.3
14	-4.9	-5.0	-6.4	-6.9	-6.1	-7.1	-5.6	-5.9	-6.4	-6.1	-5.5	-4.6	-4.6	-6.0
15	-4.3	-5.0	-6.2	-5.2	-7.2	-7.2	-7.2	-7.2	-7.9	-7.4	-5.8	-4.9	-4.6	-4.6
16	-4.0	-4.0	-3.2	-4.0	-4.3	-4.4	-5.2	-5.9	-5.1	-3.4	-2.6	-1.4	-1.6	-1.6
17	-2.9	-3.0	-3.5	-3.2	-3.1	-2.7	-2.2	-2.2	-1.3	2.6	4.6	5.0	5.2	5.0
18	0.8	1.2	0.8	1.1	0.2	-0.7	-1.5	-2.0	-1.4	0.9	2.0	2.1	2.5	2.8
19	-3.4	-4.0	-4.4	-4.8	-3.6	-3.2	-3.0	-3.0	-2.6	-1.0	0.1	-0.4	-1.3	-0.8
20	-6.2	-6.0	-6.3	-6.5	-7.2	-6.6	-7.6	-7.8	-8.0	-7.9	-6.1	-5.8	-6.0	-6.0
21	-6.0	-6.4	-6.6	-6.8	-6.2	-6.4	-6.4	-6.8	-6.4	-6.1	-6.0	-5.4	-4.6	-5.7
22	-3.7	-3.8	-3.8	-2.8	-3.8	-4.1	-2.5	-2.8	-2.1	-1.1	-0.9	-1.0	-0.5	-0.7
23	-4.8	-4.0	-4.8	-4.1	-4.1	-4.1	-3.2	-3.8	-1.7	-0.8	-1.8	-2.0	-2.2	-1.2
24	-5.4	-3.8	-3.9	-3.2	-2.4	-2.8	-3.3	-3.0	-3.3	-2.8	-3.6	-4.4	-5.7	-6.4
25	-8.3	-9.4	-8.8	-9.4	-9.3	-8.7	-8.9	-9.6	-6.4	-6.4	-5.1	-4.2	-3.3	-2.8
26	-2.2	-3.0	-2.0	-2.1	-3.0	-6.6	-10.0	-9.4	-8.1	-7.0	-4.6	-3.4	-2.8	-3.4
27	-8.0	-7.5	-7.0	-6.6	-6.9	-6.4	-6.5	-6.4	-5.6	-3.9	-2.8	-1.7	-0.5	-1.0
28	-11.4	-11.9	-13.0	-13.7	-14.8	-15.4	-13.3	-12.3	-1.3	-0.8	-1.3	-0.2	-0.9	-0.9
Mittel	-5.78	-5.91	-5.89	-5.96	-6.12	-6.40	-6.39	**-6.48**	-5.47	-4.81	-4.08	-3.34	**-3.22**	-3.45
1863. März.											$\varphi = + 69^0\ 57'\ 29''$.			
1	-1.4	-1.2	-1.6	-2.5	-2.4	-2.6	-4.8	-4.8	-5.0	-4.3	-3.6	-3.4	-3.6	-3.8
2	2.4	2.1	2.8	2.5	2.6	2.8	3.6	4.0	4.5	5.4	7.8	8.0	8.0	8.2
3	0.9	0.0	-2.0	-1.0	-2.4	-2.2	-1.4	-1.8	-1.7	-2.0	-2.0	-2.2	-2.2	-2.6
4	-1.4	-1.2	-0.9	-0.5	-0.4	-1.9	-2.4	-2.4	-2.6	-2.0	-1.0	1.8	0.0	1.6
5	-2.0	-0.8	-1.7	-1.6	-3.0	-2.5	-2.9	-2.6	-3.4	-3.4	-3.3	-2.8	-3.1	-2.4
6	-4.1	-4.4	-3.6	-4.0	-4.4	-4.8	-4.7	-4.0	-5.0	-5.4	-5.0	-4.5	-5.4	-5.7
7	-4.8	-5.0	-3.5	-5.0	-5.1	-5.9	-5.7	-6.0	-5.8	-5.3	-4.9	-4.6	-4.5	-4.4
8	-4.5	-5.0	-5.1	-4.6	-5.3	-4.4	-4.2	-4.0	-3.6	-3.8	-4.1	-4.4	-4.5	-4.2
9	-3.9	-4.4	-4.2	-5.0	-5.2	-4.8	-6.5	-4.0	-5.8	-4.1	-2.9	-2.8	-2.5	-3.7
10	-6.0	-5.4	-5.8	-5.2	-4.9	-6.1	-5.3	-4.6	-5.2	-5.6	-6.0	-6.6	-6.6	-6.9
11	-7.6	-9.0	-9.7	-10.6	-12.0	-12.2	-13.8	-13.9	-13.0	-10.1	-8.9	-7.0	-5.3	-4.7
12	-4.9	-5.2	-4.8	-4.9	-5.2	-4.8	-4.8	-5.3	-4.6	-4.6	-4.0	-4.0	-3.8	-4.6
13	-6.6	-5.7	-5.4	-5.2	-5.0	-4.8	-4.8	-4.6	-4.8	-5.3	-4.2	-4.4	-4.7	-4.8
14	-4.8	-4.2	-4.4	-4.7	-4.3	-4.8	-4.9	-4.8	-4.2	-4.4	-3.8	-3.7	-4.2	-3.8
15	-15.2	-16.1	-17.0	-17.7	-17.5	-17.7	-16.9	-14.3	-12.8	-11.4	-10.4	-8.6	-6.0	-6.1
16	-9.6	-7.4	-7.4	-7.4	-7.2	-6.4	-6.2	-5.8	-5.0	-3.2	-2.8	-1.8	-0.4	0.0
17	-11.2	-9.8	-9.4	-9.2	-8.8	-8.2	-7.6	-6.6	-5.8	-5.4	-3.4	-1.9	-2.2	-1.1
18	-2.5	-1.0	-1.6	-1.4	-1.4	-2.3	-2.7	-2.2	-2.2	-1.8	-1.3	-1.0	-1.6	-2.1
19	-5.8	-5.8	-5.4	-5.0	-1.5	-0.8	0.3	0.5	0.6	1.3	1.8	1.4	0.6	1.5
20	-5.3	-6.4	-7.3	-7.8	-8.3	-10.8	-10.3	-9.6	-7.6	-5.5	-2.9	-3.1	-3.6	-4.8
21	-10.0	-10.6	-9.9	-9.5	-9.6	-9.0	-9.3	-7.7	-6.2	-4.5	-4.5	-4.2	-4.2	-4.2
22	-6.4	-3.8	-7.0	-6.8	-6.9	-6.8	-6.1	-5.2	-4.0	-1.8	-1.0	-0.7	-1.0	-0.1
23	-0.3	-0.2	-0.2	-1.7	-1.4	-1.2	-1.6	-0.8	-0.6	0.1	-0.3	0.0	0.4	1.6
24	-8.7	-8.4	-8.6	-8.4	-8.4	-8.0	-4.9	-4.5	-4.1	-4.1	-3.7	-3.1	-2.7	-3.0
25	-6.0	-6.0	-6.1	-6.0	-6.2	-6.2	-5.4	-5.2	-5.0	-4.3	-4.6	-4.8	-3.9	-4.0
26	-3.4	-2.9	-4.4	-5.1	-6.4	-6.3	-6.2	-6.3	-4.8	-3.6	-3.6	-4.9	-4.6	-4.3
27	-14.4	-14.5	-14.6	-15.0	-15.5	-16.6	-15.7	-13.9	-11.9	-11.4	-10.6	-9.3	-8.2	-7.4
28	-14.7	-14.5	-15.6	-15.2	-15.0	-15.0	-14.1	-12.1	-10.2	-6.5	-3.9	-2.6	-0.2	-0.2
29	-14.0	-14.4	-14.6	-14.1	-13.2	-13.6	-10.6	-10.2	-7.0	-4.9	-3.7	-1.4	-0.8	-1.0
30	-4.1	-5.7	-5.0	-5.4	-5.3	-4.0	-3.3	-2.2	-2.2	-0.6	2.5	0.2	1.7	1.4
31	-1.6	-0.8	-1.0	-1.3	-1.7	-2.6	-1.6	-1.8	-2.4	-2.5	-3.0	-3.6	-3.6	-3.1
Mittel	-5.87	-5.73	-6.03	-6.11	-6.17	**-6.27**	-5.[illegible]6	-5.38	-4.85	-4.03	-3.27	-2.90	-2.67	**-2.54**

Temperatur der Luft.

Bossekop. Mittlere Ortszeit. **Februar 1883.**

3	4	5	6	7	8	9	10	11	12	Tages-mittel	Maxim.	Minim.	Differenz
−4.0	−3.8	−4.4	−4.3	−3.9	−4.9	−5.4	−5.4	−5.4	−5.0	−2.39	0.5	−6.3	6.8
−5.0	−6.3	−7.8	−8.3	−8.7	−9.0	−9.0	−8.9	−8.4	−7.9	−4.93	−0.7	−9.0	8.3
−1.6	−2.4	−2.8	−4.2	−4.6	−5.4	−6.4	−6.2	−6.8	−7.4	−4.65	0.6	−8.9	9.5
−11.2	−12.4	−11.0	−8.5	−6.8	−6.1	−5.8	−7.6	−8.2	−0.4	−9.61	−0.4	−13.1	12.7
1.0	0.8	1.1	1.2	1.1	0.6	0.4	−1.1	−3.6	−5.1	−0.21	1.8	−5.1	6.9
−7.4	−7.4	−6.8	−6.6	−6.3	−6.1	−6.2	−6.0	−5.5	−5.1	−8.83	−5.1	−13.6	8.5
−1.0	−2.2	−1.8	−4.3	−5.5	−7.2	−8.4	−9.2	−9.8	−10.7	−4.64	2.2	−10.7	12.9
−13.1	−14.0	−13.8	−14.0	−13.6	−13.8	−13.8	−14.3	−13.4	−13.7	**−13.65**	−11.0	−15.4	4.4
−11.2	−12.4	−13.0	−13.4	−14.5	−14.4	−14.0	−14.2	−14.4	−15.0	−13.25	−9.5	−15.2	5.7
−7.7	−8.0	−8.4	−8.8	−11.2	−11.0	−10.8	−11.3	−10.3	−12.0	−11.90	−7.1	**−16.2**	9.1
−5.6	−4.1	−3.1	−2.6	−2.4	−2.6	−1.8	−1.9	−2.4	−3.2	−6.66	−1.8	−12.7	10.9
1.7	1.7	1.8	1.8	2.6	2.8	3.2	3.2	2.8	2.6	0.42	3.9	−7.4	11.3
−1.6	−2.6	−3.0	−2.7	−1.6	−2.5	−3.0	−3.1	−3.6	−3.4	−0.21	**6.0**	−3.6	9.6
−8.8	−10.0	−9.2	−9.6	−8.4	−7.8	−6.2	−6.8	−5.9	−4.4	−6.59	−4.2	−10.6	6.4
−4.2	−4.3	−4.8	−5.2	−4.4	−4.5	−3.7	−4.7	−4.6	−4.0	−5.38	−3.6	−8.9	5.3
−1.7	−1.6	−1.4	−1.0	−0.9	−1.0	−1.3	−3.2	−3.8	−3.2	−2.91	−0.7	−6.2	5.5
4.2	3.7	3.1	2.7	2.5	2.6	3.1	1.2	0.7	0.8	**0.91**	5.7	−3.5	9.2
0.2	−1.3	−2.3	−1.2	−0.5	−1.0	0.3	−0.4	−1.6	−2.8	−0.08	2.9	−2.8	5.7
−0.9	−1.4	−2.0	−1.7	−1.4	−1.2	−1.4	−2.6	−3.8	−5.0	−2.37	0.6	−5.2	5.8
−6.6	−6.6	−5.8	−6.2	−6.8	−6.9	−6.8	−6.7	−6.2	−6.0	−6.61	−5.0	−8.8	3.8
−5.6	−5.4	−5.7	−5.9	−5.8	−5.9	−6.0	−6.1	−4.8	−4.4	−5.89	−4.0	−7.1	**3.1**
−0.8	−2.2	−3.6	−4.4	−4.0	−3.8	−3.9	−2.2	−4.8	−3.8	−2.80	0.0	−5.4	5.4
−1.2	−1.2	−1.9	−1.8	−2.5	−2.4	−3.2	−3.5	−4.2	−3.6	−2.84	−0.8	−5.7	4.9
−6.7	−8.9	−9.5	−8.9	−8.6	−8.5	−7.4	−6.8	−7.3	−7.4	−5.58	−2.0	−9.5	7.5
−2.6	−1.7	−2.4	−2.0	−2.5	−2.4	−1.9	−2.0	−2.4	−1.8	−5.10	−1.2	−10.3	9.1
−3.2	−4.6	−4.1	−7.8	−9.8	−10.5	−9.2	−8.9	−8.1	−8.0	−5.91	−1.7	−10.7	9.0
−2.6	−3.2	−2.4	−4.0	−4.0	−4.4	−5.1	−6.0	−7.2	−8.8	−4.94	−0.2	−8.8	8.6
−1.0	−0.8	−0.8	−0.8	−0.8	−0.5	−0.7	−0.8	−0.9	−1.2	−4.98	0.0	−15.7	**15.7**
−3.86	−4.38	−4.49	−4.73	−4.76	−4.92	−4.84	−5.20	−5.50	−5.35	−5.06	−1.24	−9.16	7.92

$\lambda = + 23^0\ 14'\ 46'' = + 1^h\ 32^m\ 59^s$. **März 1883.**

3	4	5	6	7	8	9	10	11	12	Tages-mittel	Maxim.	Minim.	Differenz
−3.8	−3.8	−3.1	−1.8	−1.9	−1.0	−0.1	0.2	0.8	0.7	−3.45	1.6	−5.2	6.8
8.4	7.1	7.2	7.1	6.0	3.7	0.6	0.9	0.0	0.2	**4.41**	**9.0**	−0.2	9.2
−2.8	−2.6	−2.2	−2.8	−2.4	−2.4	−2.7	−2.7	−2.1	−2.0	−1.97	0.9	−3.6	4.5
5.0	6.0	4.9	4.5	3.6	3.0	2.0	1.0	0.4	0.2	0.68	6.2	−2.6	8.8
−2.6	−3.0	−3.0	−3.2	−3.5	−3.8	−3.4	−3.2	−3.5	−4.0	−2.86	−0.8	−4.4	3.6
−5.9	−5.1	−5.3	−5.4	−5.6	−5.2	−5.0	−5.0	−5.0	−4.7	−4.88	−3.6	−6.3	2.7
−4.6	−4.5	−4.6	−4.2	−4.3	−4.1	−4.6	−5.2	−5.6	−4.8	−4.96	−4.0	−6.2	2.2
−4.4	−4.2	−4.2	−4.1	−4.4	−4.2	−4.8	−4.9	−4.6	−4.2	−4.41	−3.6	−5.3	**1.7**
−4.1	−5.4	−6.5	−7.0	−7.8	−8.0	−7.9	−8.2	−6.8	−7.0	−5.35	−2.3	−8.5	6.2
−7.0	−7.4	−7.9	−8.0	−9.0	−7.9	−7.7	−10.2	−7.5	−7.9	−6.70	−4.3	−10.4	6.1
−4.7	−4.9	−5.2	−5.4	−5.3	−5.8	−4.8	−6.4	−5.4	−6.4	−7.96	−4.4	−14.2	9.8
−4.8	−4.4	−4.4	−4.6	−5.3	−4.8	−4.7	−4.2	−4.9	−5.4	−4.71	−3.4	−6.6	3.2
−4.4	−4.9	−4.9	−5.0	−4.5	−4.6	−4.9	−4.2	−4.2	−5.0	−4.87	−4.0	−6.6	2.6
−4.3	−4.6	−5.0	−6.0	−7.3	−8.7	−10.6	−11.2	−13.6	−14.5	−6.12	−3.7	−14.5	10.8
−6.1	−7.2	−9.6	−12.0	−12.6	−12.2	−11.6	−11.2	−11.0	−10.6	−13.16	−6.0	**−17.9**	11.9
−0.6	−1.8	−4.6	−8.0	−8.6	−10.0	−11.5	−12.4	−13.0	−11.0	−6.34	0.0	−13.0	13.0
−1.3	−1.0	−1.8	−2.4	−2.5	−2.6	−2.6	−2.8	−2.6	−2.8	−4.72	−1.0	−11.2	10.2
−2.8	−3.3	−3.8	−4.8	−5.7	−5.6	−6.0	−6.2	−6.7	−6.8	−3.20	−1.0	−7.3	6.3
−0.2	−0.8	−1.0	−0.2	−0.6	−1.8	−2.4	−3.0	−3.4	−4.6	−1.43	1.8	−5.8	7.6
−5.3	−5.5	−5.8	−6.8	−7.2	−8.7	−9.8	−12.0	−8.9	−8.6	−7.16	−2.9	−12.1	9.2
−4.0	−4.3	−4.0	−3.8	−4.5	−4.0	−3.9	−4.2	−4.6	−6.6	−6.14	−3.8	−10.8	7.0
0.0	1.5	0.3	0.1	−0.2	0.1	−0.2	−0.6	−1.0	−2.1	−2.49	1.5	−7.0	8.5
1.0	0.1	−1.1	−2.1	−2.4	−2.5	−3.4	−4.1	−7.2	−8.2	−1.50	1.6	−8.2	9.8
−2.9	−3.4	−4.3	−4.8	−5.3	−5.6	−5.8	−5.9	−5.8	−6.0	−5.43	−2.7	−8.8	6.1
−4.1	−3.8	−4.2	−4.0	−3.6	−3.2	−3.2	−3.0	−3.0	−3.2	−4.54	−3.0	−6.4	3.4
−5.4	−5.5	−6.8	−8.2	−9.3	−10.8	−11.8	−12.5	−13.2	−13.7	−6.83	−2.9	−13.7	10.8
−7.2	−7.4	−7.8	−10.7	−12.8	−14.2	−15.0	−16.3	−15.5	−15.2	**−12.55**	−7.2	−16.9	9.7
−2.4	−1.1	−5.5	−7.0	−9.5	−10.7	−11.8	−13.2	−13.8	−14.0	−9.55	−0.2	−15.6	**15.4**
−1.7	−3.5	−5.4	−6.2	−6.3	−6.3	−5.3	−5.0	−4.7	−4.5	−7.18	−0.8	−14.6	13.8
1.6	3.2	1.9	0.8	0.2	−0.4	−1.6	−1.6	−1.4	−2.0	−1.30	3.2	−5.7	8.9
−1.3	−0.1	−0.5	−1.5	−2.8	−2.6	−2.1	−3.6	−5.0	−6.0	−2.34	−0.1	−6.0	5.9
−2.67	−2.76	−3.49	−4.11	−4.69	−5.00	−5.37	−5.84	−5.90	−6.15	−4.74	−1.29	−8.89	7.60

Temperatur der Luft.

1883. April. Höhe des Thermometers über dem Boden: 3.5 m. **Bossekop.**

Datum	1	2	3	4	5	6	7	8	9	10	11	Mittag	1	2
1	−6.2	−8.0	−6.5	−6.0	−3.5	−2.4	−1.6	0.2	1.3	1.0	0.3	0.8	1.1	1.2
2	−5.0	−5.4	−5.1	−5.4	−3.6	−3.2	−2.3	−1.5	−1.4	−1.3	−1.0	0.0	−1.0	−0.4
3	−1.7	−2.2	−3.2	−4.0	−5.7	−5.6	−5.5	−4.1	−0.6	1.6	2.2	1.5	0.8	3.6
4	−0.3	−0.9	−1.5	−1.9	−2.6	−2.4	−1.7	−0.4	1.6	3.0	2.5	3.0	4.0	5.3
5	−1.8	−2.4	−2.6	−2.3	−3.6	−3.8	−1.8	0.2	0.6	0.9	1.0	1.8	1.9	1.9
6	0.8	1.5	1.6	0.4	0.2	0.1	0.8	1.6	1.6	3.0	2.7	2.9	4.3	4.3
7	1.2	0.4	−0.6	−2.2	−3.4	−3.4	−1.6	−0.6	0.1	2.2	1.7	3.5	3.8	6.3
8	1.3	1.2	1.3	1.4	1.2	1.6	3.4	2.8	3.6	3.6	4.4	2.8	2.6	5.3
9	1.8	1.6	1.9	1.5	2.3	2.2	2.5	4.7	5.6	4.8	3.9	3.6	4.7	3.8
10	0.7	0.9	0.4	0.0	0.2	0.6	1.2	2.9	4.8	2.1	2.0	3.1	3.2	3.2
11	0.3	0.1	−0.5	−0.8	−1.2	−1.2	0.6	2.4	3.2	3.6	3.8	4.0	4.8	5.2
12	1.0	0.8	0.6	−0.4	−0.2	0.1	0.0	1.0	3.4	2.4	1.5	1.7	1.4	3.4
13	−1.7	−2.1	−3.0	−3.6	−4.2	−3.8	−2.9	−1.4	−0.1	1.6	3.3	2.8	4.4	4.2
14	4.0	3.6	4.2	4.1	3.9	4.7	4.7	4.4	4.6	5.0	5.0	5.2	5.4	5.8
15	4.5	4.4	4.1	4.0	4.0	4.2	4.5	5.0	5.2	5.0	4.6	4.6	4.1	4.1
16	2.2	1.6	1.2	1.0	1.3	1.3	1.4	2.0	2.2	2.6	2.8	3.2	3.6	3.2
17	1.1	0.6	0.8	1.5	1.9	1.8	2.4	3.8	3.8	3.6	4.0	3.7	4.2	4.7
18	2.0	2.2	1.9	0.6	−0.1	2.1	2.7	3.4	4.6	5.3	4.6	4.6	4.1	3.9
19	3.2	2.6	3.2	3.9	3.8	5.0	5.3	4.9	6.8	5.9	7.1	6.9	5.9	5.8
20	2.0	2.2	1.7	1.2	1.0	1.2	2.8	2.3	3.4	3.3	4.2	3.9	4.3	5.7
21	−3.3	−4.4	−4.5	−4.6	−4.2	−2.9	−1.2	1.2	3.8	2.4	4.0	3.0	3.4	4.0
22	−2.4	−2.6	−2.4	−2.5	−1.6	−1.0	0.8	3.2	2.4	4.0	4.1	4.8	5.7	6.6
23	−2.3	−1.6	−2.6	−2.3	−2.0	−0.8	1.0	3.4	4.5	4.2	3.0	3.2	3.2	2.9
24	−2.8	−3.8	−3.9	−2.5	−2.5	−0.9	0.3	1.3	1.3	1.4	2.0	2.9	3.5	5.6
25	0.7	−0.4	−0.7	−0.8	−0.2	1.4	2.6	4.8	6.6	6.3	8.0	8.3	10.1	10.3
26	3.8	3.4	3.6	2.8	3.0	3.2	3.8	4.4	5.0	5.6	4.9	4.4	4.2	4.1
27	1.0	0.6	0.2	−0.2	−0.2	−0.4	0.4	0.0	0.9	0.2	0.6	0.4	0.6	0.2
28	0.5	0.5	0.3	0.0	−0.1	−0.3	1.0	1.4	1.0	0.2	0.0	−0.2	0.0	−0.2
29	−4.2	−4.6	−4.9	−5.0	−4.8	−4.7	−4.8	−4.1	−3.6	−3.2	−3.0	−2.8	−2.6	−3.3
30	−4.4	−4.6	−4.2	−4.5	−4.6	−4.7	−4.3	−4.2	−3.2	−2.8	−2.3	−3.0	−2.5	−2.4
Mittel	−0.13	−0.49	−0.64	**−0.93**	−0.85	−0.40	0.42	1.50	2.43	2.55	2.73	2.82	3.11	**3.61**

1883. Mai. $\varphi = + 69^{0}\ 57'\ 29''$.

Datum	1	2	3	4	5	6	7	8	9	10	11	Mittag	1	2
1	−5.8	−5.3	−5.4	−5.2	−4.7	−3.4	−2.7	−1.5	−1.9	−2.0	−1.0	−1.0	−1.0	−1.7
2	−7.7	−9.2	−8.9	−7.8	−6.9	−5.6	−4.4	−3.4	−1.2	−2.2	−3.3	−2.0	−1.0	−0.6
3	−6.7	−10.0	−8.2	−7.6	−5.6	−4.3	−3.9	−2.3	−2.2	−1.2	−0.7	−0.8	−0.6	0.0
4	0.4	0.3	0.2	0.2	0.1	0.1	0.2	0.3	0.3	0.6	1.1	1.5	1.9	1.2
5	0.0	−0.4	−0.6	−0.4	0.4	0.0	2.2	0.8	1.9	3.0	2.5	2.4	4.1	4.3
6	−0.9	−0.5	1.4	1.6	1.7	2.9	3.2	2.5	3.0	3.0	4.1	4.6	5.0	5.0
7	−1.0	−0.4	−0.6	−0.4	0.0	1.0	2.2	2.8	3.0	3.7	1.5	1.6	2.1	1.3
8	0.5	−0.2	−0.5	−0.5	2.4	4.8	5.6	4.6	4.7	5.7	6.8	6.8	8.4	8.0
9	−0.6	−1.4	−1.5	−0.2	1.5	4.2	3.5	3.9	5.6	6.0	6.4	7.0	7.3	10.6
10	6.0	5.6	5.4	5.2	7.0	9.3	8.7	8.2	8.8	11.5	11.7	11.8	11.2	12.5
11	5.2	5.1	4.6	4.3	4.8	6.1	5.2	5.0	5.3	5.0	4.7	4.4	5.0	4.6
12	2.7	2.4	2.2	2.4	2.4	2.5	2.0	1.8	2.0	2.1	1.9	1.9	1.5	1.3
13	0.5	0.2	0.3	0.4	0.5	0.7	1.6	1.4	2.4	2.8	3.0	2.8	2.4	2.4
14	1.0	1.3	1.5	1.4	1.5	1.4	2.0	2.2	2.6	3.5	3.2	3.2	4.3	5.0
15	3.0	3.2	3.2	3.4	3.7	4.0	4.2	5.4	6.6	7.6	8.3	9.3	8.9	8.1
16	4.0	3.6	3.8	4.1	4.4	4.6	4.6	5.2	4.7	4.8	5.0	4.7	5.4	7.0
17	1.2	2.4	2.7	2.9	3.4	3.8	4.7	5.5	6.5	6.1	5.9	5.9	5.8	5.3
18	3.0	2.9	2.9	3.2	3.8	4.0	3.9	4.2	4.0	4.3	3.9	4.3	4.6	4.7
19	3.0	2.9	2.7	2.6	2.6	3.0	3.0	3.4	3.5	3.6	3.4	3.5	3.4	3.2
20	1.8	1.7	1.6	1.8	2.4	2.8	3.9	3.4	3.8	4.1	4.5	5.0	5.7	5.9
21	1.8	1.6	1.4	1.3	1.4	1.6	2.1	3.5	3.8	3.9	3.6	3.4	3.5	3.9
22	0.5	0.3	0.5	0.8	0.9	1.1	1.2	1.6	2.0	2.9	3.6	4.5	6.3	6.2
23	2.8	2.4	3.2	4.0	5.2	5.9	6.7	7.7	8.5	9.4	9.4	9.2	8.7	11.3
24	8.8	8.2	8.1	7.8	7.3	8.2	9.4	9.0	9.1	9.3	8.8	9.3	10.4	11.0
25	7.2	7.2	8.4	8.6	9.2	10.0	11.9	13.4	14.2	13.1	15.4	16.4	15.6	14.4
26	8.5	7.8	10.2	9.2	9.0	10.8	9.8	11.3	12.8	12.0	12.2	13.1	14.4	14.6
27	12.0	13.4	14.6	13.8	13.0	15.2	16.7	17.4	18.5	21.0	21.0	20.2	18.9	19.1
28	13.0	11.1	11.7	11.2	11.8	11.9	11.4	15.2	15.2	9.2	8.5	6.9	6.4	5.2
29	2.6	2.4	2.9	3.7	4.7	6.6	8.6	10.2	10.9	12.0	13.9	14.6	14.9	15.6
30	10.0	9.8	10.2	10.7	11.8	12.9	15.2	16.3	17.0	17.6	19.1	20.2	21.4	22.7
31	15.5	14.6	14.6	15.6	15.2	14.7	14.6	15.6	14.4	13.6	13.7	13.4	13.9	13.7
Mittel	2.98	**2.68**	2.99	3.16	3.71	4.54	5.04	5.63	6.12	6.32	6.55	6.71	7.06	7.28

Temperatur der Luft.

Bossekop. Mittlere Ortszeit. **April 1883.**

3	4	5	6	7	8	9	10	11	12	Tagesmittel	Maxim.	Minim.	Differenz
1.4	0.2	0.5	−0.4	−0.8	−1.2	−1.7	−2.6	−3.3	−4.0	−1.68	1.4	**−8.0**	9.4
0.3	0.1	−0.8	−0.6	−2.3	−2.8	−4.3	−3.6	−1.6	−1.8	−2.25	0.3	−6.0	6.3
0.8	3.2	2.8	1.2	−1.8	−0.4	−1.8	−0.4	0.0	0.2	−0.80	3.6	−5.7	9.3
4.2	4.2	3.0	1.8	−0.5	−1.4	−1.6	−1.1	−1.8	−1.8	0.53	5.3	−2.7	8.0
1.9	1.8	1.9	1.9	1.1	1.1	0.3	0.6	0.4	0.0	0.04	1.9	−3.8	5.7
3.8	3.0	2.7	2.6	2.0	1.4	2.3	1.8	1.4	1.8	1.98	4.3	−0.1	4.4
5.6	3.2	3.7	2.0	0.8	0.3	0.6	1.4	0.7	1.3	1.13	6.3	−4.1	10.4
4.5	3.8	3.4	3.6	3.0	2.2	1.6	2.4	2.3	1.7	2.67	5.3	1.0	4.3
6.0	3.4	4.5	3.4	2.9	1.5	1.1	1.0	0.9	0.8	2.93	6.0	0.8	5.2
3.1	2.6	1.8	1.6	1.2	1.2	1.6	1.8	1.5	1.6	1.85	4.8	0.0	4.8
5.1	3.8	3.5	3.3	2.3	2.5	2.7	2.0	1.2	0.4	2.13	5.2	−1.5	6.7
3.6	2.3	1.7	0.2	0.0	−0.2	−1.1	−1.6	−1.4	−1.4	0.78	3.6	−1.9	5.5
4.4	3.8	4.0	3.6	4.0	4.1	3.8	3.9	4.2	3.7	1.38	4.4	−4.3	8.7
5.9	6.3	5.4	5.0	4.7	4.6	3.8	4.0	3.8	4.5	4.69	6.3	3.2	3.1
4.1	4.0	3.7	3.8	4.0	3.6	3.3	3.3	3.0	2.6	4.07	5.2	2.6	2.6
3.1	2.8	3.1	2.7	2.4	2.3	2.1	2.0	1.4	1.4	2.20	3.6	0.5	3.1
4.6	4.4	3.6	3.4	3.1	2.8	2.3	2.2	2.4	2.3	3.88	4.7	0.2	4.5
3.2	4.2	5.1	5.0	5.2	5.2	5.2	5.4	4.6	3.0	3.62	5.4	−0.9	6.3
5.2	5.4	4.1	3.6	2.6	2.5	2.2	2.3	2.2	1.8	4.26	7.1	1.8	5.3
5.4	4.4	4.6	3.8	2.4	0.7	−1.0	−1.7	−2.5	−3.2	2.17	5.7	−3.2	8.9
4.2	5.1	5.1	4.6	4.9	3.7	−0.1	−0.6	−1.2	−1.8	0.86	5.1	−4.6	9.7
6.8	5.2	4.8	6.6	4.8	4.9	2.6	3.9	1.8	−0.8	2.49	6.8	−3.3	10.1
3.0	3.0	3.0	2.8	2.6	1.6	−1.0	−1.8	−2.7	−3.0	0.89	4.5	−3.0	7.5
7.3	5.5	5.0	4.5	6.4	4.4	1.8	2.2	2.2	1.7	1.79	7.3	−4.9	**12.2**
9.8	10.2	8.9	9.2	7.7	6.1	5.2	4.9	4.7	4.4	**5.34**	**10.3**	−1.0	11.3
4.0	4.1	4.0	3.7	3.6	3.3	2.6	2.2	1.2	1.1	3.58	5.6	1.1	4.5
0.1	0.0	0.1	0.7	0.4	0.2	0.4	0.6	0.5	0.5	0.29	0.9	−0.6	**1.5**
0.0	−0.3	−0.4	−1.2	−2.0	−2.8	−3.6	−4.0	−3.9	−4.0	−0.75	1.4	−4.0	5.4
3.6	−3.6	−3.4	−3.6	3.6	−3.6	−3.8	−3.8	−3.8	−3.7	**−3.84**	−2.6	−5.0	2.4
2.4	−2.2	−2.0	−2.4	−1.4	2.3	−2.5	−3.2	−3.7	−4.8	−3.28	−1.4	−5.0	3.6
3.51	3.13	2.91	2.55	1.09	1.52	0.77	0.78	0.48	0.15	1.40	4.28	−2.08	6.36

$\lambda = + 23^0.14' 46'' = + 1^h 32^m 59^s.$

Mai 1883.

3	4	5	6	7	8	9	10	11	12	Tagesmittel	Maxim.	Minim.	Differenz
−0.3	0.0	−0.2	−1.2	−1.8	−2.5	−3.4	−4.0	−5.1	−7.3	−2.85	0.0	−7.3	7.3
−0.7	0.0	−0.5	−1.5	−1.3	−2.2	−4.0	−4.6	−6.5	−6.0	**−3.77**	0.2	−9.3	9.5
0.0	0.4	0.2	0.0	0.0	0.0	0.0	0.0	0.2	0.4	−2.20	0.4	**−10.0**	10.4
0.9	0.5	1.1	1.6	0.2	1.0	0.4	0.0	0.4	0.2	0.61	1.7	−1.1	2.8
4.3	4.1	3.5	3.7	3.0	1.1	0.5	0.0	0.2	−0.5	1.67	4.5	−1.2	5.7
5.1	4.9	4.8	3.2	3.2	2.6	2.1	1.4	−0.6	−0.7	2.57	5.9	−1.2	7.1
1.5	1.8	1.8	2.3	2.6	3.8	4.2	3.5	1.2	−0.3	1.59	4.8	−1.4	6.2
9.2	10.0	9.9	9.5	9.7	9.2	6.8	2.6	0.4	−0.2	5.18	10.0	−0.9	10.9
10.1	9.2	9.0	8.7	8.1	6.8	6.4	6.4	6.0	6.2	5.38	10.6	−2.6	13.2
13.7	11.8	11.5	10.5	8.0	8.0	6.8	6.0	5.0	5.1	8.72	13.7	4.8	8.9
4.1	4.1	3.7	3.8	3.9	3.4	3.2	3.1	3.2	3.1	4.37	6.9	2.8	4.1
1.2	0.8	0.6	0.5	0.6	0.6	0.9	0.5	0.0	0.4	1.47	3.0	−0.1	3.1
2.9	2.3	2.6	2.8	2.4	1.9	1.7	1.6	1.3	1.1	1.75	3.4	0.2	3.2
6.0	6.4	6.0	5.0	4.6	4.5	3.9	3.4	3.3	3.4	3.36	6.4	0.8	5.6
7.5	7.4	7.2	6.6	6.2	5.4	5.3	4.7	4.4	4.2	5.74	9.7	3.0	6.7
5.6	5.4	6.0	5.2	5.0	4.8	4.6	4.4	3.7	2.0	4.69	7.6	2.0	5.6
6.1	7.3	7.4	6.4	5.7	5.6	5.2	4.5	3.7	3.3	4.89	8.0	1.0	7.0
5.3	5.6	5.3	5.5	5.3	5.3	5.0	4.8	3.8	3.4	4.29	6.6	2.4	4.2
3.2	3.5	3.3	3.5	3.2	3.0	2.8	2.6	2.4	2.0	3.05	3.9	2.0	**1.9**
5.7	5.8	5.7	5.5	5.2	4.7	4.2	3.4	2.9	2.2	3.86	6.0	1.6	4.4
4.1	4.0	3.6	3.3	2.8	2.2	2.0	1.6	1.0	0.7	2.59	4.6	0.7	3.9
5.7	7.1	7.0	7.0	6.5	6.3	5.5	4.8	3.3	2.0	3.65	7.4	−0.1	7.5
10.1	12.6	12.8	12.7	12.3	11.0	10.0	10.4	9.6	9.4	8.55	12.9	1.4	11.5
11.8	10.4	9.8	9.0	8.6	8.2	7.4	7.2	7.0	7.2	8.85	11.8	6.6	5.2
9.6	10.1	10.3	10.0	10.5	10.0	10.4	9.4	9.8	8.3	10.98	16.5	7.2	9.3
14.2	15.5	16.7	16.5	15.3	15.5	14.8	12.7	11.8	11.9	12.53	17.5	7.1	10.4
18.8	18.4	19.2	19.7	20.3	19.6	18.6	16.8	15.1	13.5	**17.28**	21.4	11.5	9.9
5.3	4.7	5.9	6.2	6.9	6.7	6.1	6.0	4.4	3.2	8.50	15.7	2.9	12.8
15.9	16.2	16.7	16.8	16.1	16.6	14.5	13.0	11.7	10.4	11.31	17.1	2.2	**14.9**
22.0	21.1	22.7	21.2	20.6	21.5	18.7	17.6	16.0	16.1	17.18	**23.1**	9.1	14.0
14.3	13.8	13.1	13.4	13.0	11.1	10.5	10.9	10.0	8.0	13.38	16.5	8.0	8.5
7.20	7.27	**7.31**	7.01	6.64	6.31	5.65	4.96	4.18	3.64	5.46	8.96	1.36	7.60

Temperatur der Luft.

1883. Juni. Höhe des Thermometers über dem Boden: 3.5 m. **Bossekop.**

Datum	1	2	3	4	5	6	7	8	9	10	11	Mittag	1	2
1	7.5	7.2	6.0	6.3	5.2	5.9	6.5	6.9	8.0	7.7	8.2	8.6	8.6	9.3
2	4.3	4.3	4.5	6.0	7.2	9.0	9.7	11.2	12.4	13.5	13.9	14.6	12.6	12.0
3	7.7	8.1	8.0	9.6	10.8	12.6	14.2	11.0	11.3	12.5	13.0	13.8	13.8	14.5
4	10.2	9.9	10.0	10.5	11.4	12.4	14.7	12.5	13.4	15.2	14.1	14.5	12.6	12.9
5	9.4	9.1	9.0	8.8	8.8	8.8	9.1	9.3	9.5	9.3	9.4	9.6	9.3	10.4
6	9.0	8.0	8.9	8.1	10.0	10.6	10.4	11.5	11.1	11.4	11.2	11.6	12.7	13.0
7	9.9	9.3	10.0	11.1	12.7	15.6	14.6	15.0	17.8	16.6	16.8	17.2	17.3	20.0
8	11.6	11.8	12.5	14.6	16.7	15.0	18.5	21.8	22.4	20.8	18.9	19.9	20.3	19.9
9	11.8	10.7	11.0	11.2	13.0	15.4	18.7	17.3	17.2	19.0	17.1	18.4	19.5	25.7
10	15.8	15.2	15.5	15.2	16.5	17.4	16.2	15.8	16.4	17.6	17.2	16.6	17.4	17.8
11	12.2	11.8	11.8	11.8	12.0	12.2	12.2	11.8	11.5	11.5	11.5	12.2	12.8	13.4
12	11.1	10.8	10.6	11.0	11.0	10.8	10.6	10.6	10.6	10.9	11.6	12.1	11.9	11.7
13	9.8	9.6	9.6	9.9	9.9	10.0	9.7	9.6	9.3	8.6	8.3	8.0	8.4	8.2
14	7.0	7.4	7.0	8.0	9.2	10.8	11.0	13.2	13.6	13.3	11.7	10.4	10.2	11.0
15	8.0	6.0	8.0	7.0	8.9	9.6	10.3	10.8	12.4	11.7	12.2	12.5	12.2	11.4
16	3.4	4.3	4.9	6.6	8.2	9.0	8.6	9.1	9.2	8.9	9.4	9.2	9.3	9.2
17	6.6	6.1	6.1	6.7	6.8	7.3	7.5	8.0	8.8	8.8	8.1	8.9	9.2	9.1
18	6.6	6.6	6.4	6.5	6.8	7.1	7.4	7.4	7.6	7.8	8.0	7.9	8.5	9.0
19	6.5	6.4	7.2	5.6	8.6	8.8	8.4	7.9	9.2	8.6	8.4	9.0	9.4	9.6
20	6.4	6.1	6.4	5.1	7.0	7.2	6.8	6.3	6.9	7.6	8.0	8.4	8.5	8.3
21	5.7	5.8	7.0	6.4	7.3	6.9	8.0	8.0	8.3	9.0	9.5	9.5	9.8	9.9
22	5.1	4.6	4.8	4.9	6.0	7.3	8.5	8.9	8.8	10.0	10.0	10.0	10.3	10.8
23	6.6	6.3	6.5	6.6	7.2	8.4	9.6	9.0	9.6	9.8	10.9	11.6	12.3	13.0
24	10.9	10.3	10.4	10.6	11.4	12.2	14.1	16.2	17.9	19.1	22.4	24.3	17.3	18.1
25	13.9	12.3	13.6	13.3	13.6	14.5	15.4	15.4	16.2	16.5	16.0	16.6	16.5	16.8
26	9.5	9.4	9.4	9.6	8.8	8.8	8.8	8.6	9.5	9.6	9.5	10.6	10.8	11.7
27	10.0	10.2	10.5	11.0	12.3	11.1	11.3	11.8	12.4	12.5	12.6	12.7	13.4	13.4
28	12.1	12.2	12.7	15.3	15.1	14.6	14.7	16.3	17.0	17.2	17.0	17.6	18.6	19.8
29	12.5	12.4	11.8	11.7	11.7	11.3	11.4	11.3	12.8	12.0	11.2	11.0	11.8	12.0
30	11.7	11.6	11.9	11.6	11.8	11.7	11.5	11.8	12.3	12.6	12.6	12.8	12.6	13.6
Mittel	9.09	**8.79**	9.07	9.35	10.23	10.74	11.28	11.48	12.11	12.32	12.29	12.67	12.60	13.18

1883. Juli. $\varphi = + 69^0\ 57'\ 29''$.

Datum	1	2	3	4	5	6	7	8	9	10	11	Mittag	1	2
1	11.6	11.6	11.3	11.1	12.0	11.8	11.4	11.7	11.0	12.4	12.4	11.7	12.2	12.4
2	10.1	9.5	10.0	10.4	10.8	11.0	11.0	11.0	11.1	10.8	11.0	11.1	10.9	10.8
3	8.2	7.6	7.6	7.1	7.2	7.2	7.5	7.6	8.5	8.7	9.3	9.6	9.8	9.8
4	8.0	7.7	7.9	7.2	7.1	6.7	7.6	7.7	8.4	8.0	8.4	9.1	9.0	9.0
5	7.6	7.4	7.2	7.2	7.3	7.4	7.4	7.6	7.7	7.8	8.2	8.6	9.1	9.1
6	6.0	6.0	6.2	7.0	7.5	7.6	7.7	8.0	8.7	9.1	9.3	9.8	10.1	11.0
7	9.5	10.3	10.8	11.2	12.7	14.0	13.8	13.1	12.2	14.9	13.8	14.3	15.8	17.0
8	10.6	9.8	9.8	10.0	10.5	11.5	11.3	11.3	11.6	13.2	12.3	12.9	12.0	13.0
9	8.3	8.2	8.0	8.3	8.3	8.6	8.7	9.5	9.3	9.4	9.9	10.2	10.6	10.5
10	8.4	8.2	8.2	8.2	8.3	8.3	8.1	8.1	8.7	8.6	8.9	9.7	9.6	10.4
11	7.6	7.3	7.2	7.2	7.4	8.5	8.8	8.6	9.4	9.5	9.5	10.3	11.2	11.9
12	9.8	9.2	8.9	9.3	9.6	11.4	12.6	13.4	14.7	13.4	13.0	13.4	14.2	14.2
13	6.6	6.2	5.6	5.0	6.0	7.3	8.0	8.8	9.5	9.0	10.4	10.3	11.0	11.2
14	8.0	6.5	6.1	6.6	7.2	8.2	9.9	10.6	11.2	11.5	11.9	13.1	12.7	12.3
15	9.1	9.2	9.6	9.8	10.0	10.0	10.5	11.0	10.8	11.8	12.3	13.6	13.5	13.2
16	11.0	11.6	11.5	11.2	10.8	11.0	11.0	11.0	11.6	14.2	14.6	15.0	16.1	14.7
17	9.1	9.3	9.6	9.9	10.0	10.4	11.8	11.5	11.4	12.4	12.3	12.0	13.0	13.2
18	11.4	10.2	10.0	10.8	12.0	13.0	14.2	15.7	16.7	14.6	14.3	14.4	15.3	15.2
19	10.6	10.8	10.2	10.8	11.2	12.5	11.5	12.0	12.1	12.7	13.3	14.0	13.4	13.2
20	8.4	7.8	7.5	6.9	8.6	9.2	9.5	9.9	10.5	10.2	9.5	9.8	10.4	9.5
21	6.0	5.8	6.1	6.3	6.8	6.8	7.2	7.6	8.3	8.9	9.3	10.1	11.4	11.9
22	7.4	6.7	6.6	7.8	9.3	10.6	11.6	11.8	13.0	13.8	14.9	16.4	17.0	18.4
23	14.8	14.5	14.1	13.5	15.1	17.0	18.4	13.9	14.2	15.3	15.8	16.4	17.0	17.6
24	10.7	11.6	11.0	13.4	15.6	17.3	15.4	16.6	15.4	15.7	14.3	14.9	14.9	15.9
25	9.8	8.5	9.9	11.0	12.8	14.4	13.3	15.1	14.2	16.8	19.6	20.0	20.1	20.2
26	16.5	16.4	16.5	16.2	17.5	18.2	19.4	19.7	17.3	15.2	15.4	15.8	15.8	15.4
27	11.3	11.0	10.7	11.0	11.0	10.8	11.2	10.8	10.8	11.4	11.3	12.0	11.5	11.4
28	8.3	8.0	8.2	8.6	8.6	8.9	9.1	9.4	9.7	9.8	10.4	10.6	10.7	12.1
29	11.6	11.8	11.4	11.6	12.3	13.9	14.0	16.0	18.3	21.1	20.0	21.0	16.8	17.0
30	7.0	6.1	8.8	10.8	11.1	11.4	11.9	11.9	12.0	12.5	13.1	14.0	14.1	14.5
31	7.6	7.2	7.6	9.0	11.6	12.0	13.0	12.1	13.2	14.2	14.7	15.3	15.3	16.0
Mittel	9.38	**9.10**	9.16	9.50	10.20	10.87	11.19	11.39	11.66	12.13	12.37	12.88	13.05	13.29

Temperatur der Luft.

Bossekop. Mittlere Ortszeit. **Juni 1883.**

3	4	5	6	7	8	9	10	11	12	Tages-mittel	Maxim.	Minim.	Differenz
9.2	9.3	9.1	9.0	9.5	9.0	8.8	7.5	4.0	5.4	7.65	9.6	4.0	5.6
12.0	12.6	12.5	12.6	12.7	13.2	12.6	12.3	9.9	8.1	10.57	15.6	**3.2**	12.4
15.3	17.2	15.3	15.2	14.9	17.2	15.7	14.6	13.0	11.2	12.94	17.5	6.5	11.0
14.1	14.2	13.6	13.8	12.5	10.4	11.2	10.0	9.4	9.0	12.19	16.4	9.0	7.4
10.1	10.3	10.1	9.9	9.8	10.1	9.4	9.8	9.5	9.0	9.49	10.8	8.5	**2.3**
13.5	15.1	15.4	14.7	14.5	14.7	13.0	13.3	12.8	10.4	11.87	15.7	7.2	8.5
18.3	17.6	18.0	16.9	17.0	17.2	17.2	16.5	14.4	12.9	15.41	20.1	9.0	11.1
20.9	21.4	18.4	18.1	19.7	17.6	19.7	18.8	15.8	14.8	17.91	23.7	11.3	12.4
20.0	24.5	25.8	24.4	22.6	21.4	20.3	19.7	17.7	16.6	**18.29**	**26.3**	10.7	**15.6**
18.5	20.1	18.6	17.9	18.1	19.4	15.6	15.3	14.3	12.9	16.72	20.1	12.9	7.2
13.1	12.8	12.7	12.8	13.0	12.6	12.6	12.2	11.8	11.5	12.24	14.0	10.6	3.4
11.7	12.0	11.9	12.2	12.0	11.4	10.9	10.4	10.4	10.0	11.18	12.5	10.0	2.5
7.8	7.6	7.6	7.8	8.3	8.4	8.0	7.6	7.3	6.8	8.59	10.1	6.7	3.4
11.1	11.4	11.6	11.3	11.3	10.6	10.1	9.5	9.0	8.8	10.35	14.1	6.4	7.7
11.0	11.4	11.1	10.1	9.7	10.3	9.5	8.2	7.9	4.8	9.79	13.5	4.8	8.7
9.6	9.3	9.3	8.9	8.6	7.9	8.0	7.2	6.5	6.8	7.98	10.1	**3.2**	6.9
9.3	8.5	8.1	7.8	7.5	7.6	7.8	7.2	6.9	7.0	7.74	10.1	5.7	4.4
8.7	8.2	8.0	9.0	8.7	8.8	8.2	7.6	7.2	7.0	7.71	9.2	6.1	3.1
9.9	10.0	9.8	9.5	9.3	8.9	8.4	8.0	7.8	5.9	8.38	10.5	4.6	5.9
8.6	9.0	8.3	7.6	7.4	6.8	6.7	6.3	6.3	5.9	**7.16**	9.8	4.9	4.9
10.0	10.3	9.7	9.3	9.0	8.4	8.9	8.0	7.1	6.0	8.24	10.3	4.9	5.4
9.8	9.4	9.6	9.7	9.1	8.6	8.2	7.9	7.4	7.1	8.20	10.9	4.3	6.6
13.2	13.4	13.6	13.8	14.8	15.6	14.8	13.6	12.7	11.6	11.02	16.1	5.8	10.3
18.3	20.3	21.4	21.3	22.0	22.0	20.2	18.6	16.4	14.7	17.10	24.3	9.7	14.6
16.5	17.3	17.0	15.9	14.8	13.4	11.4	11.0	10.1	9.8	14.49	17.3	9.7	7.6
10.7	11.2	11.8	12.2	12.0	12.3	11.6	11.3	10.6	10.2	10.35	12.5	7.7	4.8
14.1	15.4	14.7	16.3	16.0	15.1	15.0	15.1	14.6	12.1	13.07	16.3	9.5	6.8
18.6	17.5	16.2	16.6	16.0	15.2	15.0	15.0	14.0	13.2	15.73	19.8	11.5	8.3
12.6	13.6	13.5	13.3	12.7	12.8	12.7	12.1	12.1	12.0	12.18	13.7	10.1	3.6
13.6	13.3	13.6	13.5	13.8	13.6	14.1	13.0	12.1	12.6	12.64	14.1	11.2	2.9
13.00	**13.47**	13.21	13.05	12.91	12.68	12.19	11.59	10.63	9.80	11.57	14.83	7.66	7.17

$\lambda = + 23^0\ 14'\ 46'' = + 1^h\ 32^m\ 59^s$. **Juli 1883.**

3	4	5	6	7	8	9	10	11	12	Tages-mittel	Maxim.	Minim.	Differenz
13.2	12.4	12.4	11.9	11.6	11.6	11.2	11.0	10.4	10.2	11.65	12.7	10.1	**2.6**
11.4	10.6	11.0	10.6	9.8	10.0	10.0	9.5	9.0	9.2	10.44	11.7	8.9	2.8
9.4	9.5	9.0	9.4	9.5	8.8	8.9	8.8	8.2	8.0	8.55	10.0	6.7	3.3
9.1	9.3	9.5	9.7	9.4	9.4	8.6	8.4	8.2	7.8	8.38	9.7	6.5	3.2
9.8	9.0	9.4	9.4	9.0	8.2	7.6	7.2	7.3	6.1	**8.02**	10.0	6.1	3.9
10.9	11.2	12.0	12.4	13.2	11.6	11.5	10.1	8.9	9.0	9.33	12.4	5.6	6.8
17.1	17.9	15.9	17.4	15.1	14.6	13.8	13.0	12.0	11.3	13.81	18.6	9.0	9.6
11.7	11.4	11.8	11.5	10.8	10.2	9.8	9.2	9.3	8.8	10.97	13.6	8.8	4.8
10.5	10.6	10.4	10.2	9.8	9.6	9.4	8.8	8.6	8.4	9.34	10.6	7.5	3.1
11.4	11.2	11.2	11.6	11.2	10.6	9.8	9.0	8.3	7.9	9.33	11.8	7.1	4.7
13.6	13.0	13.0	13.4	14.1	14.6	13.4	12.3	11.3	10.3	10.52	15.0	6.6	8.4
14.3	15.6	15.2	14.0	12.1	12.6	11.4	9.8	8.2	7.8	12.00	15.8	7.8	8.0
12.3	13.1	13.2	13.4	13.8	13.5	12.8	11.0	10.0	8.8	9.87	13.8	**4.6**	9.2
12.7	13.2	12.6	11.6	11.6	11.2	10.7	10.2	9.6	9.2	10.31	13.3	4.7	8.6
12.3	11.8	12.8	12.6	12.7	12.0	12.2	12.2	12.0	11.6	11.53	13.6	8.4	5.2
14.5	14.3	14.8	14.8	16.6	16.5	14.8	13.4	12.2	11.3	13.27	17.1	10.2	6.9
13.8	15.0	15.8	15.3	15.3	14.9	13.4	13.0	12.6	12.0	12.38	15.8	8.3	7.5
15.2	14.5	14.4	13.8	13.2	13.8	12.8	12.8	12.0	11.4	13.40	16.9	9.1	7.8
13.3	13.0	12.8	12.7	13.4	13.5	12.7	12.0	10.5	9.7	12.16	14.6	9.7	4.9
9.0	8.2	8.8	8.5	8.2	8.0	7.8	7.2	6.8	6.4	8.61	11.4	6.2	5.2
13.6	12.7	13.0	13.6	13.4	13.2	14.5	12.8	10.6	9.1	9.92	14.6	5.3	9.3
18.3	17.7	17.4	17.2	16.6	15.4	15.3	15.8	15.7	14.9	13.73	18.4	5.5	12.9
16.4	15.3	14.6	15.7	16.2	15.6	15.5	14.4	13.8	11.6	15.28	18.6	11.6	7.0
15.0	15.1	15.8	15.4	14.3	14.3	13.2	13.8	13.3	11.7	14.36	18.8	10.0	8.8
20.6	20.1	20.6	20.0	19.9	19.1	18.3	17.6	16.8	16.6	**16.47**	21.2	8.3	12.9
15.4	14.4	14.8	14.4	14.1	13.3	12.0	12.0	11.6	11.4	15.36	20.8	11.3	9.5
12.1	11.8	11.4	11.0	10.5	10.4	9.9	9.5	8.9	8.5	10.84	12.2	8.5	3.7
12.9	12.4	13.6	14.0	13.4	12.5	12.9	10.5	8.3	9.2	10.50	14.2	7.6	6.6
17.2	15.4	16.3	16.4	16.5	16.3	15.0	13.8	9.6	8.0	15.05	**21.3**	8.0	**13.3**
15.4	15.9	15.3	15.0	14.9	15.8	15.4	13.3	11.4	10.1	12.57	16.7	5.9	10.8
16.8	17.6	18.4	17.4	16.2	14.4	13.0	10.8	9.6	9.4	13.02	18.5	6.2	12.3
13.43	13.30	**13.46**	13.36	13.08	12.76	12.18	11.39	10.48	9.86	11.64	14.96	7.75	7.31

Temperatur der Luft.

1883. August. Höhe des Thermometers über dem Boden: 3.5 m. **Bossekop.**

Datum	1	2	3	4	5	6	7	8	9	10	11	Mittag.	1	2
1	7.4	7.2	7.5	8.6	10.0	10.8	12.3	13.9	15.0	16.3	17.4	18.6	20.2	15.5
2	7.2	5.6	5.2	5.6	8.2	10.1	9.5	10.3	10.9	11.7	12.7	12.8	13.4	13.4
3	6.0	6.6	3.8	4.9	7.0	8.3	9.0	8.9	8.8	9.9	9.7	10.4	11.1	12.0
4	10.0	9.7	9.0	9.6	10.9	10.3	10.6	10.8	10.8	11.2	10.9	10.7	11.2	12.2
5	6.0	4.4	4.2	3.5	7.2	7.0	8.5	9.6	10.5	10.0	11.0	11.4	11.9	12.5
6	10.8	10.7	10.4	10.6	11.0	13.1	13.6	12.0	13.0	13.0	12.1	11.5	12.4	11.1
7	10.6	10.1	9.5	9.5	10.0	10.4	11.3	11.5	12.4	13.2	13.1	12.7	12.9	14.2
8	7.0	5.0	6.2	5.1	6.6	9.3	9.4	10.2	10.8	11.0	11.2	12.1	12.7	13.0
9	5.2	3.1	2.2	3.5	4.7	7.4	9.4	9.5	10.2	10.5	11.2	11.5	12.0	12.4
10	5.6	4.6	5.0	4.2	6.0	7.6	9.8	11.5	12.6	13.7	14.8	15.7	16.2	13.8
11	9.1	9.0	8.5	8.5	9.0	10.0	10.8	11.9	13.4	12.0	12.0	12.2	13.3	15.2
12	12.0	10.9	10.4	10.6	11.1	11.8	13.1	12.8	12.6	12.4	13.1	12.8	13.0	14.8
13	10.5	10.0	10.0	9.7	9.7	9.2	9.3	9.6	9.7	10.4	10.7	10.9	10.8	10.4
14	8.2	8.1	7.8	7.8	7.8	8.2	8.4	8.4	8.8	9.2	9.4	9.6	10.0	10.1
15	8.9	8.3	7.1	6.6	6.9	7.3	7.4	8.1	8.3	8.4	9.2	9.6	10.4	10.0
16	9.4	8.1	8.1	8.7	8.9	9.8	9.2	10.0	10.4	11.3	12.2	13.5	13.6	13.0
17	7.6	6.4	6.8	6.4	6.8	7.7	8.9	10.5	11.5	13.0	14.1	14.6	14.6	15.7
18	11.0	11.0	11.0	11.1	11.3	11.8	12.2	12.7	14.0	15.9	15.3	16.0	17.0	16.2
19	11.8	11.3	11.2	10.8	10.8	12.3	13.6	13.6	14.6	15.2	15.2	14.4	15.0	14.4
20	7.0	6.0	5.9	6.7	7.1	9.1	9.5	12.7	10.7	14.1	11.5	10.7	12.4	14.6
21	7.8	7.8	9.7	9.2	10.4	10.7	10.8	11.2	11.3	12.3	11.7	11.3	10.8	11.6
22	3.4	3.6	3.8	4.7	3.0	5.6	9.3	8.0	8.9	10.4	10.6	11.0	11.2	11.6
23	6.5	6.6	6.3	6.8	6.8	9.4	12.7	14.3	15.3	17.6	16.8	17.6	17.1	19.1
24	12.8	12.5	12.8	12.9	12.7	12.7	12.3	12.1	11.1	10.9	11.6	12.2	11.6	11.6
25	9.0	9.0	8.8	8.8	8.7	8.8	8.9	9.0	9.1	9.2	9.3	9.4	9.2	9.1
26	8.2	8.2	8.2	8.2	8.2	8.5	8.7	8.9	9.0	9.1	10.1	9.9	10.6	10.0
27	11.0	11.2	10.5	10.7	11.1	11.3	11.9	13.0	13.4	15.0	14.3	15.0	15.3	14.7
28	10.3	9.1	8.6	9.4	10.1	10.8	13.0	14.8	15.2	15.8	16.5	16.8	17.3	17.1
29	9.0	8.4	10.3	9.8	9.8	10.1	10.6	11.9	13.5	14.2	13.7	13.5	14.0	14.8
30	9.1	9.0	8.8	8.8	9.0	9.6	9.9	10.4	11.3	12.2	11.9	12.3	11.7	12.6
31	6.4	6.6	6.7	6.2	6.3	7.0	9.6	10.2	9.6	9.5	10.7	11.2	11.0	10.7
Mittel	8.54	8.00	7.88	7.98	8.49	9.51	10.40	10.78	11.51	12.21	12.39	12.64	13.03	13.14

Temperatur der Luft.

Bossekop. Mittlere Ortszeit. **August 1883.**

3	4	5	6	7	8	9	10	11	12	Tages-mittel	Maxim.	Minim.	Differenz
16.1	15.7	16.3	16.9	16.1	14.6	13.0	10.8	8.3	7.2	13.15	**20.4**	5.7	**14.7**
13.6	13.8	13.4	13.1	13.0	12.4	11.8	10.8	10.2	9.8	10.77	14.0	4.3	9.7
12.7	13.0	13.2	12.8	12.1	11.6	11.0	10.4	10.4	10.3	9.75	13.2	3.4	9.8
12.2	13.3	12.4	12.5	12.0	12.0	10.2	9.0	5.6	6.2	10.55	13.5	5.4	8.1
13.4	13.3	13.8	13.5	13.9	14.9	13.8	12.6	11.4	11.4	10.40	14.9	2.5	12.4
11.7	11.4	11.9	12.0	12.4	12.3	11.8	11.4	11.0	10.7	11.66	13.2	9.3	3.9
14.2	13.3	13.6	14.0	13.0	13.3	12.5	11.8	11.0	10.0	12.00	15.1	9.3	5.8
13.6	13.9	14.1	15.6	14.6	12.3	10.9	9.2	7.9	7.4	10.38	15.6	4.7	10.9
13.0	13.2	13.6	16.7	14.7	13.3	12.4	10.2	8.0	6.3	9.76	16.7	**2.1**	14.6
13.6	13.4	13.8	13.6	13.7	14.2	11.4	12.8	11.0	10.0	11.19	17.0	3.9	13.1
15.4	15.6	15.3	15.6	15.2	14.5	13.9	13.2	12.7	12.4	12.45	15.6	7.6	8.0
13.4	15.3	13.5	12.6	12.6	11.8	11.6	11.2	10.4	11.0	12.28	15.3	9.3	6.0
11.2	10.8	10.8	10.2	9.9	9.4	9.2	8.8	8.6	8.4	9.93	11.5	8.4	3.1
10.0	10.2	10.1	9.9	10.0	9.6	9.4	8.0	8.2	9.0	9.01	10.4	7.4	3.0
10.5	13.4	13.6	13.4	13.0	12.6	12.0	11.5	10.4	9.8	9.86	13.7	6.2	7.5
13.0	13.8	13.2	12.6	12.2	11.6	10.4	10.7	10.2	8.9	10.95	14.6	7.2	7.4
15.0	14.6	14.6	14.0	13.6	13.0	12.5	11.6	11.6	11.3	11.52	15.7	5.8	9.9
17.2	16.0	16.1	16.0	15.8	15.4	14.2	13.5	13.1	13.0	**14.03**	17.6	10.2	7.4
14.2	14.2	10.0	10.7	11.0	10.5	9.9	9.4	9.0	7.0	12.09	16.4	7.0	9.4
14.4	13.0	12.2	12.6	11.3	11.6	10.8	10.3	8.0	8.5	10.40	15.3	5.6	9.7
11.6	11.5	10.8	10.7	9.7	9.4	4.4	4.7	3.9	3.4	9.45	12.4	3.4	9.0
12.0	12.7	12.3	12.8	12.4	11.2	10.3	9.7	8.2	7.6	8.93	13.0	2.6	10.4
20.0	19.4	18.8	17.5	16.0	14.6	12.8	12.7	13.2	13.3	13.80	20.0	5.9	14.1
11.9	12.3	11.5	11.0	10.7	9.2	9.4	9.0	9.2	9.1	11.38	13.6	8.9	4.7
8.8	**8.7**	8.5	8.2	8.1	8.2	8.2	8.2	8.2	8.3	**8.74**	9.4	7.9	**1.5**
9.9	10.8	10.7	10.6	10.6	11.2	11.7	11.6	11.4	11.6	9.83	11.7	8.2	3.5
15.4	15.4	15.5	14.8	14.6	12.9	11.4	10.6	11.4	11.1	12.98	15.7	10.0	5.7
16.9	16.5	16.0	15.5	13.5	11.8	11.6	11.0	11.2	10.0	13.28	17.4	8.6	8.8
14.4	14.8	14.7	14.0	13.0	10.3	9.8	9.8	10.1	9.5	11.83	15.1	8.4	6.7
13.2	11.6	11.6	11.4	11.7	10.2	10.5	9.4	8.5	8.0	10.51	13.2	7.8	5.4
10.8	10.7	10.2	10.0	10.0	9.8	10.0	9.5	9.7	8.6	9.21	11.2	5.6	5.6
13.86	13.37	13.10	13.06	12.59	11.93	11.06	10.43	9.74	9.33	11.03	14.59	6.54	8.05

Feuchtigkeit der Luft.

1882. August. Höhe des Psykrometers über dem Boden: 3.5 m. **Bossekop.**

Datum	1		2		3		4		5		6		7		8		9		10		11		Mittag	
	mm.	pc.	mm.	pc.	mm.	pc.	mm.	pc.	mm.	pc.	mm.	pc.	mm.	pc.	mm.	pc.	mm.	pc.	mm.	pc.	mm.	pc.	mm.	pc.
1	10.5	98	10.5	98	10.3	98	10.5	100	10.5	100	10.5	99	10.7	99	10.6	97	10.6	97	10.7	97	11.0	97	11.0	92
2	8.4	89	8.7	95	8.6	94	9.0	96	8.9	91	9.0	87	8.9	83	8.9	83	8.4	73	7.8	66	8.3	72	9.0	77
3	9.0	94	8.9	99	8.4	91	8.6	93	8.6	87	9.1	87	9.5	81	10.0	84	10.1	84	10.8	92	10.7	90	10.9	82
4	9.7	85	9.6	80	9.5	80	9.6	80	9.8	83	9.6	71	10.0	67	9.5	62	9.5	59	9.4	59	9.5	58	10.1	56
5	9.6	80	9.6	86	9.1	89	8.9	83	9.7	78	10.2	79	9.9	66	10.8	72	10.1	68	11.5	58	10.7	63	10.5	48
6	10.4	96	10.4	95	10.5	97	10.2	87	10.4	87	10.3	87	9.9	88	10.3	90	10.1	88	10.2	86	10.7	87	10.1	86
7	9.7	98	10.3	100	10.3	98	10.1	96	10.7	99	10.2	98	10.0	95	10.1	93	10.0	94	10.0	94	10.2	94	10.3	89
8	9.8	96	9.9	98	10.0	99	10.1	100	10.0	100	10.1	100	10.1	98	10.2	98	10.3	97	10.3	97	10.3	98	10.3	99
9	9.4	94	9.1	93	9.1	95	8.9	95	9.3	94	9.3	92	9.4	90	9.5	89	9.7	89	10.1	89	10.2	87	10.5	84
10	10.3	98	10.0	99	10.0	99	9.9	99	10.0	99	10.1	98	10.1	96	10.3	97	10.1	96	10.2	86	9.4	76	7.6	67
11	6.9	90	6.8	91	7.1	94	7.3	96	7.1	90	6.9	78	6.7	72	6.7	65	6.6	62	6.5	59	6.9	59	7.9	63
12	7.1	73	6.7	71	6.5	68	6.3	65	6.7	71	7.2	73	6.6	64	7.5	75	7.1	70	6.9	67	7.0	71	6.5	66
13	6.3	77	6.5	77	6.6	86	6.5	83	6.2	78	6.5	78	6.5	70	7.0	71	7.1	67	6.7	60	6.8	63	7.6	71
14	8.3	94	8.6	93	8.4	92	8.7	95	8.6	94	8.8	95	8.8	95	8.8	95	8.7	94	8.9	93	8.8	92	9.0	91
15	10.0	99	9.8	99	9.6	100	9.3	100	9.3	99	10.1	98	10.3	90	10.5	86	10.3	83	10.4	82	10.0	74	10.2	76
16	10.6	95	10.4	91	10.2	88	9.7	85	10.5	95	10.3	93	10.6	92	10.4	87	10.2	84	9.9	81	9.6	74	9.1	86
17	9.9	98	9.7	99	9.7	98	9.9	98	10.1	98	10.2	98	10.0	97	9.8	95	9.3	93	9.3	93	9.4	94	10.3	90
18	9.7	98	9.7	97	9.5	94	9.4	91	9.4	91	9.7	91	10.1	89	9.7	88	9.9	87	10.1	89	9.9	87	10.0	87
19	9.3	93	9.4	94	8.9	96	9.0	96	8.6	95	8.7	96	8.7	95	9.0	96	9.1	94	9.4	95	9.3	94	9.7	96
20	9.4	88	9.7	94	9.8	95	9.6	90	9.7	91	10.0	88	10.3	87	10.6	86	11.4	82	11.0	77	11.4	75	11.2	70
21	11.6	79	11.7	83	11.6	83	11.6	86	11.6	81	11.8	77	12.5	80	11.3	86	11.5	78	11.3	81	11.6	79	11.4	78
22	9.2	99	9.7	98	9.8	100	9.2	100	9.6	100	10.7	97	11.5	89	12.1	86	12.3	81	12.2	72	**13.0**	70	12.3	65
23	11.0	92	10.3	97	10.5	92	10.7	92	10.8	91	11.0	92	10.5	86	11.0	88	11.2	85	10.8	81	11.6	82	11.8	82
24	11.4	81	11.2	82	10.8	81	11.1	84	11.0	86	10.9	85	10.8	85	10.7	86	10.5	84	10.2	83	10.1	81	9.9	78
25	8.6	80	8.3	80	8.1	78	8.0	79	7.9	80	7.8	82	7.7	81	7.7	79	7.7	83	7.8	88	7.9	86	7.7	83
26	7.2	82	7.3	82	7.9	89	8.0	91	7.9	86	8.0	86	8.1	84	8.1	81	8.3	82	8.3	78	8.3	78	8.5	74
27	9.2	87	8.8	82	8.5	79	8.7	84	8.9	87	8.9	86	8.8	85	8.8	83	9.2	83	9.5	85	9.5	76	9.2	79
28	8.9	83	9.0	87	8.9	85	8.9	87	9.2	86	9.2	82	9.4	81	9.4	78	8.9	68	9.1	68	8.3	66	8.6	67
29	9.3	85	9.3	90	9.2	89	9.1	87	9.3	89	9.5	89	9.7	88	9.9	85	9.3	87	9.7	86	9.4	81	9.2	80
30	8.6	87	8.8	93	8.5	85	8.7	89	7.7	73	7.5	72	7.4	69	7.6	74	7.3	71	7.7	80	7.4	76	7.4	75
31	5.6	78	6.1	88	6.0	88	6.3	95	6.2	95	5.0	69	5.3	78	5.0	72	4.7	66	4.2	56	4.7	64	4.8	66
Mittel	9.19	89.2	9.19	**90.7**	9.09	90.3	9.09	90.4	9.17	89.5	9.26	87.2	9.32	84.5	9.41	84.1	9.34	81.5	9.38	79.9	9.40	**78.6**	9.44	77.6

1882. September. $\varphi = + 69^{\circ}\ 57'\ 29''$

Datum	1		2		3		4		5		6		7		8		9		10		11		Mittag	
	mm.	pc.	mm.	pc.	mm.	pc.	mm.	pc.	mm.	pc.	mm.	pc.	mm.	pc.	mm.	pc.	mm.	pc.	mm.	pc.	mm.	pc.	mm.	pc.
1	4.8	85	4.4	92	4.3	94	4.3	96	4.3	98	4.3	90	4.6	82	4.7	77	5.0	68	4.5	58	4.4	52	4.3	49
2	4.4	71	4.4	70	4.4	70	4.6	74	4.6	71	4.6	68	4.5	65	5.2	77	5.2	72	5.5	72	5.6	69	5.9	73
3	5.8	97	5.9	97	5.9	97	5.8	98	5.6	97	5.9	90	6.6	97	6.3	88	5.2	71	5.1	68	4.9	65	5.1	65
4	4.5	90	4.6	91	4.7	82	4.8	80	4.8	82	5.0	75	5.1	70	5.4	62	5.1	54	5.4	53	5.3	49	5.0	44
5	5.4	86	5.2	82	5.1	90	5.1	90	5.0	83	5.1	90	5.1	78	5.7	79	5.8	76	5.5	69	6.1	73	6.2	73
6	6.4	88	6.6	82	6.7	78	6.7	78	6.7	76	7.1	81	7.2	74	7.2	69	7.0	60	7.5	60	7.8	60	7.5	62
7	7.7	75	7.6	79	6.7	70	6.5	76	6.5	82	6.1	75	6.0	67	5.6	58	5.9	53	5.7	54	5.7	55	5.5	56
8	5.9	73	5.8	68	5.9	66	5.9	66	5.9	64	7.0	81	7.1	83	7.2	82	6.7	71	7.1	73	7.3	72	7.4	71
9	5.4	84	5.0	72	4.8	69	4.8	72	4.6	69	4.8	72	5.0	65	5.5	65	5.5	59	4.8	52	5.0	54	4.5	50
10	4.7	78	4.8	72	4.9	67	5.2	69	5.5	76	5.7	79	5.9	77	6.2	76	5.8	69	6.0	70	6.2	65	6.1	58
11	7.0	71	6.9	71	7.0	83	6.5	78	6.3	76	6.2	82	6.0	70	6.4	72	6.5	66	7.1	64	6.8	65	7.2	71
12	5.9	98	5.6	98	5.5	98	5.4	96	5.5	98	5.3	96	5.5	92	6.1	89	6.7	83	7.3	75	7.3	84	7.7	81
13	8.0	72	8.0	76	8.0	81	8.0	73	8.1	73	8.2	73	8.5	75	8.5	72	8.9	73	8.9	68	8.5	61	8.6	62
14	7.7	74	7.8	80	7.7	81	7.8	86	7.8	86	8.3	88	8.0	85	8.7	88	8.3	84	8.9	85	8.3	76	8.2	71
15	8.1	91	9.0	96	8.4	89	8.7	88	8.9	90	8.9	88	8.6	91	8.6	91	8.8	93	8.7	93	8.5	92	8.7	90
16	5.8	85	5.9	87	5.6	83	5.5	82	5.6	86	5.8	87	5.7	82	5.8	79	5.9	78	5.9	73	6.1	72	6.3	71
17	7.7	91	7.8	96	7.9	96	7.9	98	7.9	98	8.0	95	8.1	95	8.3	91	8.4	91	8.8	95	9.1	95	8.7	96
18	8.8	98	8.7	98	8.7	96	8.7	98	8.7	95	8.9	99	9.1	99	9.3	98	9.2	93	9.2	90	9.2	91	9.2	89
19	8.6	94	6.5	68	7.5	91	6.6	93	5.8	82	5.7	84	6.2	82	6.6	83	6.5	76	6.0	79	5.2	70	4.9	66
20	5.1	93	5.6	97	5.4	74	5.2	74	5.4	76	6.0	79	5.6	73	5.6	73	5.9	80	5.4	74	5.6	81	5.5	74
21	5.6	92	5.6	92	5.7	93	5.6	93	5.6	92	5.7	97	5.8	97	5.8	93	5.9	90	5.8	84	5.4	79	5.5	79
22	4.5	85	4.6	88	4.3	85	4.1	83	4.1	80	4.2	80	4.2	79	4.3	77	4.4	73	4.6	71	4.7	70	4.9	68
23	5.4	82	5.4	83	5.3	84	5.2	82	5.1	84	5.2	85	5.1	84	5.3	82	5.5	78	5.7	76	6.0	73	6.5	70
24	6.0	85	6.0	88	5.8	85	5.8	85	5.7	83	5.7	82	5.8	82	5.9	77	6.1	78	6.4	79	6.9	79	6.9	68
25	5.5	92	5.3	92	5.2	90	5.2	93	5.4	95	5.4	93	5.4	96	5.6	92	5.8	89	6.0	85	6.1	84	5.8	80
26	6.0	66	6.2	69	6.5	69	5.1	56	5.9	76	6.0	81	5.8	83	5.7	79	5.9	87	5.5	81	5.7	79	5.2	76
27	5.3	73	5.3	71	6.1	84	5.9	77	5.9	76	5.9	76	5.8	79	5.7	76	5.0	71	6.2	71	6.4	68	6.9	65
28	6.6	91	6.5	88	6.3	84	6.1	86	6.1	88	5.9	85	5.9	85	5.7	74	6.0	70	6.3	67	6.5	67	6.4	65
29	5.2	87	5.6	90	5.6	92	5.4	95	5.4	96	5.9	87	6.1	87	6.3	87	6.2	82	6.3	80	6.2	74	6.1	74
30	6.2	85	6.2	85	6.2	84	6.2	82	6.1	80	6.1	80	5.8	77	5.7	76	6.0	80	6.2	80	6.1	79	6.1	78
Mittel	6.13	**84.4**	6.09	83.9	6.07	83.5	**5.96**	83.2	**5.96**	83.6	6.10	83.9	6.14	81.7	6.26	79.4	6.30	75.6	6.41	73.3	6.43	71.8	6.43	69.8

Feuchtigkeit der Luft.

Bossekop. Mittlere Ortszeit. **August 1882.**

1		2		3		4		5		6		7		8		9		10		11		12		Tagesmittel	
mm.	pc.	mm.	pc.	mm.	pc.	mm.	pc.	mm.	pc.	mm.	pc.	mm.	pc.	mm.	pc.	mm.	pc.	mm.	pc.	mm.	pc.	mm.	pc.	mm.	pc.
10.7	91	10.9	94	10.3	89	9.8	91	9.7	91	9.5	89	9.5	93	9.2	91	8.7	88	8.6	87	8.7	90	8.4	89	10.06	94.0
9.4	83	8.0	72	9.0	80	9.1	85	9.1	86	8.7	86	9.1	88–	9.2	89	9.4	94	9.2	93	9.2	94	9.2	95	8.85	85.5
11.1	85	9.9	60	9.8	64	9.4	60	9.7	58	10.0	60	10.0	70	10.5	80	10.2	74	9.9	77	9.7	75	9.6	76	9.77	79.3
9.8	52	9.5	48	10.1	50	10.0	51	10.2	55	10.1	56	10.7	60	10.6	61	10.6	65	10.5	70	10.4	75	10.1	84	9.93	65.3
9.7	41	10.4	46	10.8	46	11.4	51	10.9	50	10.9	64	12.7	74	11.8	82	11.4	83	11.4	91	10.3	82	10.5	85	10.53	69.3
10.2	86	10.2	88	10.2	86	10.7	97	10.0	94	10.2	95	10.0	93	10.0	91	9.8	91	10.0	95	9.3	97	9.3	99	10.13	91.1
10.0	86	10.3	86	10.2	87	10.1	93	10.1	91	10.1	88	10.0	90	10.1	93	9.7	91	9.7	94	9.9	95	9.7	93	10.08	93.1
10.1	96	10.3	97	10.3	95	10.3	97	10.5	95	10.2	94	10.2	93	10.1	91	9.7	89	9.5	89	9.4	90	9.1	89	10.05	95.6
10.9	83	10.5	74	10.2	72	10.4	74	10.2	77	11.3	87	10.6	88	10.4	90	10.4	94	10.3	95	10.1	93	10.1	95	10.00	88.0
7.2	65	6.7	62	6.3	53	6.1	50	6.0	52	6.3	55	6.3	60	6.7	66	6.6	75	6.6	83	6.5	82	6.6	88	8.16	79.2
7.8	60	7.7	59	8.1	72	8.4	74	7.7	73	8.0	80	8.4	89	8.3	89	8.3	92	8.0	87	8.2	93	7.2	74	7.48	77.5
5.6	55	5.8	57	6.1	61	6.4	63	5.7	55	6.0	58	6.0	60	5.9	60	6.1	64	6.1	65	6.3	69	6.1	71	6.43	65.9
7.7	73	7.2	71	7.8	78	7.5	75	7.7	77	7.6	77	7.7	79	7.7	80	8.0	85	8.3	94	8.2	95	8.1	93	7.24	77.4
9.1	91	9.1	89	9.2	87	9.2	90	9.5	90	9.6	91	9.7	94	9.8	97	9.6	97	9.6	98	9.8	98	9.7	97	9.10	93.4
10.5	81	10.9	77	10.2	71	10.2	80	11.0	89	11.7	94	11.7	97	11.9	97	11.6	99	11.5	98	11.0	96	10.1	82	10.50	89.5
10.2	87	9.9	88	10.0	88	9.7	88	9.6	89	9.7	91	9.6	94	9.5	93	9.5	94	9.5	97	9.6	97	9.7	96	9.96	89.7
9.1	88	9.1	87	8.9	85	8.9	86	9.3	89	9.2	88	9.4	91	9.1	88	9.3	88	9.6	94	9.7	96	9.4	94	9.48	92.7
10.1	93	10.3	96	10.3	97	10.2	95	9.9	96	10.0	97	10.0	97	9.6	96	9.8	98	9.6	97	9.6	97	9.6	95	9.84	93.5
9.3	87	9.3	81	9.1	81	9.0	80	9.1	81	9.1	80	9.2	82	9.3	85	9.7	89	9.5	87	9.5	87	9.3	87	9.19	89.5
11.3	65	11.5	63	11.5	66	12.0	65	11.9	66	11.8	73	11.7	70	11.8	74	11.7	80	11.7	81	11.8	83	11.6	83	11.02	78.8
11.5	77	11.1	78	11.0	82	10.5	81	10.3	77	11.6	87	12.4	85	11.4	94	10.0	86	9.7	96	9.8	89	9.2	100	11.17	83.5
12.3	67	12.3	64	12.1	61	12.2	59	12.2	62	12.3	72	12.5	79	12.5	86	11.3	74	11.1	72	11.4	81	11.2	83	11.46	79.9
11.6	79	11.5	77	11.6	79	12.1	80	12.0	78	12.4	81	12.2	81	12.4	85	12.1	82	12.1	84	12.2	85	11.9	84	11.47	84.8
10.0	77	9.9	78	9.7	80	9.4	80	9.5	82	9.3	81	9.4	82	9.4	83	9.3	82	9.2	83	9.0	81	8.7	80	10.06	81.9
7.7	82	7.3	76	7.4	79	7.6	82	7.2	78	7.0	75	7.0	76	7.0	78	7.0	78	7.2	82	7.3	84	7.3	84	7.59	80.5
8.9	72	9.0	71	8.9	65	8.7	69	8.8	68	8.9	71	8.7	74	9.0	80	8.8	82	8.9	92	8.9	87	9.4	95	8.44	80.0
9.2	78	9.6	79	9.6	67	9.4	63	10.0	70	10.1	73	10.0	77	9.9	83	9.3	78	9.2	82	9.3	83	8.8	78	9.27	79.5
9.2	75	8.7	64	8.8	66	9.2	71	9.3	74	9.3	76	9.5	80	9.6	82	9.6	83	9.5	86	9.3	87	9.3	87	9.13	77.6
9.3	88	9.1	82	8.9	82	9.0	78	8.9	85	8.7	83	8.7	83	8.2	73	8.8	84	8.3	81	8.2	78	8.6	86	9.07	84.1
7.2	74	6.9	75	6.7	74	6.5	74	6.5	76	6.5	77	6.1	74	6.1	75	6.0	76	6.3	83	6.0	81	6.0	81	7.14	77.6
4.5	63	4.2	56	4.1	55	4.5	62	4.3	57	4.0	56	4.7	67	4.2	60	4.4	63	4.9	78	5.0	88	4.9	86	4.90	71.1
9.39	76.8	9.26	74.0	9.27	74.1	9.29	75.3	9.25	76.2	9.36	78.5	9.47	81.3	9.39	83.0	9.25	83.8	9.21	86.8	9.15	87.4	8.99	87.4	9.27	82.8

$\lambda = + 23^{\circ}\ 14'\ 46'' = + 1^{h}\ 32^{m}\ 59^{s}.$ **September 1882.**

1		2		3		4		5		6		7		8		9		10		11		12		Tagesmittel	
4.5	49	4.3	46	4.4	45	4.7	47	4.7	50	5.1	56	4.7	61	4.6	65	4.7	76	4.5	77	4.5	73	4.3	70	4.54	69.0
5.7	69	5.8	68	5.8	69	6.1	70	5.5	72	6.3	88	6.3	95	6.0	96	6.0	98	6.0	98	6.0	98	5.9	97	5.43	77.9
5.0	67	4.9	67	5.0	66	4.8	66	4.6	64	4.8	67	5.4	81	5.1	96	5.0	95	4.7	93	4.6	96	4.5	94	5.27	82.6
4.8	41	5.0	44	5.0	44	5.0	46	5.6	53	5.7	58	7.1	84	6.7	83	6.1	96	5.7	93	5.5	93	5.2	85	5.30	68.8
5.8	63	6.5	70	6.1	66	6.1	62	6.0	60	7.2	74	5.4	56	5.4	60	5.6	61	5.9	66	6.3	86	6.2	88	5.74	74.2
8.0	58	8.0	56	7.7	56	7.5	58	7.1	56.	7.0	58	7.1	60	7.7	72	7.7	73	8.0	78	8.1	78	8.0	78	7.35	68.7
5.8	61	6.5	70	6.1	63	5.5	54	5.8	58	5.8	60	6.0	67	5.6	62	5.9	77	5.7	76	5.5	72	5.6	71	6.05	66.3
7.5	68	7.5	65	7.3	63	7.4	61	7.1	58	6.4	64	5.6	55	6.1	65	6.1	86	5.9	87	5.8	85	5.6	83	6.56	71.3
4.2	47	4.7	52	4.9	56	4.8	57	5.2	64	5.1	66	4.9	67	5.1	78	4.7	76	4.9	85	4.7	77	4.5	74	4.89	65.9
6.3	60	6.4	62	6.7	62	6.7	64	6.6	58	7.0	69	7.1	70	7.5	75	6.9	66	6.9	62	7.0	65	6.8	68	6.20	68.2
6.9	66	6.6	60	6.7	58	7.2	60	7.6	65	7.7	74	7.5	88	6.8	93	6.5	97	6.6	97	6.2	100	6.0	97	6.76	76.0
7.7	74	7.6	74	7.1	54	7.7	56	8.4	63	8.6	70	8.5	74	8.5	76	8.7	74	8.4	69	8.3	68	8.3	74	7.15	79.8
8.8	58	8.6	57	8.1	51	8.5	57	8.8	64	8.8	66	8.3	66	8.2	69	8.0	70	8.3	76	8.4	78	7.9	73	8.37	68.5
8.8	78	8.7	74	9.4	79	8.6	84	8.1	78	8.2	79	8.4	84	8.6	92	8.6	92	8.6	95	8.2	99	8.3	92	8.29	83.8
8.6	87	8.0	83	7.1	78	6.6	78	6.4	81	6.2	82	6.0	79	5.8	76	6.0	81	5.5	76	5.7	81	5.5	79	7.55	85.5
6.5	74	6.8	74	7.0	76	7.4	78	7.5	80	7.6	83	7.5	87	7.6	91	7.5	89	7.7	93	7.8	93	7.9	95	6.61	82.4
9.4	95	8.7	93	8.6	96	8.7	92	9.0	92	8.7	93	8.9	95	8.9	96	8.7	98	8.8	98	9.0	99	8.9	98	8.54	95.1
9.3	89	9.7	87	9.4	90	9.3	91	9.4	94	9.6	94	9.5	96	9.7	98	9.3	99	9.2	98	7.4	62	7.3	67	9.03	92.0
4.0	53	4.3	58	4.6	69	5.1	84	4.6	70	4.8	78	5.1	87	5.1	90	5.1	90	5.0	88	5.1	85	5.3	92	5.59	79.7
5.1	69	4.9	68	4.9	66	5.0	71	4.8	69	5.0	73	5.4	88	5.2	88	5.2	90	5.2	85	5.1	82	5.2	82	5.30	78.3
5.5	76	5.4	74	5.7	84	5.3	73	5.0	72	5.3	80	5.0	82	4.8	85	4.8	87	4.7	83	4.6	84	4.4	82	5.35	85.1
5.2	69	5.1	70	5.2	68	5.3	75	5.4	76	5.3	79	5.4	80	5.4	80	5.4	83	5.3	82	5.4	83	5.5	84	4.87	77.8
6.3	72	6.3	72	6.6	73	7.2	67	7.1	71	6.8	75	6.7	77	6.4	78	6.5	82	6.4	85	6.4	85	6.3	87	6.03	78.6
7.2	71	7.3	83	7.1	80	5.9	63	6.2	67	5.4	61	5.6	67	5.4	67	5.7	81	5.4	72	5.6	76	5.6	87	6.06	76.9
5.9	80	6.6	88	6.6	76	6.4	81	7.1	73	7.1	72	6.9	69	7.0	70	6.7	71	6.6	73	6.0	59	6.0	58	6.07	81.3
5.4	80	5.6	82	5.8	84	6.0	87	5.5	87	5.3	94	4.9	98	5.1	87	5.0	79	5.2	80	5.4	83	5.2	74	5.58	75.7
7.2	65	7.7	77	8.3	73	7.5	67	7.5	74	7.7	84	7.3	92	7.1	90	7.2	87	7.2	91	6.6	96	6.3	98	6.62	78.4
6.4	64	6.4	64	5.9	62	5.7	64	5.6	66	5.7	69	5.6	76	5.3	78	5.3	82	4.8	96	4.9	91	5.1	89	5.88	77.1
6.1	75	6.2	79	6.3	82	6.2	82	5.9	80	5.8	82	6.0	84	6.1	88	5.9	81	5.9	83	6.2	86	6.2	88	5.88	84.2
6.3	78	6.3	77	6.5	79	6.6	81	6.8	83	6.7	82	6.8	83	6.8	83	7.0	86	7.0	81	7.1	80	7.2	82	6.42	80.9
6.47	68.5	6.55	69.8	6.53	68.9	6.49	69.2	6.50	69.9	6.56	74.3	6.50	78.3	6.45	80.9	6.39	83.4	6.33	83.9	6.25	83.1	6.17	82.9	6.31	77.8

Feuchtigkeit der Luft.

1882. October. Höhe des Psykrometers über dem Boden: 3.5 m. **Bossekop.**

Datum	1		2		3		4		5		6		7		8		9		10		11		Mittag	
	mm.	pc.	mm.	pc.	mm.	pc.	mm.	pc.	mm.	pc.	mm.	pc.	mm.	pc.	mm.	pc.	mm.	pc.	mm.	pc.	mm.	pc.	mm.	pc.
1	7.1	80	7.3	84	7.4	86	7.3	84	7.5	82	7.7	82	7.5	80	7.3	74	7.2	72	7.1	64	6.9	61	6.9	61
2	7.0	72	7.1	72	7.1	73	7.2	74	7.0	75	6.9	74	6.8	73	7.0	73	7.1	73	7.2	68	7.4	67	7.7	63
3	7.3	89	7.3	93	7.9	93	8.2	89	8.1	89	8.1	92	8.0	96	8.2	98	8.6	93	8.5	94	8.3	91	8.4	95
4	9.2	97	9.3	97	9.5	97	9.7	97	9.1	92	8.8	90	8.8	94	9.0	92	9.3	93	7.8	72	8.5	73	8.2	78
5	8.8	95	7.5	92	7.4	93	7.9	96	8.5	96	8.1	96	7.7	99	8.1	99	8.4	98	9.6	95	9.7	87	10.1	93
6	7.1	89	5.9	73	5.1	66	5.6	73	5.6	77	5.1	68	5.4	76	4.7	63	5.3	79	5.5	82	5.2	81	5.1	81
7	5.0	96	4.7	85	4.8	89	4.5	85	4.5	82	4.5	84	4.5	85	4.1	75	4.7	87	4.1	73	4.4	76	4.5	79
8	4.5	85	4.6	84	4.9	83	5.1	81	5.0	80	6.3	85	6.1	80	5.1	64	5.2	68	5.4	75	5.1	75	4.9	75
9	4.2	90	4.1	92	4.2	90	4.5	69	4.5	68	4.3	65	4.7	77	4.3	65	4.3	65	4.6	67	4.7	67	4.1	57
10	5.2	82	5.1	68	5.3	73	5.3	73	5.2	70	5.2	70	5.4	74	5.5	76	5.7	79	5.9	83	5.7	83	5.7	84
11	5.5	98	5.5	98	5.3	96	5.4	98	5.3	96	5.2	96	4.9	93	4.9	93	4.9	89	5.0	89	4.6	78	4.9	80
12	3.7	72	3.7	73	3.6	75	3.4	74	3.4	74	3.3	74	3.3	75	3.3	74	3.4	67	3.6	69	3.8	70	3.9	69
13	4.0	94	3.9	90	3.9	90	3.9	90	3.6	88	3.6	86	3.9	92	3.9	88	3.9	83	4.0	80	4.2	80	4.5	80
14	5.1	91	5.5	98	4.9	87	4.8	87	5.1	87	5.2	84	5.2	85	5.7	87	5.6	83	5.9	84	6.2	82	6.5	82
15	6.2	95	6.3	95	6.2	94	6.0	94	6.1	96	6.3	96	6.3	93	6.3	96	6.4	91	6.3	88	6.3	84	6.1	88
16	5.1	85	4.8	80	4.8	83	4.6	80	4.3	77	4.0	81	4.2	83	3.8	71	4.0	71	4.1	71	4.6	76	4.5	68
17	3.4	92	3.4	92	3.3	91	3.5	88	3.4	89	3.6	88	3.7	85	3.8	80	3.8	65	3.5	**52**	3.6	55	3.9	60
18	3.0	67	3.2	69	3.2	71	3.3	77	3.3	75	3.3	76	3.3	80	3.2	81	3.0	81	3.5	81	3.7	79	3.6	71
19	5.5	69	5.7	71	5.5	69	5.6	71	5.6	71	5.7	73	5.7	74	5.5	76	5.6	76	5.6	72	5.7	66	5.7	66
20	4.4	84	4.2	83	4.2	89	4.0	85	3.8	83	3.5	79	3.3	78	3.2	80	3.1	76	3.1	69	3.2	66	3.4	67
21	4.0	82	4.0	80	4.0	79	3.9	85	3.9	78	4.1	78	4.3	75	4.6	80	4.7	82	4.7	81	4.7	83	4.8	80
22	4.7	93	4.5	98	4.9	94	4.8	91	4.7	93	4.8	89	4.9	91	4.9	93	5.0	89	4.9	88	4.9	87	5.1	82
23	3.8	96	3.7	96	3.6	96	3.6	100	3.7	98	3.7	96	3.8	98	3.7	98	3.8	100	3.8	98	3.8	92	4.0	92
24	3.7	90	3.5	88	3.5	88	3.4	87	3.3	89	3.3	89	3.2	85	3.2	87	3.3	87	3.2	80	3.6	81	3.7	78
25	3.6	81	3.5	81	3.3	80	3.2	80	3.1	78	3.0	79	3.0	79	3.0	77	3.1	80	3.6	84	3.8	83	3.7	79
26	3.6	78	3.6	78	3.5	79	3.7	79	3.6	81	3.6	81	3.6	81	3.5	81	3.5	79	3.6	79	3.7	79	3.7	76
27	3.4	77	3.3	78	3.3	80	3.5	82	3.4	80	3.3	78	3.4	77	3.5	78	3.5	78	3.5	75	4.0	83	4.1	84
28	4.3	82	4.3	80	4.3	82	4.3	82	4.2	82	4.2	80	4.3	83	4.1	80	4.2	79	4.2	74	4.2	74	4.2	74
29	4.0	75	4.0	77	4.0	78	4.1	78	3.8	81	3.6	81	3.5	84	3.7	85	3.5	84	3.7	85	3.8	74	3.8	75
30	3.5	78	3.5	79	3.5	81	3.4	82	3.4	80	3.3	80	3.2	83	3.4	84	3.1	81	3.1	83	3.4	86	3.4	82
31	3.3	91	3.3	91	3.3	91	3.4	94	3.5	96	3.5	96	3.5	98	3.6	98	3.6	86	3.7	81	3.4	66	3.4	64
Mittel	4.95	85.3	4.85	84.4	4.83	84.4	4.87	84.0	4.82	83.3	4.81	82.8	4.82	84.1	4.78	82.1	4.86	81.1	4.91	78.6	5.07	76.9	5.05	76.2

1882. November. $\varphi = + 69^0\ 57'\ 29''$.

Datum	1		2		3		4		5		6		7		8		9		10		11		Mittag	
	mm.	pc.	mm.	pc.	mm.	pc.	mm.	pc.	mm.	pc.	mm.	pc.	mm.	pc.	mm.	pc.	mm.	pc.	mm.	pc.	mm.	pc.	mm.	pc.
1	3.4	67	3.9	77	3.6	71	4.0	82	3.6	69	3.8	74	3.8	74	4.2	89	4.2	89	3.7	73	3.1	61	3.0	59
2	2.9	72	3.1	76	2.5	63	2.5	71	2.5	73	2.6	74	3.0	76	2.7	68	2.7	68	2.6	63	2.8	65	2.8	64
3	3.2	73	3.2	73	3.2	73	3.4	77	3.4	74	3.1	71	3.1	70	3.1	68	3.3	76	3.4	78	3.3	76	3.4	78
4	3.0	72	3.2	76	3.2	73	3.1	73	3.2	73	3.2	73	3.3	72	3.3	70	3.4	71	3.3	66	3.5	70	3.7	73
5	2.6	77	2.5	77	2.6	79	2.6	81	2.4	80	2.2	74	2.3	84	2.1	78	1.9	77	1.8	81	1.8	78	1.8	78
6	1.3	62	1.4	67	1.4	67	1.6	74	1.6	77	1.6	77	1.7	80	1.6	80	1.7	83	1.7	80	1.7	77	1.7	78
7	1.8	74	1.8	74	1.8	75	1.8	75	1.8	74	1.8	72	1.8	72	1.7	71	1.8	72	1.9	72	1.8	69	2.0	73
8	2.4	82	2.6	87	2.5	85	2.6	87	2.5	90	2.7	87	2.8	93	2.8	88	2.7	93	2.5	90	2.7	90	2.8	93
9	2.7	86	2.5	87	2.5	89	2.3	92	2.3	94	2.2	94	2.2	100	2.2	100	2.1	100	2.0	91	2.0	94	2.1	97
10	2.2	83	2.3	86	2.3	90	2.4	93	2.4	92	2.3	89	2.3	92	2.3	89	2.2	89	2.2	94	2.0	88	1.9	85
11	1.7	93	1.7	86	1.8	93	1.8	90	1.8	87	1.9	90	1.9	93	1.9	91	1.9	87	2.0	85	2.1	88	2.2	83
12	2.3	89	2.1	88	2.1	91	1.8	81	1.9	87	2.0	81	2.0	74	2.0	67	1.9	64	2.0	69	2.1	68	2.2	68
13	1.8	87	1.8	87	1.7	86	1.8	93	1.8	93	1.8	93	1.8	93	2.0	97	2.0	100	2.2	100	2.4	100	2.4	100
14	1.9	97	1.8	100	1.7	100	1.7	100	1.7	100	1.6	93	1.7	100	1.7	96	1.8	97	1.8	97	1.8	97	1.9	93
15	2.1	88	2.1	83	2.0	85	2.1	85	2.0	85	1.9	85	2.1	83	2.1	85	2.1	85	2.0	88	2.0	83	2.0	83
16	1.7	93	1.7	96	1.7	93	1.6	93	1.6	92	1.6	92	1.6	96	1.6	96	1.7	100	1.6	96	1.6	92	1.7	96
17	2.4	97	2.5	92	2.6	95	2.7	93	2.9	93	3.0	95	3.0	95	3.2	95	3.0	93	3.1	93	3.1	93	3.2	93
18	3.3	89	3.4	92	3.5	96	3.3	98	3.5	100	3.0	100	3.0	100	2.5	98	2.6	97	2.6	90	2.5	92	2.4	95
19	3.0	83	3.0	89	3.0	91	2.7	90	2.7	97	2.8	90	2.7	90	2.6	90	2.5	87	2.6	90	2.8	90	3.7	78
20	2.4	87	2.4	80	2.4	78	3.4	80	2.2	79	2.3	82	2.2	81	2.1	78	2.2	86	2.0	82	1.9	85	1.9	79
21	1.7	89	1.7	89	1.7	86	1.5	79	1.6	85	1.5	82	1.5	82	1.5	85	1.4	88	1.4	96	1.4	92	1.4	96
22	1.2	100	1.3	95	1.4	96	1.5	92	1.7	93	1.7	93	1.4	96	1.7	100	1.8	100	1.8	97	1.8	97	1.9	100
23	2.4	100	2.5	100	2.7	100	2.7	100	2.6	100	3.1	100	3.5	98	3.7	98	3.0	89	2.9	77	2.8	74	2.9	79
24	2.4	84	2.4	93	2.0	91	2.1	100	1.9	100	1.6	100	1.5	100	1.5	100	1.5	100	1.4	100	1.4	100	1.3	100
25	1.0	100	1.2	100	1.2	100	1.4	100	1.4	100	1.4	100	1.5	100	1.5	100	1.5	100	1.5	100	1.6	100	1.7	100
26	1.8	80	1.7	84	1.7	86	1.7	96	1.5	82	1.5	96	1.5	96	1.5	96	1.4	100	1.4	100	1.4	100	1.3	100
27	1.2	100	1.1	100	1.1	100	1.0	100	1.1	100	1.0	100	1.0	100	1.1	100	1.0	100	1.1	100	1.1	100	1.1	100
28	1.5	100	1.6	100	1.5	100	1.6	100	1.4	100	1.4	100	1.4	100	1.5	100	1.4	96	1.6	100	1.5	100	1.4	100
29	1.3	100	1.3	100	1.3	100	1.2	90	1.2	95	1.2	95	1.2	95	1.3	91	1.4	88	1.4	92	1.3	91	1.2	87
30	1.8	84	1.9	84	1.9	82	1.9	77	1.7	64	1.5	64	1.4	56	1.5	66	1.4	67	1.4	67	1.4	73	1.4	78
Mittel	2.15	86.3	2.19	87.3	2.15	87.1	2.16	88.1	2.13	87.6	2.11	87.2	2.14	88.0	2.15	87.7	2.12	88.0	2.10	86.9	2.09	86.1	2.11	86.2

Feuchtigkeit der Luft.

Bossekop. Mittlere Ortszeit. **October 1882.**

1		2		3		4		5		6		7		8		9		10		11		12		Tages-mittel	
mm.	pc.	mm.	pc.	mm.	pc.	mm.	pc.	mm.	pc.	mm.	pc.	mm.	pc.	mm.	pc.	mm.	pc.	mm.	pc.	mm.	pc.	mm.	pc.	mm.	pc.
7.0	61	7.9	70	8.1	72	6.9	62	7.3	71	7.3	73	7.4	75	7.2	74	7.3	79	7.3	76	7.2	74	7.2	74	7.30	73.8
7.5	62	7.7	65	7.9	66	7.8	67	7.8	66	7.8	68	7.7	68	7.8	70	8.0	76	7.6	81	7.4	86	7.3	88	7.41	71.7
8.1	91	8.3	91	8.3	94	8.6	98	8.6	98	8.5	98	8.3	96	8.1	95	8.2	99	8.2	98	8.2	98	9.1	94	8.23	**94.3**
8.1	67	9.0	77	8.1	64	8.8	77	8.8	81	7.8	75	7.9	79	8.1	85	8.0	87	7.7	86	8.8	86	8.9	93	**8.62**	84.1
8.7	76	10.0	83	**10.5**	93	10.3	98	8.7	93	7.2	82	7.3	84	5.9	67	5.8	69	7.7	92	6.6	83	7.3	96	8.24	89.8
5.1	79	4.9	87	5.1	93	5.0	89	4.4	80	4.4	80	4.5	86	4.2	79	4.3	77	4.5	80	4.8	85	4.2	74	5.04	79.0
4.4	75	4.7	82	4.7	84	4.7	84	4.7	83	4.9	87	4.7	83	4.4	75	4.1	68	4.2	72	4.3	80	4.3	79	4.52	81.2
4.9	75	4.9	79	4.7	77	4.7	74	4.6	74	4.7	76	4.8	82	4.5	73	4.7	77	4.7	80	4.7	90	4.4	89	4.94	78.4
4.7	62	5.0	67	4.9	65	5.0	65	5.1	66	5.3	70	5.7	77	5.4	74	5.4	74	5.5	83	5.2	91	5.3	76	4.79	72.6
5.4	76	5.8	85	5.6	81	5.3	78	5.3	77	5.3	79	5.2	78	5.5	84	5.5	84	5.6	92	5.6	97	5.5	96	5.45	80.1
5.0	80	5.2	82	5.2	90	4.9	87	4.7	85	4.6	91	4.4	82	4.0	75	4.1	80	4.1	85	4.0	78	3.9	77	4.81	87.3
3.9	69	3.9	69	4.0	72	3.9	76	3.9	79	3.7	81	3.6	79	3.6	84	3.7	92	4.0	94	4.0	94	3.6	94	3.68	77.0
4.6	78	4.8	80	4.8	83	4.8	87	4.9	91	4.9	89	4.8	94	4.6	89	4.5	89	4.7	90	4.8	87	5.1	93	4.36	87.1
6.5	87	6.8	94	6.8	94	6.6	94	6.7	93	6.5	94	6.3	97	6.5	97	6.5	98	6.4	94	6.5	94	6.2	94	6.00	90.3
6.6	85	6.6	82	6.8	80	6.6	77	6.0	73	6.3	80	5.9	75	5.6	73	5.6	82	5.7	87	5.5	89	5.4	87	6.14	86.7
4.6	66	4.7	69	4.7	71	4.3	94	4.1	87	3.9	85	4.1	92	3.8	88	3.7	88	3.6	88	3.5	90	3.6	92	4.23	80.7
3.7	55	3.7	56	3.3	55	3.2	55	3.2	57	3.4	66	3.1	63	2.9	59	3.0	66	2.9	64	2.9	62	2.9	64	3.38	**69.0**
3.7	73	3.8	76	3.8	75	3.8	71	4.1	70	4.4	68	4.4	66	4.8	65	5.0	66	5.3	69	5.2	68	5.4	68	3.89	72.6
5.6	66	5.4	62	5.4	63	5.5	66	5.5	78	5.5	81	5.2	77	4.9	78	4.8	82	4.7	87	4.6	89	4.5	90	5.38	73.9
3.4	64	3.4	63	3.7	73	3.6	76	3.3	75	3.2	70	3.4	78	3.5	86	3.6	83	3.8	83	4.0	82	4.0	81	3.60	77.2
4.9	80	4.9	80	4.8	79	4.9	79	5.2	84	5.1	84	5.1	84	5.1	84	5.0	80	4.9	83	4.9	87	4.7	87	4.63	81.4
5.1	75	5.0	78	5.0	83	4.6	91	4.7	85	4.6	91	4.3	85	4.3	94	4.3	94	4.0	94	3.8	92	3.8	96	4.65	89.4
4.2	89	4.6	88	4.6	80	4.6	85	4.2	94	4.0	90	4.1	89	3.8	81	3.8	83	3.7	81	3.6	79	3.6	86	3.91	91.0
3.8	78	3.7	79	3.4	79	3.5	84	3.5	84	3.5	86	3.6	88	3.3	91	3.1	95	3.5	88	3.4	86	3.5	84	3.45	85.5
3.7	78	3.6	75	3.4	76	3.3	76	3.2	76	3.4	84	3.3	78	3.3	78	3.3	76	3.4	78	3.4	77	3.5	76	3.36	78.7
3.7	76	3.6	76	3.6	76	3.5	76	3.5	78	3.3	74	3.3	80	3.3	82	3.3	84	3.3	80	3.2	72	3.3	74	3.50	78.3
4.1	80	3.8	74	4.0	77	4.2	80	4.4	80	4.4	79	4.3	76	4.4	78	4.5	80	4.5	82	4.3	80	4.2	80	3.89	79.0
4.3	76	4.3	75	4.2	73	4.3	76	4.2	74	4.2	74	4.3	77	4.4	77	4.3	77	4.0	72	4.1	74	4.0	75	4.23	77.2
3.6	65	3.5	65	3.8	75	3.9	78	4.0	80	3.9	79	3.9	77	3.8	80	3.8	80	3.8	81	3.8	88	3.6	81	3.79	78.6
3.4	82	2.9	80	3.9	93	2.9	96	**2.8**	96	2.9	96	2.9	93	3.1	95	3.2	95	3.2	89	3.2	89	3.2	87	**3.20**	86.3
4.0	81	3.7	73	3.6	73	3.9	87	4.0	85	3.9	85	4.0	85	3.4	70	3.5	71	3.9	85	3.6	68	3.8	80	3.62	83.5
5.04	**74.4**	**5.16**	76.2	5.15	77.7	5.09	80.1	5.01	80.4	4.93	81.1	4.90	81.4	**4.76**	80.0	4.77	81.6	4.85	83.7	4.81	83.7	4.82	84.0	4.91	81.2

$\lambda = + 23^0\ 14'\ 46'' = + 1^h\ 32^m\ 59^s.$

November 1882.

1		2		3		4		5		6		7		8		9		10		11		12		Tages-mittel	
mm.	pc.	mm.	pc.	mm.	pc.	mm.	pc.	mm.	pc.	mm.	pc.	mm.	pc.	mm.	pc.	mm.	pc.	mm.	pc.	mm.	pc.	mm.	pc.	mm.	pc.
3.2	62	3.5	68	3.4	66	3.4	71	3.3	75	3.3	75	3.2	73	3.3	76	3.3	80	3.2	76	3.0	73	2.9	69	**3.47**	72.9
3.1	70	2.9	67	2.9	72	3.0	77	3.0	76	3.0	74	3.1	74	3.0	71	3.1	73	3.0	73	3.0	72	3.3	74	2.88	**71.1**
3.3	77	3.2	73	3.3	74	3.3	74	3.3	74	3.4	76	3.3	75	3.3	72	3.1	67	3.0	66	3.0	70	3.2	73	3.24	73.3
3.6	69	3.5	69	3.5	73	4.2	90	3.2	70	3.1	70	3.1	73	2.9	72	2.9	77	2.8	76	2.6	72	2.7	78	3.23	73.0
1.7	78	1.5	77	1.4	72	1.4	69	1.2	56	1.2	**54**	1.3	57	1.3	57	1.4	63	1.3	57	1.4	62	1.4	66	1.80	71.3
1.8	81	1.8	81	1.7	75	1.7	78	1.8	81	1.9	82	1.9	79	1.9	77	1.9	78	2.0	78	1.9	75	1.9	75	1.72	76.8
1.9	72	2.0	78	1.9	78	2.0	78	2.0	75	2.0	73	2.1	78	2.3	86	2.3	90	2.4	86	2.3	84	2.3	82	1.97	74.4
2.6	90	2.6	95	2.6	93	2.6	95	2.8	100	2.6	95	2.6	95	2.8	90	2.6	93	2.7	95	2.8	88	2.8	93	2.61	91.1
2.2	94	2.1	94	2.0	94	1.9	93	1.9	93	1.9	93	1.9	97	2.1	94	2.2	91	2.2	91	2.3	92	2.3	94	2.17	93.5
1.9	85	1.9	97	1.8	100	1.6	100	1.6	100	1.6	100	1.6	100	1.6	100	1.7	100	1.6	96	1.7	100	1.7	93	1.96	93.4
2.3	87	2.3	86	2.4	89	2.4	89	2.5	90	2.5	95	2.4	89	2.6	90	2.5	90	2.4	89	2.4	84	2.2	87	2.15	88.8
2.3	73	2.4	74	2.4	74	2.4	78	2.3	82	2.1	78	2.0	78	1.9	80	1.9	81	1.6	75	1.7	81	1.7	81	2.05	77.6
2.5	100	2.5	100	2.8	100	2.6	95	2.7	95	2.5	77	2.4	89	2.3	94	2.1	97	2.1	97	1.9	100	1.9	97	2.16	94.6
1.9	87	2.0	88	3.0	88	1.8	84	1.8	81	1.9	87	1.8	81	1.8	79	2.0	82	2.1	83	2.1	76	2.2	81	1.85	90.3
2.0	88	2.0	85	2.0	88	2.0	88	1.9	87	1.8	87	1.8	87	1.7	86	1.7	90	1.8	93	1.8	93	1.8	90	1.95	86.7
1.7	96	1.7	96	1.8	97	1.7	96	1.7	96	2.0	97	2.1	94	2.2	88	2.1	94	2.1	94	2.2	94	2.2	94	1.80	94.6
3.4	95	3.4	96	3.6	96	3.4	95	3.1	98	3.3	98	3.5	100	3.3	100	3.4	100	3.1	89	3.2	89	3.3	89	3.11	94.7
2.3	89	2.2	94	2.4	95	2.3	94	2.3	94	1.8	74	2.3	82	2.3	84	2.4	89	2.5	92	2.8	88	2.9	93	2.67	92.3
2.9	82	2.9	84	2.8	78	3.0	81	2.7	76	2.5	79	2.5	82	2.4	82	2.4	82	2.4	82	2.4	84	2.4	85	2.68	85.1
2.0	85	2.0	85	2.0	85	1.8	87	1.8	84	1.8	84	1.7	89	1.7	89	1.5	85	1.6	92	1.7	97	1.4	96	1.98	84.8
1.4	100	1.2	100	1.2	100	1.3	100	1.2	100	1.1	100	1.2	100	1.2	100	1.2	100	1.1	100	1.1	95	1.1	95	1.36	93.3
2.0	100	2.0	97	2.1	97	2.1	97	2.1	100	2.4	97	2.3	100	2.3	100	2.5	100	2.4	95	2.4	100	2.2	100	1.92	97.6
2.9	87	2.9	86	2.7	78	2.8	82	2.8	90	2.7	88	2.7	90	2.5	80	2.5	85	2.4	82	2.4	82	2.3	77	2.77	88.4
1.3	100	1.3	100	1.1	100	1.1	100	1.1	100	1.2	100	1.1	100	1.2	100	1.1	100	1.1	100	1.1	100	1.2	100	1.45	98.7
1.7	100	1.8	100	1.8	100	1.9	97	1.9	90	1.8	81	1.8	81	1.8	84	1.9	87	1.8	87	1.8	87	1.9	93	1.62	95.3
1.3	100	1.3	100	1.1	100	**1.0**	100	1.2	100	1.2	100	1.3	100	1.3	100	1.2	100	1.3	100	1.3	100	1.3	100	1.38	96.5
1.2	100	1.3	100	1.4	100	1.3	100	1.3	100	1.3	100	1.3	100	1.4	100	1.5	100	1.5	100	1.5	100	1.5	100	**1.23**	**100.0**
1.2	100	1.2	100	1.1	100	1.1	100	1.1	95	1.2	95	1.1	100	1.2	100	1.2	100	1.3	100	1.1	100	1.4	100	1.33	99.4
1.2	100	1.1	95	1.1	90	1.1	90	1.4	91	1.4	84	1.5	88	1.7	93	1.8	93	2.0	94	1.9	87	1.8	90	1.39	92.5
1.5	81	1.4	81	1.5	88	1.5	78	1.5	82	1.4	78	1.5	78	1.4	81	1.2	76	1.2	79	1.2	83	1.2	83	1.49	76.3
2.14	87.6	2.13	88.2	2.13	88.0	2.12	**88.5**	2.08	87.7	**2.06**	**85.7**	2.08	87.0	2.09	86.8	2.09	88.1	2.07	87.2	2.07	86.9	2.08	87.6	2.11	87.3

Feuchtigkeit der Luft.

1882. December. Höhe des Psykrometers über dem Boden: 3.5 m. **Bossekop.**

Datum	1		2		3		4		5		6		7		8		9		10		11		Mittag	
	mm.	pc.	mm.	pc.	mm.	pc.	mm.	pc.	mm.	pc.	mm.	pc.	mm.	pc.	mm.	pc.	mm.	pc.	mm.	pc.	mm.	pc.	mm.	pc.
1	1.3	88	1.3	83	1.3	87	1.5	85	1.6	93	1.7	93	1.8	93	1.9	90	1.9	93	2.0	100	2.0	97	1.9	100
2	1.5	100	1.4	100	1.3	100	1.4	100	1.2	100	1.3	100	1.3	100	1.3	100	1.2	100	1.3	100	1.2	100	1.1	100
3	1.5	100	1.5	100	1.6	92	1.6	96	1.6	96	1.6	96	1.4	91	1.4	91	1.4	92	1.3	88	1.3	88	1.3	80
4	1.2	79	1.3	76	1.3	76	1.2	76	1.0	73	1.0	85	0.9	79	0.9	84	0.9	94	**0.8**	93	1.0	100	0.9	89
5	1.5	89	1.7	93	1.7	89	1.7	90	1.8	90	1.9	90	1.9	93	1.7	93	1.6	89	1.6	93	1.7	89	1.6	93
6	1.2	91	1.3	91	1.2	90	1.2	95	1.2	95	1.2	100	1.1	95	1.1	100	1.1	95	1.1	100	1.1	100	1.0	100
7	0.9	84	0.9	71	1.0	81	1.0	81	1.2	90	1.2	83	1.1	90	1.3	91	1.4	84	1.2	91	1.3	91	1.2	83
8	**0.8**	87	**0.8**	87	0.9	87	**0.8**	82	0.9	88	**0.8**	87	**0.8**	86	**0.8**	86	**0.8**	86	**0.8**	86	**0.8**	86	**0.8**	81
9	1.4	100	1.6	100	1.6	100	1.7	100	2.0	100	1.8	100	1.6	100	1.4	100	1.5	100	1.3	100	1.3	100	1.3	100
10	1.4	85	1.5	85	1.4	84	1.4	88	1.5	85	1.5	82	1.5	79	1.6	83	1.6	82	1.5	82	1.5	85	1.6	85
11	1.9	80	1.8	76	1.7	78	1.7	83	1.7	84	1.6	85	1.6	83	1.6	83	1.7	83	1.7	81	1.9	82	2.0	75
12	1.6	89	1.6	92	1.8	90	1.9	85	2.1	83	2.4	82	2.7	81	2.6	77	2.6	77	2.7	86	2.8	90	2.9	98
13	3.6	81	3.6	81	3.5	76	3.5	74	3.5	74	3.5	74	3.5	76	3.5	75	3.5	75	3.6	73	3.7	73	3.6	66
14	3.1	76	3.0	76	2.6	69	2.7	78	2.9	89	2.5	75	2.5	77	3.0	95	3.0	95	2.9	98	2.4	82	2.4	85
15	1.6	80	2.2	94	1.9	64	2.0	69	2.6	100	2.2	89	1.8	81	1.5	73	1.7	86	1.5	79	1.5	76	1.3	67
16	1.5	69	1.7	73	1.6	66	1.7	71	1.7	71	1.8	72	1.9	75	2.2	75	2.3	77	2.4	92	2.6	85	2.7	90
17	2.0	62	2.1	67	2.0	64	2.1	74	2.1	65	2.3	79	1.9	87	1.9	91	1.8	87	1.9	93	1.8	81	1.8	87
18	1.7	67	1.6	64	1.6	69	1.5	69	1.6	72	1.7	73	1.6	74	1.5	82	1.4	81	1.5	89	1.6	89	1.8	93
19	2.2	79	2.1	83	2.0	83	1.9	93	1.6	93	1.6	93	1.5	96	1.7	93	1.6	85	1.7	86	1.8	84	1.9	78
20	1.2	76	1.2	76	1.2	73	1.3	74	1.4	71	1.4	71	1.6	77	1.7	75	1.9	82	2.2	84	2.6	87	2.6	81
21	**4.3**	73	4.2	82	4.1	85	3.8	90	3.6	86	3.6	83	3.1	87	2.9	85	3.1	87	2.9	84	2.8	82	3.0	91
22	2.8	74	2.8	74	2.8	76	2.7	76	2.8	76	2.9	78	2.4	73	2.3	76	2.2	79	2.2	81	2.2	86	2.2	89
23	2.8	76	2.6	76	2.5	75	2.4	77	2.2	74	2.1	74	2.1	76	2.0	73	1.9	75	2.0	80	2.0	82	2.0	83
24	1.5	82	1.6	92	1.6	92	1.5	89	1.6	93	1.7	89	1.7	86	1.8	76	1.8	76	1.8	79	2.0	85	2.0	85
25	1.6	92	1.7	93	1.6	93	1.6	100	1.7	96	1.7	100	1.7	100	1.6	92	1.7	96	1.5	85	1.4	85	1.4	85
26	1.5	85	1.5	85	1.7	86	1.8	87	2.0	88	2.1	85	1.9	87	2.0	91	2.0	88	2.0	91	2.1	91	2.2	86
27	1.8	93	1.8	90	1.8	93	1.9	100	2.0	100	2.0	100	2.2	100	2.3	100	2.4	100	2.4	100	2.1	91	2.0	94
28	1.5	100	1.5	100	1.6	100	1.6	100	1.6	100	1.7	100	1.7	100	1.8	100	1.8	100	1.8	100	2.0	100	2.5	90
29	1.9	73	1.9	75	1.9	80	1.9	87	1.9	93	1.9	100	1.8	100	1.5	100	1.3	100	1.0	89	1.1	100	1.1	100
30	1.5	96	1.5	85	1.6	85	1.4	78	1.5	76	1.4	78	1.4	78	1.4	81	1.4	81	1.4	92	1.4	84	1.3	88
31	1.3	91	1.3	80	1.2	83	1.1	78	1.0	81	1.1	90	1.0	89	1.0	89	0.9	84	0.9	89	0.9	87	**0.8**	87
Mittel	1.79	83.8	1.83	83.9	1.79	**82.8**	1.79	84.7	1.84	86.3	**1.85**	86.6	1.77	86.7	1.78	87.1	1.79	87.4	1.77	**89.2**	1.80	88.3	1.81	87.4

1883. Januar. $\varphi = + 69^{0}\ 57'\ 29''$.

Datum	1		2		3		4		5		6		7		8		9		10		11		Mittag	
1	0.9	80	1.1	90	1.1	85	1.0	81	1.1	81	1.1	82	1.4	92	1.5	85	1.4	78	1.4	84	1.5	85	1.4	84
2	1.6	93	1.5	85	1.4	84	1.6	96	1.7	96	1.7	96	1.8	100	1.9	100	1.9	100	1.9	100	1.8	100	1.9	100
3	2.0	100	1.8	100	1.8	100	2.0	100	2.2	94	2.1	94	2.2	97	2.1	86	1.9	75	1.9	75	1.8	69	1.6	65
4	1.9	100	1.9	85	2.0	85	2.2	94	2.2	97	2.1	97	1.6	74	1.9	100	1.9	100	1.8	100	1.7	93	1.4	78
5	2.5	100	2.5	100	2.5	100	2.6	100	2.5	100	2.5	95	2.4	97	2.1	85	1.8	74	1.9	78	1.8	74	1.9	77
6	2.0	78	1.9	69	1.9	68	2.0	71	1.9	64	1.9	64	2.0	69	2.0	67	2.1	68	2.3	70	2.5	73	2.4	71
7	4.4	70	4.4	68	4.4	68	4.5	69	4.5	71	4.4	71	4.6	69	4.7	71	4.6	69	4.6	69	4.5	69	4.7	71
8	3.7	55	3.5	52	3.8	62	3.8	62	4.2	73	3.8	63	3.7	62	3.7	63	4.2	79	4.3	82	4.0	75	4.7	94
9	3.4	94	2.9	80	2.8	76	3.1	89	2.8	74	2.9	79	2.9	78	3.1	78	3.1	79	3.1	81	3.4	94	3.4	95
10	3.0	72	2.4	100	2.1	100	2.5	97	2.7	100	2.5	100	2.3	100	2.3	100	2.3	100	2.2	100	2.2	100	2.2	100
11	4.5	89	4.7	100	4.5	100	3.5	79	3.6	83	3.8	92	3.8	94	4.0	100	2.9	71	2.9	70	3.8	98	3.5	88
12	2.5	77	3.1	98	3.0	95	3.0	98	2.9	100	2.7	95	2.8	98	2.5	90	2.4	89	2.3	86	2.1	71	1.9	64
13	2.0	80	2.1	88	2.1	86	2.2	91	2.3	92	2.2	91	2.2	86	2.2	91	2.2	88	2.1	83	2.2	89	2.3	89
14	1.2	90	1.2	90	1.1	90	1.1	90	1.1	90	1.1	85	1.1	85	1.1	86	1.2	83	1.2	80	1.4	81	1.7	86
15	3.9	76	3.8	69	3.4	64	3.6	72	3.4	67	3.5	71	2.9	66	2.5	70	2.4	76	2.2	81	2.0	85	1.8	87
16	1.3	87	1.2	90	1.2	90	1.1	90	0.9	89	0.8	87	**0.7**	86	0.8	86	0.8	86	0.9	88	0.9	84	1.0	84
17	0.9	89	0.9	89	0.9	88	0.9	89	0.8	77	1.0	89	0.9	79	1.0	89	1.0	90	1.0	85	1.1	85	1.1	81
18	1.4	92	1.5	92	1.4	91	1.5	96	1.6	89	1.7	86	1.8	81	2.1	85	2.2	83	2.4	74	2.6	74	2.4	70
19	2.9	79	3.6	84	3.0	71	3.1	70	3.2	69	3.7	71	3.4	64	3.5	62	3.3	70	3.3	66	3.5	65	3.2	60
20	2.2	77	2.3	80	2.3	84	2.3	90	2.2	89	2.2	94	2.2	97	3.1	94	2.1	94	2.3	94	2.0	91	3.1	94
21	1.6	100	1.6	93	1.6	93	1.6	92	1.6	93	1.7	89	1.7	86	1.8	93	1.7	93	1.7	90	1.8	93	1.7	93
22	2.2	75	2.3	75	2.3	80	2.3	82	2.5	89	2.6	95	2.7	100	2.6	100	2.6	94	2.5	95	2.4	95	2.3	89
23	2.7	63	2.7	60	3.4	84	2.8	67	2.9	63	2.9	65	2.9	62	2.9	61	2.9	57	3.3	63	3.8	57	3.9	57
24	3.8	63	3.9	64	3.9	63	3.9	64	3.9	65	3.7	66	3.3	**47**	3.4	50	3.7	57	3.6	53	3.8	55	3.6	54
25	4.1	71	4.0	74	3.9	70	3.6	65	3.3	61	3.3	61	3.2	61	3.0	57	2.9	56	2.7	56	2.5	54	2.5	59
26	1.7	81	1.6	71	1.6	80	1.7	78	1.8	72	2.0	73	2.0	73	2.0	69	1.9	66	1.9	66	1.8	64	1.9	69
27	1.9	72	1.8	67	1.7	67	1.8	63	1.9	64	2.6	83	2.5	79	2.4	76	2.2	75	2.1	74	2.1	70	1.9	66
28	2.1	83	2.1	78	2.2	81	2.1	83	1.9	80	2.0	88	1.8	73	1.8	76	1.8	75	1.7	78	1.7	81	1.6	75
29	1.9	100	1.9	100	1.9	94	2.0	88	2.0	91	2.0	88	2.1	85	3.1	83	2.2	89	2.1	86	2.1	81	2.4	80
30	2.5	73	2.5	73	2.5	77	2.4	76	2.3	76	2.2	77	2.2	81	2.3	86	2.3	84	2.2	81	2.2	87	2.2	84
31	1.5	100	1.4	100	1.4	100	1.5	100	1.2	100	1.2	100	1.4	100	1.4	100	1.4	96	1.6	96	1.7	96	1.8	93
Mittel	2.39	82.5	2.39	82.7	2.36	83.1	2.36	83.3	2.36	82.2	2.38	**83.5**	2.34	81.3	2.35	81.9	2.30	80.5	2.30	80.1	2.35	80.3	2.33	**79.3**

Feuchtigkeit der Luft.

Bossekop. Mittlere Ortszeit. **December 1882.**

1		2		3		4		5		6		7		8		9		10		11		12		Tagesmittel	
mm.	pc.	mm.	pc.	mm.	pc.	mm.	pc.	mm.	pc.	mm.	pc.	mm.	pc.	mm.	pc.	mm.	pc.	mm.	pc.	mm.	pc.	mm.	pc.	mm.	pc.
1.8	100	1.7	100	1.2	72	1.7	100	1.9	100	1.7	100	1.8	100	1.7	100	1.8	97	1.7	96	1.7	100	1.5	100	1.68	94.5
1.2	100	1.1	100	1.2	100	1.1	100	1.1	100	1.1	100	1.4	100	1.4	100	1.5	100	1.5	100	1.5	100	1.4	100	1.29	100.0
1.3	80	1.2	79	1.3	77	1.3	76	1.3	77	1.4	78	1.4	78	1.4	81	1.3	77	1.3	77	1.2	73	1.2	73	1.38	84.8
1.0	89	0.9	94	0.9	88	1.0	89	0.9	80	1.0	80	1.1	81	1.2	87	1.2	82	1.3	83	1.3	84	1.4	84	1.07	84.4
1.6	89	1.5	89	1.5	92	1.5	92	1.3	80	1.4	88	1.4	91	1.4	92	1.4	92	1.4	91	1.3	92	1.3	91	1.56	90.4
1.0	100	1.1	100	1.1	100	1.0	95	1.0	100	1.1	100	1.1	95	0.9	89	0.9	94	1.0	94	0.9	94	0.9	89	1.08	95.9
1.1	86	1.1	85	1.0	85	1.0	85	0.9	84	1.0	84	0.9	89	0.9	83	0.9	94	0.9	100	**0.8**	87	0.9	94	1.05	86.5
0.8	87	**0.8**	87	**0.8**	87	**0.8**	87	0.9	94	0.9	94	0.9	89	0.9	89	1.1	95	1.2	90	1.3	91	1.4	100	**0.90**	88.3
1.3	100	1.3	100	1.2	100	1.2	100	1.3	100	1.2	100	1.2	95	1.2	95	1.1	90	1.3	87	1.4	91	1.4	84	1.40	97.6
1.5	79	1.6	83	1.6	80	1.7	83	1.7	80	1.8	81	1.8	81	1.9	85	1.9	85	1.8	81	1.9	82	1.9	82	1.63	82.8
2.2	79	2.2	82	1.9	75	1.9	79	1.8	78	1.7	86	1.6	89	1.6	96	1.6	92	1.5	92	1.6	92	1.5	92	1.75	83.5
2.9	98	2.6	84	2.6	85	2.6	87	2.6	87	2.7	86	2.7	93	3.0	82	3.1	85	3.5	98	3.3	87	3.4	84	2.61	86.9
3.7	71	3.8	71	3.6	71	3.8	75	3.5	66	3.6	69	3.4	64	3.7	71	3.8	78	3.4	71	3.7	83	3.6	84	**3.59**	73.8
2.5	87	2.4	100	2.2	100	1.9	100	1.7	100	1.7	96	1.7	89	1.6	85	1.6	92	1.5	82	1.6	76	1.3	84	2.28	86.9
1.5	78	1.4	78	1.4	84	1.2	83	1.3	77	1.6	72	1.5	71	1.6	69	1.6	65	1.7	70	1.7	69	1.6	65	1.66	76.6
2.8	93	2.8	96	2.8	93	2.8	100	2.9	100	2.6	100	2.5	97	2.4	100	2.5	100	2.5	100	2.3	100	2.2	74	2.30	86.2
1.8	87	1.6	77	1.7	78	1.9	73	1.8	**61**	1.8	63	1.8	65	1.8	62	1.8	68	1.8	67	1.7	64	1.8	72	1.88	73.9
2.0	85	2.6	97	3.2	83	3.3	87	2.8	76	3.0	77	2.9	79	2.7	72	2.6	70	2.5	66	2.2	71	2.3	82	2.13	77.8
1.9	80	1.9	64	2.0	78	1.9	82	1.9	82	1.9	77	1.6	72	1.2	65	1.2	79	1.1	71	1.1	71	1.1	71	1.68	80.8
2.4	73	2.6	74	2.6	74	2.6	74	2.7	71	2.9	72	3.1	71	3.3	68	4.2	63	4.0	62	4.1	65	**4.3**	70	2.46	**73.5**
2.7	81	2.8	82	2.7	80	2.6	77	2.6	77	2.6	78	2.6	79	2.6	79	2.5	75	2.5	72	2.6	74	2.6	74	3.03	81.0
2.2	97	2.1	94	2.1	97	2.2	97	2.3	92	2.4	89	2.4	87	2.7	88	3.1	80	3.3	78	3.3	75	3.0	76	2.56	82.8
2.0	82	1.9	79	1.9	82	1.9	82	1.7	77	1.8	84	1.7	78	1.6	80	1.5	79	1.6	82	1.5	82	1.5	82	1.97	78.8
2.0	82	2.2	77	2.1	74	1.9	82	1.9	82	2.1	83	1.8	76	1.8	78	1.7	78	1.7	81	1.6	83	1.6	85	1.79	82.8
1.4	84	1.3	87	1.3	91	1.3	92	1.4	92	1.4	92	1.5	88	1.4	92	1.4	92	1.4	91	1.4	88	1.5	88	1.50	91.4
2.3	89	2.2	89	2.2	89	2.1	88	2.1	94	2.1	94	2.1	94	2.0	97	1.9	90	1.8	90	1.9	97	1.8	97	1.97	89.9
1.8	93	1.7	96	1.6	96	1.6	96	1.6	100	1.5	100	1.5	100	1.5	100	1.5	100	1.6	100	1.6	100	1.4	100	1.82	97.6
2.6	85	2.6	85	2.7	80	2.7	81	2.7	81	2.7	81	2.4	76	2.4	80	2.3	79	2.2	79	2.3	86	2.1	78	2.12	90.0
0.9	100	1.0	100	0.9	100	0.9	100	0.9	100	0.9	100	0.9	100	0.9	100	1.1	100	1.1	100	1.3	100	1.3	91	1.30	95.3
1.4	88	1.4	84	1.3	83	1.2	79	1.2	82	1.1	81	1.1	81	1.1	81	1.1	81	1.1	77	1.2	82	1.3	87	1.32	82.8
0.8	86	**0.8**	93	**0.8**	93	**0.8**	86	**0.8**	86	**0.8**	87	**0.8**	81	**0.8**	81	0.9	89	0.9	83	0.9	83	0.9	79	0.94	85.7
1.82	87.4	1.81	87.3	1.79	86.0	1.79	87.3	**1.76**	85.7	1.79	86.2	**1.76**	84.8	**1.76**	84.7	1.81	85.2	1.81	84.2	1.81	84.6	1.79	84.3	1.80	85.9

$\lambda = + 23^0\ 14'\ 46'' = + 1^h\ 32^m\ 59^s$.

Januar 1883.

1		2		3		4		5		6		7		8		9		10		11		12		Tagesmittel	
mm.	pc.	mm.	pc.	mm.	pc.	mm.	pc.	mm.	pc.	mm.	pc.	mm.	pc.	mm.	pc.	mm.	pc.	mm.	pc.	mm.	pc.	mm.	pc.	mm.	pc.
1.3	84	1.4	88	1.5	88	1.3	88	1.2	82	1.3	87	1.2	87	1.2	87	1.2	87	1.3	83	1.3	80	1.4	78	1.27	84.4
1.9	100	1.9	100	1.9	100	1.9	100	2.0	100	1.8	100	1.8	100	1.9	97	1.9	100	1.9	100	1.9	100	1.9	100	1.81	**97.8**
1.6	69	1.4	60	1.7	75	2.0	85	1.6	69	1.9	87	2.0	88	1.7	75	2.0	100	2.0	100	1.9	100	1.9	100	1.88	86.0
1.5	82	1.7	89	1.7	86	1.6	80	1.9	87	2.0	88	2.2	86	2.5	100	2.3	94	2.5	100	2.5	100	2.6	100	1.98	91.5
1.8	73	1.9	82	1.9	79	2.0	88	1.7	93	1.1	63	1.8	87	2.2	83	2.2	77	2.2	76	2.1	83	2.1	83	2.08	85.3
2.5	70	2.8	72	3.0	72	3.5	73	3.4	71	3.6	64	3.7	64	4.0	67	4.0	66	4.2	66	4.1	62	4.4	70	2.84	68.7
4.7	73	4.6	73	4.5	66	3.9	66	4.2	63	4.6	66	4.7	72	4.7	72	**5.1**	79	4.0	56	3.7	53	4.1	61	**4.46**	68.1
4.2	80	4.3	89	4.1	80	3.8	86	3.6	90	3.5	84	3.4	96	3.0	74	3.5	89	3.7	98	3.5	100	3.5	100	3.81	78.7
3.1	98	2.9	98	3.0	100	2.9	100	2.7	100	2.8	100	2.7	95	2.8	100	3.0	100	2.8	98	2.7	100	3.2	87	2.98	90.5
3.2	100	2.3	89	2.3	84	2.3	82	2.2	74	2.3	70	2.3	67	2.6	72	3.0	76	3.4	66	3.9	70	4.0	72	2.56	87.1
3.4	96	3.4	95	3.2	95	3.0	85	2.6	76	2.4	73	2.5	79	2.9	96	2.3	73	2.4	75	2.5	79	2.6	79	3.28	86.0
1.8	62	1.8	60	2.2	73	2.1	69	2.3	74	2.2	71	2.2	71	2.3	76	2.2	73	2.2	84	2.1	83	2.0	81	2.36	80.8
2.2	88	1.9	85	1.8	81	1.7	80	1.5	89	1.4	88	1.4	92	1.3	91	1.3	87	1.3	87	1.2	87	1.3	87	1.85	87.3
1.7	86	1.9	90	2.0	85	2.3	89	2.3	92	2.4	89	2.9	96	2.3	85	3.8	85	3.5	67	3.8	69	3.7	77	1.96	85.3
1.7	96	1.6	96	1.5	100	1.4	100	1.4	100	1.4	100	1.3	100	1.4	100	1.3	91	1.4	96	1.3	91	1.3	91	2.18	85.2
1.0	80	1.0	85	1.0	85	1.0	85	1.0	89	1.0	84	1.0	89	1.0	89	0.9	84	1.0	89	0.9	89	0.9	89	**0.97**	86.8
1.2	82	1.2	83	1.2	79	1.3	83	1.2	80	1.3	80	1.2	80	1.3	80	1.4	84	1.4	84	1.4	88	1.4	88	1.13	84.2
2.7	72	2.8	70	2.6	74	2.6	78	2.6	84	2.6	70	2.7	76	2.8	76	2.6	74	2.6	77	2.6	77	2.7	78	2.27	80.0
2.9	65	3.6	81	3.6	63	2.6	67	2.4	69	2.3	80	2.3	79	2.2	83	2.2	79	2.3	84	2.3	84	2.3	80	2.90	72.7
2.1	94	2.1	91	2.0	85	1.9	93	2.0	94	1.9	93	1.8	93	1.8	97	1.8	97	1.8	97	1.7	96	1.7	100	2.03	92.0
1.9	97	1.9	93	2.1	97	2.0	97	2.3	97	3.3	82	3.1	79	2.9	77	2.8	80	2.4	79	2.3	74	2.2	73	2.05	88.9
2.1	76	2.2	76	2.1	74	2.2	73	2.2	71	2.3	70	2.4	73	2.4	71	2.5	66	2.7	65	2.6	63	2.6	64	2.40	79.6
4.2	63	4.4	63	4.4	61	4.3	62	4.0	57	3.8	55	3.9	58	3.8	57	3.8	57	3.8	60	3.9	63	3.9	62	3.55	**61.5**
3.6	54	3.5	50	4.0	61	4.1	63	4.0	60	4.6	71	4.8	77	4.3	65	4.7	78	4.3	70	4.6	80	4.3	74	3.97	62.7
2.5	65	2.4	73	2.3	80	2.1	76	1.9	77	1.8	76	1.8	81	1.8	78	1.8	81	1.7	67	1.8	76	1.6	70	2.60	68.5
1.9	72	1.8	69	1.8	72	1.9	75	1.9	75	2.0	73	1.9	66	1.9	66	1.9	68	1.8	68	1.8	65	1.9	70	1.85	70.9
2.0	71	2.0	73	1.9	70	1.7	71	1.6	69	1.6	75	1.5	71	1.6	72	1.7	75	2.1	81	2.0	78	2.0	78	1.94	72.5
1.7	75	1.9	77	1.9	79	1.9	79	1.9	79	1.9	87	1.7	100	1.7	100	2.0	97	1.9	100	1.7	100	1.7	100	1.86	84.3
2.3	76	2.3	73	2.5	74	2.4	69	2.3	68	2.4	71	2.7	74	2.8	68	3.0	77	2.8	76	2.8	78	2.7	80	2.32	81.2
2.0	78	2.0	81	2.0	80	2.1	88	2.0	85	2.0	88	1.9	85	2.0	88	2.1	100	1.9	100	1.8	100	1.5	100	2.13	84.5
1.8	97	2.0	100	2.1	100	2.2	100	2.3	100	2.3	100	2.5	97	2.5	100	2.9	100	3.7	92	4.0	92	3.8	85	2.06	97.7
2.31	79.8	2.35	80.8	2.35	80.6	2.32	81.6	**2.26**	81.1	2.32	80.2	2.36	82.5	2.37	82.0	**2.49**	83.0	2.48	82.0	2.47	82.6	**2.49**	82.5	2.37	81.6

Feuchtigkeit der Luft.

1883. Februar. Höhe des Psykrometers über dem Boden: 3.5 m. **Bossekop.**

Datum	1		2		3		4		5		6		7		8		9		10		11		Mittag	
	mm.	pc.	mm.	pc.	mm.	pc.	mm.	pc.	mm.	pc.	mm.	pc.	mm.	pc.	mm.	pc.	mm.	pc.	mm.	pc.	mm.	pc.	mm.	pc.
1	4.0	100	3.1	71	3.2	70	3.2	69	2.6	58	3.2	71	3.0	68	2.5	56	2.6	61	2.9	66	3.1	68	3.1	66
2	3.2	100	3.1	95	3.1	76	3.2	73	3.0	72	2.6	70	2.6	78	2.8	80	2.8	76	2.8	76	2.7	70	2.9	72
3	2.1	83	2.1	85	2.1	91	2.2	91	2.5	97	2.5	97	2.6	97	2.7	95	2.9	69	2.8	61	2.7	61	2.7	59
4	2.3	92	2.2	86	2.0	94	1.9	90	1.9	97	1.9	100	1.8	100	1.7	100	1.7	100	1.7	100	1.6	93	1.6	93
5	3.0	68	3.1	70	3.0	66	2.9	65	3.1	73	3.0	66	3.0	68	2.9	66	3.0	68	3.2	71	3.2	69	3.2	66
6	2.3	77	2.1	81	2.8	88	1.8	90	1.7	83	1.7	86	1.6	93	1.4	88	1.4	88	1.3	80	1.3	74	1.3	74
7	2.6	81	2.6	79	2.8	80	2.7	81	2.7	79	2.5	81	2.4	80	2.4	80	2.5	81	2.5	81	2.5	79	3.1	64
8	1.6	82	1.5	85	1.5	88	1.5	97	1.4	92	1.3	92	1.3	92	1.3	92	1.3	92	1.2	90	1.3	91	1.3	83
9	1.2	76	1.2	67	1.1	69	1.1	62	1.1	72	1.1	71	1.1	68	1.1	74	1.1	74	1.1	75	1.1	71	1.3	71
10	1.1	85	1.1	90	1.1	86	1.1	86	1.2	86	1.2	90	1.2	87	1.3	91	1.3	87	1.4	88	1.5	79	1.5	69
11	1.8	93	1.8	97	1.9	85	2.0	91	1.9	93	1.8	97	2.1	88	1.8	93	1.9	97	2.0	97	2.1	94	2.2	86
12	2.7	95	2.6	97	2.9	93	2.9	82	2.9	78	3.4	92	3.1	83	3.8	80	3.9	73	3.9	70	3.8	69	3.8	69
13	3.1	57	3.1	59	2.8	56	2.9	65	2.6	53	2.8	53	2.9	56	2.9	56	3.0	52	2.9	61	3.2	54	3.0	55
14	2.3	74	2.4	76	2.3	79	2.2	81	2.2	77	2.1	81	2.2	73	2.2	74	2.1	74	2.2	77	2.3	75	2.3	72
15	2.9	89	2.8	90	2.7	95	2.8	93	2.5	95	2.6	100	2.6	100	2.6	100	2.5	100	2.6	100	2.5	85	2.8	88
16	2.6	77	2.6	77	2.6	74	2.6	77	2.6	79	2.6	79	2.5	80	2.4	82	2.6	83	2.7	76	2.8	74	3.1	74
17	3.0	81	2.9	80	3.3	93	3.2	89	3.1	87	3.2	85	3.2	83	3.2	83	3.5	84	3.4	62	3.9	62	4.3	66
18	4.0	82	3.9	78	4.0	82	3.8	75	3.6	76	3.3	75	3.0	72	2.7	68	2.6	62	2.8	56	3.1	59	3.1	59
19	1.5	43	2.3	68	2.2	68	2.3	71	2.4	69	2.4	67	2.5	68	2.5	70	2.6	70	2.6	61	2.7	58	2.8	63
20	2.0	69	2.0	69	2.0	74	1.9	68	1.8	69	1.9	68	1.7	67	1.7	69	1.6	65	1.7	68	1.7	59	1.6	55
21	2.1	74	2.1	74	2.0	73	1.8	68	2.0	69	2.1	74	2.0	71	2.0	73	2.1	74	2.0	71	2.1	74	2.1	71
22	2.1	60	2.6	75	2.2	64	2.3	62	2.2	64	2.0	62	2.2	58	2.2	59	2.4	61	2.4	57	2.5	58	2.4	56
23	2.1	67	2.1	63	2.2	69	2.1	64	2.0	62	2.0	63	2.2	61	2.1	62	2.2	54	2.4	54	2.9	72	3.0	76
24	2.6	85	2.9	84	2.8	82	2.8	78	2.4	63	2.5	68	2.8	78	2.4	66	2.4	68	2.3	62	2.1	60	1.9	59
25	1.9	79	1.9	87	2.2	94	2.2	100	2.2	100	2.3	100	2.3	100	2.1	97	2.2	79	2.2	79	2.5	80	2.4	73
26	2.5	65	2.5	70	2.7	68	2.6	65	2.7	74	1.7	63	2.1	100	2.1	97	2.3	94	2.3	86	3.2	100	3.1	87
27	1.8	74	2.0	81	2.2	81	2.2	79	2.5	92	2.3	84	2.5	92	2.8	100	2.8	96	2.6	75	2.6	70	2.7	68
28	1.5	82	1.5	81	1.4	84	1.4	88	1.3	96	1.3	100	1.5	92	1.5	89	2.4	57	2.7	62	3.9	94	4.0	89
Mittel	2.35	78.2	2.36	79.1	2.36	79.4	2.34	78.6	2.29	78.8	2.26	79.8	2.29	80.5	2.25	80.0	2.35	76.4	2.38	73.6	2.53	73.3	2.59	70.8

1883. März. $\varphi = + 69^0\ 57'\ 29''$.

Datum	1		2		3		4		5		6		7		8		9		10		11		Mittag	
	mm.	pc.	mm.	pc.	mm.	pc.	mm.	pc.	mm.	pc.	mm.	pc.	mm.	pc.	mm.	pc.	mm.	pc.	mm.	pc.	mm.	pc.	mm.	pc.
1	3.6	88	3.4	80	3.6	88	3.6	94	3.8	98	3.3	87	3.2	100	3.1	98	2.7	88	2.8	84	2.7	78	2.7	76
2	3.2	57	3.3	62	3.7	66	3.5	63	3.7	67	3.7	66	4.0	67	3.9	64	4.0	63	4.5	68	5.1	64	4.5	57
3	3.7	73	3.7	81	3.8	96	2.6	61	3.8	100	3.9	100	3.8	92	3.5	88	3.2	80	3.5	90	3.5	88	3.8	98
4	2.7	66	2.5	59	2.7	63	2.3	53	2.2	50	2.5	64	2.6	67	2.5	65	3.0	79	3.1	80	3.4	80	3.7	71
5	4.0	100	2.9	68	3.2	80	2.5	62	3.3	89	2.7	70	2.8	76	2.5	66	3.0	85	2.7	76	3.2	89	3.1	83
6	3.1	89	2.9	88	2.7	78	2.6	77	2.8	86	2.6	84	2.2	69	2.2	66	2.4	79	2.7	87	2.3	74	2.4	75
7	2.6	81	2.9	93	2.8	93	2.4	79	2.6	85	2.7	93	3.0	100	2.9	100	2.9	100	2.8	93	2.7	86	2.2	70
8	2.6	79	2.7	88	2.9	96	2.6	81	3.0	98	3.3	100	2.9	86	2.8	82	2.7	78	2.5	73	2.4	73	2.3	73
9	2.5	73	2.5	77	2.3	70	2.4	79	2.2	74	2.3	71	2.0	71	2.0	60	2.2	74	2.2	66	2.2	59	2.1	57
10	2.1	74	2.2	73	2.6	90	2.5	80	2.5	81	2.7	95	3.0	100	2.5	79	2.3	76	2.1	70	2.0	69	1.9	68
11	1.9	78	1.8	78	1.8	84	1.8	93	1.8	100	1.7	100	1.5	100	1.5	100	1.6	93	1.8	87	2.1	94	2.3	86
12	2.2	71	2.3	76	2.3	71	2.3	74	2.3	76	2.7	86	2.4	76	2.4	80	2.5	77	2.8	86	2.7	80	2.5	75
13	2.8	100	2.2	75	2.1	71	2.0	66	2.1	66	2.0	62	2.4	76	2.5	77	2.4	76	2.8	93	2.4	73	2.3	73
14	2.6	84	2.6	77	2.3	70	2.2	69	2.3	70	2.3	71	2.2	69	2.1	67	2.0	61	2.3	73	2.5	73	2.2	65
15	1.4	100	1.3	100	1.2	100	1.1	100	1.1	100	1.1	100	1.2	100	1.3	92	1.5	88	1.5	78	1.5	77	1.7	73
16	1.9	91	2.2	86	2.1	83	2.3	89	2.2	87	2.2	79	2.3	82	2.3	80	2.4	76	2.4	67	2.5	68	2.5	62
17	1.8	93	1.8	87	1.9	87	2.0	88	2.0	88	2.1	85	2.2	89	2.3	84	2.5	85	2.3	76	2.7	76	2.9	74
18	3.6	94	3.8	88	3.6	88	3.2	78	3.1	76	2.9	75	2.7	72	3.1	79	2.8	73	2.9	72	2.7	65	2.6	61
19	2.5	85	2.6	87	2.7	90	2.8	90	3.1	76	3.2	73	3.1	66	3.3	70	3.4	71	3.8	76	3.7	71	4.2	83
20	2.4	78	2.1	76	2.1	81	2.1	83	1.9	79	1.9	97	1.8	90	1.9	87	1.9	78	2.0	68	2.6	70	2.4	68
21	1.8	87	1.8	93	1.9	90	1.8	84	1.9	87	1.9	85	1.9	84	2.2	89	2.2	76	2.5	77	2.6	79	2.4	73
22	2.5	90	2.4	69	2.1	78	2.0	75	2.0	75	2.1	78	2.3	82	2.5	80	2.5	75	2.7	68	2.6	61	2.7	62
	3.2	72	3.1	68	3.0	66	2.8	70	3.0	72	3.0	71	2.8	70	2.8	66	2.9	66	3.0	65	3.0	66	3.1	67
24	2.0	85	2.0	85	2.0	88	2.2	94	2.3	97	2.5	100	2.8	88	2.6	79	2.5	75	2.4	73	2.4	71	2.6	72
25	2.2	77	2.3	79	2.0	71	1.9	64	2.4	84	2.6	93	2.4	78	2.4	78	2.4	76	2.5	75	2.4	74	2.4	76
26	2.9	82	2.8	76	2.5	77	2.5	80	2.3	84	2.3	82	2.3	82	2.2	79	2.4	76	2.3	67	2.2	65	2.2	69
27	1.4	96	1.4	96	1.3	91	1.3	91	1.2	90	1.1	95	1.1	85	1.3	83	1.3	71	1.3	68	1.7	73	1.6	72
28	1.4	100	1.4	100	1.3	100	1.4	100	1.4	100	1.4	100	1.4	92	1.4	77	1.3	63	1.7	60	1.9	55	2.1	56
29	1.4	91	1.3	92	1.3	91	1.3	88	1.4	84	1.3	83	1.6	83	1.4	70	1.5	57	1.7	55	1.8	51	2.3	57
30	2.4	73	2.4	82	2.5	81	2.7	90	2.7	88	2.7	80	2.7	76	2.6	67	2.6	67	2.8	64	3.1	57	3.0	55
31	3.8	94	3.5	81	3.4	80	3.3	80	3.1	78	3.1	83	3.1	76	2.9	74	2.6	69	2.4	62	2.2	59	2.2	62
Mittel	2.52	83.9	2.45	81.3	2.44	82.5	2.32	79.8	2.44	83.4	2.45	84.1	2.44	82.1	2.42	78.3	2.44	75.8	2.54	74.1	2.61	71.5	2.61	70.3

Feuchtigkeit der Luft.

Bossekop. Mittlere Ortszeit. **Februar 1883.**

1		2		3		4		5		6		7		8		9		10		11		12		Tagesmittel	
mm.	pc.	mm.	pc.	mm.	pc.	mm.	pc.	mm.	pc.	mm.	pc.	mm.	pc.	mm.	pc.	mm.	pc.	mm.	pc.	mm.	pc.	mm.	pc.	mm.	pc.
2.8	71	2.7	74	2.4	71	2.4	71	2.7	81	2.5	77	2.6	77	3.1	98	3.0	100	3.0	100	3.0	100	3.0	98	2.90	76.8
2.7	72	2.6	72	2.4	76	2.0	74	2.0	80	1.9	79	1.8	79	1.8	81	1.9	85	1.9	85	2.0	85	2.0	83	2.49	78.7
3.9	92	4.0	94	3.8	94	3.7	96	3.4	92	3.0	91	2.9	90	2.8	93	2.6	95	2.5	90	2.5	92	2.3	92	2.85	87.4
1.6	83	1.6	89	1.6	85	1.6	92	1.9	100	2.2	94	2.4	89	2.5	87	2.6	87	2.3	92	2.2	91	3.0	66	1.99	91.7
3.1	64	3.0	59	3.4	68	3.2	66	3.3	65	3.4	67	3.4	66	3.2	66	3.1	66	3.0	71	2.8	80	2.4	78	3.08	68.0
1.4	73	1.7	70	1.9	72	1.8	69	2.0	73	2.0	73	2.0	71	2.0	71	2.1	74	2.3	79	2.3	77	2.4	78	1.83	78.4
2.9	57	2.7	64	3.3	76	2.7	69	2.6	64	2.5	75	2.3	75	2.0	78	1.9	79	1.9	84	1.8	84	1.8	90	2.49	76.7
1.3	80	1.3	84	1.3	80	1.3	88	1.3	83	1.3	88	1.3	83	1.3	83	1.2	79	1.2	83	1.3	80	1.2	79	1.33	85.9
1.3	64	1.2	67	1.2	65	1.2	70	1.2	72	1.2	76	1.1	78	1.2	83	1.1	75	1.2	79	1.2	83	1.1	82	1.16	72.9
1.6	68	1.7	67	1.8	72	1.9	77	1.9	79	1.8	78	1.8	97	1.7	89	1.7	90	1.7	93	1.8	90	1.8	100	1.51	84.3
2.2	79	2.1	70	2.2	75	2.5	75	2.6	72	2.6	68	2.7	71	3.1	83	3.0	76	3.0	76	2.9	75	3.0	82	2.30	83.9
3.8	68	3.7	68	3.6	70	3.6	70	3.4	64	3.5	66	3.2	58	3.3	59	3.4	59	3.2	56	3.2	57	3.1	57	3.36	72.2
3.0	59	2.7	59	2.5	62	2.5	66	2.4	66	2.5	66	2.7	66	2.7	70	2.6	72	2.6	72	2.6	76	2.6	74	2.78	61.9
2.3	72	2.3	79	2.2	94	2.1	100	2.2	100	2.1	97	2.2	94	2.3	92	2.4	84	2.4	89	2.6	90	2.7	84	2.27	82.8
2.7	84	2.8	86	2.8	84	2.8	84	2.8	88	2.7	88	2.7	81	2.6	79	2.6	76	2.6	81	2.7	84	2.6	77	2.68	88.6
2.9	72	2.9	72	2.9	72	3.0	74	3.1	74	3.0	71	3.1	73	3.1	73	3.1	74	3.0	82	3.0	87	3.0	82	2.83	76.6
4.2	63	4.2	64	3.8	62	3.8	64	4.5	78	4.3	77	4.4	79	4.3	77	4.2	78	4.1	82	4.0	82	3.8	78	3.74	76.6
3.1	57	2.9	53	2.6	55	2.4	57	2.3	61	2.2	54	2.4	55	1.8	43	2.5	54	2.4	54	2.4	60	2.6	70	2.90	63.2
2.5	61	2.9	68	2.5	58	2.5	60	2.4	62	2.5	62	2.6	62	2.6	61	2.6	62	2.6	68	2.3	66	2.2	71	2.46	64.0
1.6	54	1.6	56	1.8	65	1.8	65	1.9	64	2.0	69	2.0	73	1.9	70	1.9	70	2.1	76	2.1	74	2.1	74	1.85	67.1
2.2	70	1.9	65	1.9	65	2.0	66	2.0	67	2.1	72	2.0	69	2.0	69	2.0	69	2.1	74	2.2	69	2.3	70	2.05	70.5
2.5	57	2.5	58	2.5	58	2.5	65	2.2	65	2.3	73	2.4	71	2.4	69	2.3	69	2.1	53	2.1	67	1.9	56	2.30	62.4
3.2	81	2.9	69	2.9	69	2.7	65	2.8	72	2.6	64	2.8	72	2.8	73	2.6	74	2.7	76	2.2	68	2.5	74	2.50	67.6
1.8	60	1.8	66	1.7	63	1.5	69	1.7	77	1.8	78	1.8	79	2.1	88	2.1	83	2.1	78	2.1	81	2.0	78	2.18	73.0
2.6	74	2.8	76	3.0	81	2.6	64	3.5	92	3.3	84	3.7	98	3.4	89	3.2	80	3.1	78	3.0	79	2.9	72	2.65	84.8
2.2	59	2.2	63	2.1	59	2.3	72	2.3	68	1.9	77	1.8	87	1.8	90	1.8	81	1.7	75	1.8	74	1.8	74	2.23	77.0
2.8	62	3.0	71	3.4	92	3.4	96	2.6	67	2.9	87	2.9	87	2.8	86	2.6	83	1.9	64	1.7	64	1.7	72	2.53	80.1
4.3	100	4.3	100	4.3	100	4.3	100	4.3	100	4.0	92	3.7	86	3.3	75	3.3	75	3.6	83	3.3	76	3.4	80	2.94	86.7
2.59	**69.9**	2.57	70.8	2.56	73.0	2.50	74.4	2.55	75.9	2.50	76.5	2.53	77.4	2.50	77.7	2.48	76.8	2.44	77.6	2.40	78.3	2.40	77.5	2.44	76.4

$\lambda = + 23^{0}\ 14'\ 46'' = + 1^{h}\ 32^{m}\ 59^{s}.$

März 1883.

1		2		3		4		5		6		7		8		9		10		11		12		Tagesmittel	
2.4	69	2.3	66	2.4	69	2.3	66	2.4	68	2.6	64	2.8	70	2.9	67	3.0	67	3.0	64	3.1	65	3.3	68	2.96	77.6
3.9	50	3.7	46	3.5	42	3.9	52	4.1	54	4.2	56	4.1	59	4.1	69	4.4	92	4.1	82	4.5	98	4.5	96	**4.00**	**65.0**
3.9	100	3.8	100	3.6	96	3.4	92	2.6	67	3.1	83	2.6	69	2.7	71	2.8	74	3.1	83	2.9	73	2.9	74	3.34	84.5
3.7	81	4.2	82	4.7	72	4.9	70	4.6	70	4.0	63	4.0	67	3.0	53	3.5	66	3.1	63	3.8	80	3.4	73	3.34	68.2
3.4	94	3.4	89	3.3	87	3.3	89	2.9	78	2.6	74	2.9	85	2.8	82	2.9	82	2.5	70	2.6	74	3.0	89	2.98	80.7
2.7	90	2.7	93	2.7	93	2.2	71	1.8	61	2.0	66	2.4	80	2.3	76	2.3	74	2.5	81	2.5	81	2.4	74	2.48	78.8
2.2	68	2.2	79	3.1	98	2.7	84	2.8	86	2.4	73	2.3	70	2.5	75	2.8	88	2.7	88	2.7	90	2.6	84	2.65	85.7
2.6	79	2.4	73	2.4	75	2.2	68	2.2	68	2.0	62	2.1	65	2.2	68	2.3	71	2.5	79	2.5	77	2.5	75	2.53	77.8
1.8	48	2.1	62	2.3	68	1.9	63	1.9	68	1.9	73	1.8	74	1.9	77	1.9	77	1.9	79	2.0	73	2.0	73	2.10	69.5
1.8	65	1.7	62	1.6	62	1.7	67	1.7	68	1.6	65	1.8	78	1.5	60	1.5	60	1.6	76	1.7	67	1.8	71	2.02	73.2
2.4	78	2.4	74	2.7	84	2.8	90	3.1	100	2.9	96	2.9	96	2.6	90	2.7	86	2.5	90	2.7	90	2.7	97	2.25	**90.2**
2.6	78	2.8	88	2.4	76	2.2	68	2.2	68	2.6	81	3.0	100	2.9	93	3.0	93	2.4	73	2.5	79	2.9	96	2.54	80.0
2.5	79	2.6	81	2.3	70	2.5	79	2.5	79	2.7	86	2.5	77	2.5	77	2.8	88	2.6	77	2.4	73	2.4	79	2.43	77.2
2.2	68	2.2	64	2.3	70	2.2	70	2.0	64	1.9	66	1.9	75	1.8	79	1.6	83	1.7	89	1.5	96	1.4	100	2.10	73.9
1.9	64	1.8	61	1.8	61	1.9	72	1.5	71	1.6	89	1.6	92	1.6	93	1.6	89	1.6	85	1.7	89	1.8	93	1.51	86.1
2.5	55	2.7	60	2.3	53	2.5	62	2.4	74	2.0	83	1.9	82	1.7	84	1.6	89	1.7	96	1.5	92	1.7	89	2.16	77.9
3.1	79	3.2	74	3.3	78	3.2	74	3.1	78	3.1	81	3.1	81	3.0	79	3.0	81	3.0	81	3.1	83	3.3	89	2.67	82.1
2.6	64	2.5	63	2.4	64	2.2	60	2.2	64	2.0	62	2.3	77	2.2	75	2.3	79	2.2	79	2.4	86	2.4	89	2.70	74.3
4.2	89	3.7	72	4.5	100	3.9	90	3.8	88	3.4	76	4.4	100	3.4	84	2.9	77	2.9	78	2.7	76	2.5	79	3.36	81.1
2.4	69	2.0	62	2.0	68	2.0	68	2.0	69	2.2	81	2.1	81	1.9	82	1.8	87	1.8	100	2.1	91	1.9	82	2.05	79.0
2.5	73	2.6	77	2.4	73	2.4	73	2.3	68	2.4	69	2.3	72	2.4	71	2.2	66	2.6	77	2.3	72	2.6	95	2.25	78.8
2.9	67	2.9	63	3.0	65	3.6	71	3.1	66	3.2	69	3.2	70	3.2	69	3.2	70	3.2	73	3.6	84	3.4	87	2.79	72.8
3.1	66	3.4	66	3.2	65	3.3	71	2.4	57	2.3	59	2.6	69	2.4	62	2.3	65	2.3	68	2.0	78	2.0	82	2.79	67.8
2.7	72	2.6	72	2.6	70	2.6	74	2.7	81	2.4	76	2.3	76	2.2	75	2.2	74	2.2	77	2.3	77	2.3	79	2.39	79.6
2.3	69	2.4	71	2.4	70	2.5	73	2.7	81	2.9	87	2.8	80	2.5	70	2.8	78	2.8	76	2.9	78	2.8	78	2.49	76.5
1.9	60	1.8	54	1.9	63	1.9	63	1.9	70	1.8	76	1.7	78	1.7	86	1.7	93	1.6	96	1.5	92	1.5	96	2.08	76.9
1.6	65	1.6	64	1.7	64	1.8	69	1.9	77	1.6	83	1.5	92	1.4	96	1.3	96	1.2	100	1.3	100	1.4	100	**1.43**	84.0
2.0	45	2.4	54	2.2	59	2.1	50	1.8	61	1.8	68	1.6	74	1.6	83	1.6	89	1.5	92	1.4	92	1.4	91	1.65	77.5
2.2	51	1.9	45	1.9	48	2.0	56	1.3	56	1.8	64	1.9	69	2.0	71	2.2	73	2.4	76	2.4	74	2.4	75	1.78	69.2
3.2	62	3.8	74	3.7	73	3.8	66	3.5	65	3.7	75	3.6	76	3.6	81	3.7	92	3.8	94	3.8	92	3.8	96	3.18	76.1
2.3	67	2.4	65	2.4	59	2.5	56	2.5	57	2.4	58	2.3	62	2.4	64	2.4	61	2.4	69	2.2	71	1.9	66	2.65	68.9
2.63	69.9	2.65	**69.5**	**2.68**	70.8	2.66	70.2	2.51	70.4	2.49	73.0	2.53	77.3	2.42	76.2	2.46	79.4	2.43	81.0	2.47	82.0	2.48	**84.4**	2.50	77.1

Feuchtigkeit der Luft.

1883. April. Höhe des Psykrometers über dem Boden: 3.5 m. **Bossekop.**

Datum	1		2		3		4		5		6		7		8		9		10		11		Mittag	
	mm.	pc.	mm.	pc.	mm.	pc.	mm.	pc.	mm.	pc.	mm.	pc.	mm.	pc.	mm.	pc.	mm.	pc.	mm.	pc.	mm.	pc.	mm.	pc.
1	2.1	74	2.1	85	2.2	82	2.1	74	2.1	60	2.2	59	2.6	64	2.8	60	2.5	49	2.2	45	2.1	45	2.4	49
2	2.1	69	2.1	71	2.1	68	2.0	66	2.5	74	2.3	65	3.1	79	3.3	80	3.2	78	3.3	80	3.5	82	3.7	79
3	3.4	84	3.4	87	3.1	87	3.1	91	2.8	96	2.7	90	2.6	87	2.7	82	2.6	59	2.7	53	3.0	56	2.9	57
4	3.6	79	3.4	78	3.4	82	3.1	78	3.0	81	2.9	75	2.9	72	3.3	74	3.4	66	3.0	53	3.2	58	3.3	57
5	2.8	70	2.7	71	2.8	74	2.7	71	2.6	76	2.6	75	2.7	68	3.0	64	2.9	61	3.2	65	3.0	62	3.1	58
6	3.0	61	3.2	62	2.9	56	2.9	61	3.0	64	3.0	65	3.2	66	3.3	63	3.3	63	3.3	62	3.3	58	3.3	57
7	3.5	68	3.5	75	3.2	73	2.6	67	2.2	63	2.6	74	2.8	70	3.0	68	2.9	62	3.1	58	3.0	58	3.1	52
8	3.3	63	3.4	67	3.5	68	3.5	69	3.6	70	3.6	71	3.7	68	3.8	67	4.1	69	4.2	70	4.3	68	3.8	67
9	4.5	85	4.5	87	4.6	88	4.6	91	4.8	87	4.7	87	4.7	84	4.8	74	4.7	69	4.0	62	4.0	65	3.9	65
10	3.8	78	3.8	77	3.9	82	3.9	85	4.0	85	4.0	83	4.1	82	4.3	76	4.3	67	4.4	82	4.3	82	4.3	74
11	3.9	83	3.5	76	3.4	77	3.3	77	3.2	76	3.2	76	3.3	68	3.4	61	3.2	56	3.4	57	3.2	52	3.3	53
12	3.5	70	3.4	70	3.4	71	3.5	79	3.7	81	4.3	92	4.3	92	4.4	89	4.3	73	4.3	79	4.5	87	4.0	77
13	3.1	78	2.9	73	2.4	66	2.2	65	2.4	73	2.5	73	2.4	66	2.7	64	2.8	61	2.9	56	3.0	52	3.1	55
14	4.1	67	4.2	70	4.2	68	4.0	66	4.1	67	4.1	64	4.1	64	4.1	65	4.3	68	4.4	68	4.3	66	4.4	66
15	4.2	66	4.3	68	4.4	72	4.3	70	4.4	72	4.4	71	4.6	73	4.3	66	4.4	66	4.6	71	4.3	68	4.2	67
16	3.7	68	3.6	71	3.6	72	3.6	72	3.5	68	3.5	68	3.4	66	3.3	64	3.3	62	3.4	62	3.3	59	3.2	58
17	3.5	68	3.4	71	3.5	71	3.5	69	3.7	71	3.9	75	3.9	72	3.9	65	3.9	65	3.9	65	3.9	64	3.9	65
18	4.1	77	4.0	75	3.9	75	3.5	79	3.6	79	3.6	68	3.5	62	3.4	58	3.6	56	3.5	53	3.6	56	3.6	56
19	4.2	73	4.1	74	4.2	73	4.1	67	4.2	70	4.5	69	3.8	57	3.8	58	4.2	57	4.2	60	4.0	54	4.3	57
20	3.6	68	3.3	62	3.6	70	3.6	72	3.7	73	3.8	75	3.7	66	3.4	63	3.5	60	3.6	61	3.8	62	3.7	61
21	2.9	80	2.6	79	2.5	77	2.5	77	2.4	73	2.6	70	2.8	67	2.9	59	3.1	51	3.3	59	3.5	58	3.7	64
22	2.9	77	2.8	74	2.7	71	2.7	70	2.8	68	2.9	69	3.1	63	2.7	47	3.2	57	3.2	52	3.4	55	4.0	62
23	3.9	100	4.0	98	3.6	96	3.6	94	3.6	92	3.7	85	4.0	79	4.2	71	4.3	68	4.6	74	4.3	76	4.3	75
24	3.5	94	3.1	91	3.1	93	2.9	77	3.0	79	3.1	71	3.4	73	3.8	76	4.0	80	4.0	78	4.0	75	4.1	73
25	3.1	65	3.0	66	2.9	68	3.0	70	3.0	66	3.2	62	3.1	55	3.4	53	3.7	51	4.5	63	3.8	48	4.2	52
26	5.0	83	5.1	87	5.1	87	5.0	89	5.1	90	5.0	87	5.2	87	5.4	87	5.5	84	5.4	80	5.4	82	5.2	84
27	3.9	77	3.9	82	4.0	85	3.8	83	3.6	79	3.5	79	3.5	79	3.5	76	3.8	77	4.0	89	3.9	82	3.8	80
28	4.1	87	4.1	85	4.2	89	4.4	96	4.5	98	4.5	100	4.0	81	4.0	80	4.1	80	4.3	92	4.5	98	4.5	100
29	2.5	75	2.5	77	2.3	74	2.4	79	2.3	71	2.1	67	2.3	74	2.2	66	2.2	65	2.3	61	2.2	59	2.2	59
30	2.5	77	2.3	72	2.1	64	2.1	65	2.4	74	2.2	69	1.8	54	2.2	66	2.0	57	2.1	55	1.7	45	1.7	46
Mittel	3.48	75.5	3.41	**76.0**	3.36	**76.0**	**3.28**	75.6	3.33	75.9	3.37	74.5	3.42	71.3	3.51	68.1	3.58	64.6	3.64	65.5	3.61	64.4	3.64	64.2

1883. Mai. $\varphi = + 69^0\ 57'\ 29''$.

Datum	1		2		3		4		5		6		7		8		9		10		11		Mittag	
	mm.	pc.	mm.	pc.	mm.	pc.	mm.	pc.	mm.	pc.	mm.	pc.	mm.	pc.	mm.	pc.	mm.	pc.	mm.	pc.	mm.	pc.	mm.	pc.
1	2.8	95	2.7	88	2.7	90	2.8	90	2.9	90	3.1	87	2.9	79	3.1	76	2.2	56	2.3	58	2.5	59	2.6	61
2	2.2	86	2.0	88	2.0	88	**1.9**	77	2.2	81	2.2	73	2.2	68	2.3	65	2.7	65	2.4	63	2.5	65	2.5	64
3	2.4	86	2.1	100	2.2	91	2.3	92	2.5	85	2.2	68	2.4	71	2.8	73	2.8	71	2.9	69	2.9	68	3.1	71
4	3.7	78	3.7	78	3.8	81	4.2	90	4.4	96	4.4	96	4.5	96	4.4	94	4.3	92	4.2	89	4.1	83	4.2	82
5	3.1	67	3.2	72	3.3	75	3.3	74	3.5	73	3.2	69	3.2	61	2.8	58	2.9	55	2.8	50	2.9	54	3.2	60
6	3.1	73	3.2	73	3.2	62	3.2	61	3.3	64	3.1	54	3.1	53	3.[illegible]	58	3.3	57	3.1	54	3.3	54	3.4	53
7	3.3	76	3.2	72	3.2	73	3.5	79	3.6	78	3.6	72	3.3	61	3.5	62	3.4	59	3.3	55	4.4	85	4.7	91
8	4.7	98	4.4	98	4.4	100	4.4	100	4.9	89	4.3	67	4.2	62	4.1	65	4.2	65	4.3	63	4.3	59	4.2	57
9	3.9	88	3.8	92	3.8	92	3.8	85	3.7	72	4.1	66	4.2	72	4.3	70	4.5	67	4.7	67	4.9	68	5.1	69
10	4.5	65	4.5	67	4.5	68	4.5	68	4.9	66	5.0	57	4.6	55	4.4	55	4.7	55	5.0	49	5.3	52	5.5	54
11	5.3	80	5.3	82	5.1	81	5.3	85	5.4	84	5.5	78	5.8	87	5.8	89	5.8	87	5.7	87	5.5	86	5.6	90
12	4.6	82	4.9	89	4.8	89	4.7	85	4.6	84	4.7	84	4.7	89	4.9	93	4.9	93	4.9	91	4.9	93	5.0	95
13	4.7	98	4.6	98	4.6	98	4.8	100	4.7	98	4.7	96	4.6	89	4.2	83	4.3	79	4.5	79	4.4	78	4.4	77
14	4.2	85	4.0	80	4.0	78	4.1	82	3.9	76	4.0	80	4.0	75	4.0	75	4.1	74	4.1	70	4.3	75	4.8	83
15	5.3	93	5.3	92	5.4	93	5.2	90	5.3	88	5.2	85	5.2	85	5.4	80	5.5	76	5.5	70	5.8	71	5.7	65
16	5.1	84	5.0	85	5.1	85	5.0	82	5.0	80	5.1	81	4.9	78	5.0	75	5.3	82	5.4	84	5.6	86	5.7	89
17	5.0	100	5.4	98	5.5	98	5.5	98	5.6	97	5.8	97	6.1	96	6.0	89	6.3	87	5.6	79	5.6	81	5.6	81
18	5.5	96	5.3	94	5.3	94	5.4	93	5.6	93	5.7	93	5.6	92	5.4	87	5.5	90	5.4	87	5.4	88	5.4	87
19	4.9	87	4.7	82	4.5	80	4.7	84	4.6	82	4.5	79	4.4	78	4.7	80	4.4	75	4.7	80	4.2	71	4.3	73
20	5.1	98	5.1	98	5.1	98	5.1	96	5.2	94	4.7	82	4.4	78	4.3	73	4.3	72	4.3	71	4.4	70	4.4	68
21	3.4	64	3.4	66	3.0	59	3.1	60	3.1	61	3.2	61	3.2	61	3.2	54	3.2	52	3.2	53	3.2	54	3.2	55
22	3.4	71	3.5	74	3.5	73	3.4	70	3.4	68	3.4	66	3.4	67	3.3	64	3.3	62	3.3	57	3.4	57	3.3	53
23	3.4	60	3.6	66	3.7	65	3.5	58	3.6	54	3.7	53	3.9	53	4.1	53	4.0	49	4.4	50	4.6	52	4.3	50
24	4.5	53	4.6	57	4.2	54	4.4	57	5.2	68	5.5	67	5.8	66	5.7	67	5.7	66	5.7	65	5.4	64	5.5	62
25	5.6	74	5.9	77	5.6	67	5.7	68	5.7	66	5.8	63	5.7	55	5.9	52	5.2	43	5.5	49	5.4	41	5.5	40
26	6.5	78	6.5	82	7.2	78	7.2	83	7.0	81	7.3	75	6.7	74	6.8	68	7.0	64	7.0	67	7.1	67	7.0	63
27	7.7	74	8.1	71	7.9	63	7.6	65	7.5	67	8.0	62	8.1	57	8.2	56	**8.8**	55	8.3	45	7.3	39	7.8	45
28	6.6	59	6.8	69	6.6	64	6.9	69	7.2	71	7.4	72	7.2	72	8.0	62	8.3	64	6.6	76	6.3	76	5.8	79
29	4.6	82	4.6	84	4.6	80	4.7	78	4.8	74	5.0	68	4.5	54	4.5	48	4.0	42	4.2	40	4.2	36	4.0	33
30	4.4	48	4.3	47	4.4	47	4.6	48	4.6	45	4.6	42	4.8	38	5.0	36	4.9	34	4.9	33	5.5	34	5.5	31
31	6.0	46	6.1	50	6.4	52	6.5	49	7.8	60	7.1	56	6.6	53	6.6	50	7.0	57	7.2	62	7.0	60	6.9	60
Mittel	**4.50**	78.2	4.51	**79.6**	**4.50**	77.9	4.56	77.9	4.70	76.9	4.71	72.5	4.65	70.2	4.71	68.1	4.74	66.0	4.69	64.9	4.73	65.4	4.78	65.8

Feuchtigkeit der Luft.

Bossekop. Mittlere Ortszeit. **April 1883.**

1		2		3		4		5		6		7		8		9		10		11		12		Tagesmittel	
mm.	pc.	mm.	pc.	mm.	pc.	mm.	pc.	mm.	pc.	mm.	pc.	mm.	pc.	mm.	pc.	mm.	pc.	mm.	pc.	mm.	pc.	mm.	pc.	mm.	pc.
2.4	48	2.5	51	3.3	62	2.3	50	2.1	46	2.5	55	2.3	53	2.2	52	2.1	52	2.0	54	1.9	54	2.2	64	2.30	57.8
3.7	86	3.5	78	3.5	74	3.5	76	3.4	79	3.4	77	3.2	83	3.3	89	3.0	91	3.1	89	3.4	84	3.4	84	3.07	78.4
3.3	68	3.6	60	3.7	77	3.7	65	3.9	69	3.8	75	3.2	80	3.8	85	3.4	84	3.6	81	3.5	76	3.6	78	3.25	76.1
3.3	55	3.5	53	3.3	54	3.2	52	3.4	59	3.3	63	3.2	71	3.0	72	2.8	70	2.7	63	2.7	68	2.7	68	3.15	66.7
3.1	59	3.1	59	3.5	66	3.5	66	3.5	66	3.3	63	3.1	62	3.1	62	3.1	66	3.1	64	3.1	66	3.0	65	3.03	65.8
3.6	58	3.5	55	3.7	60	3.3	57	3.5	62	3.4	62	3.5	66	3.7	72	3.3	61	3.5	66	3.4	66	3.4	64	3.31	62.0
3.1	51	3.2	45	3.3	49	3.1	53	3.3	55	3.3	64	3.1	63	3.0	64	2.8	57	2.9	58	3.0	61	3.1	60	3.03	61.2
4.2	75	4.8	72	4.8	76	4.4	73	4.5	76	4.7	80	4.7	83	4.6	85	4.6	89	4.5	80	4.6	84	4.5	88	4.15	74.1
3.9	60	3.4	55	3.9	56	3.1	54	3.4	54	3.3	56	3.2	56	3.7	72	3.9	77	3.8	75	3.9	79	3.8	78	4.05	71.5
4.2	73	4.5	78	4.4	76	4.8	85	4.7	90	4.6	89	4.5	91	4.4	89	4.4	85	4.3	82	4.3	83	4.3	84	4.27	81.6
3.4	53	3.5	53	3.4	51	3.7	60	3.6	62	3.8	65	3.7	68	3.4	61	3.5	62	3.6	68	3.5	68	3.4	71	3.45	64.8
3.8	74	2.9	50	3.0	51	2.8	52	2.9	57	2.9	62	2.9	63	3.0	66	3.3	78	3.3	82	3.3	80	3.3	80	3.54	73.1
3.3	53	3.4	55	3.5	56	3.5	57	3.5	58	3.6	60	3.9	64	4.1	68	4.2	70	4.2	69	4.3	70	4.2	70	3.25	63.8
4.3	65	4.3	63	4.4	63	4.3	60	4.3	65	4.4	68	4.4	68	4.3	68	4.4	73	4.5	73	4.4	73	4.3	68	4.27	66.9
4.2	69	4.2	69	4.3	69	4.1	67	4.2	70	4.2	70	4.1	67	4.2	72	4.1	71	3.9	68	3.8	68	3.7	67	4.22	69.0
3.6	60	3.4	59	3.2	56	3.2	57	3.3	58	3.3	58	3.2	57	3.2	59	3.4	64	3.5	66	3.4	67	3.4	67	3.40	63.3
4.0	65	3.8	59	3.9	62	4.1	65	4.0	67	4.0	68	4.1	71	4.1	72	4.1	75	4.1	77	3.9	72	3.9	72	3.87	68.6
4.0	65	4.0	65	4.4	76	4.0	65	4.0	61	3.9	60	4.0	60	4.1	61	4.1	61	3.8	57	3.9	62	4.2	74	3.85	65.0
4.6	66	4.2	61	4.2	63	4.1	62	4.4	72	4.5	77	4.8	85	4.1	74	3.8	70	3.8	70	3.5	65	3.7	71	4.14	66.9
3.7	60	3.9	57	3.8	57	3.7	59	3.8	60	3.8	64	3.5	65	3.6	75	3.3	76	3.1	78	3.0	79	2.8	78	3.55	66.7
3.5	60	3.5	58	4.0	65	3.5	54	3.4	51	3.6	56	3.2	49	3.4	57	3.6	79	3.4	77	3.2	76	3.0	76	3.17	65.5
4.7	68	4.7	65	4.8	66	4.7	71	5.0	78	4.8	67	4.8	74	5.0	76	4.8	85	4.4	72	4.6	88	4.2	98	3.87	69.7
4.5	78	4.5	79	4.6	81	4.6	81	4.5	79	4.5	79	4.4	79	4.6	89	3.9	92	3.8	96	3.6	96	3.5	96	4.13	84.7
3.9	67	4.0	60	4.3	57	4.2	62	4.5	69	4.3	68	4.6	64	4.1	65	3.7	71	3.2	61	3.1	58	3.1	60	3.71	71.8
4.2	46	3.7	**39**	3.9	42	3.6	**39**	4.2	49	3.9	45	4.4	57	4.1	59	4.2	63	4.3	65	4.6	71	4.7	76	3.78	**57.1**
5.7	92	5.6	92	5.5	90	5.6	92	5.6	92	5.5	92	5.4	92	5.4	93	4.8	85	4.9	91	4.5	91	3.9	79	**5.20**	**87.8**
3.9	82	4.1	89	4.3	94	4.3	94	4.4	96	4.2	87	4.5	94	4.5	96	4.3	90	4.2	87	4.1	85	4.1	85	4.00	85.3
4.4	96	4.5	100	4.4	96	4.0	89	3.9	87	3.2	76	3.1	80	2.8	74	2.7	78	2.7	80	2.7	80	2.6	77	3.84	87.5
2.3	62	2.2	63	2.3	67	2.2	65	1.9	54	2.2	62	1.9	54	1.9	56	2.1	62	2.4	69	2.4	69	2.3	67	2.24	65.7
2.0	52	2.1	55	2.1	55	2.1	55	2.2	56	2.1	55	2.1	51	2.3	61	2.3	60	3.0	82	2.9	84	2.9	93	**2.22**	62.6
3.76	65.5	3.74	**63.2**	**3.85**	65.6	3.71	64.6	3.78	66.6	3.74	67.4	3.70	69.0	3.70	71.5	3.60	73.2	3.59	73.3	3.55	74.1	3.51	75.3	3.58	70.0

$\lambda = + 23^{0}\ 14'\ 46'' = + 1^{h}\ 32^{m}\ 59^{s}.$

Mai 1883.

1		2		3		4		5		6		7		8		9		10		11		12		Tagesmittel	
2.7	63	2.3	58	2.2	50	2.2	47	2.3	52	2.2	52	2.6	66	2.8	72	2.7	76	2.4	73	2.4	78	2.2	84	2.57	70.8
2.4	57	2.5	57	2.4	56	2.5	54	2.4	55	2.3	56	2.2	53	2.4	61	2.3	68	2.3	72	2.1	76	2.1	74	**2.30**	67.6
3.2	73	3.4	74	3.5	76	3.5	75	3.6	76	3.5	76	3.5	76	3.6	78	3.6	78	3.5	76	3.6	76	3.7	78	3.03	77.4
3.9	75	4.2	83	4.3	87	4.1	90	4.2	85	3.3	64	3.3	71	3.3	66	3.0	64	3.1	67	2.9	61	3.0	64	3.86	80.5
3.1	50	3.2	51	2.9	46	3.0	49	3.0	51	3.0	51	3.1	54	3.1	62	3.0	62	3.1	67	2.9	62	3.2	71	3.08	60.2
3.2	49	3.1	48	3.3	49	3.4	52	3.6	56	3.7	65	4.1	77	3.3	60	3.4	64	3.3	64	3.2	73	3.3	75	3.31	60.3
4.9	91	4.8	94	4.8	94	4.9	93	4.9	93	4.9	89	4.9	89	5.4	90	5.1	83	5.1	93	4.8	96	4.5	100	4.25	82.0
4.4	54	4.3	55	4.4	51	4.9	54	4.8	52	4.8	54	5.0	55	4.9	57	5.0	68	4.8	85	4.3	90	4.1	90	4.50	70.3
4.9	65	4.7	49	4.6	50	4.5	52	4.7	55	4.5	54	4.6	57	4.7	64	4.9	68	4.7	65	4.9	70	4.6	65	4.46	67.6
5.9	59	5.0	46	5.5	47	5.3	51	5.3	53	5.4	57	6.0	75	5.5	68	5.6	76	5.6	81	5.4	83	5.4	83	5.14	62.1
5.2	80	5.1	81	5.2	85	5.0	82	5.5	92	5.2	87	4.9	80	5.2	88	5.3	92	4.8	84	5.0	87	4.5	79	5.29	84.7
4.8	94	4.8	96	4.8	96	4.8	98	4.7	98	4.8	100	4.8	100	4.7	98	4.7	96	4.7	98	4.6	100	4.6	98	4.77	**93.3**
4.1	75	4.3	79	4.8	85	4.9	91	4.9	89	4.9	88	4.7	85	4.6	88	4.6	90	4.5	87	4.3	85	4.2	85	4.55	87.5
4.8	77	4.8	74	4.8	69	4.9	68	5.2	75	5.3	81	5.5	87	5.6	89	5.6	92	5.4	93	5.4	93	5.2	90	4.67	80.0
5.5	65	5.4	67	5.5	70	5.5	72	5.6	74	5.6	77	5.4	76	5.4	80	5.4	82	5.2	81	5.0	80	5.1	82	5.39	78.9
5.7	85	5.6	75	5.6	83	5.7	85	5.6	81	5.7	86	5.6	86	5.6	87	5.7	90	5.6	90	5.7	95	5.2	98	5.40	84.7
5.8	85	5.3	80	5.1	74	5.5	72	5.3	69	5.3	73	5.2	76	5.3	79	5.6	84	5.6	89	5.6	93	5.3	92	5.54	86.1
5.3	84	5.2	81	5.5	83	5.5	82	5.4	82	5.3	79	5.2	78	5.2	78	5.2	80	5.2	81	4.9	82	5.1	87	5.34	86.3
4.9	83	4.8	83	4.8	83	4.0	78	4.6	80	4.3	73	4.3	75	4.3	76	4.7	83	4.8	87	4.9	89	4.9	93	4.60	80.6
4.7	68	4.6	66	4.4	64	4.3	63	4.1	60	4.1	61	4.1	61	3.9	60	3.5	57	3.4	58	3.3	59	3.3	61	4.34	72.3
3.2	54	3.2	53	3.4	55	3.3	55	3.3	55	3.2	55	3.2	57	3.2	61	3.3	64	3.3	64	3.4	68	3.4	70	3.24	58.8
3.5	49	3.4	48	3.4	50	3.4	46	3.4	45	3.3	44	3.3	46	3.3	46	3.6	53	3.7	57	3.8	65	3.5	66	3.43	58.2
4.5	54	4.6	45	4.1	45	4.2	39	3.9	35	3.6	33	3.5	33	3.5	36	3.9	42	3.4	36	4.0	44	4.4	50	3.93	48.1
5.2	51	5.6	58	5.7	56	5.9	63	5.9	65	5.8	68	5.4	65	5.5	67	5.7	74	5.6	74	5.8	77	5.6	74	5.41	64.1
5.1	39	5.4	45	5.9	66	6.0	65	6.1	65	6.2	68	6.3	67	5.9	64	6.2	66	6.4	72	6.5	71	6.4	78	5.83	60.3
7.4	60	7.7	62	7.6	63	7.5	58	7.5	53	7.7	56	7.6	59	7.8	59	8.6	69	8.6	80	8.1	78	7.5	73	7.37	68.8
7.1	44	7.1	43	7.1	45	7.1	45	7.4	45	7.6	45	7.3	41	6.6	39	6.7	42	7.0	50	6.7	52	6.8	59	**7.49**	52.0
5.3	73	5.2	78	5.1	76	5.1	79	4.9	71	4.8	67	5.2	70	5.2	72	5.3	75	4.8	69	5.1	82	4.6	80	6.01	71.9
3.9	30	3.9	30	3.7	28	3.8	**27**	4.4	31	4.3	30	4.4	33	4.7	33	4.6	38	4.4	40	4.7	45	5.0	53	4 40	47.4
5.8	31	5.8	28	6.0	30	6.5	35	6.3	31	6.2	33	7.1	39	6.5	34	7.3	46	6.3	42	7.3	54	6.3	47	5.62	**38.9**
7.2	60	6.9	59	7.3	60	7.2	61	7.0	63	7.1	62	7.3	66	7.4	75	7.2	75	7.3	75	8.0	87	6.7	83	6.99	61.7
4.76	63.8	4.72	**62.8**	4.77	63.6	4.81	63.9	4.83	64.1	4.77	64.0	4.83	66.2	4.79	67.3	**4.88**	70.8	4.77	72.6	4.79	75.8	4.64	76.8	4.72	69.8

Feuchtigkeit der Luft.

1883. Juni. Höhe des Psykrometers über dem Boden: 3.5 m. **Bossekop.**

Datum	1		2		3		4		5		6		7		8		9		10		11		Mittag	
	mm.	pc.	mm.	pc.	mm.	pc.	mm.	pc.	mm.	pc.	mm.	pc.	mm.	pc.	mm.	pc.	mm.	pc.	mm.	pc.	mm.	pc.	mm.	pc.
1	6.6	86	6.3	83	5.7	82	5.8	81	5.6	79	5.6	81	5.6	78	5.7	77	5.8	72	5.6	71	5.3	65	5.1	61
2	5.5	89	5.1	82	5.1	81	5.0	72	5.0	66	5.2	61	5.4	60	5.2	52	5.1	48	5.6	49	5.4	46	5.8	47
3	6.2	79	6.2	77	6.1	76	6.4	71	6.5	68	6.9	63	7.1	59	7.4	75	7.9	79	7.4	69	8.0	72	8.1	69
4	5.8	62	5.4	59	5.5	60	5.7	61	5.5	55	5.6	52	6.4	52	6.0	56	6.4	56	7.0	54	7.0	59	7.2	58
5	7.3	83	7.2	84	7.0	81	6.8	81	7.1	84	7.2	86	7.3	86	7.2	83	7.3	83	7.6	88	7.5	87	7.4	84
6	7.4	87	7.3	92	7.6	89	7.3	91	7.5	82	7.6	80	7.6	81	7.9	78	7.8	79	7.7	77	8.0	80	8.2	80
7	8.4	92	8.3	95	8.1	88	8.3	84	8.3	76	8.8	66	8.4	68	8.6	68	8.9	59	9.5	68	8.5	60	9.1	63
8	8.7	86	8.3	81	8.6	81	8.6	70	8.9	63	9.2	72	9.0	57	8.8	45	7.4	37	7.8	43	8.5	52	8.3	48
9	8.1	78	7.9	83	7.6	77	7.7	78	8.0	72	8.5	65	9.2	57	8.5	58	8.0	55	9.0	55	8.4	58	8.5	54
10	8.5	64	8.4	65	8.6	65	8.8	68	8.8	63	8.7	59	8.8	64	8.9	66	8.8	64	8.7	59	8.6	59	8.7	62
11	9.2	88	9.1	88	9.1	88	9.4	93	8.7	84	8.3	79	7.8	74	8.2	80	8.3	82	8.6	86	8.6	86	8.4	80
12	7.9	80	8.0	83	8.1	85	7.6	77	7.5	76	7.5	77	7.6	80	7.8	83	8.0	84	8.0	83	8.1	80	8.0	76
13	7.6	84	7.4	84	7.4	84	7.2	80	7.0	78	6.9	75	6.8	75	6.8	76	6.8	78	7.1	86	7.4	91	7.3	92
14	6.6	88	6.6	86	6.2	82	6.1	76	6.3	72	6.5	68	6.2	63	6.7	60	6.3	54	6.7	59	6.5	63	6.9	74
15	5.6	69	5.7	82	5.6	69	6.0	79	5.9	70	6.1	69	5.8	63	5.7	58	4.7	44	4.7	45	5.0	48	5.1	47
16	5.5	95	5.8	93	5.7	89	6.1	84	6.2	77	6.2	72	6.3	76	6.1	71	5.9	68	6.0	71	6.0	69	6.0	70
17	5.6	77	5.8	83	5.9	84	5.9	82	6.2	84	6.3	83	6.3	82	6.7	83	7.0	83	6.3	74	6.5	81	6.6	77
18	5.5	76	5.2	71	5.3	73	5.2	72	5.1	70	5.1	68	5.1	66	4.8	62	4.9	62	4.6	59	4.5	57	4.5	57
19	4.6	64	5.0	69	5.0	66	5.2	77	5.0	60	4.3	50	4.4	54	4.3	55	4.5	52	4.6	55	4.9	60	4.7	55
20	5.4	75	5.5	78	5.8	81	5.4	83	5.5	74	4.8	64	4.8	66	5.0	71	5.0	67	4.4	57	4.4	56	4.7	57
21	4.6	67	4.7	69	4.8	65	4.3	59	4.0	53	4.0	53	3.9	50	3.8	48	4.1	51	4.1	48	4.3	48	4.6	51
22	5.7	88	5.6	89	5.5	86	5.7	87	5.9	85	6.2	82	4.8	58	4.8	57	4.8	56	5.1	56	5.2	57	5.4	58
23	5.8	80	6.0	84	5.6	78	5.3	73	5.3	70	5.4	66	5.7	64	5.5	65	5.6	62	5.8	64	6.0	62	6.4	63
24	4.8	50	5.3	57	5.3	57	5.5	58	5.4	54	5.5	52	5.6	47	5.9	43	6.2	41	6.8	42	7.5	37	7.7	33
25	8.0	68	8.1	77	8.2	71	8.6	76	8.2	71	8.0	65	7.5	58	7.9	60	8.3	60	8.0	57	7.9	58	7.8	56
26	8.3	94	8.3	95	8.3	95	8.4	95	8.2	98	8.2	98	8.2	98	8.1	98	8.3	94	8.2	92	8.1	92	8.0	84
27	8.2	89	8.2	89	8.4	90	8.3	85	8.3	78	8.5	86	8.7	88	8.8	86	8.9	85	8.8	82	8.7	81	8.5	78
28	9.1	88	9.1	87	9.1	85	7.1	70	9.5	74	9.4	76	9.3	75	9.0	65	9.5	66	9.3	63	9.0	63	8.6	58
29	9.0	85	8.7	82	8.7	85	8.6	85	8.9	87	8.7	88	9.3	93	9.0	91	9.5	87	9.1	88	9.0	92	8.9	91
30	9.6	95	9.6	95	9.4	91	9.3	92	9.1	88	9.0	88	9.1	91	8.8	86	8.9	85	8.8	82	8.9	83	8.7	80
Mittel	6.97	80.2	6.94	81.4	6.91	79.5	6.85	78.0	6.91	73.7	6.94	71.5	6.93	69.4	6.93	68.5	6.96	66.4	7.03	66.1	7.06	66.7	7.11	65.4

1883. Juli. $\varphi = + 69^{0}\ 57'.29''$

Datum	1		2		3		4		5		6		7		8		9		10		11		Mittag	
	mm.	pc.	mm.	pc.	mm.	pc.	mm.	pc.	mm.	pc.	mm.	pc.	mm.	pc.	mm.	pc.	mm.	pc.	mm.	pc.	mm.	pc.	mm.	pc.
1	8.8	87	8.9	88	8.9	89	8.7	89	8.6	83	8.8	86	8.9	89	8.4	83	8.4	86	8.5	79	8.0	74	7.7	75
2	7.9	86	7.9	89	6.8	74	6.3	68	6.1	63	6.1	62	6.3	64	6.5	67	7.1	72	6.9	71	6.6	68	6.8	69
3	6.5	81	5.8	74	5.6	72	5.9	78	5.4	72	7.0	66	5.2	68	5.3	68	5.4	65	5.6	67	5.5	62	5.5	61
4	6.2	78	6.1	77	5.6	71	6.0	79	5.8	77	5.9	82	5.9	76	5.7	72	5.0	61	5.3	65	5.9	71	6.0	70
5	5.8	74	5.8	76	5.5	73	5.3	70	5.4	70	5.2	68	5.2	68	5.4	68	5.6	71	5.7	72	5.7	70	5.7	68
6	5.9	85	5.9	85	5.9	84	6.1	81	6.1	79	6.0	77	6.0	76	5.8	72	5.7	68	5.9	68	5.8	66	5.7	63
7	6.9	78	6.6	71	6.5	68	7.1	72	7.0	65	7.1	60	7.1	60	7.0	63	7.4	70	7.8	62	7.4	62	7.5	62
8	6.7	71	6.6	73	6.6	73	6.6	72	6.7	71	7.2	71	6.4	64	6.3	62	6.3	62	6.1	57	5.4	51	5.9	53
9	6.3	77	6.3	78	6.2	78	6.1	74	6.3	77	6.7	81	6.2	74	6.2	70	6.2	71	6.1	70	6.2	68	6.2	67
10	6.6	81	6.8	83	6.5	81	6.3	78	6.3	77	6.3	77	6.3	78	6.1	75	6.1	73	6.1	73	6.0	71	6.2	69
11	5.9	76	5.8	76	6.0	79	6.0	79	5.9	77	5.8	70	5.8	69	5.4	65	5.5	62	5.9	66	5.9	66	6.1	65
12	6.6	73	6.4	74	6.3	74	6.4	74	6.6	74	6.7	66	6.8	62	6.9	60	6.8	54	6.9	60	7.3	66	7.2	63
13	6.3	87	6.1	87	6.0	88	6.0	92	6.1	88	6.2	82	6.4	81	6.4	76	6.4	72	6.3	73	6.5	69	6.7	72
14	6.9	86	6.7	93	6.5	93	6.9	94	7.0	93	7.2	89	7.2	80	7.4	77	7.2	73	7.4	74	7.8	75	7.8	69
15	6.7	77	6.9	80	7.2	82	7.1	79	6.9	75	6.9	75	7.2	75	7.1	73	7.4	76	7.1	69	7.4	70	7.7	67
16	9.4	96	8.2	80	8.3	82	8.0	80	7.8	82	7.4	75	7.4	75	7.5	76	7.7	76	7.5	62	7.6	61	7.7	61
17	7.1	83	6.9	79	6.9	78	6.6	73	6.8	74	6.9	74	6.9	67	6.9	69	6.7	66	6.8	63	6.8	64	6.6	64
18	7.4	73	7.4	79	7.0	76	7.3	75	7.2	69	7.2	65	7.1	59	7.1	54	7.1	50	7.7	62	8.3	68	8.1	66
19	7.2	74	7.0	72	7.4	79	7.5	77	7.5	75	7.5	70	7.3	72	7.5	72	7.7	73	7.8	71	8.0	71	8.0	67
20	7.1	87	6.8	86	7.0	90	6.8	91	7.1	86	6.6	76	6.4	72	6.2	68	5.6	59	5.6	60	5.9	66	5.8	64
21	5.3	76	5.4	79	5.6	79	5.3	75	5.5	74	5.0	68	5.2	69	5.2	67	5.2	63	5.5	65	5.5	62	5.5	60
22	6.3	82	6.1	83	6.0	83	6.1	78	6.3	72	6.5	69	6.6	64	6.5	64	6.9	62	7.1	60	7.2	57	7.4	53
23	8.9	71	8.9	73	8.7	73	8.7	75	8.7	68	9.0	63	9.2	59	8.4	71	8.7	73	8.8	68	9.1	67	8.4	60
24	8.1	85	7.5	74	7.7	79	8.0	70	8.1	61	8.9	61	8.1	62	8.2	58	8.3	63	8.3	63	8.4	70	8.3	66
25	8.4	94	8.2	99	8.4	92	8.7	89	9.5	87	9.7	80	9.4	83	11.1	87	10.7	90	11.3	79	9.9	58	9.1	53
26	10.4	74	10.3	74	10.1	72	10.0	73	10.1	68	10.0	64	10.3	61	10.5	61	10.3	70	10.0	77	9.7	75	10.1	76
27	8.9	89	8.8	90	8.7	92	8.8	90	8.3	85	8.4	89	8.4	85	8.3	87	8.1	84	8.1	81	8.0	80	8.0	76
28	6.7	82	6.7	83	7.0	87	6.5	78	6.3	76	6.5	76	6.5	75	6.6	75	6.8	75	6.9	76	6.8	73	7.2	74
29	6.4	63	6.3	61	6.4	64	6.2	61	6.4	60	6.8	58	7.2	61	7.5	56	7.9	51	8.4	45	8.1	47	8.6	47
30	6.9	92	6.7	96	7.5	89	7.7	81	8.0	81	8.1	81	8.8	85	8.1	79	8.2	79	8.0	75	8.1	73	8.0	67
31	6.7	86	6.5	86	6.6	85	7.0	81	7.1	70	7.5	72	7.7	69	7.9	75	7.6	67	7.9	65	7.8	62	8.0	61
Mittel	7.14	80.8	6.98	80.6	6.95	80.0	6.97	78.3	7.00	75.1	7.07	72.7	7.08	71.0	7.08	70.0	7.10	68.9	7.20	67.7	7.18	66.6	7.21	64.8

Feuchtigkeit der Luft.

Bossekop. Mittlere Ortszeit. **Juni 1883.**

1		2		3		4		5		6		7		8		9		10		11		12		Tagesmittel	
mm.	pc.	mm.	pc.	mm.	pc.	mm.	pc.	mm.	pc.	mm.	pc.	mm.	pc.	mm.	pc.	mm.	pc.	mm.	pc.	mm.	pc.	mm.	pc.	mm.	pc.
5.0	60	5.2	60	5.6	65	5.3	61	5.1	60	5.2	61	5.5	62	5.8	68	5.8	68	6.3	82	5.7	93	5.8	86	5.63	72.6
5.9	55	6.8	65	6.8	65	6.6	61	6.9	64	7.1	66	6.6	60	7.2	64	7.6	70	8.3	78	7.6	83	6.8	85	6.15	65.4
8.5	72	8.7	71	8.0	61	7.6	52	7.8	60	7.9	61	7.3	58	5.8	39	5.5	41	5.2	42	5.7	51	4.6	46	6.95	63.0
7.6	70	8.9	81	8.4	70	7.9	65	8.3	72	8.1	69	7.8	72	8.0	85	8.1	81	8.2	89	7.4	86	7.4	87	7.07	67.1
7.2	83	7.5	80	7.6	82	7.5	79	7.5	80	7.4	82	7.1	79	7.3	79	7.7	88	7.5	83	7.4	84	7.6	89	7.34	83.3
8.5	78	8.2	74	8.4	73	8.2	64	8.3	63	8.1	64	8.4	69	9.2	74	9.2	83	9.3	82	8.8	81	8.7	93	8.13	78.9
8.5	58	8.7	50	9.0	58	8.6	58	8.7	57	9.1	63	8.3	58	8.2	56	8.3	57	9.8	70	9.8	81	9.1	83	8.72	68.2
8.6	49	8.6	50	7.6	41	8.5	45	8.1	52	8.1	52	6.8	40	8.6	58	8.4	50	7.9	49	8.5	64	8.0	64	8.33	56.2
8.3	49	6.9	29	9.9	57	8.1	35	6.8	**28**	6.7	30	7.8	39	7.4	39	7.3	41	7.2	43	7.8	52	8.2	58	7.99	53.8
8.1	55	8.0	53	8.1	51	7.4	42	7.8	49	8.5	56	8.6	56	9.9	59	9.1	68	8.6	66	9.1	75	9.0	82	8.60	61.3
8.7	80	8.5	75	8.8	78	8.7	80	8.6	80	8.9	82	8.6	77	8.1	75	7.8	72	8.3	79	7.8	76	7.9	78	8.52	80.8
7.9	76	8.1	79	8.1	79	8.0	76	8.0	78	8.1	76	8.0	76	7.6	76	7.5	77	7.6	81	7.5	80	7.7	84	7.84	79.3
7.3	89	6.9	85	6.5	82	6.3	80	6.3	80	6.1	78	6.1	74	6.6	81	6.9	86	6.7	86	6.7	88	6.5	88	6.86	82.5
6.9	75	6.6	68	6.7	68	6.7	66	6.8	67	6.3	62	5.8	58	4.8	50	5.3	57	5.5	62	5.4	63	5.5	66	6.25	67.0
5.7	54	5.5	55	5.8	59	5.6	56	5.8	59	6.1	66	6.1	68	6.1	66	6.9	78	6.7	82	6.3	79	6.1	96	5.78	65.0
6.0	69	5.9	68	6.1	69	6.1	70	6.3	72	6.6	77	6.3	76	6.6	83	6.3	79	6.3	83	6.7	83	5.9	80	6.12	76.8
6.3	72	5.8	67	6.2	71	5.4	65	5.4	67	5.5	69	5.2	68	5.4	68	5.5	69	5.4	72	5.5	74	5.3	71	5.92	75.3
4.6	56	4.9	57	4.8	58	4.9	61	4.7	59	4.8	56	4.5	54	4.4	51	4.5	56	4.6	59	4.6	61	4.6	62	4.82	61.8
4.5	51	4.6	52	4.5	50	4.8	52	5.3	58	5.0	56	5.0	57	5.1	61	5.2	63	5.3	65	5.2	65	5.6	81	4.86	59.5
4.9	59	4.8	59	4.4	52	4.6	53	4.9	60	4.8	61	4.9	64	4.9	67	4.6	63	4.6	65	4.5	63	5.0	72	4.90	65.3
4.7	52	4.9	53	4.8	52	4.9	52	5.2	58	5.1	58	5.2	61	5.1	62	5.1	61	5.3	65	5.7	76	5.9	85	**4.71**	58.2
5.5	59	5.7	58	6.1	68	5.7	65	5.7	64	5.9	65	5.8	67	5.8	69	5.7	70	5.6	71	6.2	80	5.9	78	5.60	69.7
6.4	60	6.3	56	6.5	59	6.7	59	7.2	62	6.6	57	6.3	51	5.1	39	5.1	41	5.5	47	5.2	47	4.9	48	5.84	60.7
8.0	55	7.3	47	7.7	49	7.3	41	7.4	39	8.0	42	6.8	35	7.5	38	7.3	42	8.6	54	9.2	67	8.8	71	6.89	**48.0**
7.7	56	7.8	55	8.2	59	7.6	52	7.9	55	8.0	59	7.9	63	8.2	72	8.3	83	8.2	83	8.1	88	8.3	92	8.03	66.4
8.2	86	8.1	79	8.1	85	8.0	80	8.1	78	7.8	74	8.0	76	8.1	77	8.3	82	8.4	84	8.6	91	8.3	90	8.19	88.1
8.8	77	8.7	76	8.5	72	8.5	65	8.3	67	8.4	60	8.5	63	8.6	67	9.2	72	9.4	73	9.7	78	9.1	88	8.67	78.1
8.6	54	9.8	57	9.1	57	9.2	62	10.0	73	11.2	79	11.5	85	**11.7**	91	11.6	91	10.8	85	9.1	77	8.8	78	**9.56**	73.3
8.9	87	8.9	86	8.9	83	8.8	76	8.9	77	9.2	81	9.4	87	9.5	87	9.4	87	9.4	90	9.3	89	9.3	90	9.05	**86.4**
8.8	82	8.2	71	8.5	73	8.6	76	8.3	72	8.4	73	8.1	69	8.7	75	8.4	70	8.7	78	9.3	89	8.8	82	8.83	81.9
7.15	65.9	7.16	63.9	7.26	64.9	7.07	**61.6**	7.15	63.7	7.23	64.5	7.07	64.1	7.18	65.9	7.20	68.2	**7.31**	71.6	7.28	75.8	7.11	78.4	7.07	69.8

$\lambda = + 23^{0}\ 14'\ 46'' = + 1^{h}\ 32^{m}\ 59^{s}.$

Juli 1883.

1		2		3		4		5		6		7		8		9		10		11		12		Tagesmittel	
7.6	72	7.7	72	7.6	72	8.0	74	7.7	72	7.9	76	8.0	79	7.8	77	8.2	83	7.6	77	7.7	82	7.8	84	8.18	80.3
7.0	71	9.4	76	6.9	69	7.0	73	6.6	68	7.2	74	7.3	82	6.6	72	6.4	69	6.4	72	6.6	77	6.4	74	6.80	72.1
5.7	63	6.3	69	5.8	66	5.9	66	6.2	72	6.0	69	6.2	70	6.6	78	6.2	73	6.4	76	6.4	79	6.3	79	5.86	70.6
5.7	67	6.0	70	5.9	68	6.0	69	6.3	71	6.4	71	6.6	75	6.5	74	6.6	79	6.5	79	6.3	78	6.4	81	6.03	73.4
5.8	67	5.6	65	5.5	60	5.6	66	5.6	63	5.5	62	5.6	66	5.6	69	5.5	70	5.6	74	5.5	73	5.9	84	**5.57**	69.5
5.5	60	5.6	58	6.3	64	6.3	63	5.8	56	5.4	50	5.6	53	6.7	65	7.6	75	8.4	91	7.5	88	7.2	84	6.20	71.3
7.3	55	6.7	46	6.3	44	6.5	**42**	6.3	47	7.3	50	7.8	61	7.1	57	6.2	53	6.4	57	6.4	62	6.6	66	6.93	**59.7**
6.3	61	5.0	45	5.4	53	**4.8**	48	5.1	49	5.1	50	5.1	53	5.7	61	5.7	63	6.0	70	6.0	69	6.2	73	5.97	61.5
6.3	67	6.4	68	6.3	67	6.1	64	6.0	64	6.5	70	6.4	70	6.7	75	6.7	76	6.6	78	6.6	79	6.8	82	6.35	72.7
6.3	70	6.1	65	6.2	61	6.4	65	6.8	68	6.8	67	6.8	68	6.7	71	6.6	73	6.3	73	6.1	74	6.1	76	6.37	72.8
6.3	63	6.4	62	6.3	58	6.4	57	6.9	62	7.8	69	7.7	64	8.0	64	6.6	58	6.8	64	6.8	68	6.7	72	6.36	67.1
7.4	61	7.4	61	8.4	70	6.9	52	6.7	53	7.8	66	8.1	78	7.3	68	7.2	72	6.7	74	6.5	81	6.5	82	6.99	67.4
6.8	69	6.8	68	6.8	64	6.7	60	6.7	60	7.2	63	7.0	59	6.8	59	6.9	62	7.1	73	7.0	76	7.2	86	6.60	73.6
7.9	73	8.4	79	8.3	76	8.2	78	8.0	74	8.0	79	7.8	77	7.7	78	7.7	80	7.7	83	7.3	83	6.8	79	7.49	80.6
7.9	69	8.3	74	7.8	73	8.3	81	8.1	74	8.2	76	8.1	75	8.2	79	8.4	80	8.6	82	8.8	85	9.2	91	7.73	76.5
7.8	58	8.1	64	8.7	71	8.7	72	8.3	66	8.5	68	9.0	64	7.1	51	8.1	65	7.8	69	7.5	71	7.3	73	7.98	70.8
6.6	59	6.7	60	7.2	61	7.4	58	7.0	53	6.8	53	6.9	54	7.2	57	7.3	64	7.3	66	7.2	67	7.6	73	6.96	65.8
8.0	61	7.8	60	8.4	65	8.4	69	8.4	69	8.1	69	8.2	73	7.6	65	8.3	76	8.2	75	8.3	80	7.5	75	7.75	68.0
8.8	77	8.6	76	8.1	72	8.5	76	8.3	76	8.3	76	8.2	72	8.3	72	8.5	78	7.7	74	7.3	76	7.1	79	7.84	74.0
5.9	63	5.8	65	5.7	67	5.9	73	5.6	67	5.7	69	5.7	70	5.5	68	5.2	65	5.3	70	5.4	73	5.3	73	6.00	72.0
5.9	58	6.1	59	6.2	57	6.1	56	6.5	58	6.9	59	6.3	55	7.1	63	6.0	49	5.8	53	6.0	63	6.2	72	5.80	64.1
7.4	52	7.6	48	7.5	48	8.2	55	7.8	53	7.8	54	8.2	58	8.9	68	9.0	69	8.1	61	8.7	65	8.8	70	7.38	63.7
8.5	59	8.5	57	8.4	60	8.8	68	8.1	65	7.7	58	7.9	58	7.5	57	8.0	60	9.0	74	8.1	69	8.1	80	8.50	66.1
8.1	64	7.7	57	8.1	64	8.1	63	7.9	59	7.9	60	8.6	71	8.8	73	9.0	80	8.9	76	9.3	82	9.1	89	8.31	68.8
9.0	52	9.2	53	9.3	51	9.3	53	9.4	52	9.4	54	10.0	57	10.1	61	10.4	66	10.1	68	10.2	72	10.2	72	9.63	70.9
10.4	78	10.4	80	10.2	79	10.3	84	10.1	81	10.0	83	10.1	85	9.9	88	9.6	93	9.2	89	9.2	91	9.1	91	**10.01**	77.8
7.8	77	7.6	76	7.8	74	7.6	74	7.5	75	7.4	75	7.3	76	7.1	75	7.0	78	7.0	79	6.8	80	6.8	83	7.85	**81.3**
7.1	73	7.2	68	7.2	65	7.6	71	7.3	63	7.2	61	7.8	69	8.3	77	8.8	80	8.0	85	7.3	89	7.1	81	7.14	75.5
8.1	57	7.7	54	7.7	53	8.0	61	7.5	55	8.6	61	8.2	59	8.5	61	8.9	70	9.4	80	7.8	88	7.1	89	7.65	60.9
7.9	66	8.2	66	8.1	62	8.1	60	8.1	62	8.0	63	7.8	62	7.6	57	6.3	48	6.8	60	6.7	66	6.7	73	7.68	71.8
7.8	60	8.0	59	8.1	57	7.3	49	6.8	44	6.7	45	6.5	48	6.3	51	6.4	57	6.5	68	6.5	73	6.1	70	7.14	65.0
7.26	64.6	7.27	63.9	7.31	63.6	7.33	64.5	7.21	**62.9**	7.36	64.5	**7.45**	66.5	7.41	67.5	7.40	69.8	7.36	73.2	7.22	76.1	7.17	78.6	7.19	70.5

Feuchtigkeit der Luft.

1883. August. Höhe des Psykrometers über dem Boden: 3.5 m. **Bossekop.**

Datum	1		2		3		4		5		6		7		8		9		10		11		Mittag	
	mm.	pc.	mm.	pc.	mm.	pc.	mm.	pc.	mm.	pc.	mm.	pc.	mm.	pc.	mm.	pc.	mm.	pc.	mm.	pc.	mm.	pc.	mm.	pc.
1	6.3	82	6.1	80	6.1	79	6.6	79	6.4	69	6.1	63	6.1	58	6.3	54	6.1	49	6.5	47	6.5	44	6.5	42
2	5.0	66	5.0	74	5.1	77	5.2	77	5.5	67	5.6	61	5.2	59	5.4	58	5.8	60	5.7	55	6.1	56	5.8	53
3	6.6	94	5.0	68	4.9	82	5.2	79	5.4	72	5.6	69	5.6	66	5.6	66	5.8	68	5.8	64	6.0	66	6.1	65
4	7.0	76	6.6	74	6.9	80	6.0	67	7.2	74	7.2	76	7.2	74	7.2	73	7.2	73	7.2	73	7.4	76	8.0	84
5	6.0	87	5.7	92	5.8	93	5.5	93	6.2	82	6.4	85	6.7	81	6.4	71	6.3	67	6.8	74	6.9	70	7.2	72
6	7.7	81	7.6	79	7.6	81	8.0	84	8.1	82	7.9	75	7.8	72	7.8	75	7.7	69	7.8	70	8.4	80	8.9	88
7	7.6	80	7.0	76	7.3	83	7.3	83	7.0	76	7.3	76	7.3	73	7.3	72	7.5	70	7.5	66	7.6	68	7.6	70
8	6.1	81	5.7	87	5.4	76	5.6	86	5.9	81	6.2	71	6.5	74	6.2	67	6.2	64	6.6	68	6.8	68	7.3	69
9	5.5	83	5.2	91	5.2	96	5.2	88	5.3	82	5.8	76	6.1	70	6.2	70	6.2	67	6.4	68	6.4	65	6.9	69
10	5.2	77	5.1	81	5.2	80	5.1	82	5.2	75	5.5	70	5.8	64	5.7	56	5.5	50	5.5	47	5.2	42	5.0	38
11	5.8	67	5.7	67	5.8	70	5.8	70	6.0	70	6.2	68	6.5	68	6.6	64	7.2	63	6.5	63	7.0	67	7.5	71
12	8.4	82	8.3	86	8.2	88	8.4	90	8.4	85	8.4	83	8.8	78	8.9	82	8.7	81	8.7	82	8.5	76	8.6	78
13	8.3	88	8.7	95	8.4	92	8.4	94	8.1	91	8.2	95	8.1	93	8.2	92	8.1	91	8.0	85	7.9	83	7.7	79
14	7.8	96	7.8	98	7.6	96	7.7	98	7.7	98	7.7	94	7.4	91	7.3	89	7.3	87	7.3	84	7.3	84	7.4	84
15	6.1	72	6.2	75	6.1	81	6.2	85	5.9	80	5.7	76	5.6	73	5.7	71	5.7	70	6.1	74	6.2	71	6.3	70
16	6.0	69	6.1	75	6.2	77	6.2	74	6.3	74	6.3	69	6.0	70	6.2	68	6.3	68	6.3	62	6.2	59	6.3	55
17	5.9	76	5.8	81	5.6	76	5.5	76	5.5	74	5.6	71	5.7	66	5.7	61	5.8	57	5.9	53	5.9	49	5.7	46
18	8.1	82	7.8	80	8.1	82	8.1	82	8.1	82	8.1	78	8.2	78	8.3	76	8.2	69	8.1	60	8.5	65	8.4	62
19	8.6	84	8.4	84	8.4	85	8.3	87	8.9	93	9.0	86	9.0	78	8.7	75	8.5	69	8.5	66	8.4	65	8.7	72
20	7.0	94	6.6	94	6.4	93	6.3	86	6.3	84	6.9	80	6.7	82	7.3	67	7.3	76	7.4	62	8.1	81	6.7	71
21	7.0	89	6.7	85	6.8	75	6.8	79	5.9	63	5.7	60	5.7	58	5.6	57	5.9	59	6.1	58	6.0	58	6.3	62
22	5.4	93	5.3	90	5.4	90	5.5	86	5.4	95	5.8	85	6.3	72	6.2	78	6.2	73	6.5	69	6.8	72	6.6	68
23	6.9	96	6.6	91	6.6	93	6.4	87	6.5	88	7.2	82	7.9	73	8.3	68	8.7	67	9.3	62	9.5	67	9.0	61
24	8.8	81	8.8	82	8.7	80	8.5	77	8.5	78	8.1	75	8.0	75	7.8	74	8.4	85	8.6	89	8.8	87	9.1	87
25	8.1	95	8.0	93	8.0	95	7.9	93	7.8	93	7.9	93	7.8	92	7.8	92	7.9	92	7.8	91	7.9	91	7.7	88
26	7.9	98	7.9	98	7.9	98	7.7	94	7.8	96	7.7	93	7.8	93	7.8	92	7.8	92	7.7	91	7.9	86	8.0	88
27	8.6	87	8.2	83	7.9	84	8.0	84	8.1	82	7.7	77	7.5	73	7.3	66	7.3	64	7.4	58	7.2	59	7.2	57
28	6.2	66	6.5	75	7.0	84	6.9	79	7.0	76	7.2	73	7.3	66	7.4	59	6.9	53	6.4	48	6.1	44	5.5	39
29	6.6	77	6.9	84	6.4	69	6.5	71	6.1	68	6.2	67	5.7	60	5.9	57	5.4	47	5.4	45	5.8	48	5.6	79
30	7.3	86	7.7	91	8.1	96	8.0	95	8.1	95	8.2	92	8.5	94	8.6	92	8.5	85	8.8	84	8.3	83	8.3	78
31	7.1	99	7.2	99	7.1	98	7.0	99	6.9	98	7.0	94	7.7	87	7.7	83	7.7	87	7.6	87	7.9	83	7.6	77
Mittel	6.93	83.3	6.78	84.1	6.78	84.8	6.77	84.0	6.82	81.4	6.92	77.8	6.98	74.6	7.01	71.8	7.04	70.1	7.10	67.9	7.20	68.2	7.21	67.5

Feuchtigkeit der Luft.

Bossekop. Mittlere Ortszeit. August 1883.

1		2		3		4		5		6		7		8		9		10		11		12		Tagesmittel	
mm.	pc.	mm.	pc.	mm.	pc.	mm.	pc.	mm.	pc.	mm.	pc.	mm.	pc.	mm.	pc.	mm.	pc.	mm.	pc.	mm.	pc.	mm.	pc.	mm.	pc.
6.8	39	7.7	59	7.3	55	7.6	57	6.7	49	5.5	38	5.2	39	4.8	39	5.2	47	5.9	61	5.7	70	5.2	69	6.22	57.0
6.0	53	5.5	48	6.7	58	6.5	56	6.4	56	6.5	57	5.8	52	6.1	57	6.0	58	6.0	62	5.5	59	5.4	59	5.74	59.9
6.1	62	6.6	64	6.5	59	6.9	62	6.4	56	7.1	65	7.2	68	7.0	69	7.1	73	7.3	76	6.8	73	7.3	78	6.25	69.3
8.0	80	7.8	74	7.8	74	7.9	70	7.7	72	7.8	72	6.5	63	6.5	63	6.0	65	6.0	70	6.1	91	6.1	87	7.05	74.2
7.1	68	8.1	76	7.7	67	7.7	67	7.8	67	8.1	71	7.5	64	7.8	62	7.4	62	7.5	69	7.4	73	7.6	76	6.98	74.5
9.2	87	8.9	90	8.9	87	9.2	92	9.2	90	9.1	88	8.2	77	7.8	73	7.6	74	7.7	77	7.6	77	7.6	79	8.18	80.3
7.5	68	7.0	58	8.1	67	8.1	72	7.8	68	7.2	61	7.3	66	6.5	56	6.1	57	6.2	60	5.8	59	5.8	63	7.15	68.7
6.9	63	6.5	58	6.3	54	6.2	53	6.1	51	4.6	35	5.1	41	5.4	51	5.8	60	6.2	71	5.9	73	5.8	76	6.05	65.8
7.1	68	7.2	68	7.1	64	7.2	64	7.0	60	6.6	47	6.2	51	6.0	52	6.2	58	5.8	62	5.6	69	5.2	74	6.14	69.3
5.2	38	5.6	48	5.9	51	7.0	61	5.5	47	5.9	51	5.7	49	5.2	43	6.8	67	5.7	52	5.8	59	5.8	63	5.59	58.0
7.4	65	7.2	56	7.5	58	8.1	61	8.2	63	8.4	63	8.6	67	8.4	69	8.8	75	8.7	77	8.8	81	8.7	82	7.31	67.7
8.6	77	8.8	70	8.6	75	8.3	64	8.1	71	8.6	80	8.4	78	8.4	83	8.3	82	8.4	85	8.4	91	8.1	82	8.47	80.4
7.7	81	8.1	87	7.6	77	7.7	81	7.7	81	7.7	83	7.8	86	8.0	91	7.8	91	7.8	93	7.9	95	7.9	96	7.99	88.3
7.5	82	7.9	86	8.0	87	7.8	84	7.8	84	7.9	87	8.2	89	8.1	91	8.2	93	7.8	98	7.4	92	6.6	77	7.65	89.5
6.7	72	6.8	74	6.8	73	6.5	57	6.5	56	6.4	56	6.2	55	6.2	57	6.5	63	6.4	63	6.2	66	6.4	70	6.23	69.2
6.3	54	5.9	53	5.8	52	5.9	51	6.0	53	6.2	57	6.2	59	6.6	64	6.3	68	6.0	63	6.0	65	5.7	66	6.14	63.5
6.1	50	6.3	48	6.8	53	6.6	53	6.6	53	7.1	60	7.6	65	7.6	68	8.0	75	8.2	80	8.0	79	8.0	80	6.48	64.6
8.3	58	8.4	61	8.3	57	8.5	63	9.1	66	8.7	64	9.2	68	9.2	70	9.4	78	8.3	72	8.8	78	8.7	78	8.45	71.2
8.5	67	8.4	69	8.6	72	9.2	77	8.3	91	8.5	90	8.7	89	8.5	91	8.5	94	8.3	95	8.3	97	7.5	100	8.53	82.3
7.0	65	5.3	43	5.1	42	6.2	59	6.4	61	6.2	57	7.0	70	6.4	63	6.5	68	6.5	70	6.6	82	6.8	83	6.65	72.2
6.5	68	6.8	67	6.8	67	6.6	65	6.9	71	6.6	69	6.8	75	6.6	75	6.1	98	6.1	96	5.7	95	5.4	93	6.31	72.6
7.2	73	7.0	69	7.0	67	7.3	67	6.7	63	6.5	59	6.8	63	7.2	73	7.8	83	7.7	86	7.2	89	7.3	94	6.55	77.4
9.5	65	8.8	54	7.9	45	7.8	47	7.1	45	7.6	52	8.3	61	8.6	70	8.2	75	8.3	76	8.6	76	8.5	75	8.00	69.8
8.9	88	9.3	92	9.2	90	9.1	87	9.1	91	9.3	95	9.2	97	8.4	98	8.3	95	8.3	97	8.1	93	8.1	93	8.64	86.9
7.5	88	7.5	88	7.6	91	7.5	89	7.6	92	7.7	94	7.7	96	7.7	94	7.7	94	7.7	94	7.7	94	7.7	94	7.76	92.3
7.6	80	7.6	83	7.6	83	7.5	77	8.0	84	8.9	94	8.9	94	8.7	88	8.7	86	8.8	87	8.6	86	8.3	82	8.05	89.3
7.2	56	7.1	56	7.0	54	7.0	54	7.1	54	7.2	58	7.1	57	7.4	67	7.1	71	6.8	72	6.9	69	6.7	68	7.38	67.1
5.5	38	5.0	35	4.8	33	4.9	35	5.2	38	5.4	41	5.4	47	6.0	58	5.8	57	6.4	65	6.3	63	6.5	70	6.15	55.9
5.3	45	5.7	46	5.6	46	5.6	45	5.4	44	5.8	49	6.7	61	6.8	73	6.8	75	6.7	74	7.0	76	7.1	80	6.12	60.7
8.0	79	7.8	72	8.0	71	8.2	80	8.2	80	8.1	81	8.5	84	8.4	91	8.0	85	8.0	91	7.8	94	7.6	94	8.13	86.4
7.6	77	8.0	84	8.1	84	8.0	84	8.3	90	8.2	89	8.2	89	8.1	89	7.7	84	7.7	88	7.5	84	7.8	93	7.65	88.6
7.25	66.3	7.25	65.7	7.26	64.9	7.37	65.6	7.26	66.0	7.27	66.6	7.30	68.4	7.24	70.6	7.25	74.6	7.20	76.8	7.10	79.0	7.01	79.8	7.10	73.3

Richtung und Geschwindigkeit des Windes.

1882. August. Höhe des Anemometers über dem Boden: 2.4 m. **Bossekop.**

Datum	1		2		3		4		5		6		7		8		9		10		11		Mittag	
		m.p.s.		m.p.s.		m.p.s.		m.p.s.		m.p.s.		m.p.s.		m.p.s.		m.p.s.		m.p.s.		m.p.s.		m.p.s.		m.p.s.
1	NNW	3	NNW	2	NW	2	NW	3	NW	2	WNW	2	WNW	2	W	2	W	2	W	2	WNW	5	NW	3
2	—	0	N	2	N	2	N	2	SE	2	SE	2	SE	2	N	2	N	2	NNW	2	NNW	3	NNW	4
3	S	2	S	2	S	4	SSE	2	SSE	4	SSE	4	SE	2	SSE	2	SE	2	SE	2	—	0	—	0
4	SE	3	ESE	4	SE	4	ESE	2	E	4	SE	5	SSW	4	S	6	S	6	SSW	6	SSW	6	S	3
5	SSE	4	SE	3	SE	4	ESE	3	E	2	—	0	SSE	2	...	0	—	0	SSE	4	NNW	3	S	4
6	—	0	—	0	—	0	N	2	NNW	2	NNW	3	NNW	5	NNW	6	NNW	5	NNW	6	NNW	7	NNW	6
7	—	0	—	0	—	0	—	0	NNW	3	NNW	4	NNW	4	NNW	4	NW	5	NNW	5	NNW	5	NNW	6
8	NNW	4	NNW	2	NNW	3	NNW	3	NNW	3	NNW	3	NNW	2	NW	2	WNW	3	NNW	3	NNW	3	NNW	4
9	—	0	—	0	—	0	—	0	SE	2	—	0	SE	2	SE	2	SE	2	SSE	3	SSE	2	SE	3
10	—	0	—	0	—	0	—	0	—	0	—	0	—	0	E	2	NE	2	S	2	N	2	WSW	5
11	—	0	ESE	3	—	0	SE	2	ESE	3	E	3	S	2	S	3	SW	4	SW	6	WSW	4	SW	5
12	WSW	2	—	0	WSW	3	WSW	5	WSW	4	WSW	4	WNW	3	N	9	NW	8	NW	7	NW	8	NNW	7
13	SSW	2	SE	2	S	3	SSE	2	SSE	2	SE	2	S	3	E	2	SE	2	ENE	2	NNW	3	NNW	2
14	N	2	NW	2	NNW	3	NNW	5	NNW	4	NNW	3	NW	3	NNW	3	NNW	3	NNW	3	NNW	3	NNW	3
15	SE	2	—	0	—	0	—	0	SSE	2	—	0	W	2	—	0	N	3	NNW	2	NNW	3	NNW	2
16	—	0	—	0	WSW	2	S	2	SW	2	—	0	—	0	—	0	NW	2	NE	2	NE	3	NNW	3
17	NNW	2	—	0	SE	2	NNW	2	—	0	—	0	—	0	—	0	NNW	2	W	2	WNW	2	NNW	2
18	—	0	—	0	—	0	SSE	2	SE	3	SE	2	—	0	NW	3	NNW	3	NNW	3	NNW	4	NNW	4
19	NW	3	N	2	—	0	—	0	ENE	2	—	0	—	0	—	0	—	0	NW	2	NW	2	—	0
20	SSE	3	SSE	5	SE	4	SSE	5	S	5	SSE	4	SE	4	SE	4	SE	4	S	6	S	4	S	6
21	SE	5	SSE	4	S	4	S	3	SSE	4	S	3	—	0	NNW	2	N	2	NNW	3	NNW	2	NNW	3
22	SE	2	SSE	2	—	0	—	0	ESE	3	SSE	2	S	2	SE	3	SSE	4	SSE	4	SSE	3	SSE	5
23	—	0	SSE	2	SE	3	SSE	3	SE	3	SE	2	SE	3	SE	2	SSE	2	SE	3	S	2	SSE	3
24	SE	6	SE	5	SSE	5	SSE	3	ESE	3	SSE	4	SSE	5	ESE	4	SE	4	SE	4	SSE	5	SE	5
25	E	2	E	2	SE	3	SE	5	SSE	3	SE	8	SSE	7	SE	4	SE	4	SSE	3	SSW	4	SE	3
26	SSE	3	SSE	4	SSE	2	—	0	SSE	5	SE	3	SSE	3	SSE	5	SSE	4	SE	5	SE	5	SE	5
27	S	2	SE	4	SE	4	SSE	3	SE	2	SE	3	ESE	3	ESE	2	SSW	2	SSE	0	—	0	W	3
28	SE	3	—	0	SE	4	SE	3	SE	3	SSE	4	SSE	5	SSE	4	SE	6	SSE	4	SSE	6	SSE	5
29	SE	3	SSE	3	SSE	4	SE	3	SE	2	—	0	SE	3	S	3	N	3	NNE	2	NW	2	NNW	2
30	N	4	NNE	5	NE	3	SSE	3	W	5	WSW	3	W	5	W	3	N	4	N	4	NNE	5	NNW	4
31	N	6	N	2	S	2	—	0	—	0	NNW	4	N	4	N	5	NNW	5	NNW	6	NNW	4	N	5
Mittel		2.3		2.0		2.3		2.2		2.7		2.5		2.6		2.9		3.2		3.5		3.5		3.7

1882. September. $\varphi = + 69^{0}\ 57'\ 29''$.

Datum	1		2		3		4		5		6		7		8		9		10		11		Mittag	
1	SE	2	S	3	E	3	ESE	3	E	3	ESE	3	ESE	3	ESE	4	ESE	3	SE	3	SSE	3	S	3
2	S	4	S	3	SSE	4	SSE	4	SSE	3	SSE	5	SSE	6	SSE	3	ESE	3	SSE	4	S	4	SSE	3
3	—	0	—	0	—	0	—	0	—	0	NW	4	—	0	N	2	NNW	4	N	5	N	6	N	6
4	S	3	SE	4	E	3	E	3	E	2	E	4	SE	4	S	5	SSE	8	SSW	6	SW	6	SSW	6
5	SE	3	SSE	4	SE	4	E	3	SE	4	SE	3	SE	3	SE	2	NW	2	NW	3	NW	2	NW	2
6	S	2	SSW	3	SSE	4	SE	5	SE	4	S	2	SE	3	SSE	4	SSE	5	SSE	4	SSE	5	SSW	7
7	S	5	ESE	3	SSW	4	S	4	SE	4	S	7	SSE	5	SE	5	SSE	3	SSW	3	SSW	3	W	8
8	SSE	4	SSE	4	E	3	SE	3	SE	6	ESE	3	S	4	SSE	5	SSW	3	SSE	4	S	8	SSW	5
9	S	1	SSE	4	S	4	E	3	S	5	SE	4	ESE	4	—	0	—	0	W	7	W	9	W	6
10	SE	4	S	4	SSW	4	S	4	ESE	3	SE	3	ESE	3	SSW	2	SSE	3	SSE	3	SSE	3	SSE	4
11	S	3	S	2	SE	2	ESE	2	SE	2	E	3	ESE	3	ESE	4	SE	3	SE	3	NNW	3	NNW	3
12	SE	4	ESE	2	ESE	3	ESE	3	ESE	3	SE	3	SE	3	ESE	3	SE	3	SE	3	NNW	3	NNW	2
13	SSE	3	ESE	3	SE	3	S	6	SE	5	SE	5	SE	6	SSE	6	SE	6	SSE	6	SSW	9	SE	5
14	SSE	3	SSE	3	SSE	3	ESE	3	ESE	3	SE	3	SE	2	—	0	—	0	—	0	SW	2	NNW	2
15	SE	3	SE	3	SE	5	SE	3	SE	3	WNW	2	N	3	N	2	NNW	2	N	4	N	4	NW	3
16	E	2	SE	2	SE	2	SSE	3	SSE	2	—	0	SSE	2	SSE	4	SE	4	SSE	6	SSE	5	SSE	6
17	SE	2	—	0	ESE	2	SSE	2	SSW	2	NW	2	WNW	2	WNW	2	SE	2	—	0	—	0	NNW	3
18	—	0	—	0	—	0	—	0	—	0	—	0	SSW	2	—	0	ESE	2	—	0	WNW	3	WNW	2
19	E	2	W	3	SSE	2	SE	3	S	2	SSE	2	SE	3	SE	3	SW	2	N	9	N	7	NNW	9
20	E	4	E	2	NW	6	NW	7	NW	6	NNW	8	NW	6	NNW	9	N	8	N	8	N	7	N	7
21	SSE	3	S	3	SE	3	SSE	3	ESE	3	SE	2	E	2	E	2	E	2	NE	2	NW	2	N	2
22	SSE	3	SE	3	SE	4	SSE	3	SSE	6	SSE	3	SE	4	SSE	4	SE	5	SE	4	SSE	5	SSE	5
23	SSE	4	SSE	4	SSE	4	SE	4	SE	3	SE	3	ESE	3	SE	4	SE	3	SE	4	SE	3	SSE	3
24	SE	5	SE	5	SE	4	SE	5	SSE	6	SE	7	SE	6	SE	5	ESE	3	SSE	3	SE	3	SSW	3
25	ENE	3	SE	2	ESE	3	E	2	SE	2	ESE	2	SE	2	SSE	3	—	0	ESE	2	ESE	2	—	0
26	S	3	S	2	WNW	3	WNW	11	NNW	8	NNW	10	N	7	N	7	NW	7	NNW	7	N	4	N	5
27	SE	5	SE	4	SE	2	SSE	5	S	6	SE	3	SSE	3	ESE	4	ESE	4	E	4	SE	3	SSE	3
28	ESE	2	E	2	E	3	E	2	E	2	ESE	3	ESE	3	SE	3	SE	3	S	3	SE	4	SSE	4
29	ENE	2	ESE	2	ESE	2	ESE	2	—	0	—	0	SE	3	SE	2	ESE	3	SE	3	SE	3	SSE	4
30	SE	3	SE	2	SE	3	SE	4	SSE	3	SE	4	SE	4	SSE	5	SSE	4	SSE	5	SE	4	SSE	5
Mittel		2.9		2.7		3.1		3.5		3.4		3.4		3.5		3.5		3.3		3.9		4.2		4.2

Richtung und Geschwindigkeit des Windes.

Bossekop. Mittlere Ortszeit. **August 1882.**

1		2		3		4		5		6		7		8		9		10		11		12		Tagesmittel
	m.p.s.		m.p.s.		m.p.s.		m.p.s.		m.p.s.		m.p.s.		m.p.s.		m.p.s.		m.p.s.		m.p.s.		m.p.s.		m.p.s.	m.p.s.
N	2	—	0	N	3	N	4	N	3	N	3	—	0	N	2	N	3	N	2	—	0	N	4	2.3
NNW	4	NNW	2	—	0	N	2	N	2	—	0	—	0	—	0	—	0	—	0	—	0	—	0	1.5
NNW	2	SSE	6	SSE	8	SSE	5	SSE	4	S	4	S	3	—	0	—	0	SSW	8	S	6	SSW	4	3.2
S	5	S	5	SSE	5	SSE	5	SSE	3	S	3	SSE	2	SE	2	SSE	3	ESE	3	SSE	3	SE	3	3.9
S	6	SW	3	S	4	—	0	S	2	N	2	ESE	2	—	0	—	0	—	0	N	2	N	2	2.2
NNW	8	NW	8	NW	7	NNW	7	NNW	7	NNW	6	N	4	N	4	N	2	NNW	2	S	2	—	0	4.1
N	6	NNW	6	NNW	7	NW	6	NW	6	NW	6	NW	5	NW	4	NW	4	NW	6	NNW	3	NW	3	4.0
NNW	4	NW	4	NW	4	NNW	3	NW	3	NNW	4	NW	4	NW	3	N	3	NNE	3	—	0	—	0	2.9
SE	2	S	3	S	3	—	0	N	2	S	2	NW	2	N	2	NNW	3	—	0	—	0	—	0	1.5
W	2	NNW	3	WSW	4	WSW	4	WSW	4	W	5	NNW	4	—	0	SSE	2	SSE	1	SSE	2	SSE	2	2.0
—	0	NNW	5	—	0	—	0	N	8	N	4	S	2	—	0	—	0	SE	2	—	0	W	3	2.5
W	7	W	6	NW	4	WNW	2	W	4	WSW	4	WNW	6	NW	4	WSW	3	WSW	3	SW	2	SW	2	**4.5**
NNW	3	NNW	3	NNW	3	NNW	4	NNW	4	NNW	4	NNW	4	NNW	3	N	3	—	0	—	0	—	0	2.4
NNW	2	—	0	NNW	2	NW	2	NNW	3	NNW	2	—	0	—	0	—	0	—	0	—	0	SE	2	2.0
N	3	—	0	N	2	N	4	—	0	E	2	—	0	—	0	E	2	—	0	—	0	WSW	3	**1.3**
NNW	2	NNW	4	NW	4	NW	4	NW	5	NW	5	NW	5	WNW	3	NNW	2	—	0	NW	4	NW	6	2.5
N	4	N	4	NNW	5	NNW	6	NNW	5	NW	4	NNW	5	NNW	4	—	0	—	0	—	0	—	0	2.1
NNW	5	NNW	4	NNW	4	NNW	3	NNW	6	NNW	6	NNW	6	NNW	7	NNW	5	NW	6	NW	5	NW	4	3.5
—	0	SE	4	SE	5	SE	4	SE	4	SE	5	SE	4	SSE	3	—	0	SE	2	SSE	4	SSE	2	2.0
SSE	5	S	6	SSE	6	SSE	6	S	4	SE	3	SSE	5	SSE	4	SSE	2	SSE	3	SSE	3	SE	4	4.4
NNW	4	NW	4	N	4	NNW	5	NNE	3	SW	2	—	0	—	0	N	3	N	2	N	3	—	0	2.7
SSE	6	SSE	5	SSE	4	SSE	4	—	0	—	0	—	0	—	0	SE	2	SSE	4	—	0	—	0	2.3
SSE	4	SSE	5	ESE	4	—	0	SSE	4	S	4	SSE	3	SSE	2	SSE	3	SSE	3	SE	2	SSE	4	2.8
SSE	6	SSE	4	SE	6	SSE	7	SSE	4	SE	4	SE	4	SE	4	SE	4	SE	2	SE	4	E	2	4.3
SE	2	SE	4	SE	5	SE	3	SE	4	SE	6	SSE	4	SE	7	SE	5	ESE	6	ESE	2	ESE	3	4.1
SE	5	SE	3	SE	5	SE	6	SE	4	ESE	2	SE	4	SE	2	SSE	4	—	0	SSE	2	SE	3	3.5
N	2	—	0	S	3	SSE	4	SSE	3	SSE	3	—	0	S	2	SSE	3	SSE	3	SSE	2	SE	5	2.4
SSE	3	SSE	6	S	5	S	3	S	3	S	4	SSE	4	S	3	S	3	SE	3	SE	4	ESE	2	3.8
N	3	NNW	4	NNW	4	NNW	4	NNW	3	N	3	NNW	3	N	5	NNW	3	N	3	N	3	N	4	3.0
NNW	3	N	5	N	6	N	4	N	6	N	6	N	5	N	7	N	5	N	5	N	4	N	4	**4.5**
N	6	NNW	5	NNW	7	N	4	NNW	6	NNW	6	N	5	NW	4	NW	5	N	2	—	0	ESE	2	4.0
	3.7		3.9		**4.3**		3.7		3.8		3.7		3.1		2.6		2.4		2.4		**2.0**		2.4	3.0

$\lambda = + 23^{\circ}\ 14'\ 46'' = + 1^{h}\ 32^{m}\ 59^{s}$. **September 1882.**

1		2		3		4		5		6		7		8		9		10		11		12		Tagesmittel
	m.p.s.		m.p.s.		m.p.s.		m.p.s.		m.p.s.		m.p.s.		m.p.s.		m.p.s.		m.p.s.		m.p.s.		m.p.s.		m.p.s.	m.p.s.
SE	4	SE	3	SE	3	SE	4	SE	4	SSE	2	SE	4	SE	3	S	2	ESE	3	E	2	SSE	4	3.1
ESE	5	SE	5	SE	5	SE	5	SW	5	—	0	SSE	2	SE	2	—	0	—	0	—	0	—	0	3.1
N	6	N	6	N	6	N	5	N	4	N	4	—	0	S	2	S	2	SE	3	SE	3	SE	3	3.2
SW	6	SSW	6	SSW	4	S	6	SSE	3	SE	3	—	0	NW	2	SE	2	SE	2	ESE	2	SSE	2	3.8
NW	2	NW	4	NNW	3	NW	2	NW	2	—	0	SSE	4	SSE	4	SE	4	SE	3	S	2	S	2	2.8
SSW	4	S	6	S	6	SSE	4	SSE	4	S	8	S	7	SSE	6	S	5	SSE	5	S	5	S	5	4.7
WNW	3	NE	2	WNW	3	WSW	4	W	4	WSW	4	SW	3	W	4	S	2	S	3	SSE	4	SSE	4	3.9
SSW	5	SSW	7	SSW	6	SSW	9	SSW	6	WNW	6	NNW	3	SSW	3	S	3	E	2	SSE	3	SE	3	4.5
WNW	8	W	3	W	4	WNW	5	WNW	5	SW	4	WSW	4	SSE	3	S	4	S	2	SSE	4	SE	4	4.1
S	7	SE	4	SSE	5	SE	4	S	3	E	3	—	0	ESE	2	SE	2	SE	4	SE	6	SSE	3	3.5
NNW	3	N	3	NW	3	SSE	4	SSE	3	E	2	—	0	S	2	—	0	ENE	2	ENE	2	ESE	3	2.5
NNW	2	NNW	3	SSE	4	S	3	SE	3	S	2	SE	3	SE	2	E	3	SSE	4	SSE	4	SSE	4	3.0
S	7	SSW	8	SW	10	S	7	S	5	S	6	S	7	S	5	S	5	ESE	3	SE	3	SE	5	**5.6**
NNW	2	NNW	2	S	2	NW	3	N	4	NNW	3	N	4	NW	2	NW	3	—	0	SW	2	SE	3	2.3
NNW	6	NW	8	NNW	10	N	10	NNE	4	N	4	NNE	4	N	5	E	3	NE	2	NE	2	—	0	4.0
SSE	4	SE	3	SE	2	SE	2	—	0	—	0	—	0	—	0	—	0	—	0	—	0	—	0	2.0
—	0	NNW	2	NNW	3	NW	2	—	0	N	2	—	0	—	0	SSE	2	—	0	E	2	E	2	**1.4**
W	2	NW	2	N	3	N	3	N	2	NE	3	—	0	NE	2	E	3	—	0	WSW	3	NW	4	1.5
WSW	5	NNW	3	WNW	5	W	6	NW	3	SW	2	SW	2	SE	2	SSE	2	SSE	4	S	3	E	2	3.6
N	7	N	6	NNW	6	N	4	N	4	N	3	—	0	SSE	2	SSE	3	S	3	S	3	SSE	4	5.1
NE	2	NE	3	SSW	4	S	3	SSE	3	SSE	2	SSE	3	SSE	3	SE	3	S	2	S	2	S	4	2.6
SE	4	S	5	S	5	SSE	5	SSE	5	SSE	5	SSE	5	SSE	5	SSE	5	SSE	4	SSE	4	SE	4	4.4
NNW	2	NW	3	NW	2	SSE	3	SE	4	SE	3	ESE	4	SSE	4	SSE	4	SE	4	ESE	3	SE	5	3.5
N	3	N	5	NE	3	NW	6	WNW	4	WNW	6	W	5	W	4	ENE	3	WSW	3	SW	3	ESE	2	4.3
—	0	SE	2	E	2	NW	2	SSW	3	SSE	3	SSE	4	SSE	2	S	3	S	3	SW	3	SSW	4	2.3
N	6	NE	3	SE	2	SSE	3	SE	3	SSE	2	—	0	SE	2	SE	3	SE	3	SE	4	S	3	4.5
SSE	3	—	0	—	0	SSE	3	ESE	3	W	2	SSW	2	SSE	3	SE	2	E	2	—	0	—	0	2.8
SSE	4	SSE	4	SSE	4	SE	5	SSE	5	SE	5	SE	5	SE	4	—	0	SE	2	ESE	2	ESE	2	3.2
SE	4	SSE	3	SSE	2	SE	3	SE	3	SE	4	E	2	—	0	SSE	3	SSE	3	SSE	2	SSE	1	2.3
SE	4	SE	6	S	6	SSE	6	SE	4	SSE	6	SE	5	SSE	6	SSE	6	SE	5	S	5	S	5	4.6
	4.0		4.0		4.1		**4.3**		3.5		3.3		2.7		2.0		2.7		**2.5**		2.8		2.9	3.4

Richtung und Geschwindigkeit des Windes.

1882. October. Höhe des Anemometers über dem Boden: 2.4 m. **Bossekop.**

Datum	1	2	3	4	5	6	7	8	9	10	11	Mittag
	m.p.s.	m.p.s.	m.p.s.	m.p.s.	m.p.s.	m.p.s.	m.p.s.	m.p.s.	m.p.s.	m.p.s.	m.p.s.	m.p.s.
1	SE 4	SE 3	SE 2	ESE 4	SE 3	SSE 4	SSE 4	SSE 3	S 4	S 5	S 7	S 9
2	SE 5	SSE 5	S 5	SSE 3	SSE 3	S 3	SSE 5	SE 4	SE 3	SSE 3	S 5	SSE 4
3	ESE 3	ESE 3	SE 3	SE 5	SSE 3	SSW 2	NW 2	— 0	N 2	— 0	NNW 2	WNW 2
4	SSE 4	SSE 6	SSE 6	SSE 5	SSE 4	SE 5	SSE 5	SE 5	SE 6	SSE 4	SSE 3	NNE 2
5	S 5	S 2	S 2	S 3	WSW 3	WSW 2	SSE 3	SSE 4	S 3	S 6	W 3	W 5
6	NW 14	WNW 12	WNW 12	WNW 15	WNW 13	WNW 9	NW 9	WNW 9	WNW 12	NW 7	W 9	NNW 6
7	NW 12	WNW 11	NNW 12	NW 8	NW 8	NW 7	NNW 6	NW 6	N 6	NW 6	NNW 5	N 4
8	ESE 3	ESE 4	SE 2	NE 3	NNE 2	N 8	NNW 8	NW 11	NNW 10	NNW 11	NNW 14	NNW 8
9	ESE 2	SSE 2	ESE 3	NW 6	NW 3	NW 7	— 0	WNW 7	W 4	S 2	S 2	NW 4
10	WSW 2	NW 6	WNW 6	WNW 6	WNW 6	NW 6	NW 7	NW 4	N 2	NW 4	NW 4	NW 5
11	ENE 2	E 2	E 3	SE 2	SE 3	S 2	SSE 2	SSE 3	SE 3	SSE 3	SSE 3	SE 3
12	SSE 6	S 3	SSE 4	SSE 5	SE 5	SE 6	SE 6	SE 6	SE 5	SSE 5	SSE 5	SSE 5
13	SE 4	SE 2	ESE 3	ESE 3	ESE 2	SE 4	ESE 3	E 3	ESE 3	SE 3	ESE 2	SE 2
14	SE 3	E 3	ESE 4	ESE 4	E 4	SE 2	ESE 3	SE 4	ESE 2	SE 3	SE 2	ESE 2
15	E 2	E 2	E 2	SSE 2	SE 2	SE 2	SE 3	ESE 2	SE 3	ESE 4	SE 3	ESE 3
16	SSE 3	E 3	SE 3	SE 3	SSE 2	SE 3	SE 2	SE 4	SE 3	SE 3	ESE 3	SE 2
17	ESE 3	E 3	E 3	SE 5	E 3	ESE 2	SE 3	SE 4	SE 6	S 9	S 6	SSE 4
18	SE 3	SE 3	ESE 3	E 2	ESE 2	ESE 3	SE 4	SE 3	ESE 3	SE 4	ESE 2	ESE 2
19	W 5	W 5	WSW 5	W 5	WSW 3	SW 4	SSW 3	S 4	S 3	S 4	SW 4	W 2
20	SE 4	SE 4	SSE 4	ESE 3	SSE 3	SSE 4	SE 4	SE 3	SE 4	SE 3	ESE 4	ESE 4
21	SSE 4	SE 3	SE 4	S 3	SSE 5	SSE 5	SSE 4	— 0	SSE 3	SE 3	SE 4	SSE 5
22	ESE 2	ESE 2	ESE 2	SE 2	E 2	ESE 2	ESE 2	ESE 3	ESE 2	ESE 3	ESE 3	ESE 2
23	SE 2	SE 2	SE 2	SE 3	ESE 3	ESE 3	ESE 3	ESE 2	SE 2	E 2	E 2	ESE 2
24	ESE 2	SE 3	ESE 2	ESE 2	E 3	E 3	SE 3	ESE 3	ESE 3	ESE 2	SE 3	SE 3
25	ESE 3	SE 4	ESE 4	SE 4	ESE 5	SE 5	SE 4	SE 4	SE 3	S 5	SSE 4	SE 5
26	SSE 6	S 6	SSE 4	S 8	SSE 4	SE 3	ESE 4	SE 4	SSE 4	SSE 6	SSE 5	SSE 4
27	SSE 5	SE 4	SSE 4	SSE 2	SSE 3	SSE 4	SSE 4	SE 5	SSE 6	SSE 4	SSE 5	SE 3
28	SE 4	S 4	W 4	SSE 4	SSE 4	SSE 3	SE 3	SE 3	SE 3	SE 3	SE 3	SE 3
29	SSE 3	SE 2	SE 2	SSE 3	S 3	SSE 3	ESE 3	SE 3	ESE 3	ESE 4	SE 4	ESE 3
30	SSE 4	SSE 4	SE 4	SSE 4	SSE 4	SE 3	SSE 4	SSE 6	SSE 2	SE 3	ESE 2	SE 2
31	SE 2	SE 2	SSE 3	ESE 3	ESE 3	SSE 3	E 3	SSE 2	SSE 2	W 3	WNW 3	W 3
Mittel	4.1	3.9	3.9	4.2	3.7	3.9	3.8	4.0	3.9	4.1	4.1	3.6

1882. November. $\varphi = + 69^0\ 57'\ 29''$.

Datum	1	2	3	4	5	6	7	8	9	10	11	Mittag
1	NW 7	N 11	NW 8	NW 7	NNW 9	NW 9	N 8	NNW 7	N 7	NNW 7	NNW 8	NW 6
2	SSE 3	SSE 4	SE 6	SSE 4	S 5	SSE 3	S 6	SSW 6	S 5	SSE 5	SSE 6	S 5
3	S 6	S 5	S 7	SSE 7	S 7	SSE 8	SSE 10	SSW 12	SSW 10	S 7	S 6	SSE 6
4	SSE 7	SSE 7	S 7	S 9	S 9	S 6	SSE 5	S 8	SSE 7	S 12	SE 7	SSW 11
5	SSE 8	SSE 9	SE 6	SE 8	SSE 6	SSE 6	SSE 6	SSE 4	SSE 6	SSE 6	SSE 8	S 5
6	SSE 4	SSE 5	S 6	SSE 7	SSE 6	S 10	S 9	SSE 6	S 6	SSE 4	SSE 9	SSE 5
7	SSE 7	SSE 7	SSE 5	SE 6	SSE 7	SE 6	SSE 4	SE 5	SSE 5	SE 4	SE 2	SE 5
8	SSE 3	SSE 3	SSE 3	SSE 4	S 2	S 3	SSE 4	S 3	SSE 2	E 4	SE 4	SE 3
9	SSE 4	SSE 5	SSE 5	SE 5	SSE 5	SSE 4	SE 3	SSE 3	S 3	SE 4	SE 3	SSE 3
10	SE 4	SE 3	SE 4	SE 2	SE 3	SSE 2	— 0	SSE 2	SSE 2	SSE 2	SSE 2	SE 3
11	ESE 3	S 3	SSE 3	SSE 3	SE 2	SE 2	SSE 3	SE 3	SE 3	SE 4	ESE 3	SE 3
12	ESE 5	ESE 4	SE 3	SE 4	E 3	ESE 5	S 4	SE 5	SE 5	SE 4	SE 3	SE 4
13	SE 4	SSE 4	SSE 4	E 3	SSE 3	SSE 3	SSE 3	E 4	ESE 4	SE 4	SE 3	ESE 3
14	ESE 4	SE 3	SE 4	SE 4	ESE 3	ESE 4	ESE 4	E 4	SSE 4	ESE 4	ESE 5	ESE 4
15	E 3	SE 5	SE 5	SSE 4	SSE 5	ESE 5	SE 6	SE 5	SSE 5	SSE 5	SE 5	SE 6
16	SE 5	ESE 4	ESE 4	SE 3	ESE 4	ESE 4	ESE 4	SE 4	SSE 4	SE 4	SE 3	ESE 2
17	SE 3	ESE 3	SE 3	ESE 3	SE 2	SE 2	SE 2	SE 2	SSE 2	SSE 2	E 3	E 2
18	SE 2	E 3	SE 3	SSE 3	SE 4	SE 3	SE 3	ESE 4	ESE 4	SE 3	SE 2	ESE 2
19	S 4	SE 2	SE 4	E 2	E 2	SSE 4	SE 4	SSE 4	S 6	SSE 3	SSE 4	SSW 6
20	SE 3	SE 5	SE 7	SSE 5	SSE 5	S 4	S 6	S 5	S 5	SSE 7	SSE 5	SSE 4
21	SE 4	SE 3	SE 3	SE 5	SE 5	SE 4	SE 4	SSE 4	ESE 3	E 3	ESE 3	ESE 2
22	ESE 3	SE 3	SE 3	SE 3	SE 2	ESE 2	E 4	SE 3	SE 3	E 3	E 2	SE 3
23	SE 3	ESE 3	SSE 2	SE 3	E 3	S 2	N 2	NE 4	— 0	NNE 2	NNE 3	NE 2
24	SE 2	SSE 2	ESE 3	ESE 3	ESE 3	SE 3	SE 2	ESE 2	ESE 3	ESE 4	ESE 4	ESE 4
25	SE 3	ESE 3	ESE 2	SE 3	SE 3	SE 3	SE 4	SE 3	SE 3	ESE 3	SE 3	SSE 2
26	S 3	SE 2	ESE 2	— 0	S 3	E 2	ESE 2	ESE 2	ESE 2	SE 2	ESE 2	ESE 3
27	SE 4	SE 4	SE 3	ESE 3	ESE 4	ESE 3	SE 3	SE 3	SE 4	SE 3	SE 4	SSE 3
28	E 3	ESE 3	SE 3	SE 3	SE 5	SE 3	ESE 4	ESE 3	S 3	ESE 3	ESE 3	SE 3
29	E 4	SSE 5	SE 6	ESE 4	ESE 3	ESE 5	ESE 4	SE 3	SSE 4	SE 7	SSE 5	SE 6
30	SE 4	SE 6	SSE 3	E 2	NE 4	E 3	S 6	SSE 5	SSE 6	ESE 4	SE 4	E 4
Mittel	4.1	4.3	4.2	4.1	4.2	4.1	4.3	4.3	4.2	4.3	4.1	4.0

Richtung und Geschwindigkeit des Windes.

Bossekop. Mittlere Ortszeit. **October 1882.**

1	2	3	4	5	6	7	8	9	10	11	12	Tagesmittel
m.p.s.	m.p.s.	m.p.s.	m.p.s.	m.p.s.	m.p.s.	m.p.s.	m.p.s.	m.p.s.	m.p.s.	m.p.s.	m.p.s.	m.p.s.
S 7	SSW 3	S 8	S 6	S 5	SSE 4	SE 4	SE 4	SE 2	SE 5	SSE 4	SSE 4	4.5
SSE 3	S 3	SSW 4	SE 4	ESE 4	SE 4	SSE 5	SSE 3	SE 3	SE 4	SE 3	SE 2	3.8
NW 2	— 0	N 2	NW 2	SE 2	— 0	— 0	— 0	SE 2	SE 3	— 0	SSE 4	1.8
SSE 2	SSE 4	SE 3	SE 3	SSE 3	SE 4	S 5	SSE 5	S 4	S 4	SSW 6	S 5	4.3
WSW 5	W 17	W 15	WNW 18	WNW 14	WNW 4	NW 12	NW 16	NW 17	NW 15	NW 12	NW 13	8.3
NW 12	NW 10	NW 8	NW 11	NW 7	NW 8	NW 10	NW 11	NW 8	NW 11	NW 7	NW 11	10.0
NW 6	NNW 3	N 3	N 6	N 4	N 3	N 5	W 2	W 5	SE 3	SE 3	SE 4	5.8
NNW 11	NNW 9	NNW 9	NNW 8	NW 6	WNW 5	NW 5	WNW 6	NW 4	NW 4	SSE 3	SSE 2	6.5
— 0	WNW 3	W 5	W 3	WNW 4	W 3	NW 3	WNW 4	NW 4	SSE 2	SSE 2	W 2	3.2
NW 5	NW 5	NW 6	NW 5	NNW 4	NW 4	W 3	NNE 3	NNE 3	E 2	— 0	— 0	4.1
S 4	SSE 3	ESE 3	SSE 4	SE 2	SE 2	S 2	SSE 4	S 2	SSW 2	SSE 5	SSE 4	3.7
SSE 5	SSE 5	SSE 5	SE 4	SE 4	S 2	S 3	ESE 2	ESE 2	SE 2	SE 2	ESE 2	4.1
SSE 2	S 2	S 2	SE 2	SE 2	— 0	SSE 2	E 3	E 2	SE 3	ESE 2	ESE 4	2.5
— 0	— 0	— 0	SSE 2	SE 2	SE 2	SSE 2	— 0	SE 2	ESE 2	ESE 2	SSE 2	2.2
SE 4	SE 5	ESE 5	SE 4	SSE 4	SSE 5	SE 4	SSE 4	S 3	SE 3	SE 5	SSE 4	3.3
S 2	- 0	SSE 2	SSE 2	ESE 2	ESE 2	E 3	ESE 3	ESE 4	ESE 3	ESE 3	ESE 3	2.6
SSE 3	SSE 5	SSE 4	SSE 5	SSE 6	SSE 3	SSE 5	SSE 4	S 4	S 3	SE 3	ESE 3	4.1
S 2	— 0	E 2	SE 4	SE 2	SSE 3	SSE 4	WSW 2	WSW 2	SW 5	WSW 6	WSW 5	3.0
W 4	SW 4	WSW 3	WSW 3	SE 3	SE 2	SE 2	SE 3	E 3	ESE 3	ESE 3	E 3	3.5
SE 3	SE 3	SE 3	ESE 2	SE 4	SE 4	SE 4	ESE 3	SE 3	SSE 4	SSE 4	SE 4	3.5
SSE 3	SSE 3	SSE 3	SE 3	SSE 3	SSE 3	SSE 3	SE 3	SSE 5	SSE 3	SE 4	SE 3	3.4
ESE 3	ESE 3	SE 2	E 2	E 3	E 3	SE 2	E 2	ESE 3	SE 3	SE 2	E 3	2.4
SE 3	SE 2	SE 2	SE 2	SE 2	SE 2	SE 3	SE 3	SE 4	SE 4	SSE 3	SE 2	2.5
ESE 3	SE 3	SE 3	ESE 2	ESE 2	ESE 2	SE 2	SE 2	SE 2	ESE 3	ESE 3	SSE 3	2.6
S 6	ESE 6	SE 5	SSE 4	SSE 5	S 5	ESE 3	SE 4	SSE 4	SSE 4	SSE 4	S 6	4.4
SSE 5	SSE 3	SSE 4	SE 4	SSE 3	SE 3	SE 4	SE 4	SE 3	SE 3	SSE 5	S 4	4.3
SSE 5	SSE 6	SSE 5	SSE 5	SE 4	SSE 4	S 4	SSE 5	SSE 4	SE 4	SE 4	SE 4	4.3
SE 4	SSE 3	SE 3	SE 3	SE 3	SSE 4	SSE 3	SSE 4	SSE 4	SE 4	SE 4	SSE 4	3.5
S 6	SE 4	S 3	SE 3	SE 3	SSE 4	SE 4	SE 4	SE 4	SE 4	SE 4	SE 3	3.4
SE 2	SE 2	SE 2	SE 2	ESE 2	SE 2	ESE 2	ENE 3	ESE 3	E 3	SSE 3	SSE 3	2.9
NW 7	NW 8	NW 7	NW 9	NW 7	NW 11	NW 8	NW 9	NW 10	NW 8	NW 8	NW 8	5.5
4.2	4.1	4.2	4.4	3.9	3.4	3.9	4.0	4.0	4.0	3.8	4.0	4.0

$\lambda = + 23^0\ 14'\ 46'' = + 1^h\ 32^m\ 59^s$. **November 1882.**

1	2	3	4	5	6	7	8	9	10	11	12	Tagesmittel
NW 7	NNW 6	NW 6	NNW 3	E 2	E 2	SSE 2	SSE 2	ESE 3	ESE 3	SSE 4	SSE 3	5.7
SE 8	S 4	S 3	S 3	SE 4	SSE 4	S 6	S 6	S 5	S 7	S 6	S 6	5.0
S 7	SSE 5	S 7	S 6	S 5	S 9	S 10	S 6	S 9	SSE 9	SSE 4	SSE 5	7.4
SSW 13	SSE 10	SSW 11	S 6	S 15	S 7	SE 8	SSE 5	SSE 7	SSE 6	S 7	SSE 7	8.2
SE 7	E 2	NNE 2	— 0	SSE 5	SSE 9	SE 6	SSE 8	S 6	SE 6	SSE 4	SE 5	5.8
S 6	SSE 4	SSE 5	SSE 5	SSE 7	S 5	SSE 5	SSE 7	SSE 4	SSE 7	S 8	SSE 5	6.1
SE 4	SE 4	SE 5	SE 5	SE 4	SE 3	SE 3	SE 2	SSE 3	SSE 3	SSE 3	SSE 3	4.4
ESE 3	ESE 3	SE 3	SE 3	S 4	E 3	ESE 3	SE 4	SE 2	SE 3	SE 5	ESE 4	3.3
SE 4	SSE 4	SSE 5	SE 3	S 3	S 3	SE 3	S 3	S 4	SSE 3	S 2	SE 2	3.6
SE 3	ESE 3	ESE 3	E 2	E 4	E 3	S 4	ESE 5	SE 6	SE 3	SE 3	ESE 4	3.0
SE 3	SE 3	SE 3	E 3	ESE 3	SE 3	SSE 4	ESE 3	ESE 3	SE 3	SE 4	ESE 3	3.0
SE 3	SSE 2	SE 4	SE 4	SSE 4	SE 5	SE 6	SE 4	SE 4	ESE 4	SE 4	SSE 5	4.1
SE 3	SE 3	SE 3	SE 2	E 3	E 3	ESE 3	SE 2	E 3	E 4	E 2	E 3	3.1
ESE 6	ESE 5	SE 6	SE 6	SE 5	SE 5	SE 4	ESE 5	ESE 4	ESE 5	SE 5	E 4	4.5
SSE 5	SSE 5	SE 6	SSE 5	SSE 8	ESE 7	SSE 6	SE 5	SE 5	SE 5	ESE 4	SSE 5	5.2
SE 3	SE 3	SE 3	ESE 4	SE 4	SE 3	SE 3	SE 3	ESE 3	ESE 3	ESE 3	ESE 3	3.5
SE 2	E 2	SE 2	ESE 2	SE 2	E 2	ESE 2	E 2	ESE 2	ESE 2	SE 2	ESE 2	2.2
ESE 4	E 3	ESE 3	ESE 3	ESE 4	SE 4	SE 4	SE 4	ESE 4	ESE 2	ENE 2	SSE 2	3.1
SSW 2	E 5	SSW 5	SSE 4	SSE 6	S 6	S 7	SSE 7	SSE 6	S 5	SSE 3	SE 3	4.3
SE 2	SE 4	SE 5	S 4	S 4	SE 3	SE 4	SE 3	SE 2	ESE 3	ESE 4	— 0	4.1
ESE 2	ESE 3	ESE 3	ESE 3	ESE 2	ESE 3	ESE 3	ESE 3	ESE 3	ESE 3	ESE 3	ESE 5	3.3
SE 2	SE 3	E 3	ESE 3	SE 3	SE 2	ESE 3	ESE 3	SE 2	E 2	SE 2	ESE 2	2.7
— 0	— 0	NE 2	- 0	SE 2	— 0	SE 2	SE 2	SE 2	SE 2	SSE 2	S 2	1.9
SE 3	ESE 4	ESE 4	ESE 4	ESE 4	SE 4	E 3	SE 3	ESE 3	ESE 3	SE 3	SE 3	3.2
SSE 2	SSE 2	SSE 2	SSW 2	- 0	SSE 6	SSE 3	SSE 4	SSE 2	SE 3	SE 2	SE 2	2.7
ESE 3	SE 2	ESE 3	ESE 3	ESE 3	ESE 3	ESE 2	SE 3	ESE 4	SE 3	SE 4	SE 3	2.5
SE 3	SE 2	S 4	E 4	E 4	SSE 3	E 3	SE 3	S 3	SSE 4	E 3	SSE 3	3.3
ESE 4	ESE 4	E 5	ESE 3	ESE 4	ESE 3	E 4	ESE 4	SE 4	SE 3	E 4	SSE 5	3.6
ESE 4	ESE 4	ESE 5	ESE 5	SE 5	SE 5	SSE 5	SSE 5	SE 4	SE 4	SE 5	ESE 4	4.6
ESE 3	ESE 3	ESE 3	E 3	ESE 4	ESE 4	SE 5	E 3	SE 6	SSE 5	ESE 3	SSE 5	4.1
4.0	3.6	4.1	3.4	4.2	4.1	4.2	3.9	3.9	3.9	3.7	3.6	4.0

Richtung und Geschwindigkeit des Windes.

1882. December. Höhe des Anemometers über dem Boden: 2.4 m. **Bossekop.**

Datum	1	m.p.s.	2	m.p.s.	3	m.q.s.	4	m.p.s.	5	m.p.s.	6	m.p.s.	7	m.p.s.	8	m.p.s.	9	m.p.s.	10	m.p.s.	11	m.p.s.	Mittag	m.p.s.
1	SSE	5	ESE	2	SE	3	SE	3	ESE	4	ENE	3	ESE	3	ESE	3	S	2	SE	3	SE	2	E	3
2	ESE	4	SE	3	ESE	3	ESE	3	ESE	4	ESE	4	ESE	3	SE	3	E	4	ESE	3	ESE	2	ESE	3
3	SE	4	E	4	SSE	6	SE	7	SE	9	ESE	6	ESE	9	ESE	6	SE	8	SSE	4	SSE	3	S	5
4	SE	4	SE	4	S	5	SE	4	SE	4	SE	4	SE	5	SE	4	ESE	3	SE	2	ESE	3	ESE	3
5	SE	3	S	2	SE	3	SE	3	E	2	SE	3	SE	3	ESE	3	SE	4	SE	5	SE	6	SE	5
6	SE	5	SE	6	SE	5	SE	4	SE	4	SE	4	SE	4	SE	5	ESE	5	SE	4	E	5	ESE	4
7	SE	10	SE	10	SE	11	SSE	6	SE	6	S	6	E	4	ESE	4	SSE	6	SSE	5	SSE	5	SE	7
8	SE	4	ESE	3	SSE	5	SSE	5	SE	6	SE	5	SE	5	E	3	ESE	3	ESE	4	SE	4	SE	3
9	ESE	3	ESE	3	ESE	2	SE	3	SSE	4	SE	4	E	3	E	3	SE	5	ESE	6	ESE	2	ESE	5
10	SE	4	SE	6	SE	5	E	2	ESE	5	SSE	5	S	8	SSE	6	SE	5	SE	5	SE	4	SSE	5
11	S	5	SE	6	SE	4	SE	3	SE	4	ESE	3	ESE	4	SE	2	SE	4	—	0	SE	4	S	6
12	ESE	3	E	3	SE	3	E	2	SE	3	SSE	4	S	5	SSE	5	SE	4	SSE	5	SE	3	SE	4
13	SSE	6	S	4	SE	3	SSE	5	SE	4	SE	10	SSE	7	S	10	S	11	NE	2	SSE	2	S	6
14	N	12	N	10	NNW	11	NNW	8	N	9	NNW	7	WNW	5	NNW	6	N	7	N	11	WNW	5	N	7
15	SE	3	SW	3	W	5	SW	4	N	12	NNW	17	NNW	11	NW	9	NW	14	NW	9	WNW	7	NW	9
16	ENE	2	SSE	4	ESE	4	SSE	2	SSE	5	SSE	3	SSE	4	W	6	W	7	S	3	NNW	4	WNW	5
17	NW	10	NW	10	WNW	9	—	0	NW	5	W	4	SE	4	SSE	3	E	3	SE	3	SE	4	SE	4
18	SSE	4	SSE	4	SE	3	ESE	5	ESE	4	SE	5	E	4	SE	6	ESE	6	E	4	E	3	SE	4
19	S	3	SE	3	S	3	E	3	E	3	E	4	ESE	4	SE	5	SSE	6	SE	6	SE	8	ESE	4
20	SE	4	SE	3	SE	4	SE	3	SSE	5	ESE	4	SE	4	SSE	5	SSE	6	SE	4	SSE	3	SSE	5
21	W	2	—	0	ESE	3	SE	2	S	3	SSE	4	E	3	SSE	4	SSE	4	SE	4	SSE	7	SE	6
22	SSE	8	SSE	8	SSE	7	ESE	3	SSE	4	SSE	6	SE	5	SSE	4	SE	3	SE	3	ESE	2	ESE	3
23	S	6	SSE	6	SSE	6	SSE	12	SSE	11	SSE	8	SSE	11	SSE	10	SSE	11	SSE	7	SSE	5	SSE	8
24	SSE	3	SE	3	SE	2	SE	4	SE	2	SE	4	E	2	SE	5	ESE	8	SE	10	SE	5	SE	5
25	—	0	ESE	3	E	2	SE	2	ESE	2	ESE	2	ESE	2	SE	3	SE	3	SE	4	ESE	3	ESE	5
26	SE	4	S	3	SE	5	SE	4	SSE	3	SE	4	SSE	5	SE	4	SE	5	SE	2	SE	3	SSE	4
27	ESE	5	SE	2	SE	2	ESE	2	ESE	3	ESE	2	SE	2	E	3	ESE	4	ESE	3	SE	3	SE	4
28	SSE	3	ESE	3	SE	3	ESE	3	ESE	3	ESE	4	ESE	3	ESE	4	ESE	3	ESE	3	SE	3	E	2
29	N	2	NE	2	—	0	S	2	SSE	2	E	2	ESE	2	SE	2	E	2	SE	3	SE	3	ESE	4
30	E	3	SE	3	SE	3	SSE	5	S	6	SE	3	SE	5	SE	2	SE	3	SSE	2	SSE	3	W	2
31	SE	3	SE	5	SSE	6	SSE	8	SSE	5	ESE	2	ESE	5	ESE	7	SE	6	SE	4	SE	5	SSE	4
Mittel		4.4		4.2		4.4		3.9		4.7		4.7		4.6		4.7		5.3		4.3		**3.9**		4.6

1883. Januar. $\varphi = + 69^{\circ} 57' 29''$.

Datum	1	m.p.s.	2	m.p.s.	3	m.p.s.	4	m.p.s.	5	m.p.s.	6	m.p.s.	7	m.p.s.	8	m.p.s.	9	m.p.s.	10	m.p.s.	11	m.p.s.	Mittag	m.p.s.
1	SSE	5	SSE	5	SSE	6	SE	5	SE	5	ESE	4	ESE	3	ESE	4	ESE	5	E	5	ESE	4	SE	5
2	SE	5	ESE	4	S	3	SE	3	SE	3	SE	2	SSW	2	S	3	SE	3	SE	3	ESE	2	SE	2
3	ESE	3	ESE	3	SE	2	E	2	ESE	2	SE	2	S	2	N	2	NE	2	N	8	NNW	10	WNW	9
4	SE	2	NW	7	WNW	9	NW	7	NW	17	NW	14	NW	3	NNW	13	NNW	17	N	14	NNW	12	NNW	13
5	N	12	N	14	N	15	NNW	7	NW	9	NNW	8	NW	9	W	8	WNW	6	NW	7	WNW	6	WNW	8
6	S	3	S	8	S	9	S	7	S	6	S	8	S	5	SSE	6	SE	4	SSE	4	SE	5	E	4
7	SW	5	SW	3	WSW	3	SSW	3	SSW	6	SSW	4	SW	5	SW	6	SW	9	SW	5	SW	4	WSW	3
8	W	5	W	4	W	4	W	13	W	11	W	9	WNW	10	WSW	5	WSW	5	WSW	4	W	4	SW	5
9	NW	8	NW	11	NW	6	NW	3	NW	4	WNW	3	NW	3	N	8	NW	8	NW	6	WNW	5	E	2
10	NNW	6	SE	2	ESE	2	SE	2	ESE	2	ESE	4	ESE	3	SE	2	ESE	3	ESE	3	ESE	3	ESE	4
11	NW	13	NNW	14	N	14	NNW	15	NW	8	N	11	NNW	12	NW	7	NW	7	NW	9	NNW	8	NNW	8
12	NNW	8	NNW	9	NNW	8	NNW	15	NNW	5	NNW	17	NNW	18	NNW	14	NNW	12	NNW	8	N	10	NW	8
13	S	3	E	4	ESE	2	E	3	—	0	E	3	SSE	3	E	3	SE	3	SE	4	SE	4	ESE	4
14	SE	4	SE	5	SE	5	SE	5	SSE	5	SSE	6	SSE	4	SE	4	E	4	SSE	3	SSE	4	SSE	4
15	ENE	2	SW	3	SW	3	SE	3	SSW	3	SE	2	S	4	SSE	5	SSE	5	SE	5	SE	4	SE	5
16	SE	7	SSE	6	SSE	7	SE	7	SE	7	SE	7	SE	6	SE	7	SE	4	SE	6	SE	5	ESE	4
17	SE	5	SE	6	SSE	6	SSE	7	SSE	7	SSE	7	SE	10	SE	7	SSE	6	SE	6	SSE	5	SE	5
18	SE	4	SE	5	SE	3	SE	4	ESE	5	ESE	5	ESE	3	ESE	3	E	3	SSE	6	SE	7	SE	4
19	SE	4	S	9	SE	4	E	4	S	3	WSW	3	S	4	W	2	SSE	3	SSE	4	SE	2	S	5
20	SSE	4	SSE	3	SE	3	SE	4	ESE	4	ESE	4	SE	3	E	3	E	2	E	3	ESE	3	SE	2
21	E	5	SE	5	E	4	ESE	5	SE	3	SSE	4	ESE	4	E	3	ESE	3	SSE	4	ESE	3	ESE	3
22	SSW	2	E	2	E	2	SSW	6	ESE	4	—	0	SSE	3	SSE	4	S	4	ESE	3	E	3	SE	3
23	S	7	SW	6	S	6	S	8	S	4	S	4	S	4	ESE	3	ESE	4	ESE	6	W	9	W	11
24	ESE	5	SSW	6	S	5	SSW	4	S	2	E	2	W	4	SW	4	WSW	4	W	8	WNW	15	W	9
25	ESE	2	S	3	S	4	SE	3	SE	5	E	2	E	2	ESE	3	SSE	3	SSE	7	SSE	9	ESE	4
26	SE	7	SE	6	SSE	6	S	7	S	5	S	3	SSE	5	S	5	S	9	SW	7	SSW	10	SSW	4
27	SSE	3	S	3	S	3	SE	3	E	3	SE	4	SE	4	ESE	5	E	4	SSE	6	SSE	6	E	3
28	—	0	S	4	ESE	3	SSE	4	S	5	SSE	5	SSE	6	SSE	7	SSE	6	SE	9	SSE	6	S	8
29	SE	2	ESE	3	ESE	4	ESE	3	E	2	SE	3	SE	4	SE	3	SE	3	ESE	3	ESE	4	ESE	3
30	NNE	2	SSE	7	S	6	SE	6	SE	6	SSE	4	SE	5	S	3	SE	4	SSE	5	SSE	4	SE	3
31	E	3	ESE	3	E	3	SE	4	ESE	2	E	3	SE	3	ESE	4	ESE	3	SE	3	SE	3	SSE	2
Mittel		4.7		5.6		5.2		5.5		4.9		5.1		4.7		5.0		5.1		5.6		**5.9**		5.1

Richtung und Geschwindigkeit des Windes.

Bossekop. Mittlere Ortszeit. **December 1882.**

1	2	3	4	5	6	7	8	9	10	11	12	Tagesmittel
m.p.s.	m.p.s.	m.p.s.	m.p.s.	m.p.s.	m.p.s.	m.p.s.	m.p.s.	m.p.s.	m.p.s.	m.p.s.	m.p.s.	m.p.s.
E 3	E 3	SE 3	SSE 2	E 3	E 3	SE 3	ESE 4	SSE 3	SSE 3	SSE 3	ESE 3	3.0
ESE 4	E 3	ESE 4	ESE 3	E 4	ESE 5	ESE 4	SE 5	SE 4	SSE 6	SSE 3	ESE 3	3.6
S 4	S 4	SE 4	SE 3	SE 3	SSE 5	SSE 5	SE 5	SSE 6	SE 4	SE 4	SE 4	5.1
SSE 4	SE 4	SE 5	SSE 3	SE 5	SSE 3	SSE 3	SSE 3	SE 4	SE 3	ESE 4	SSE 3	3.7
SE 5	SE 6	SSE 5	SSE 9	SE 8	SE 8	SE 8	SE 6	SE 9	SE 5	SE 6	SSE 6	5.1
SE 5	ESE 4	SSE 6	ESE 4	ESE 4	SE 6	SE 6	SE 10	SE 8	SE 6	ESE 6	SE 11	5.5
SSE 7	SE 6	SE 6	SE 6	SSE 6	SSE 8	SE 6	SE 5	ESE 4	SE 4	SE 4	SE 3	6.0
ESE 4	SSE 4	ESE 4	SE 3	SE 3	SE 4	ESE 4	SE 4	SE 3	SE 3	SE 3	SE 3	3.8
SE 7	SE 4	SE 4	SE 6	S 4	ESE 3	SE 5	SE 6	SSE 6	SSE 6	SE 5	SE 7	4.4
SE 7	SE 5	SSE 7	SE 11	SE 8	SE 7	SE 5	SE 8	SE 9	SSE 3	SSE 5	SSE 5	5.8
ESE 3	ESE 3	SSE 4	SSE 3	SE 3	ESE 3	ESE 3	ESE 3	ESE 3	ESE 3	ESE 4	ESE 3	3.5
ESE 3	SSE 4	SE 4	SE 3	SSE 2	SE 2	SE 2	SSE 4	S 2	S 2	SSE 3	SSE 3	3.3
SSE 3	S 4	SSW 4	SSW 2	WSW 3	SSW 5	WSW 5	NW 7	NNW 13	NNW 8	NNW 9	N 9	5.9
WNW 2	S 3	SSE 3	S 3	E 2	S 3	SSE 5	SE 5	E 5	E 3	SSW 2	SSW 3	5.7
WSW 5	WSW 3	SSE 4	SSE 5	SSE 4	WSW 3	SSW 4	W 5	W 10	S 2	W 5	ESE 4	6.5
WNW 4	NW 4	NW 6	ESE 2	SSE 3	WSW 2	S 3	ESE 2	SSE 3	ENE 4	N 3	NW 12	4.0
SSE 4	SSE 4	S 4	SSW 5	SSW 5	SSW 7	S 4	SSW 6	SSE 5	S 5	S 4	SSE 4	4.8
ESE 4	SE 2	NW 4	NW 5	SW 2	NW 5	NW 4	WNW 4	W 6	WNW 5	SW 3	SE 3	4.1
ESE 6	SE 7	SE 8	SE 6	SE 2	SE 6	S 11	SSE 9	SSE 5	SSE 6	SSE 5	SSE 4	5.3
SSE 6	SSE 4	SE 4	SE 7	SE 5	ESE 5	NE 3	SSE 3	WSW 9	W 9	W 8	W 6	5.0
SE 7	SE 5	SSE 7	SSE 8	SSE 5	SSE 4	SSE 3	SSE 4	SSE 6	SSE 9	S 8	SSE 5	4.7
ESE 3	E 3	ESE 3	ESE 3	ESE 2	E 3	ESE 4	SE 5	SE 6	S 4	S 6	S 4	4.3
SSE 5	SE 6	SSE 6	S 9	S 11	SE 5	SSE 6	S 6	SSE 7	SE 6	SSE 5	SSE 4	**7.4**
SE 8	SSE 10	SSE 7	SE 5	SE 7	SE 3	S 3	SE 4	SE 3	SSE 4	SE 4	ESE 3	4.8
SSE 5	ESE 4	E 3	ESE 7	ESE 4	ESE 6	ESE 6	ESE 5	ESE 4	ESE 3	ESE 5	SE 4	3.6
SSE 3	SE 3	SSE 3	SSE 4	SE 5	SE 3	SSE 3	SSE 3	SSE 3	ESE 3	ESE 4	ESE 3	3.6
SE 4	SSE 4	SE 4	SSE 3	ESE 3	SE 4	S 4	SE 4	SSE 3	SE 4	SSE 3	SE 3	3.2
NE 2	ENE 2	E 2	NE 2	E 3	NE 2	NE 2	NE 2	SE 3	NE 3	SE 2	NE 2	**2.7**
SE 3	ESE 4	ESE 4	ESE 4	ESE 3	ESE 4	ESE 3	ESE 4	E 4	ESE 3	SE 4	SE 3	2.9
SSE 3	SSE 3	SSE 4	S 7	SSE 5	SE 4	SSE 6	SSE 5	SSE 4	SE 4	SE 4	ESE 3	3.8
SE 4	SSE 4	SE 3	SSE 6	SE 4	ESE 4	SE 4	SSE 5	SSE 5	SSE 6	SSE 5	SSE 5	4.8
4.4	4.2	4.4	4.8	4.2	4.4	4.4	4.9	**5.3**	4.5	4.5	4.4	4.5

$\lambda = + 23^{0}\ 14'\ 46'' = + 1^{h}\ 32^{m}\ 59^{s}$. **Januar 1883.**

1	2	3	4	5	6	7	8	9	10	11	12	Tagesmittel
SE 5	SSE 5	SSE 6	SSE 7	SSE 6	SE 5	SE 5	SSE 5	SSE 4	SE 4	SSE 3	SE 6	4.9
— 0	SSE 2	SE 3	SE 2	SE 2	ESE 2	ESE 2	SE 2	E 3	ESE 2	SE 2	SE 2	**2.4**
WSW 3	W 4	W 5	NW 5	WNW 8	WNW 7	W 11	. . . 0	SE 2	E 2	S 3	S 4	4.2
NNW 10	NNW 11	NW 12	NW 13	NW 14	NW 12	NW 13	NNW 14	NNW **18**	N 12	N 14	N 14	**12.3**
W 6	WSW 5	WNW 5	WSW 2	SSW 3	WSW 3	SE 2	SW 4	WSW 3	W 4	SSE 4	S 5	6.5
SE 3	SE 3	SE 7	ESE 3	SE 2	SSW 6	SE 4	SW 6	NNW 4	SW 5	WSW 4	SSW 4	5.0
WNW 3	WSW 4	SW 4	S 4	SSW 6	SSW 4	SSW 4	SW 3	SSW 5	W 3	W 6	W 3	4.4
SW 4	SW 4	WSW 15	NW 17	W 9	W 6	E 2	WNW 5	WNW 10	NW 7	WNW 10	NW 8	7.3
E 2	ESE 3	ESE 2	E 3	SE 3	ESE 4	ESE 3	ESE 3	SE 3	ESE 2	SE 2	N 3	4.2
ESE 4	SSE 5	SSE 5	SSE 3	SSE 5	SE 2	S 9	SSE 6	SSE 4	WSW 7	W 12	WNW 7	4.4
NNW 12	NNW 12	N 11	NNW 10	N 6	N 4	NNE 3	NNE 3	NNE 7	N 7	NW 6	NW 7	8.9
NNW 8	NW 9	NNW 10	NW 11	NNW 6	NW 8	NW 8	NW 4	WNW 4	SSE 2	S 3	S 4	8.7
ESE 4	SSE 4	SSE 5	SSE 4	SSE 5	ESE 4	E 3	E 4	ESE 5	SE 5	SE 4	SE 5	3.7
SSE 4	ESE 3	SSE 3	ESE 3	SE 4	ESE 4	SE 3	E 3	SE 2	SSW 4	WSW 2	SW 2	3.8
SSE 4	SE 5	ESE 5	ESE 5	ESE 5	ESE 5	E 4	SE 6	SE 6	SE 7	SE 7	SE 8	4.6
SE 4	SE 6	SE 6	SSE 5	SSE 5	SE 5	SSE 6	SSE 5	SE 5	SE 5	SE 5	SE 5	5.6
SE 6	SE 6	SE 5	SSE 7	SSE 7	SSE 6	SE 6	SE 5	SE 6	SE 5	SE 5	SE 5	6.1
SE 4	SSE 4	SSE 2	SE 3	SE 2	SSE 5	E 3	SE 3	SSE 3	S 4	S 2	SE 3	3.8
WNW 2	S 9	SSW 9	SSE 5	SE 5	E 4	SSE 5	ESE 3	SSE 6	SE 5	SE 4	SE 3	4.5
ESE 5	ESE 4	ESE 4	ESE 3	ESE 4	SE 4	ESE 6	ESE 6	ESE 4	ESE 5	ESE 4	ESE 3	3.8
SE 3	E 3	E 2	E 3	WNW 2	NE 3	NNE 2	NNE 2	E 2	E 4	E 2	E 1	3.1
SSE 3	S 5	SSE 4	SSE 4	S 6	S 5	S 3	S 4	S 4	S 5	SE 5	S 5	3.7
W 13	WNW 4	W 12	W 11	WNW 14	W 8	W 3	SSW 6	WSW 6	SE 5	SSE 3	S 4	6.7
WNW 13	WNW 14	SSE 5	SW 5	SW 5	SW 5	SW 8	W 8	SSE 2	SE 2	SSE 3	— 0	5.8
SSE 6	ESE 5	ESE 5	SE 6	SE 5	SSE 5	E 3	ESE 4	ESE 3	SE 5	SE 5	SE 7	4.4
SSE 3	SE 8	SE 6	SSE 5	S 5	S 8	SSW 6	SW 7	S 6	S 5	SSW 6	S 4	6.0
SE 4	SSE 3	SE 3	SSE 6	S 6	E 2	ESE 5	SE 5	ESE 5	SSE 6	SSE 5	S 8	4.4
E 5	S 7	ESE 5	SSE 3	SSE 2	S 2	S 2	SE 2	ESE 2	SE 2	SE 2	SE 2	4.3
SE 4	S 5	S 7	SSE 9	S 8	SE 5	S 2	S 5	SSW 10	SSW 4	SSW 4	SE 5	4.4
SSE 3	SE 3	SSE 3	SSE 3	SSE 3	S 2	S 2	S 3	SSE 2	SSE 2	ESE 3	ESE 2	3.6
SE 2	SE 2	SSE 2	ESE 4	ESE 3	E 2	ESE 3	E 2	S 2	N 2	WNW 3	W 9	3.0
4.9	5.4	5.7	5.6	5.4	4.7	4.5	**4.4**	4.8	4.5	4.6	4.8	5.1

Richtung und Geschwindigkeit des Windes.

1883. Februar. Höhe des Anemometers über dem Boden: 2.4 m. **Bossekop.**

Datum	1		2		3		4		5		6		7		8		9		10		11		Mittag	
		m.p.s.		m.p.s.		m.p.s.		m.p.s.		m.p.s.		m.p.s.		m.p.s.		m.p.s.		m.p.s.		m.p.s.		m.p.s.		m.p.s.
1	W	12	W	11	WNW	15	W	3	WNW	3	NW	10	S	3	WNW	8	SW	4	WSW	5	W	3	SSW	3
2	E	2	W	2	S	4	S	6	SSE	4	SE	5	E	4	ESE	4	ESE	3	E	5	ESE	3	ESE	4
3	SE	4	SE	3	ESE	3	SE	3	S	3	E	3	SSE	3	SSW	3	WSW	2	WSW	5	SW	3	WSW	3
4	E	3	E	4	E	3	ESE	3	ESE	3	ESE	3	ESE	3	ESE	3	ESE	3	SE	4	ESE	3	ESE	3
5	WNW	5	WNW	4	NW	6	NW	5	W	2	WSW	4	WSW	3	W	3	WSW	2	WSW	4	W	4	W	4
6	SSE	4	SSE	7	SSE	5	E	5	SSE	5	SSE	5	SSE	6	SE	6	SE	6	ESE	6	ESE	5	ESE	6
7	SSE	6	SE	4	SSE	5	E	5	E	4	ESE	4	ESE	4	SSE	5	SE	4	SSE	4	NE	3	SSW	3
8	SE	3	E	4	ESE	4	SE	4	SE	4	SE	4	SE	4	SSE	5	SSE	5	SSE	4	ESE	4	ESE	3
9	ESE	4	SE	6	SE	6	SSE	5	SE	5	SSE	6	SSE	7	ESE	5	SSE	4	SE	2	SE	3	E	3
10	SE	3	SE	4	SE	3	SE	3	SE	4	SE	3	SE	3	ESE	2	ESE	3	SE	3	SE	2	SE	5
11	ESE	3	E	2	SSE	4	E	3	ESE	3	S	2	SE	2	ESE	2	SE	2	SSE	2	ESE	3	ESE	3
12	S	2	—	0	SSE	2	SE	2	SSE	4	SSE	3	SSE	3	SSE	7	S	8	SSW	13	SSW	10	SSE	9
13	S	6	SSW	2	S	4	—	0	SE	4	S	6	S	4	SSE	4	S	4	SSE	2	S	2	SSE	6
14	E	2	SE	3	ESE	3	ESE	4	SSE	3	ESE	2	SE	5	SE	5	SE	5	SSE	3	ESE	2	ESE	3
15	ESE	3	SE	3	SE	2	SE	3	SE	2	SE	2	ESE	3	ESE	3	ESE	4	ESE	4	ESE	4	SE	4
16	E	2	SE	3	SE	4	ESE	3	ESE	3	SE	3	SE	3	SE	3	SE	4	SE	5	SSE	4	SSE	4
17	E	2	E	2	SE	2	SSE	2	—	0	E	2	ENE	2	S	3	E	2	—	0	WNW	3	SW	2
18	ESE	2	E	2	ESE	2	SSE	4	SE	4	SSE	4	E	3	SE	2	ESE	4	S	6	ESE	6	ESE	4
19	SSE	10	S	7	SE	9	SE	6	E	4	SSE	5	SSE	6	SSE	8	S	7	SE	7	S	5	SSE	6
20	SSE	7	SSE	5	SSW	8	S	6	S	4	E	5	SE	7	ESE	5	SSW	4	S	8	S	8	S	11
21	S	16	S	10	S	12	SSE	7	S	11	S	8	SSW	8	S	9	SSE	7	S	4	S	7	ESE	4
22	SSW	8	ESE	3	NE	2	S	5	S	5	SSE	4	SSW	5	SSW	7	SW	9	SW	8	SW	5	SW	8
23	SE	3	SSW	3	SSE	3	SSW	2	SSE	4	S	4	S	2	ESE	3	ESE	4	WSW	7	WSW	11	WSW	11
24	WSW	2	WSW	3	NW	3	WNW	6	NW	8	W	7	WNW	5	WNW	5	WSW	2	WSW	3	SW	5	SSW	5
25	SE	3	—	0	S	2	S	2	S	2	E	2	—	0	E	2	NNE	4	—	0	N	8	NNW	5
26	NW	7	NNW	7	N	7	N	5	NW	4	E	3	E	3	E	3	E	2	SE	2	W	4	—	0
27	SE	7	SSE	6	SSE	6	SSE	9	S	7	S	10	S	8	SSE	4	E	4	SSE	7	S	5	ESE	3
28	—	0	E	2	E	2	SSE	2	ESE	2	ESE	3	E	3	E	3	WNW	9	NW	7	NNW	8	NNW	10
Mittel		4.7		4.0		4.7		4.0		4.0		4.4		4.0		4.4		4.3		4.6		4.8		4.8

1883. März. $\varphi = + 69^{\circ}\ 57'\ 29''$

Datum	1		2		3		4		5		6		7		8		9		10		11		Mittag	
1	N	7	NNW	7	N	4	NNE	2	NW	6	SW	2	SSW	2	SE	2	SSE	3	SSE	3	SSE	4	SSE	5
2	SSW	5	SSW	7	SSW	8	SW	6	SSW	7	SW	6	WSW	7	SW	4	SSW	6	SW	6	SW	2	W	4
3	WNW	12	WNW	19	W	14	W	8	W	4	WSW	3	W	11	W	20	W	17	WNW	14	W	11	WNW	16
4	NW	7	NW	10	NW	10	NW	7	N	2	ENE	2	S	4	SSE	3	SSE	4	SE	3	ESE	3	SE	2
5	NW	7	NW	7	NW	9	NW	10	NW	10	NW	14	WNW	16	WNW	11	NW	11	W	11	W	11	W	13
6	NW	8	NNW	17	NW	13	N	11	NW	11	NW	9	NW	16	NNW	14	NW	10	NW	10	NNW	11	NNW	12
7	N	8	N	11	N	9	N	10	N	9	N	11	N	11	N	9	NNW	12	NNW	11	NNW	13	N	11
8	N	8	N	4	NNW	8	N	6	N	7	N	11	N	6	N	7	NNW	9	N	6	WNW	7	NNW	8
9	NNW	8	WNW	8	NW	5	WNW	4	W	4	NW	4	E	2	N	6	—	0	W	3	WSW	2	E	3
10	SE	4	SE	4	SE	4	S	6	SSE	3	ESE	2	N	2	NNW	11	NNW	5	N	5	NNE	3	NNE	4
11	NE	3	E	2	—	0	SE	2	SSE	2	SE	2	SE	3	ESE	3	SE	2	ESE	3	E	3	ESE	2
12	N	11	N	11	N	9	N	9	N	4	NNW	11	NW	9	NW	9	NW	9	NW	11	N	9	NNW	12
13	N	3	N	9	NNW	12	NNW	10	NW	11	NW	8	NW	8	N	6	N	8	N	9	N	11	NNW	10
14	N	2	N	6	N	6	NNE	2	N	7	N	3	N	4	N	3	N	5	NW	4	SSE	2	NW	3
15	E	3	ESE	3	E	2	E	3	ESE	3	SE	2	E	3	SE	2	ESE	3	SE	3	SE	3	SE	2
16	ESE	2	ESE	3	SE	3	SSE	5	SSE	5	SE	5	SSE	5	SE	3	SE	4	SSE	3	SSE	4	S	3
17	ESE	4	ESE	3	ESE	3	SE	3	SSE	2	SE	3	E	2	E	2	E	2	SE	3	SE	2	—	0
18	E	2	E	2	ENE	2	N	2	N	2	E	3	—	0	ENE	2	N	2	E	3	E	2	E	2
19	E	3	ESE	2	SE	3	ESE	2	NW	5	W	7	WSW	6	W	8	WNW	9	W	7	WNW	10	NW	14
20	NNE	2	NNE	3	—	0	NE	2	E	2	SE	2	ESE	3	SE	2	SSE	2	ESE	2	—	0	SSE	2
21	S	2	S	2	—	0	E	2	ESE	2	ENE	2	SE	2	E	2	—	0	N	6	NNE	6	N	5
22	—	0	NW	5	SSE	3	S	3	S	4	E	3	E	2	ENE	3	SE	3	SE	2	S	5	W	5
23	WSW	4	WSW	4	WSW	3	S	4	SSW	5	SSW	5	SSE	4	SE	4	SE	6	SSE	2	S	3	SW	2
24	E	2	SE	2	ESE	2	E	2	SE	2	E	2	NE	3	E	2	ENE	2	NNE	2	NNE	2	NNE	2
25	NNE	4	NNE	5	NNE	2	NNE	4	NNE	7	N	9	NNE	6	NNE	8	NNE	6	N	6	NNE	6	NNE	4
26	NNW	6	N	8	NE	2	NNE	2	SSW	2	E	2	—	0	SE	2	SSE	2	—	0	SE	4	SE	3
27	SE	4	ESE	3	SE	5	SE	5	SE	5	ESE	4	SE	3	SE	4	ESE	3	SE	3	ESE	4	E	3
28	SE	4	SE	5	SE	4	E	4	E	4	E	3	ESE	4	SE	4	SE	3	SE	3	SE	2	—	0
29	E	4	ESE	4	E	5	E	3	E	4	E	4	SSE	4	E	4	E	2	SSE	4	SE	4	SE	2
30	S	3	E	2	E	2	—	0	ESE	2	SE	3	ESE	3	E	2	E	3	E	4	ESE	3	N	4
31	SE	3	S	2	SSE	3	SSE	3	SSE	4	SE	3	SE	6	SSE	4	S	5	SE	3	SE	5	S	9
Mittel		4.6		5.8		5.0		4.6		4.5		4.8		5.1		5.4		5.1		5.0		5.1		5.4

Richtung und Geschwindigkeit des Windes.

Bossekop. Mittlere Ortszeit. **Februar 1883.**

1	2	3	4	5	6	7	8	9	10	11	12	Tagesmittel
m.p.s.	m.p.s.	m.p.s.	m.p.s.	m.p.s.	m.p.s.	m.p.s.	m.p.s.	m.p.s.	m.p.s.	m.p.s.	m.p.s.	m.p.s.
S 5	SSE 5	SSE 5	SSE 4	ESE 3	SE 3	— 0	— 0	SE 2	E 3	ESE 3	SE 2	4.8
ESE 4	SE 6	SE 6	SSE 5	ESE 6	SSE 6	SE 5	SSE 6	SSE 6	ESE 3	SE 3	SE 4	4.4
N 6	NW 4	SSW 3	ESE 3	SE 3	SE 3	ESE 3	SE 3	SE 3	E 3	E 3	E 2	3.2
ESE 3	ESE 3	ESE 3	SSE 3	SE 4	ESE 2	ESE 3	ESE 3	SSE 3	E 4	E 3	WNW 6	3.3
WNW 4	WNW 6	W 5	WSW 5	W 5	W 6	W 4	WSW 3	WSW 2	S 3	SSE 4	S 5	4.1
ESE 3	ENE 3	SE 4	SE 6	SE 5	SE 3	SE 6	SE 5	SE 6	ESE 5	SE 5	SE 5	5.1
SSE 6	E 3	SSW 2	E 3	SSE 5	E 5	ESE 4	E 4	E 4	ESE 4	ESE 4	ESE 4	4.1
ESE 4	ESE 3	SE 4	ESE 5	ESE 5	E 5	SE 4	SE 3	SE 4	E 4	ESE 4	ESE 4	4.0
SE 4	SSE 2	SSE 3	SSE 5	SSE 5	SE 6	ESE 5	ESE 5	ESE 5	SE 5	SSE 6	ESE 5	4.7
SE 4	SE 3	ESE 3	SSE 4	SSE 2	SSW 2	SE 2	ESE 3	SE 2	SSE 2	ESE 2	S 2	2.9
ESE 3	ESE 3	ESE 4	SE 5	SE 6	S 5	S 6	S 2	ESE 3	S 3	NE 2	E 2	3.1
S 10	SSE 5	SSE 7	SSW 7	SSW 8	SSW 7	SSW 5	SSW 7	SW 7	SSE 3	SE 3	S 6	5.8
SSE 3	SE 4	ESE 5	SE 3	SSE 4	SSE 6	SE 5	ESE 3	ESE 4	ESE 4	SSE 3	SE 3	3.8
ESE 2	E 2	S 2	SE 2	SE 2	SE 3	ESE 2	ESE 3	E 4	ESE 4	ESE 3	SE 5	3.1
SE 4	SE 2	SE 4	SE 4	E 2	E 3	SSE 3	SE 4	SE 4	ESE 3	SE 4	SE 3	3.2
SSE 4	SE 5	SSE 6	SE 5	SSE 5	SE 6	S 5	SE 5	S 3	S 2	S 2	E 2	3.8
SSW 2	WSW 2	SE 2	SE 2	SSW 3	SSE 4	SE 3	E 3	SE 3	ESE 2	ESE 3	ESE 2	**2.2**
SE 3	ESE 3	S 4	ESE 3	SSE 4	E 5	SE 4	SE 3	SSW 9	SE 12	ESE 3	SSE 3	4.1
SSE 6	SE 8	SE 9	S 9	S 7	SSE 7	SSE 6	SE 9	SSE 6	E 2	S 8	S 9	6.9
S 14	S **20**	SSW 14	S 12	S 19	S 10	S 14	S 13	SE 7	S 7	S 8	S 12	**9.5**
NE 2	S 8	S 3	SSE 6	ESE 5	ENE 2	S 4	E 2	S 6	W 3	S 4	S 4	6.3
SW 4	SW 7	SSW 6	SSE 5	E 3	S 5	S 4	ESE 4	S 4	SW 3	— 0	SE 6	5.0
W 8	W 12	NW 10	WNW 8	N 4	NW 4	SW 3	W 4	SW 5	W 4	ESE 2	W 5	5.3
S 5	S 2	SSE 3	SSE 2	S 2	S 5	SSE 4	S 5	SE 5	SSE 6	SSE 5	SSE 4	4.3
NNW 9	NNW 12	NNW 6	NNW 6	NNW 10	NNW 6	N 7	N 5	NNW 5	N 9	NNW 5	NW 9	5.0
NW 6	WNW 4	WSW 3	SW 2	WSW 3	SSE 3	E 4	ESE 3	SSE 5	SSE 5	SSE 7	SSE 8	4.2
ESE 3	W 2	ESE 2	WNW 3	NW 3	S 3	S 4	S 4	SSE 4	SE 3	ESE 3	SE 2	4.7
NNW 10	NNW 10	N 9	N 12	NNW 14	NNW 11	NNW 12	N 14	N 8	N 10	N 10	N 8	7.5
5.0	**5.3**	4.9	5.0	**5.3**	4.9	4.7	4.6	4.6	4.3	**4.0**	4.7	4.6

$\lambda = + 23^0\ 14'\ 46'' = + 1^h\ 32^m\ 59^s$. **März 1883.**

1	2	3	4	5	6	7	8	9	10	11	12	Tagesmittel
S 5	S 6	S 5	SSE 5	SSE 4	S 4	SSE 7	S 6	S 7	SSW 9	S 8	S 6	5.0
W 4	W 4	WSW 3	S 3	WSW 9	WSW 7	W 9	W 9	WNW 16	WNW 7	W 4	WNW 7	6.3
WNW 12	WNW 8	NW 11	NW 10	NW 10	NW 9	NW 11	WNW 11	WNW 9	WSW 6	WNW 7	W 4	10.7
— 0	SW 3	SW 4	SW 3	W 8	W 12	WNW 9	WNW 13	NW **23**	W 10	W 10	W 9	6.7
W 7	NNW 8	NW 11	NW 12	NW 13	NNW 10	NNW 9	NNW 12	N 6	NW 8	NW 8	NW 8	10.1
NW 9	N 12	NNW 12	NNW 10	NNW 9	NW 9	NW 9	WNW 8	N 12	N 6	N 9	NW 13	**10.8**
NW 11	N 11	NNE 2	N 8	N 10	NNW 13	NW 8	NNW 9	N 13	N 7	N 4	N 9	9.6
NW 9	NNW 9	WNW 5	NW 7	NW 5	NW 7	NW 7	NW 8	N 6	WNW 6	WNW 7	NW 5	7.0
E 2	— 0	E 2	E 3	SSE 4	SE 3	SE 4	ESE 3	SSE 4	SE 5	SE 4	SE 3	3.6
ENE 2	ENE 4	NNE 3	NE 5	NE 3	NNE 4	E 2	NE 3	NE 4	E 2	NNE 3	NE 2	3.8
N 2	NNW 8	NNW 9	N 9	NNW 8	N 3	N 6	N 3	N 10	N 7	N 6	NNW 3	4.2
NNW 8	NW 8	NW 11	NW 10	NW 10	NW 11	NW 11	NNW 12	NW 14	NNW 13	NNW 11	N 13	10.3
NNW 8	NW 9	NNW 10	NW 9	NW 9	NW 8	NNW 10	N 9	N 8	NNW 7	NW 8	N 2	8.4
NW 3	NW 2	— 0	NNE 2	ENE 2	ESE 2	E 2	ESE 2	ESE 3	SE 2	ESE 2	E 2	3.0
ESE 2	ESE 3	E 2	ESE 2	SSE 2	E 2	ESE 3	E 3	E 3	ESE 3	ESE 3	ESE 2	2.6
SW 3	— 0	W 2	W 2	WSW 2	ESE 2	SE 2	ESE 3	ESE 3	ESE 2	ESE 4	ESE 3	3.1
— 0	— 0	— 0	ESE 2	— 0	— 0	— 0	SE 2	SE 2	E 2	E 2	SSE 2	**1.7**
ESE 2	SE 2	SE 3	SE 3	SE 3	ESE 2	E 2	ESE 4	ESE 4	SSE 3	SE 2	ESE 2	2.3
NW 12	NW 12	N 9	N 13	NNW 9	NNW 8	N 14	NE 6	N 7	N 7	NNE 5	NE 2	7.5
ENE 2	NE 3	NNE 2	NNE 2	NNE 3	NNE 2	NE 3	ENE 2	SE 2	S 2	E 2	E 2	2.0
N 4	N 5	NNE 4	N 2	NNW 8	N 8	N 2	N 5	N 5	N 3	NW 4	— 0	3.4
WSW 3	W 3	WSW 3	SSE 2	WSW 6	W 6	W 5	W 6	W 4	W 4	W 3	SW 2	3.5
S 4	SW 2	WSW 3	NW 8	NW 4	W 3	WNW 5	NW 6	NW 4	W 2	SSE 3	ESE 3	3.9
ENE 2	NE 3	E 4	ENE 3	N 5	NE 5	NE 5	NE 3	NNE 6	NE 2	NNE 2	NNE 3	2.8
NNE 6	N 8	N 4	N 7	NNW 11	N 9	NW 9	NNW 10	N 9	N 8	NNW 9	NNW 8	6.9
SE 4	SE 3	ESE 4	SE 4	SE 3	SE 3	SE 3	SSE 4	ESE 3	SSE 3	SSE 4	SE 4	3.1
ESE 3	ESE 2	ESE 2	ESE 2	E 2	ENE 2	ESE 3	ESE 3	ESE 3	ESE 3	ESE 4	SE 4	3.3
— 0	— 0	— 0	ESE 2	E 2	ESE 2	ESE 2	E 3	E 4	ESE 4	ESE 3	ESE 4	2.8
S 4	S 6	SE 3	ESE 3	SE 2	SE 2	SSE 4	SE 5	SSE 6	S 5	S 5	E 2	3.8
N 2	WNW 2	NW 2	— 0	— 0	0	SSE 2	SE 2	E 2	— 0	ESE 2	— 0	1.9
SSE 6	SSE 7	SE 8	S 8	SSE 7	0	SSE 2	SSE 3	S 3	E 2	ESE 2	S 2	4.1
4.5	5.0	4.6	5.2	5.6	5.1	5.5	5.7	**6.6**	4.8	4.8	**4.2**	5.1

Richtung und Geschwindigkeit des Windes.

1883. April. Höhe des Anemometers über dem Boden: 2.4 m. **Bossekop.**

Datum	1	m.p.s.	2	m.p.s.	3	m.p.s.	4	m.p.s.	5	m.p.s.	6	m.p.s.	7	m.p.s.	8	m.p.s.	9	m.p.s.	10	m.p.s.	11	m.p.s.	Mittag	m.p.s.
1	E	3	SSE	2	SE	4	SSE	4	E	4	SE	4	SSE	4	E	2	S	4	SSW	10	S	10	SSE	6
2	—	0	ESE	2	SE	2	—	0	SE	2	—	0	SE	2	—	0	S	3	SSE	2	E	2	ESE	2
3	SE	3	ESE	2	ESE	3	SE	3	ESE	2	ESE	3	SE	3	ESE	3	ESE	3	E	3	ESE	3	ESE	2
4	SSE	4	SE	3	SSE	4	SE	6	S	6	SSE	5	SSE	3	SE	3	ESE	3	ESE	3	ESE	3	S	5
5	SSE	4	S	4	SSE	3	SSE	5	SSE	3	S	4	SSE	5	SSE	4	S	5	S	7	SSE	7	S	7
6	S	7	SSW	8	S	5	SSE	3	S	6	S	5	SSW	3	SE	3	S	4	S	8	S	9	S	4
7	SSE	3	—	0	SE	2	ESE	2	ESE	2	ESE	3	SE	3	SSE	5	SE	4	SSE	3	SE	3	ESE	3
8	SSE	3	SSE	3	SE	2	SE	7	SE	6	SE	4	SE	5	S	6	SSE	5	SSE	5	SSE	4	NNW	4
9	—	0	—	0	—	0	—	0	NE	2	E	2	ESE	2	—	0	.	0	—	0	NNW	2	NW	2
10	E	3	SE	3	SE	2	E	2	E	2	SSE	2	..	0	—	0	SE	2	NW	2	NNW	2	—	0
11	—	0	SSE	3	SSE	2	SE	3	ESE	5	SE	4	SE	4	S	3	SSE	4	SSE	4	SSE	5	S	5
12	SSE	4	SSE	2	SSE	3	—	0	..	0	—	0	—	0	—	0	—	0	—	0	N	2	N	6
13	S	2	—	0	SSE	3	S	3	SE	3	SSE	5	SE	3	SSE	4	SE	4	ESE	2	S	4	SE	4
14	SSE	3	W	3	—	0	S	4	SSE	6	SSE	5	S	7	SSE	10	S	4	S	3	S	5	S	2
15	SSW	7	SSW	11	S	5	S	6	SE	3	S	6	S	5	SSW	5	S	4	S	3	SSE	4	SSE	4
16	S	7	S	5	S	7	S	6	S	6	S	7	SSE	7	S	10	S	10	S	7	S	13	S	12
17	SSE	10	SSE	6	SSE	5	SSE	6	SSW	4	SSW	9	SSW	8	SW	3	SSW	8	SSW	9	S	5	SSW	9
18	SSW	2	SE	5	WNW	2	—	0	S	2	S	2	SSE	3	SSE	4	SSW	4	SSW	5	SSE	5	S	6
19	—	0	SE	2	SW	3	WNW	7	WNW	2	—	0	W	3	WNW	3	WSW	3	-	0	W	3	W	4
20	NW	3	NW	3	WSW	2	WSW	2	—	0	—	0	S	2	S	3	S	2	S	4	SW	2	ESE	4
21	ESE	2	ESE	2	ESE	3	SE	3	ESE	3	ESE	3	ESE	3	SE	2	—	0	NW	2	WNW	2	—	0
22	SSE	2	ESE	3	ESE	2	SE	2	SE	2	SE	2	ESE	2	—	0	NW	2	—	0	NW	2	NNW	2
23	ESE	2	SE	2	ESE	2	SSE	2	SE	2	ESE	2	E	2	SSE	2	E	2	ESE	3	N	3	N	4
24	SE	2	SE	2	ESE	2	SE	3	SE	2	--	0	E	2	NW	2	N	3	NNW	2	NNW	2	—	0
25	ESE	3	ESE	3	ESE	3	ESE	2	ESE	3	ESE	3	ESE	3	ESE	3	SE	2	WNW	3	E	3	NW	2
26	—	0	—	0	—	0	ESE	2	—	0	—	0	—	0	.	0	—	0	—	0	NNW	2	NNW	4
27	NNE	2	NNE	2	NNE	2	ENE	2	ENE	2	ENE	3	—	0	ENE	2	—	0	NNE	2	—	0	N	2
28	NW	3	NNW	3	NNW	3	E	2	—	0	NW	2	—	0	—	0	N	2	NW	3	NNW	4	NW	5
29	—	0	SE	2	ENE	2	SE	2	—	0	SE	2	SSE	2	SE	2	S	4	SSE	3	E	4	E	2
30	N	4	NNE	5	NNE	3	NNE	3	NNE	3	ENE	3	NE	2	NE	2	E	4	SE	4	ESE	3	NNE	4
Mittel		2.9		3.0		2.7		3.1		2.8		3.0		2.9		2.9		3.2		3.4		3.9		3.9

1883. Mai. $\varphi = + 69^{\circ}\ 57'\ 29''$.

Datum	1	m.p.s.	2	m.p.s.	3	m.p.s.	4	m.p.s.	5	m.p.s.	6	m.p.s.	7	m.p.s.	8	m.p.s.	9	m.p.s.	10	m.p.s.	11	m.p.s.	Mittag	m.p.s.
1	S	2	—	0	SE	2	ESE	2	S	2	—	0	NW	2	E	2	N	3	NNE	3	NE	3	ESE	2
2	SSE	3	E	3	SE	3	SE	3	SE	2	—	0	SE	2	ESE	2	SE	3	ESE	4	SE	3	ESE	3
3	ENE	2	—	0	—	0	E	2	—	0	N	2	—	0	NNE	2	NE	5	E	3	NE	3	N	6
4	N	5	NNW	5	NW	4	N	4	NNW	6	NNW	6	NNW	6	NNW	5	NNW	6	NNW	5	N	5	N	4
5	NW	5	NNW	4	NNW	6	NW	3	SW	2	—	0	SE	2	N	3	WNW	3	W	4	N	3	N	3
6	E	3	SSE	2	W	4	WSW	4	WSW	3	WSW	3	WSW	4	W	5	WSW	4	WSW	4	WSW	3	SSW	5
7	S	2	SSE	2	SE	2	SSE	3	ESE	3	S	3	SSE	2	S	3	SE	4	SE	4	S	3	S	2
8	—	0	S	2	ESE	2	—	0	--	0	SSE	2	—	0	—	0	NW	2	—	0	—	0	WNW	2
9	ESE	2	ESE	2	ESE	2	ESE	2	SE	2	SE	2	NNW	2	NW	2	NW	2	N	3	N	2	NW	3
10	SSE	4	SSE	3	WNW	3	SE	2	S	2	SE	2	S	4	S	7	SSE	5	SSE	4	SSE	2	SSW	3
11	ESE	2	SE	2	—	0	—	0	—	0	N	3	NNW	4	NW	5	NW	6	NW	6	NW	6	NW	6
12	N	3	NNW	3	N	4	NNW	3	—	0	—	0	—	0	—	0	W	2	WNW	2	NW	3	NW	2
13	—	0	—	0	—	0	—	0	—	0	—	0	—	0	—	0	—	0	—	0	—	0	—	0
14	—	0	SSE	3	SSE	3	SSE	2	SE	5	SSE	4	SSE	5	SE	4	SE	5	SSE	4	SSE	4	SSE	4
15	—	0	SE	2	--	0	SE	2	ESE	2	SE	2	SE	2	ESE	2	E	3	SE	2	SSW	2	E	2
16	ESE	3	SE	3	SE	3	SSE	4	SE	4	SE	5	SE	4	SSE	4	SSE	3	SSE	3	SSE	2	SE	2
17	—	0	—	0	SE	2	—	0	—	0	—	0	—	0	—	0	-	0	NNW	2	WNW	2	NNW	2
18	ESE	2	ESE	2	—	0	ESE	2	—	0	—	0	—	0	—	0	NW	2	N	3	NW	4	N	2
19	E	2	NE	3	NE	2	NNE	3	NE	3	NNE	3	NNE	2	NE	2	NE	2	NE	3	N	4	N	2
20	NW	2	WNW	2	—	0	—	0	—	0	SE	3	SE	4	SE	6	SE	5	SE	5	SE	5	SSE	6
21	SSE	3	SE	5	SSE	5	SSE	5	SE	4	SE	4	SE	4	SSE	4	SSE	3	ESE	5	SE	4	SE	4
22	SE	2	—	0	.	0	SE	2	SE	3	ESE	3	ESE	4	SE	4	SE	4	SSE	4	ESE	4	ESE	2
23	SSE	2	—	0	SSE	2	SSE	3	SSE	3	SE	4	SSE	3	SSE	4	SSE	7	S	4	SSW	5	S	7
24	SSE	5	SSE	4	SE	7	SSE	4	SSE	7	SSE	7	SSE	5	SSE	5	SSE	5	SSE	5	SSE	8	SSE	8
25	S	4	—	0	S	9	S	5	ESE	3	S	3	SSW	4	ESE	3	SSW	5	SSW	6	SW	4	SW	4
26	—	0	ESE	2	—	0	—	0	—	0	—	0	NW	3	NW	2	NNW	3	NW	3	NNW	4	N	4
27	—	0	--	0	SSE	2	SSE	3	SSE	3	E	2	S	4	S	6	SSE	4	S	5	S	9	SSW	10
28	SE	2	E	2	ESE	3	—	0	—	0	—	0	—	0	ESE	2	—	0	NNW	8	N	6	N	10
29	—	0	S	3	ESE	2	ESE	2	ESE	4	SSE	3	SSE	4	SE	3	SE	4	SSE	4	S	2	SSW	5
30	—	0	...	0	S	4	S	3	SE	3	SSE	4	SSE	3	SSE	8	SSE	7	S	6	S	6	S	5
31	SE	5	ESE	5	SE	3	ESE	3	—	0	NW	2	NW	2	NNW	2	NNW	3	NNW	2	NNW	5	N	3
Mittel		2.1		2.1		2.5		2.3		2.1		2.3		2.6		3.1		3.5		3.7		3.7		4.0

Richtung und Geschwindigkeit des Windes.

Bossekop. Mittlere Ortszeit. **April 1883.**

1	m.p.s.	2	m.p.s.	3	m.p.s.	4	m.p.s.	5	m.p.s.	6	m.p.s.	7	m.p.s.	8	m.p.s.	9	m.p.s.	10	m.p.s.	11	m.p.s.	12	m.p.s.	Tagesmittel m.p.s.
S	8	S	7	S	6	SSE	5	SSE	3	E	2	SSE	4	E	3	SE	3	S	3	SSE	3	SE	2	4.4
	0	S	2	ESE	2	ESE	2	E	2	E	2	—	0	—	0	—	0	—	0	SSE	2	SSW	2	1.3
	0	ESE	2	—	0	S	2	S	2	SSE	2	S	2	SW	3	SSE	2	SE	2	E	3	SSE	4	2.4
SE	3	SSE	4	SSE	3	SSE	2	SE	4	SE	5	SE	5	SE	6	SSE	5	SSE	5	SSE	6	SSE	5	4.2
SSE	5	S	9	S	7	S	8	S	7	S	8	S	4	SSW	10	SSW	4	S	8	S	6	SE	2	5.7
S	3	S	5	SE	3	ESE	3	ESE	3	NNW	2	SSE	3	S	2	S	6	SSE	3	SSE	3	SSE	3	4.3
SE	4	S	4	S	4	SE	4	S	2	SSE	4	S	5	SE	4	S	5	SE	8	E	3	S	5	3.5
NW	2	NW	2	—	0	-	0	WNW	2	—	0	—	0	N	2	—	0	—	0	—	0	—	0	2.6
—	0	N	2	—	0	NNW	2	—	0	WSW	3	—	0	SE	2	ESE	2	E	2	E	2	E	2	1.1
WNW	2	—	0	WNW	2	—	0	N	3	—	0	—	0	SE	2	SSE	3	SE	2	ESE	2	SE	2	1.5
S	5	S	3	S	3	SSE	3	S	4	SE	2	SSE	3	S	3	ESE	5	SSE	5	SSE	5	ESE	3	3.6
NNW	5	W	4	W	3	W	4	SW	5	W	6	WSW	4	SW	3	SSW	2	—	0	SSE	3	SSE	3	2.5
SSE	4	S	4	SE	3	SSE	4	SE	4	ESE	5	S	2	SW	3	ESE	2	E	5	SE	3	E	4	3.3
SSW	4	S	7	SSW	5	SSW	10	SSW	7	S	5	SW	7	SSW	10	S	6	S	6	S	4	SSW	8	5.5
S	8	SSE	4	SSE	7	S	12	SSW	7	S	7	S	7	S	7	S	11	SSW	11	SSW	8	S	6	6.6
S	9	S	9	S	8	S	9	S	7	S	8	S	7	S	8	S	4	S	5	S	7	S	8	**7.8**
S	7	SSW	6	S	4	SSW	5	S	6	S	6	S	4	S	4	SSW	2	SW	2	S	5	S	4	5.7
S	6	SSE	3	SSW	12	SW	**13**	SW	6	SW	7	SSW	6	SW	5	SW	4	SW	3	SW	2	ESE	2	4.5
NNW	4	NNW	2	N	4	NW	3	N	4	N	5	N	5	N	5	NNE	5	N	4	NNW	3	—	0	3.1
SE	3	SSE	2	SE	3	SE	3	ESE	3	ESE	2	SSE	2	ESE	2	ESE	3	ESE	3	SE	3	ESE	2	2.4
NNW	3	NNW	3	NW	2	NNW	2	N	3	NNW	3	N	2	—	0	SE	2	ESE	2	ESE	2	SE	2	2.1
NNW	2	ESE	3	ESE	3	N	4	NW	2	WNW	2	ESE	3	—	0	—	0	NE	2	—	0	—	0	1.8
NNW	4	N	6	NNW	6	NW	5	NNW	5	NNW	4	NW	3	—	0	-	0	—	0	SE	2	SE	2	2.7
NW	2	NNW	2	WNW	2	NNW	2	NW	2	NW	2	—	0	SSW	2	—	0	E	2	ESE	4	ESE	3	1.9
SW	3	W	3	W	2	W	3	--	0	W	2	—	0	—	0	SW	2	SSE	3	—	0	SSW	2	2.2
NW	4	N	3	NNW	4	NNW	4	NW	2	NW	3	NNW	3	NW	4	NW	7	NNW	6	N	3	NNE	3	3.3
—	0	NNW	2	NW	2	NW	2	N	2	—	0	—	0	N	2	NNW	3	NNW	4	NNW	3	NNW	3	1.8
NNW	5	NNW	7	NNW	7	N	5	—	0	ENE	4	ENE	3	ENE	3	ENE	3	E	2	ENE	2	—	0	2.8
ESE	3	NNW	2	NNW	3	WNW	4	NNW	5	NNW	7	NNW	4	NW	5	W	3	NW	7	WNW	6	NNW	7	3.4
NNW	2	N	3	NW	4	NNW	3	NNW	4	NW	3	NNW	4	NW	4	NNW	5	N	6	SE	2	S	2	3.4
	3.6		3.8		3.8		**4.2**		3.5		3.7		3.1		3.5		3.3		3.7		3.2		3.0	3.3

$\lambda = + 23^0\ 14'\ 46'' = + 1^h\ 32^m\ 59^s$. **Mai 1883.**

1	m.p.s.	2	m.p.s.	3	m.p.s.	4	m.p.s.	5	m.p.s.	6	m.p.s.	7	m.p.s.	8	m.p.s.	9	m.p.s.	10	m.p.s.	11	m.p.s.	12	m.p.s.	Tagesmittel m.p.s.
ESE	3	ENE	2	E	2	SE	4	ESE	3	ESE	3	NE	3	ESE	2	ESE	2	SE	2	SE	2	SSE	3	2.3
S	2	W	3	SE	3	ESE	4	SE	4	ESE	4	ESE	4	E	3	—	0	—	0	—	0	E	2	2.5
NNE	4	ENE	5	NE	3	NE	3	NNE	5	NNE	6	N	5	NE	4	N	4	NNE	4	NNE	3	N	5	3.2
N	4	N	5	N	4	N	5	N	3	NNW	5	NW	7	NNW	4	N	4	NW	3	NW	6	NW	6	4.9
WNW	2	W	3	WNW	4	SW	4	SW	3	SSW	3	S	2	SE	2	SE	3	SSE	2	ESE	2	—	0	2.8
WSW	3	SW	3	WSW	3	SSW	4	SW	2	NNW	4	NW	6	W	5	WNW	4	WSW	2	SE	3	S	2	3.5
—	0	W	2	WNW	2	NW	2	NNW	3	NW	4	NNW	2	—	0	—	0	—	0	—	0	—	0	2.0
S	3	SE	3	SSE	2	S	3	S	3	SSW	2	SSW	2	S	2	—	0	—	0	E	2	ESE	2	1.4
NW	2	S	3	SSE	3	S	3	S	4	S	2	S	2	ENE	2	—	0	SE	3	E	2	SE	3	2.3
—	0	W	3	S	3	SSW	4	S	3	SSE	2	NW	2	--	0	—	0	—	0	NNW	2	W	2	2.6
NNW	4	N	5	NE	4	N	5	NNW	3	N	4	NNW	2	WNW	3	NNW	4	N	4	NNW	3	N	3	3.5
NW	2	NW	2	NNW	2	NNW	3	NNW	2	—	0	NNW	2	—	0	—	0	—	0	—	0	WNW	2	1.5
N	2	NNW	2	--	0	—	0	SSE	2	--	0	—	0	--	0	—	0	—	0	—	0	S	2	**0.3**
SSE	3	SSE	3	SSE	5	SE	5	SSE	3	E	2	ESE	3	SE	2	—	0	--	0	ESE	2	ESE	2	3.0
SE	4	SE	3	ESE	4	SE	3	SE	3	SE	3	SE	3	SE	3	SE	2	SE	3	SE	3	SE	3	2.4
SE	2	ESE	2	NNW	3	WNW	3	WNW	3	NNW	3	N	3	WNW	2	—	0	—	0	—	0	—	0	2.5
NNW	4	N	2	—	0	SE	2	ESE	2	NW	2	N	2	N	2	—	0	—	0	SSE	2	SSE	2	1.2
WNW	2	NW	2	WNW	3	NNW	3	NNW	4	NNW	3	NW	3	NNW	2	NNW	3	NNW	3	NE	3	E	2	2.0
NNW	3	NNW	2	NNW	3	NNW	3	NW	4	NE	3	NNE	3	N	3	NW	3	NW	3	NNW	3	NNW	3	2.8
SE	5	SE	6	SE	6	SE	5	SE	5	SE	4	SSE	3	SSE	3	S	4	SE	5	SE	4	SE	3	3.8
SE	5	ESE	3	ESE	3	SE	4	SE	3	SE	3	ESE	3	SE	3	ESE	2	SSE	2	SSE	2	SSE	2	3.5
S	4	S	5	SSE	6	S	5	SSE	5	SSE	5	SE	6	SE	5	SSE	3	WSW	2	ESE	2	SE	2	3.4
SSW	7	SSW	5	S	6	SSE	5	SSE	6	SSE	7	SE	6	SE	3	S	4	SSE	5	SE	6	SSE	6	4.6
SSE	5	SSE	5	SSE	5	S	7	S	6	SSE	6	SSE	9	S	6	S	2	—	0	—	0	S	6	**5.3**
WSW	6	NNW	3	NNW	3	NNW	2	NW	3	—	0	—	0	—	0	SE	2	NNW	2	—	0	—	0	3.0
N	4	WNW	3	NW	4	N	4	N	3	NNW	4	NNW	4	—	0	—	0	NW	2	—	0	—	0	2.0
SSW	9	S	6	S	6	S	7	SSW	4	SSE	4	SSW	4	S	5	S	3	S	4	S	4	SSE	2	4.4
NW	9	NW	7	NW	7	NW	11	NNW	6	NW	6	NNW	4	NNW	4	NNW	4	NNW	2	—	0	W	2	4.0
SSW	4	S	4	S	4	S	4	S	4	S	5	S	4	S	3	SSE	3	S	4	S	3	—	0	3.3
S	8	S	6	S	6	SSW	4	SSW	4	S	5	S	2	SSW	3	SSE	2	ESE	3	—	0	SE	3	4.0
NW	2	NNW	6	NNW	6	NNW	5	NNW	6	NW	5	NNW	5	NNW	4	NNE	5	N	8	NNW	7	NNW	5	4.1
	3.8		3.7		3.7		**4.0**		3.7		3.5		3.4		2.6		**2.0**		2.3		2.1		2.4	3.0

Richtung und Geschwindigkeit des Windes.

1883. Juni. Höhe des Anemometers über dem Boden: 2.4 m. **Bossekop.**

Datum	1	2	3	4	5	6	7	8	9	10	11	Mittag
	m.p.s.	m.p.s.	m.p.s.	m.p.s.	m.p.s.	m.p.s.	m.p.s.	m.p.s.	m.p.s.	m.p.s.	m.p.s.	m.p.s.
1	N 8	NNW 6	NNW 6	N 5	NNW 5	N 4	N 3	N 4	N 5	N 4	N 5	N 4
2	SE 2	S 2	SE 2	SE 3	SE 3	SE 3	SSE 4	SE 3	SSE 3	SSE 4	ESE 4	ESE 2
3	SE 3	ESE 2	SE 3	ESE 2	ESE 2	ESE 2	ESE 2	N 3	N 4	NNW 5	NNW 5	NNW 4
4	SSE 2	SE 3	SE 3	SE 2	ESE 4	ESE 4	S 2	SE 6	SE 6	SSW 2	NNW 3	NW 3
5	NNE 2	NNE 2	NNE 2	N 5	— 0	N 3	— 0	NW 2	NNW 4	NNW 4	NW 4	NW 5
6	WNW 2	W 2	— 0	... 0	E 2	— 0	ENE 2	ENE 2	NNW 3	NNW 4	NNW 4	NNW 4
7	WSW 2	SE 2	E 2	SE 2	ESE 2	SSE 2	NW 2	NW 2	NNW 2	NW 2	NW 3	NNW 3
8	ESE 2	— 0	SE 2	ESE 2	ESE 2	NW 2	SE 2	SSE 2	SSE 4	NW 2	NNW 3	NW 3
9	E 3	E 2	E 3	ESE 2	ESE 2	— 0	— 0	NW 2	N 2	NW 2	NW 2	NNW 3
10	S 3	SSE 3	SE 4	SSE 4	SSE 2	— 0	NW 2	WNW 3	NW 2	NW 2	NW 3	N 3
11	— 0	NW 2	- 0	— 0	— 0	— 0	N 2	NNW 3	NNW 3	NNW 4	NNW 4	NW 3
12	— 0	— 0	.. 0	— 0	N 3	N 3	N 3	N 4	N 4	NNW 4	NNW 6	NNW 5
13	NNW 6	NNW 4	NW 5	NNW 5	NNW 6	N 4	E 7	N 7	N 6	N 7	N 7	NNW 4
14	SE 2	SE 3	SSE 3	SSE 3	SSE 3	— 0	SSW 3	S 3	SW 2	N 2	NW 3	N 5
15	SW 2	— 0	SW 2	SSE 2	S 4	SSE 3	WNW 2	WNW 2	W 4	W 5	NNW 4	NNW 5
16	— 0	ESE 2	— 0	— 0	— 0	— 0	NW 2	— 0	NW 3	N 2	NNW 2	NNW 2
17	SSW 2	— 0	— 0	SSE 2	— 0	-- 0	— 0	— 0	NNE 2	NNW 3	NNW 3	N 4
18	N 4	N 2	NNW 4	NNW 4	NNW 3	N 5	NNW 4	N 4	NNW 6	NNW 6	NNW 6	NNW 6
19	NW 5	NW 3	W 2	S 2	— 0	W 3	-- 0	NNW 3	NW 2	NNW 3	N 5	NNW 3
20	— 0	— 0	— 0	— 0	— 0	N 3	N 4	N 6	NNW 6	NNW 6	N 3	NW 6
21	NNW 4	Umlauf. 2	NE 2	W 3	WNW 3	NW 5	NW 5	NNW 5	NNE 2	NNW 4	NNW 3	N 3
22	— 0	E 2	SE 2	ESE 2	ESE 2	— 0	NW 3	NW 2	NNW 2	W 3	NW 4	NW 5
23	— 0	— 0	ESE 2	ESE 2	E 2	— 0	— 0	WNW 2	NW 3	NNW 3	N 3	NW 3
24	S 5	SSE 2	SSE 3	SSE 3	SSE 5	SSE 5	SE 6	SE 5	SSE 6	SSE 6	SSE 4	S 4
25	-- 0	SE 2	ESE 2	-- 0	N 2	NW 3	N 3	NNW 3	N 3	NNW 3	NW 5	NW 5
26	N 3	NNW 3	NNW 3	NNW 3	N 2	N 3	NNW 4	N 4	N 4	NNW 4	NNW 5	NNW 5
27	NNW 3	NNW 2	— 0	— 0	ENE 2	NNW 2	N 2	NNW 4	NNW 3	NNW 4	N 3	N 4
28	— 0	E 2	E 2	ESE 2	— 0	-- 0	NW 2	N 2	NW 3	N 3	N 3	N 4
29	— 0	NNE 2	N 4	— 0	— 0	N 2	— 0	— 0	— 0	NW 2	NNW 4	NNW 4
30	— 0	— 0	NNW 3	NW 3	NW 4	NW 4	NW 3	NW 4	NW 5	NNW 4	NW 3	NW 3
Mittel	2.2	1.9	2.2	2.1	2.2	2.2	2.5	3.1	3.5	3.6	3.9	3.9

1883. Juli. $\varphi = + 69^0\ 57'\ 29''$.

Datum	1	2	3	4	5	6	7	8	9	10	11	Mittag
1	— 0	— 0	— 0	— 0	NNE 3	NNE 3	NW 3	NNW 5	— 0	— 0	NNW 3	N 5
2	WSW 2	— 0	— 0	WSW 3	W 3	WSW 3	WSW 3	— 0	— 0	NW 5	NNW 3	N 3
3	N 7	N 7	NNW 8	N 7	NNE 4	N 4	N 4	N 5	N 5	N 3	N 4	N 3
4	N 6	N 5	N 7	N 5	N 4	N 4	NNE 3	N 4	N 5	N 5	N 4	NNW 5
5	N 6	N 5	N 5	N 5	NNW 5	NNW 5	NNW 6	NNW 6	N 7	N 4	N 6	N 5
6	— 0	-- 0	- 0	S 2	— 0	— 0	— 0	— 0	.. 0	NW 3	NNW 3	NNW 3
7	— 0	SE 2	SE 2	ESE 2	S 2	-- 0	W 3	NW 2	N 3	NW 3	NW 3	NW 2
8	— 0	— 0	— 0	NE 2	— 0	- 0	-- 0	NW 5	NW 5	NNW 5	NNW 5	NNW 6
9	E 2	NE 2	— 0	N 2	— 0	— 0	NNW 2	NW 2	NNW 2	NNW 4	N 4	NNW 4
10	— 0	— 0	- 0	NNW 4	NW 4	NW 4	NW 4	NW 5	NNW 5	NNW 5	NW 4	NW 5
11	— 0	ENE 2	— 0	ENE 2	-- 0	E 2	— 0	- 0	NNW 2	NNW 4	NNW 4	NW 4
12	SE 2	SSE 2	ESE 2	SE 3	ESE 2	— 0	ESE 2	-- 0	-- 0	N 4	NNW 4	NNW 4
13	E 2	ENE 3	-- 0	— 0	E 2	E 2	- 0	0	0	N 3	NNW 3	NNW 3
14	ESE 2	SE 2	— 0	— 0	ESE 2	— 0	— 0	— 0	NW 3	NW 5	NW 7	NW 6
15	ENE 2	— 0	— 0	— 0	NNW 2	NW 2	NW 2	NW 3	N 2	NNW 4	NW 4	NNW 6
16	— 0	SE 3	ESE 2	SSE 2	SE 3	SE 3	SE 3	SE 2	SSW 3	S 3	SSW 3	SSW 4
17	— 0	ESE 2	ESE 2	E 2	E 3	E 3	NE 2	NE 2	- 0	W 3	NNW 4	N 4
18	SSE 2	SE 2	SE 2	SSE 3	S 3	SSE 3	SE 3	ESE 3	ESE 2	NNW 4	NNW 4	N 5
19	ENE 3	ESE 2	— 0	— 0	— 0	.- 0	NNW 3	NW 4	NNW 5	NNW 5	N 5	NNW 5
20	ESE 2	— 0	— 0	E 2	— 0	NE 3	NNE 3	ENE 3	NNE 4	NE 3	NNE 4	N 2
21	ENE 2	ENE 2	— 0	ENE 2	-- 0	NE 2	— 0	NW 2	NW 2	N 3	N 4	NNW 4
22	— 0	— 0	ESE 2	SE 3	SSE 4	SSE 5	SSE 3	SE 4	SSE 5	SE 4	SE 4	SE 5
23	SE 2	SSE 3	SE 4	SSE 3	SSE 3	SSE 2	SE 2	NNW 3	NNW 3	NNW 3	— 0	NW 2
24	— 0	— 0	-- 0	E 2	ENE 3	— 0	— 0	NW 2	NNW 2	NNW 4	N 3	NNW 4
25	— 0	— 0	— 0	— 0	— 0	— 0	— 0	— 0	N 2	— 0	S 5	S 7
26	SE 2	E 2	SE 5	SE 4	SSE 3	ESE 3	SE 2	WNW 2	NW 2	-- 0	NW 3	NNW 4
27	NW 3	NW 3	WNW 3	WNW 2	N 2	NW 2	— 0	NW 3	NNW 4	N 2	NNE 3	NW 3
28	NNE 2	-- 0	— 0	— 0	NW 2	SW 2	NW 2	NW 2	WNW 3	NNW 4	NNW 4	NNW 4
29	SE 4	ESE 3	ESE 3	SE 3	SE 2	ESE 3	SSE 2	SE 3	E 2	SSE 2	NNW 3	NW 2
30	— 0	— 0	— 0	NNW 2	NW 4	NW 3	NW 2	NW 3	N 4	N 4	N 4	N 3
31	— 0	— 0	ESE 2	— 0	— 0	— 0	— 0	NNW 3	N 3	NNW 4	NNW 5	NNW 5
Mittel	1.7	1.7	1.6	2.2	2.1	2.0	1.9	2.5	2.7	3.4	3.8	4.1

Richtung und Geschwindigkeit des Windes.

Bossekop. Mittlere Ortszeit. **Juni 1883.**

1	m.p.s.	2	m.p.s.	3	m.p.s.	4	m.p.s.	5	m.p.s.	6	m.p.s.	7	m.p.s.	8	m.p.s.	9	m.p.s.	10	m.p.s.	11	m.p.s.	12	m.p.s.	Tagesmittel m.p.s.
NW	3	NW	4	NNW	5	NNW	5	NW	3	NW	4	NW	3	NNW	3	NNW	2	—	0	NNW	2	—	0	3.9
N	5	N	6	NW	4	NW	4	NNW	4	NW	3	NNW	3	NNW	2	NNW	2	—	0	—	0	—	0	2.8
NNW	4	N	4	NNW	6	NNW	3	NW	4	N	4	NNE	3	SSE	5	SSE	6	SE	4	SSW	5	SE	6	3.7
SSW	2	S	2	N	3	N	4	N	3	ENE	2	N	6	NNW	7	—	0	N	2	N	4	NNE	2	3.2
NNW	5	NW	5	NW	5	NW	6	NW	6	NNW	6	NNW	5	NNW	6	NNW	7	NW	4	NW	4	NNW	2	3.9
NW	3	N	3	N	3	NW	5	NW	4	N	4	—	0	S	3	WNW	2	—	0	E	2	WSW	2	2.3
NW	3	NW	3	NNE	3	N	3	N	3	NNE	2	N	4	N	5	N	4	—	0	—	0	—	0	2.3
NNW	3	NNW	3	NNW	2	—	0	S	6	SSW	4	—	0	ESE	2	—	0	S	3	ESE	2	ESE	2	2.2
NW	3	S	2	WNW	2	SE	3	SW	3	SE	6	SE	2	SSE	6	SSE	5	SW	7	SW	4	SSE	4	2.9
N	3	N	3	N	3	WSW	3	SW	4	SSW	3	SSW	3	—	0	NNW	3	N	3	N	3	N	2	2.7
NNW	4	NW	5	NNW	4	NNW	4	N	4	NNW	2	—	0	—	0	N	3	—	0	—	0	NNE	2	2.0
NNW	5	NNW	7	NW	7	NNW	7	NW	7	NW	7	NNW	8	NNW	6	NNW	8	NNW	6	NNW	7	NNW	5	4.7
NNW	5	N	5	N	5	N	5	N	4	N	2	—	0	—	0	—	0	—	0	—	0	—	0	3.9
NNW	4	NW	3	NW	2	NNW	2	NW	2	NW	3	W	5	WNW	4	WNW	5	WSW	2	WSW	2	WSW	4	2.9
NNW	6	NNW	5	NNW	4	N	8	NNW	3	N	3	N	3	—	0	—	0	—	0	—	0	—	0	2.8
NNW	4	NNW	3	N	3	NW	3	NW	4	NNW	4	NNW	3	NNW	4	NNW	3	NNE	2	SE	2	—	0	2.0
N	4	NNW	3	NNW	6	NW	7	N	6	NNW	6	N	6	N	6	NNW	4	NNW	4	NNW	4	N	4	3.2
NNW	4	NNW	6	NNW	5	NNW	6	N	5	N	6	NNW	5	N	5	N	5	N	4	N	6	NNW	5	4.8
N	4	NNW	4	N	5	NNW	4	NNW	4	N	4	N	4	N	4	N	2	N	2	NNE	2	—	0	2.9
NNW	6	N	6	N	7	N	7	N	8	N	8	NNW	7	NNW	5	NNW	6	N	6	NNW	5	N	3	4.5
NNW	4	NW	3	NNW	4	NW	4	NNW	4	N	3	NNE	2	NNW	5	—	0	N	2	—	0	—	0	3.0
NW	4	NW	5	N	3	N	8	N	7	N	6	N	7	N	5	NNE	2	N	2	—	0	—	0	3.2
NW	4	WNW	4	NW	5	NNW	5	NW	5	NNW	4	—	0	SSE	3	SE	3	SE	4	SSE	5	S	4	2.8
N	3	NNW	4	N	3	—	0	—	0	—	0	—	0	—	0	NNW	2	—	0	—	0	—	0	2.8
NNW	5	NW	4	N	4	NNW	4	NNW	4	NW	5	NNW	6	NW	6	NW	6	NNW	5	N	3	N	2	3.5
N	5	NNW	5	NNW	7	NNW	6	NNW	5	NNW	5	N	4	N	2	N	3	NNW	3	NNW	4	NNW	4	4.0
N	3	N	4	N	6	NNE	3	NNE	6	N	4	NNW	5	N	4	N	2	NW	2	—	0	—	0	2.8
NNW	6	—	0	NNW	5	NW	5	N	6	SSE	4	—	0	SSE	2	SSW	2	NNW	7	NNE	3	NNE	2	2.7
NNW	3	NW	2	WNW	2	—	0	—	0	NNW	2	NW	3	NW	3	NNW	3	NNW	2	—	0	—	0	1.6
NW	2	NW	3	NNW	3	N	4	NNW	4	NNW	3	NW	3	—	0	—	0	—	0	—	0	NW	3	2.5
	4.0		3.9		4.2		4.3		4.3		4.0		3.3		3.4		3.0		2.5		2.3		1.9	3.1

$\lambda = + 23^0\ 14'\ 46'' = + 1^h\ 32^m\ 59^s$. **Juli 1883.**

1	m.p.s.	2	m.p.s.	3	m.p.s.	4	m.p.s.	5	m.p.s.	6	m.p.s.	7	m.p.s.	8	m.p.s.	9	m.p.s.	10	m.p.s.	11	m.p.s.	12	m.p.s.	Tagesmittel m.p.s.
NNE	3	NNW	3	NW	3	NW	4	NNW	5	NW	4	NW	3	NW	3	—	0	NW	2	NNW	2	—	0	2.3
N	5	NNW	6	N	6	NNW	7	N	5	N	7	N	8	NNW	7	NNW	6	N	7	N	6	NNW	5	4.2
N	4	NNE	3	NNW	6	NNW	5	N	5	NNW	3	N	4	NNW	5	NW	5	NW	5	N	5	N	7	4.9
N	7	NNW	4	NNW	4	NW	4	NNW	5	NNW	5	N	5	N	6	N	5	N	5	N	5	N	6	4.9
N	6	N	6	N	4	N	6	N	6	N	6	N	6	N	6	N	3	—	0	N	2	—	0	4.8
NNW	4	NNW	3	NNW	4	NNW	4	NNW	4	NNW	3	NNW	3	N	3	N	3	—	0	—	0	E	2	1.8
NNW	3	ENE	3	SE	4	ESE	2	NNW	3	NNW	2	N	3	—	0	E	2	E	3	E	3	ENE	3	2.3
NNW	7	NNW	6	N	6	NNW	5	N	6	NNW	5	N	3	NE	3	—	0	—	0	NNE	3	—	0	3.0
NNW	5	NNW	5	NNW	5	N	4	N	5	NNW	5	NNW	5	N	2	NE	2	ENE	3	—	0	—	0	2.7
NW	5	NW	6	NNW	6	NW	5	NNW	6	NE	3	NE	3	E	3	ESE	2	ENE	2	NE	2	E	2	3.5
NW	4	NNW	5	NNW	5	NW	6	NW	4	NNW	4	NW	4	NNW	2	SE	3	SSE	3	SSE	3	SSE	2	2.7
NW	4	NNW	5	NNW	4	NE	2	NE	3	NW	3	NW	5	NW	3	—	0	NE	2	ENE	2	ENE	2	2.5
NNW	4	NNW	5	NNW	5	NNW	5	NNW	5	NW	5	NW	4	NNW	4	N	5	NE	2	—	0	—	0	2.6
NW	7	NW	7	NW	8	NW	7	NW	8	NW	7	NW	6	NW	6	NW	3	NNW	3	—	0	N	2	3.8
NNW	6	NW	6	NW	8	NW	5	NW	6	NNW	6	NW	5	NNW	5	NNW	4	N	2	N	2	—	0	3.4
SE	2	N	3	NW	3	NNW	4	NNW	4	NW	4	—	0	ESE	3	SE	2	—	0	ESE	2	—	0	2.4
NNW	4	NNW	4	N	4	—	0	SSE	3	SE	4	ESE	4	E	2	SE	3	SE	2	SSE	3	S	2	2.6
NNW	4	NW	6	NW	6	NW	6	NW	6	NNW	6	NW	4	N	3	NNW	3	N	2	—	0	—	0	3.4
NNW	5	NW	8	NW	10	NW	8	NW	7	NW	6	NNW	4	NNW	5	NW	4	NNW	4	E	2	E	2	4.0
NNE	6	NNE	5	N	6	N	6	NNE	3	NNE	4	NE	3	NE	2	NE	3	ENE	3	ENE	3	ENE	3	3.0
NNW	5	NNW	5	NNW	5	NNW	5	NNW	4	NW	3	N	3	N	2	SE	3	SE	4	SSE	3	—	0	2.7
SE	4	ESE	5	SE	6	W	2	SSE	3	SE	4	—	0	—	0	—	0	SE	4	SE	2	S	3	3.0
N	3	NW	3	NNW	4	N	2	WNW	3	NNE	2	NW	2	N	3	—	0	—	0	—	0	—	0	2.2
NNE	3	NNW	5	N	3	N	4	N	4	N	4	N	4	NW	2	—	0	—	0	—	0	—	0	2.0
SSE	5	S	7	S	10	S	11	S	6	S	7	S	3	S	5	S	3	S	3	—	0	SE	3	3.3
NW	5	NNW	4	NW	4	NNW	4	NW	5	NW	4	NNW	5	NW	2	NW	3	NW	4	NW	2	NW	3	3.3
N	3	NNE	4	N	3	NNE	4	NNE	5	N	4	NNE	3	N	4	NNE	2	N	3	N	3	N	2	2.9
NNW	4	NW	3	NNW	3	NNW	4	N	3	NW	2	NW	2	NW	2	—	0	—	0	SW	3	E	2	2.2
NW	3	NNW	4	N	3	NW	6	N	4	N	3	NNW	2	N	3	N	2	—	0	—	0	—	0	2.6
NNE	4	N	5	N	5	NNW	5	NNW	5	N	4	NNW	3	N	3	N	4	—	0	—	0	—	0	2.8
NNW	6	NNW	5	NNW	5	NNW	4	N	2	NE	2	NE	2	ENE	3	NE	2	NE	4	E	3	SE	3	2.6
	4.5		4.8		5.1		4.7		4.6		4.2		3.6		3.3		2.5		2.3		1.9		1.7	3.0

Richtung und Geschwindigkeit des Windes.

1888. August. Höhe des Anemometers über dem Boden: 2.4 m. **Bossekop.**

Datum	1		2		3		4		5		6		7		8		9		10		11		Mittag	
		m.p.s.		m.p.s.		m.p.s.		m.p.s.		m.p.s.		m.p.s.		m.p.s.		m.p.s.		m.p.s.		m.p.s.		m.p.s.		m.p.s.
1	—	0	—	0	SE	2	—	0	SE	3	SSE	4	SE	4	SSE	4	SE	3	ESE	3	ESE	2	S	3
2	ESE	2	SE	3	—	0	ESE	2	—	0	—	0	NNW	2	NW	2	NNW	4	NNW	4	NNW	5	NNW	5
3	—	0	ENE	2	—	0	E	2	—	0	—	0	ENE	3	NE	2	N	3	NNW	6	NW	6	NNW	6
4	—	0	NE	3	ESE	2	—	0	—	0	—	0	ENE	2	NW	3	NNW	4	N	4	NNW	5	NW	4
5	ESE	2	—	0	E	2	E	2	—	0	—	0	—	0	WNW	2	NW	2	NNW	4	NW	3	NNW	4
6	—	0	—	0	—	0	—	0	—	0	—	0	—	0	NW	2	N	2	ENE	3	NNW	3	NNW	2
7	SE	2	SE	3	SE	4	SE	2	SE	3	SSE	2	SSE	2	SE	4	SSE	2	SE	3	NW	3	WNW	2
8	—	0	—	0	E	2	—	0	E	2	—	0	—	0	NW	3	NNW	4	NNW	4	NNW	5	NW	5
9	ESE	2	ESE	2	ESE	2	ESE	2	E	2	E	2	—	0	WNW	3	NW	2	NNW	3	NW	3	NW	4
10	SE	2	SE	3	SSE	3	SE	2	SE	3	SE	2	SE	2	SSE	2	SE	3	SE	2	—	0	SSE	3
11	E	2	ESE	3	—	0	SE	2	ESE	2	SE	2	SSE	2	SSE	2	SSE	2	N	4	NNW	2	NW	2
12	—	0	ESE	2	ESE	2	SE	2	SE	2	SE	3	ESE	2	—	0	NW	2	NNW	2	NNW	3	NNW	2
13	NNW	2	—	0	—	0	—	0	NW	3	NW	4	WNW	2	NW	3	NW	3	NW	4	NNW	4	NW	5
14	—	0	—	0	—	0	NNW	3	—	0	—	0	—	0	NNW	4	NNW	4	NNW	4	NNW	5	NNW	4
15	SE	2	SE	2	SSE	2	—	0	SE	5	SE	3	SE	3	SSE	3	SSE	4	SE	2	SE	3	SSE	2
16	SE	3	SSE	2	SSE	3	SSE	3	—	0	SSE	3	SE	5	SE	5	SE	5	SSE	4	SE	3	SE	5
17	—	0	—	0	S	4	SE	3	SE	5	SSE	4	S	4	SSE	3	SE	2	SSE	2	SSE	2	SSE	4
18	SE	2	SE	2	—	0	SE	2	SE	2	S	3	S	3	SSE	2	S	4	SSE	4	S	3	SSE	3
19	—	0	SE	3	SE	2	SE	2	—	0	S	2	SSW	4	SSE	4	SSE	3	SE	3	SSE	6	SSE	4
20	—	0	ESE	2	ESE	2	SE	4	ESE	3	ESE	2	—	0	—	0	—	0	NNW	2	NNW	2	NNW	3
21	—	0	SE	2	—	0	SSW	3	W	2	SW	6	W	5	WSW	5	W	4	WNW	3	WNW	4	NNE	2
22	ESE	3	E	3	ESE	3	SE	3	SSE	2	—	0	—	0	NW	2	NW	2	—	0	NW	2	NW	2
23	E	2	SE	2	SE	2	—	0	SE	2	SE	2	SSE	3	SE	4	S	4	SE	5	—	0	S	4
24	SE	2	—	0	SE	4	SE	4	SSE	4	SSE	5	SSE	5	SE	4	SSE	4	SSE	3	SE	2	SSE	3
25	N	3	N	4	N	5	N	5	N	3	N	3	N	4	N	3	N	3	NNW	4	N	5	N	6
26	NW	5	NW	5	NW	5	NNW	3	NNW	4	NNW	3	NNW	3	—	0	—	0	—	0	—	0	NW	2
27	—	0	SE	3	SE	2	SSE	2	SE	2	SSE	3	S	4	S	5	SSW	7	S	7	S	6	S	8
28	SE	5	S	4	—	0	SSE	3	SSE	4	SE	4	SSE	3	SSE	4	SE	7	SSE	7	SSE	5	SSE	7
29	—	0	—	0	SE	2	SSE	2	SE	3	—	0	SSE	4	SSE	3	SE	5	SE	5	S	5	SSE	5
30	—	0	—	0	—	0	—	0	—	0	—	0	—	0	—	0	—	0	—	0	—	0	WNW	2
31	—	0	—	0	ESE	2	—	0	—	0	—	0	—	0	NNW	2	NNW	2	—	0	—	0	N	3
Mittel		1.3		1.8		1.8		1.9		2.0		2.0		2.3		2.7		3.1		3.3		3.1		3.7

Richtung und Geschwindigkeit des Windes.

Bossekop. Mittlere Ortszeit. **August 1883.**

1	2	3	4	5	6	7	8	9	10	11	12	Tagesmittel
m.p.s.	m.p.s.	m.p.s.	m.p.s.	m.p.s.	m.p.s.	m.p.s.	m.p.s.	m.p.s.	m.p.s.	m.p.s.	m.p.s.	m.p.s.
SE 3	NW 4	NW 5	N 4	NNW 4	ENE 5	ENE 4	ENE 3	ENE 3	— 0	— 0	E 2	2.7
NNW 6	NW 5	NW 6	NW 6	NW 6	NW 6	NW 7	NNW 4	NW 4	N 2	NNW 3	NNW 4	3.7
NNW 6	NNW 6	NNW 5	NNW 5	NW 5	NNW 4	NW 4	NNW 4	NNW 5	NW 4	NNW 5	N 3	3.6
NW 4	NNW 5	NW 6	NW 6	NW 4	NNW 3	NE 2	NNE 2	NE 3	NNE 2	SE 2	ESE 2	2.8
NNW 3	NW 3	NNW 4	NW 3	NW 3	NW 2	NW 2	— 0	SE 3	SE 2	SSE 3	— 0	2.0
— 0	— 0	— 0	— 0	— 0	— 0	SE 2	SE 3	ESE 2	SSE 2	SE 4	SE 4	1.2
NNW 2	N 3	NNW 3	NNW 3	NW 3	NW 3	NNW 2	— 0	NE 3	ENE 2	ENE 2	E 3	2.5
NNW 4	NNW 5	NNW 5	NNW 4	NNW 4	NNE 2	NE 2	ENE 3	ENE 3	— 0	— 0	E 2	2.4
NW 3	N 3	NNW 3	NNW 3	NNW 3	E 3	E 2	SE 3	E 2	— 0	— 0	ESE 2	2.3
— 0	N 3	NW 3	NNW 3	NNW 3	NW 2	NW 2	NNW 2	— 0	SSE 3	— 0	SE 2	2.0
NW 2	SE 4	SE 4	SSE 2	SE 3	ESE 2	SE 2	SE 2	— 0	— 0	SSE 2	— 0	2.0
NW 2	NNW 2	NNW 3	NNW 4	NW 3	NW 2	NNW 4	NW 3	NW 2	NW 3	NW 3	— 0	2.2
NW 5	NNW 4	N 3	N 4	N 2	N 2	— 0	— 0	— 0	— 0	— 0	— 0	2.1
NW 4	NW 4	NNW 5	NW 4	NNW 4	NW 3	NW 2	— 0	— 0	— 0	— 0	SSE 3	2.2
— 0	WNW 4	NW 2	SSE 3	SE 2	SE 3	SE 4	SE 5	SSE 3	SE 4	SE 2	— 0	2.6
SSE 3	SSE 5	SE 4	ESE 5	SSE 4	SSE 2	SE 2	— 0	S 2	S 2	SE 4	SSE 3	3.2
S 3	SSE 3	S 4	SSW 6	SSE 3	SSW 3	SSW 3	— 0	— 0	— 0	SSE 2	S 2	2.6
SSE 5	SSE 5	SE 5	SSE 5	S 4	SSE 5	SSE 3	SSE 3	SSE 2	SSW 4	— 0	— 0	3.0
S 3	SSE 3	S 2	SSE 2	NNW 2	N 2	— 0	— 0	SE 2	— 0	— 0	— 0	2.0
— 0	W 3	WNW 6	N 4	NW 3	NW 2	— 0	W 2	— 0	WSW 2	— 0	— 0	1.8
N 2	— 0	— 0	— 0	— 0	NW 2	NW 2	NW 3	NNW 2	ENE 2	E 2	ESE 3	2.3
NW 3	NNW 3	NW 2	— 0	NNW 2	NNW 2	N 2	— 0	— 0	— 0	— 0	ESE 2	1.6
WNW 2	S 3	S 4	S 4	S 6	S 6	S 3	— 0	— 0	S 3	SSE 3	S 3	2.8
SE 5	0	SE 2	— 0	— 0	— 0	— 0	NW 3	N 3	— 0	NNW 3	N 3	2.5
N 6	N 7	N 6	N 6	N 5	N 6	NNW 5	NNW 5	NNW 6	NNW 5	NNW 5	N 4	**4.8**
N 2	— 0	— 0	— 0	— 0	— 0	E 2	SSE 2	SE 2	SE 2	— 0	SE 3	1.8
S 8	S **10**	SSW **10**	SSW 9	SW 6	SSW 4	SSW 5	SSE 3	SSE 2	SSE 3	— 0	SSE 4	4.7
SSE 5	SSE 6	SSE 5	SSE 7	SSE 5	SSE 3	SSE 5	SSE 2	SE 2	— 0	— 0	— 0	3.9
SE 7	SE 5	SE 4	S 3	SE 4	SE 2	— 0	S 2	— 0	— 0	— 0	— 0	2.5
N 2	NNW 2	NNW 2	NNW 3	NW 2	— 0	— 0	— 0	— 0	— 0	— 0	E 2	**0.6**
NNW 2	NW 2	NW 3	NNW 4	NW 3	NW 3	NNW 2	NNW 3	NNW 3	NNW 4	NNW 3	— 0	1.7
3.3	3.6	**3.7**	3.6	3.2	2.7	2.4	2.0	1.9	1.6	1.5	1.8	2.5

Menge, Form und Zug der Wolken, Bossekop.

1882. August. Mittlere Ortszeit.

Datum	1	2	3	4	5	6
1	10 a ●°	10 a ●°	10 a ●°	10 a ≡●R	10 a ≡°	10 a ●R
2	10 s N	10 s	9 s	8 s	7 s	6 si
3	9 sci S	7 sci S	6 sci S	5 sci SSE	6 sci S	7 sci SSE
4	3 sri W	2 sui SW	3 sui SSW	4 csiu S	5 sciu SSW	3 sciu SW
5	1 si	1 sr	1 sc	3 sc SW	6 us SW	5 ur SW
6	4 sc	7 suc SW ●°	6 surc SW	3 suicr	1 cri	1 su
7	10 s	10 s	10 s S	9 s S	9 sc	9 s
8	10 a	10 a	10 a ≡°	10 a ≡●°	10 a ≡●°	10 a ≡●°
9	10 a ●°	10 s	9 s NW	8 s W	9 s WSW	9 s
10	10 a ●	10 a ●°	10 a ●°	10 a ●	10 a ●	10 a ●
11	8 su WSW	9 a ●°	10 a ●°	10 a ●°	3 su SW	10 s SW
12	10 s W	10 s WSW	10 su WNW ●°	9 su WNW	9 su WNW	9 su WNW
13	9 s WSW ●°	10 s WSW	4 sui W	7 s W	7 sui NW	5 sui NW ⊕
14	10 s W ●°	10 s W	10 s W	9 s W ●°	10 a	10 a ●°
15	10 a	10 s	10 s W	7 src W	6 scr W ≡°	3 suir WSW
16	10 s WNW	10 s WNW	9 s NW	9 s W	10 s W	9 sr NW
17	10 a ●	10 s W	10 s	10 a ≡°	10 a ≡°	10 a ≡
18	10 a	10 a	10 a	10 s NNW ●°	10 s ●°	10 s ●°
19	10 a ●°	10 a ●	10 a ●°	10 a ●	10 a ●	10 a ●
20	10 s	10 a ●	10 s SW	7 sur SW ●°	7 sur WSW	7 su SW
21	2 su SW	2 su SW	1 suc SW	1 sc SW	2 scu	4 scr
22	2 sur	3 sur ≡°	5 sur ≡	2 sui	1 cru	1 cu
23	4 sucr	2 su ≡°	1 suc	3 sur	8 su	10 s
24	10 s ESE	9 s ESE	10 s ESE	10 a	10 a ●°	10 s ESE ●°
25	10 s E	10 s SE ●°	10 s SE	8 sr SE	9 sc SE	10 s SE
26	10 s SE	10 s SE	10 s S	10 s	10 s SSE	6 s SSW
27	10 s SE	10 s SSE	10 s S	10 s SSE	10 su SSE	10 s SSE
28	5 surc	5 surc	4 sucr	4 sucr	7 suc S	10 sur
29	9 su S	6 sc SSW	7 sic SSW	5 su WNW	9 sur SSW	9 sur SW
30	8 su NNW	8 su NNW	10 s NNW	10 s NW	10 s NW	9 s WNW
31	10 a ●°	10 a ●°	10 a ●°	10 a ●	10 a ●°	9 sc NW
Mittel	8.2	8.1	7.9	7.5	7.8	7.8

Datum	1	2	3	4	5	6
1	10 s W	10 s NW ●°	10 s N	10 a ●°	10 s N	10 a W
2	10 a ●°	10 a ●°	10 a ●°	10 s WNW ●°	10 a ●°	10 s
3	8 sur SSE	9 su SSE ●	8 su SSE	4 suic SSE	4 suc SW	3 suri S
4	6 suc S	2 suir SW	1 sur	2 u SW	2 sur SW	2 sur SW
5	4 uir SW	6 uire	5 uci SW	6 usr SW	8 su SW ●	6 sic SW
6	2 sur NW	4 su NNW	6 sui WNW	10 su N	10 s N ●°	10 su NW
7	2 rus	2 usci	2 suc	5 su NW	8 su NW	7 su NW
8	10 a ●°	10 a ●°	10 a N	10 a	10 a	10 a
9	10 s W ●°	10 s NNW	10 s W	10 s W	10 s ●°	10 s S
10	10 s W ●	9 su W ●°	5 us NW	4 su WNW	5 su W	6 su W
11	9 su SW	9 sui SW	10 s WSW ●°	10 s WSW	10 s W	10 su W
12	4 suir NW	9 su W	8 siu NW	7 surc NNW	7 sur NW	6 su NW
13	9 a	10 a ●°	10 s W ●°	10 a ●°	10 s W ●°	10 s W ●°
14	10 s WNW	10 s NW	10 s WNW	10 s W	7 suc W	6 s WNW
15	10 s	10 s WSW	10 s W	10 s W ●	10 s W ●	10 s W ●
16	9 s NW	10 s NW	9 sr NW	10 s NW	9 sr W	9 su NW
17	9 s	7 sr	9 s	10 s NW	10 s	10 s W
18	10 s	10 a ●°	10 a ●°	10 s	10 a	10 a ●
19	10 a ≡°	10 s	10 s	10 s	10 s SE	10 s
20	5 suci SW	3 uirc	7 suir WSW	7 sur WSW	4 suir WSW	4 suicr
21	3 usr	3 us NW	4 su NW	4 su WSW	7 suc W ●R	7 su ●R
22	1 us SSE	2 su SSE	5 su SSE	3 su SSE	3 usc SSE	2 suc SSE
23	10 s SSE ≡°	10 s SSE	10 s SSE	10 s S	10 s S	9 s S
24	10 s SSE	10 s S	10 s S	10 s	10 s S	10 a
25	10 a	10 a ●°	10 s E	10 s ●°	10 s SSE	10 s SE
26	7 sucr SE	5 sucr SE	5 sucr SE	5 suc SSE	4 suc SE	8 su SE
27	6 sur SE	5 su S	6 su S	6 su S	8 sur SSE	6 suri SSE
28	10 su SSE	10 su SSE	9 sur S	9 sur ●°	9 sc S	9 sur S
29	9 sur	10 sur N	10 sur	10 sur	10 sur NNW	10 sur NNW
30	10 su WNW	10 s W	9 su WNW	10 s	10 s WNW ●°	9 s ●°
31	7 su NW	3 su NW	5 su NW	5 su NW	3 usc WNW	3 su NW
Mittel	7.7	7.7	7.8	8.0	8.0	7.8

Summe der Hydrometeore: 142 ●, 36 ≡, 4 R, 1 ⊕, 1 Ш.

Hydrometeore, Niederschlagsmenge.

Bossekop. Mittlere Ortszeit. August 1882.

7			8			9			10			11			Mittag			Niederschl.-menge m. m.
10 a		$\bullet^{1}$	10 a			10 s	W		10 s	SW	$\bullet^{0}$	10 s	WSW		10 s	SSW		9.4
7 si	NW		8 s			8 ru			3 rus			7 s			9 s			1.5
7 sci	SE		10 s	SSE		10 s	SSE		10 s	SSE	$\bullet^{0}$	10 s	SSE		9 s	SSE		0.8
2 suc	SW		3 uc	SW		3 su	W		4 uic	SW		5 us	SSW		7 suc	SW		0.0
6 sri	WSW		8 sr	WSW		2 uir			7 riuc			6 uirc	SSW		5 uri			2.0
7 su			2 sui			3 sui			2 sui			2 sui			2 sui			0.8
10 a			10 a			10 a			10 s	N		10 a			5 res			0.0
10 a		$\equiv\bullet^{0}$	10 a			10 a			10 a		$\bullet^{0}$	10 a		$\bullet^{0}$	10 a		$\bullet$	6.0
10 s		$\bullet^{0}$	10 s		$\bullet^{0}$	10 a		$\bullet$	10 a		$\bullet^{0}$	10 a		$\bullet^{0}$	10 a		$\bullet^{0}$	3.4
10 a		$\bullet$	10 a		$\bullet$	10 a		$\bullet$	7 su			9 su			10 su	W		6.8
4 sieru	SW		5 sr	SW		7 sr	SW		9 su	SW		8 sr	SW		8 sur	SSW		1.8
8 su	WNW		9 su	NNW	$\bullet^{0}$	9 su	NW		7 su	NW		8 su	NW		3 su	NW		0.0
7 su	W		9 su	W		9 su	W		9 su	W		9 su	W		9 s	W		0.0
10 a		$\bullet^{0}$	10 a		$\bullet^{0}$	10 a			10 s	WNW	$\bullet^{0}$	10 s	WNW	$\bullet^{0}$	10 s	NNW		0.6
6 suirc	SW		5 sucr	W		6 sru	W		5 rc		$\equiv^{0}$	6 criu		$\equiv^{0}$	8 scru		$\equiv^{0}$	2.5
9 s	NW		10 s	NW		10 s	NW		10 s	NW		10 s	NW		9 s	NW		2.5
10 a		$\bullet\equiv$	10 a		$\bullet\equiv$	10 a		$\bullet\equiv$	10 a		$\bullet\equiv$	10 a			10 a			1.3
10 s			7 s			9 s			7 su	SE		8 suc	WNW		9 su	WNW		4.0
10 a		$\bullet$	10 a		$\bullet\equiv$	10 a		$\bullet^{0}\equiv^{0}$	10 a		$\bullet^{0}\equiv^{0}$	10 a		$\bullet^{0}\equiv^{0}$	10 a		$\bullet^{0}\equiv^{0}$	5.5
7 suc	SW	$\bullet^{0}$	6 sucr	SSW		6 su	SW		7 su	SW		8 su	WSW		5 suc	SW		1.1
8 sc			3 scr			2 si			1 si			3 sur			3 sur			2.2
1 cu			2 suc			3 sucr			1 su			2 su			3 su	SSE		0.0
10 s	SSE		10 s	S	$\equiv^{0}$	10 s	S	$\equiv^{0}$	10 s	SSE	$\equiv^{0}$	10 s	SSE	$\equiv^{0}$	10 s	SSE	$\equiv^{0}$	0.0
10 s	ESE	$\bullet^{0}$	10 s	ESE		10 s	ESE		10 s			10 s	SSE		10 s	SSE		0.0
10 s	SE		10 s	SE		10 s	SE	$\bullet$	10 a		$\bullet$	10 a		$\bullet$	10 a		$\bullet^{0}$	3.1
10 s	S		10 s	S		10 s	S		8 su	SSE		8 sur	SE		7 scu	SSE		0.0
10 s	SSE	$\bullet^{0}$	10 s	SSE		10 s	SSE	$\bullet^{0}$	10 s			9 su			7 su	S		0.0
10 sur			10 sur	S		9 sur	SSE		9 sur	SSE		8 surc	S		10 sur	S		0.0
8 surc	SSW		8 surc	S		9 sur			10 sur	SE		10 sur			9 sur			0.0
9 s	WNW		9 sc	WNW		9 s	WNW		9 s	WNW		9 s	NW		10 s	W		0.0
8 sc	N		6 scu	N	$\bullet^{0}$	5 su	NNW		3 su	NW		5 su	NW		4 su	NW		2.4
8.2			8.1			8.0			7.7			8.1			7.8			57.7

7			8			9			10			11			12			Tagesmittel der Wolkenmenge.
10 s	N		10 s	N		10 s	N		10 s	N		10 s	N		10 s	N	$\bullet^{0}$	10.0
9 s	SW		10 s	W		9 s	W		10 s			10 a		$\equiv$	10 s	SW		8.8
5 sur	S		2 sui	SW		3 suri			5 suri	SSW		5 sr	WSW		4 sr	WSW		6.5
3 uc	SW		3 uc	SW		3 uc	SW		3 uc			3 sr			0 si			3.1
2 s			2 s			7 s			5 s			7 s			7 s	SW	$\bullet$	4.8
10 su			10 s	W		9 s	N		4 sr			2 s			10 s			5.3
6 sur	NNW		8 su	NW		10 s			10 a			10 a			10 a			8.0
10 a		$\bullet^{0}$	10 a			10 a		$\bullet^{0}$	10 a			10 a			10 a			10.0
10 s	WSW		10 s	WSW		9 s	W		10 s	W		10 s	W	$\bullet^{0}$	10 a			9.8
5 us	W		4 us	W		2 us	WSW		2 scu	WSW		4 scu	SW		6 su	WSW		7.4
10 s			10 s			10 s	W		10 s	WNW		10 s	W		10 s	W		8.7
7 su	NW		6 su	NW		9 su	NW		10 s	W		7 su	W		6 su			7.8
10 s	W		10 s	W		10 s	W		10 s	W		10 s	W	$\bullet^{0}$	10 s	W		8.9
8 su	WSW		5 ru	WNW		10 s			10 a			10 a			10 s	S		9.4
10 s	W	$\bullet^{0}$	9 sr	WNW	$\equiv^{0}$	10 s	WNW	$\equiv^{0}$	10 s	WNW		9 su	WNW		8 su	WNW		8.3
10 s		$\bullet$	10 s	W		10 a		$\bullet$	10 a	W		10 a		$\bullet^{0}$	10 a			9.4
8 su	SW		9 s	SW		9 s	SW		9 a			10 a			10 a			9.6
10 a		$\bullet$	10 a		$\bullet$	10 a		$\bullet$	10 s	WNW	$\bullet^{0}$	10 s	NW	$\bullet$	10 a			9.6
10 s			10 s			10 s	S		10 s	SW		10 s			10 s			10.0
2 surc	WSW		2 sur	WSW		2 s	SW		2 su	SW		3 su	SW		1 su	SW		5.5
3 usc			3 cru			1 is			1 scru			2 sc			3 scu			3.0
4 suc	SSE		4 suc			3 su	SE		5 su	E		5 su	E		3 scur	E		2.7
9 s	SSE		10 s			10 s	SSE		10 s	SE		10 s			10 s			8.6
10 a			10 a			10 a			10 a		$\bullet^{0}$	10 a			10 a			10.0
10 s	SE		10 s	SE	$\bullet^{0}$	10 s	SE	$\bullet^{0}$	10 s	SE		10 s	SE		10 s	SE		9.9
8 suc	S		6 suc	SSE		8 su	SSE		6 su	SSE		10 s			10 s	SSE		8.0
5 suri			4 sur	S		4 sur	SSW		6 suc			8 su			7 su	S		7.8
8 scr	S		7 sr	S		9 s	S		5 sui	S		7 su	S		8 su	SSW		8.0
10 sur			8 sur	N		10 sur	NNW		9 su	NNW		10 sr		$\bullet^{0}$	9 s	N	$\bullet^{0}$	8.9
8 su			9 su			9 s			10 s		$\bullet^{0}$	10 a		$\bullet^{0}$	10 a		$\bullet^{0}$	9.2
7 s			9 s	NW		9 s	WNW		2 s	NNW		8 s			7 s	NE	Ш	6.6
7.6			7.4			7.9			7.5			8.1			8.0			7.9

a = Stratus. u = Cumulus. i = Cirrus. s = Cumulostratus. c = Cirrocumulus. r = Cirrostratus.

Menge, Form und Zug der Wolken,

1882. September. Mittlere Ortszeit. Bossekop.

Datum	1			2			3			4			5			6		
1	4 s	N		2 s			1 s			1 s			0 r			0 rs		
2	4 sc			5 sc			7 src	W		7 src			7 sr			8 sri		
3	9 su			10 a		●^{0}	10 a		●^{0}	7 src			10 sc		●^{0}	10 a		● ≡^{0}
4	2 sr			2 sr		Ⓤ	2 sr		Ш	2 sr	W		4 scu			4 sric		
5	6 s			3 sc			3 sc			3 sc			3 sc			4 sc		
6	5 sc			3 scr			2 src			2 isc			3 ircu			1 iru		
7	8 su			4 su			2 suc			1 s			1 s			1 su		
8	10 a			10 a			10 a			10 s	NW		10 a		●	10 a		●
9	1 s			1 s			1 s			1 s			1 s			3 surc		
10	10 s			10 s			10 a			10 s			10 s	SW	●^{0}	10 a		●^{0}
11	10 s			10 s			10 s			10 s			10 s			9 reis		
12	1 s			1 s			1 s			1 r			1 r			1 cr		
13	5 su			4 s			5 src			6 cs			7 sc			6 sc		
14	2 s			3 s			7 s			8 su	S		7 su	SW		9 su	SW	
15	8 s			10 s			9 s			10 s		●^{0}	10 s			10 sc		
16	10 s			10 s			10 s			10 s			10 s			10 s		
17	10 s			7 s			9 sr			9 sr			9 sr	W		9 sr	W	
18	10 a			10 a			10 a		●^{0}	10 a		●^{0}	10 s		●^{0}	10 s		●
19	7 s			3 s			3 sr			4 sucr			4 sucr			4 sucr		
20	10 a		●^{0}	10 a		●^{0}	10 s		●^{0}	10 a		●^{0}	10 a		●	10 a		
21	10 a		●	10 a		●	10 a		●	10 a		●^{0}	10 a		●^{0}	10 a		●^{0}
22	2 s			3 s			1 sr			2 sr			2 sr			7 sr	SW	
23	3 s			2 s			3 sc			6 sr			2 sr			5 rc		
24	3 s			3 s			3 s			4 suc			5 sucr			6 src		
25	6 rs			6 sr			9 s			10 sc			10 s			10 sc		
26	8 s	WSW		9 s	WNW		10 sr		●	7 su			7 su	NW		6 su	NW	
27	10 sr			10 s			10 a		●	10 s			9 s	WSW		6 s	WSW	
28	8 su			7 su	WSW		8 sur	W		10 suc	WSW		10 sc	WSW		9 sc	W	
29	10 s			10 s	S		9 s		●^{0}	9 s	SE		9 s	SSE		10 s		
30	9 s			10 s			10 s			10 s			10 s			10 s		
Mittel	6.7			6.3			6.5			6.7			6.7			6.9		

Datum	1			2			3			4			5			6		
1	1 ru			0 iu			0 u			1 ur			1 ur			1 sur		
2	10 s			10 s	S		8 sru			6 s			10 s	SSE		10 a		●
3	7 su	NW		6 su	WSW		7 su	WSW		3 su	WSW		7 su	WSW		6 su		●^{0}
4	2 iru			4 riu			8 risu		⊕	7 reis		⊕	5^0 reis			5 reis	W	
5	2 sur			3 surc			2 reui			1 i			1^0 iru			2 ir		
6	4 suc	SSW		6 suc			7 scru	S		6 scru			8 srcu	S		8 sur	SSE	
7	10 s		●^{0}	9 sur	W		9 su	WNW		4 su			6 s			8 s		
8	10 s	SW		10 s			9 s			10 s	SSW		9 sc	SW		10 su	W	
9	6 su			6 su			7 su	W		6 su	NW		7 suc	W	●^{0}	6 su	WNW	
10	7 suc	WSW		8 suc	WSW		7 scru	WSW		9 scrui	SW		9 scriu	W		10 scu	WNW	
11	0 s			0 r			1^0 i			1^0 i			1 riu			3 sric		
12	7^0 ri			6^0 ri			4^0 ri			3 rics			3 csr			9 sc		
13	1 usr			2 sur			6 sur	SW		4 sru			3 sru			3 srui		
14	10 cs			10 cu			10 csu			10 cs			10 rs			10 rs		
15	9 scu	WNW		7 scu	NW		6 scur	NW		8 suic	W		9 s			9 s	NW	
16	10 sc			10 sc			10 s			10 s			10 s			10 s		
17	10 a			10 s			10 s			10 a			10 a			10 a		
18	9 src	NW		5 srcu	W		7 suc	W		10 s	W		9 sc	W		9 sc	NW	
19	6 su	NW		4 su	NW		6 su	NW		7 su	W	●^{0}	8 su	NW		10 s	NW	●^{0}
20	5 su	N		5 su	N		4 su	N		8 sur	N		10 su	NNW		6 src	W	
21	10 s			10 s			10 s		●^{0}	10 s	E		8 suc	E		7 sur		
22	9 sur			9 sur			10 sur			9 suri			9 suri			8 scr		
23	3 rcs			3 risu			2 suri			1 sir			3 suc			3 sc		
24	6 scr			10 s			8 sc	W		8 su	NW		6 usric	WSW		3 sur	W	
25	10 s			10 s			9 scr	WNW		8 sir	W		9 su	W		10 sur	W	
26	8 s		●	10 s			10 s			7 scu			7 sc			6 sc		
27	2 irs			3 iru	SW		6 src			6 sir			9 si			5 si		
28	3 sur			2 sru	W		1 sur			6 sur	S		8 sur	S		7 sru	SW	
29	10 s		≡^{0}	10 s		≡^{0}	10 s		≡^{0}	10 s		≡^{0}	9 s		≡^{0}	9 s	S	≡^{0}
30	10 s	SSE		10 s	SSE		10 s	SSE		10 s			9 s	S		9 sc	S	
Mittel	6.6			6.6			6.8			6.6			7.1			7.1		

Summe der Hydrometeore: 79 ●, 10 ≡, 2 ⊕, 1 Ⓤ, 4 Ш.

Hydrometeore, Niederschlagsmenge.

Bossekop. Mittlere Ortszeit. **September 1882**

7	8	9	10	11	Mittag	Niederschl.-menge m. m.
1 irs	0 ir	1 iu	1 ius	1 iu	1 usi	0.0
9 sur	10 su $\bullet^0$	10 s $\bullet^0$	10 su	10 s	10 su	5.7
8 su $\bullet^0$	9 su	7 suc NW	6 su NW	9 su NW	5 su NW	1.0
4 sri	3 suric	5 sruic	3^0 ir	1^0 i	2^0 iru	0.0
4 sc SE	9 sc	6 sr	4 sreu	3 sreu	4 sreu	0.0
2^0 ir	2^0 ir	1^0 ir	1 uis	5 su	6 su SSW	0.1
1 su	3 sur	7 sur	10 su SSW	10 sc SW	9 suc W	0.2
10 a ●	10 a ●	10 a	10 s SW	10 s	10 s SW	1.1
7 scuri	6 scr	8 suc WSW	9 s	4 urc	4 usc	0.0
10 a	10 s	10 s $\bullet^0$	9 sr	8 sur	5 surc	0.0
7^0 ri	7^0 ri	6 sc	2 sr	1 s	1 s	0.0
1^0 r	1^0 rc	1^0 r	2^0 r	3^0 ri	7^0 ric	0.0
4 cs	2 uc	2 u	1 usr	2 us SW	1 usr	0.0
10 s SW	10 s SW	10 s SSW	10 sc	10 cs	10^0 c	0.0
10 s	10 s	10 su	10 s	10 s W	10 s W $\bullet^0$	0.0
10 s	10 s SW	9 scr SSW	10 s	10 s	10 s	0.1
10 sr W	10 s	9 s $\bullet^0$	10 a $\bullet^0$	10 a $\bullet^0$	10 a	1.2
10 a ●	10 s	10 s	10 s	10 s	7 sr	4.1
8 su WNW	7 su W	10 s W $\bullet^0$	10 a ●	9 su W	9 su W	2.8
10 s	10 s $\bullet^0$	10 s	8 su	8 su	5 su N	1.5
10 a $\bullet^0$	10 a $\bullet^0$	10 s N $\bullet^0$	10 s $\bullet^0$	9 sc	9 s E	3.4
3 sir SW	3 suri	8 sur	9 sur	7 sur SW	7 sucr	0.0
5^0 ri	6^0 ris	4^0 ries	4^0 rieu	4^0 res	5 resu	0.0
8 suc W	8 su W	9 s W	10 sr	9 crs	4 crs	0.0
10 s	10 s	10 s SW	10 s SW	10 s SW	10 s SW	0.0
9 su	10 su NW	10 s $\bullet^0$	10 s $\bullet^0$	9 s $\bullet^0$	9 s	1.4
3 sru SW	2 sr	2 sr SW	3 scr	2 sru SW	6^0 ris	0.6
9 sc W	8 sc W	8 sc W	7 sc	4 sriu	3 sru	0.0
9 su S	10 s SSE	10 s S	10 su S	9 suc SSE	10 s $\equiv^0$	0.0
10 s	10 s $\bullet^0$	10 s	10 s SSE	10 s SSE	10 s SSE	0.0
7.1	7.3	7.4	7.3	6.9	6.6	23.2

7	8	9	10	11	12	Tagesmittel der Wolkenmenge.
1 src	4 sc	2 sc	3 sc	2 is	2 sc	1.3
10 a ●	10 a ●	10 a $\bullet^0$	10 a $\bullet^0$	10 a $\bullet^0$	8 su Ш	8.7
3 s $\bullet^0$	4 sc	1 s	1 s	1 sc Ш	1 sci Ш	6.1
5 res W	3 rs	3 scr	3 scr	3 scr	7 sc	3.7
2^0 iers	2^0 iers	9 si S	4 sr	2 s	3 s	3.5
9 su	9 su ●	9 su SSW	10 sc	9 s	8 su	5.3
7 sc	4 sr	8 scu	8 sc	8 s	10 a ●	6.2
7 suc WSW	5 scr	1 sc	3 su	1 s	1 s	8.2
2 s	2 su W	4 sir	6 sir	8 sir	5 irs	4.6
10 s WNW	10 s W	10 s W	10 s W	10 s	10 s	9.3
2 srui	1 sr	2 sr	2 sr	1 s	1 s	4.1
10 s	9 s	8 s	9 s	10 a	5 s	4.3
3 sur SW	2 sru	4 src	3 sr	3 s	3 s	3.4
10 rs	10 rs	10 s	10 s	10 s	10 s	9.0
10 s	10 s	10 s	10 a $\bullet^0$	10 s	10 s	9.4
10 s	10 s SW	10 s $\bullet^0$	10 a	10 a ●	10 a $\bullet^0$	10.0
10 a	10 a	10 a	10 a	10 a	10 a	9.7
9 s NW	8 sc NW	7 sc	10 s	10 a $\bullet^0$	9 a $\bullet^0$	9.1
10 a $\bullet^0$	10 a ●	10 a ●	10 a $\bullet^0$	10 a $\bullet^0$	10 a	7.5
10 s W	10 s	10 s	10 s	10 s	10 s ●	8.7
4 sur	3 su	3 sur	8 su	3 s	3 s	8.2
5 scr	6 sc	4 sc	7 s	8 s	8 s	6.1
2 sc	5 sc	4 sc	5 s	3 s	2 s	3.5
3 sur	2 sr	8 src	9 src	5 rs	5 rs	6.0
9 s	8 sr	9 sr	4 src W	3 sr	7 sr WSW	8.6
9 sr	10 s	10 s	10 a ●	10 a ●	10 s	8.8
7 si	10 s	9 s	9 su	5 su	7 us	6.3
5 sr	4 sr	1 s	1 s	4 cs	8 s	5.9
9 s $\equiv^0$	9 s $\equiv^0$	9 s	9 s S	10 s	10 sc	9.5
9 s S	9 s	9 s S	10 s SW	9 s	9 s SW	9.7
6.7	6.6	6.8	7.1	6.6	6.7	6.8

Menge, Form und Zug der Wolken,

1882. October. Mittlere Ortszeit. Bossekop.

Datum	1			2			3			4			5			6		
1	7 sc	SW		8° cs	SW		8° cs	SW		8 sc	SW		8 scu			9 scr	SW	
2	10° r			10° r			10° rs			10° rs		≡° Ⓤ	10° rs		≡°	10° rcs		≡°
3	2 rs			2 rs			10 s	SSW		9 s			9 s			10 scr	SW	
4	10 s			10 s			10 s		●°	10 a	SSW		7 s	SW		3 rsu	WSW	
5	2 sc			8° rs			9° rs			10 sr			10 a		●°	10 a		●°
6	2 s			3 sr		●°	3 sr		●°	8 sr		●°	8 sr		●°	7 sr	WNW	
7	3 s			2 s			2 s			4 s		●°	8 s		●°	10 s	NW	●°
8	10 a			4 s			9 s		●°	7 s			10 sr			10 s	NW	
9	1 s			2 s			7 scr			10 s			10 s			10 s	NW	●°
10	9 sr			10 s			9 sr			10 s		●°	10 s			10 s		
11	10 s			10 a		●°	10 a		●°	10 a		●°	10 a		●°	10 a		
12	2 s			3 s			3 s			2 s			2 s			2 s		
13	9 sc			10 sc			8 s			4 s			2 sc			9 sc	WNW	
14	10 s			10 s			4 s			9 sr			10 s			10 s	NW	
15	10 s			10 s			10 sc			6 sc			9 sc			10 s		
16	0			0			0			0			0			0		
17	0			0			0			0			2 s			8 cs		
18	10 s			10 s			9 sr			9 sr			6 sr			9 sr		
19	10 s			10 s			10 s			10 s			10 a			10 a		
20	2 s			2 s			3 s			2 s			2 s			3 rs		
21	2 s			2 s			2 s			2 s			3 s			3 c		
22	2 s			7 s			10 s			10 s			10 s			10 s		
23	1 r			1 r			3 sr			0		⊔	0			6° rci		
24	0			0			0			0			0			1 r		
25	6° cr			5° cr			3° cr			3 s			2 s			1 s		
26	7 sur	SSW		5 sru			7° rsu	SW		7° rsu			5° rs			2° rs		
27	8 s	S		3 s	SW		2 s			8 s	S		8 s	S		6 s	S	
28	9 su			9 su	S		7 su			6 su	SW		8 suc	SW		9 suc	SSW	
29	10 s			10 s			10 s			9 cs		Ⓤ	9° cs		Ⓤ	7° cs		Ⓤ
30	0			0			0			0 s			0 s			0 s		
31	9 s	NNW		9 s	NW		10 s	NW		10 s		✱°	10 s		✱	10 s	NW	
Mittel	5.6			5.6			6.1			6.2			6.4			6.9		

Datum	1			2			3			4			5			6		
1	6 srue			6 sru			4 sru			7 src			7 sru	WSW		9 sru	WSW	
2	10 s			10 s			9 sr			9 s			10 s			10 s		
3	10 u			10 a			10 a			10 s			10 s			10 s		≡°
4	8 sci	SE		9 sc			7 scr	SW		7 src	SW		8 src	SW		7 sr	SW	
5	3 usrc	W		3 usr	W		4 usr	W		4 usr	W		4 us	W		4 us	NW	
6	9 s			10 a		●	10 a		●°	10 a			6 su	NW		4 sur		
7	9 sr			8 sr	NNW		9 sr			5 sr			8 sr			8 s		
8	9 su	NW	●°	9 su	NW	●°	7 srui	NW		7 su	NW		9 s		●°	9 s		
9	8 suc	NW		7 sreiu	NNW		10 suri	NW		9 suri	NW		7 sr	NW		8 sr	NW	
10	9 su	NNW		10 s	NW	●	8 su	NNW		10 su	NNW		10 s	NNW	●°	10 s		●°
11	10 s			9 su			7 su			4 su	W		3 su	W		5 su		
12	1 ur			1 sc			1 scr			1 sui			1 si			1 si		
13	10 sc	NW		10 sc	NW		10 sc	NW		10 sc	NW		10 sc			9 sc		
14	10 s			10 s	NW		10 s			10 s	NW		10 s			10 s		
15	5° cui			5° cusi			3 csiu			2 cr			2 cr			1 c		
16	2° rs			1° rs			1° r			0 i			0			0		
17	3° r			8° r			7° rc			6 sr			5 sc			1 s		
18	10 s			10 s		●°	9 su	NW		7 sc			9 s	WNW		8 s	WNW	
19	6 suc	NNW		9 su	W		9 sc	W		8 sc	NW		6 scr	NW		8 s		
20	1 r			1 r			1 ri			1° i			0			0		
21	10 s		≡°	10 s		≡°	10 s			9 s	SSW		8 su			10 su		
22	4 scr			3 sr			9 src			7 scr			9 s			4 scr		
23	10 s			10 s			7 sri	SSE		7 sri			3 ris			2 s		
24	1° c		≡°	1° c		≡°	2° c			4° cs			4° cs			4° c		
25	3 srcu			4° crsu			3 suri			4 suc	SSW		4 src			3 cs		
26	2 su			3 isu			7 si	SSE		5 sir	S		7 sr	S		3° rus		
27	4 sru	SSW		8 sur			8 sr	SSW		9 s			9 s			9 s		
28	9 sc	S		9 sc	S		9 s			10 s			10 s			10 s		
29	0			1 sr			1 sr	SSW		1 sr			1 s			2 s		
30	1 rs			1 sr			1 sr			1 s			1 s			9 s		
31	10 a		✱°	5 s	NW		8 s			7 s		✱	7 s	NW	✱	10 a		✱°
Mittel	6.2			6.5			6.5			6.2			6.1			6.1		

Summe der Hydrometeore: 44 ●, 10 ✱, 18 ≡, 1 ⊔, 8 Ⓤ, 3 Ⓦ.

Hydrometeore, Niederschlagsmenge.

Bossekop. Mittlere Ortszeit. **October 1882.**

7			8			9			10			11			Mittag			Niederschl.-menge m. m.
9 su	SW		9 s	SW		5 siru	SW		1 uri			1 sui			2 sur	S		0.0
10° crs		≡°	8 crs	W	≡°	8 scr	W		9 scr	W		10 scr		●°	9 sc			0.1
10 scr			10 s			9 sc	NW		10 s			10 s			10 s		●°	0.2
4° rcus			4° rcu			3 cris			3° rc			2° ric			2 cus			0.0
10 scr		●°	9 rs			10 rsci			7 sur	W		7 su	W		4 uscr			0.0
9 sr	NW	●°	5 su			10 s		●°	5 s		●°	10 s		●	10 s	NNW	●°	1.0
8 sr		*°	8 sr	NNW		8 sr	NNW	●°	7 sr	NNW		7 sr	NNW		9 s			0.0
10 sc	NNW		3 us	NW		9 su	NW		8 su	NW		5 s	NW		8 s	NW		0.0
10 s			9 suc			10 su	N		9 sc	NNE		9 scr	NNW		8 suc	NW		0.3
10 s	NW		10 s			10 s			9 su	NW		9 su	NW	●	9 su	NW	●	2.2
10 u		●°	10 s			9 su			8 sr			9 s			10 s			1.2
1 sr			1 ur			1 ur			1 ur			1 usr			1 us			0.0
10 s	NW		10 s			10 sc	NW		10 sc	NW		10 sc	NW		10 sc	NW		0.0
10 s	NW	●°	9 s	NW		10 su	WNW		10 s			10 su			10 s			0.0
10 s			9 sci			9 sci			8 scr			6 sci			6 sci			0.0
1 rs			0 r			0 r			1° ri			2° ri			3° r			0.0
10 sre	SSW		7 srei			9 sr	SSW		8 sre	SSW		2 crs			0 r			0.0
10 rcs			2 rs			3 sr			3 sri	N		2 s			9 s			0.0
8 sru	WNW		9 su			9 su			9 su	WNW		9 su	WNW		7 surc	NW		0.0
2 si			2 sric			1° r			1° r			1° r			1 ri			0.0
9 s	SSW	≡°	7 sc	SSW	≡°	9 sc	SSW	≡°	10 s			8 s		≡°	10 s		≡°	0.0
10 s			10 s	WSW		10 cs			6 csr			8 sc			8 csr			0.0
5° rc			8° rc			10° rc			10 rs			10 sr			10 sr			0.0
1 rs			1 rs			1 rcs			0			0 c			0 c			0.0
1 s			1 s			1 s			3 scu			2 suc			2 sru			0.0
1 s			1 sru	SW		1 sur	SW		2 suri			1 su	SSW		1 su			0.0
9 s	SW		9 s	S		6 sr	SSW		9 sru	SSW		8 sur	SSW		7 sur			0.0
9 suc			9 sc	SW		9 sc			9 sc			9 sc			7 sc			0.0
7° crs		Ш	7° cr			6° csr			7° cs			3° c			1° c			0.0
1 s			2 s			1 s			2 su			1 sc			1 sr			0.0
10 s	NW		10 s	WNW		10 s	WNW		9 s			7 s			7 s	NW		0.1
7.3			6.4			6.7			6.3			5.8			5.9			5.0

7			8			9			10			11			12			Tagesmittel der Wolkenmenge.
9 sru	WSW		6 su	WSW		7 su	W		8 sreu		Ш	10° rs			10° r		Ш	6.8
10 s			10 s			8 rs			6 sr			6 sre			3 sr			9.0
10 s		≡°	10 s			10 s			10 s			10 s			7 sr			9.1
7 sr			3 s			5 s			7 s			8 s			2 s			6.1
3 s			4 s			4 s			3 s			3 s			3 s			5.8
4 su		*°	8 su			3 s			4 s			2 s			2 s			6.3
8 s			6 s			9 s			7 s			10 a			10 a			7.2
6 s			6 sr			7 sr			3 sr			4 sr			3 sr			7.2
10 a		●°	7 s			10 s			8 sr			8 sr			9 sr			8.2
10 a			10 a		●	10 a			10 a		●	10 a		●°	10 a		●°	9.7
5 su			5 su			3 sr			2 s			2 s			1 s			7.2
1 si			1 s			7 sr			5 sc			3 s			5 s			2.0
4 s			3 s			9 s			4 sr			10 s			5 s			8.2
10 s			10 s			10 s			10 s			10 s			10 s			9.7
1 s			1 s			0			0			0			0			5.1
0			0			0			0			0			0			0.5
0 s			0 s			0			1 s			4 s			7 sr			3.7
9 s			7 s			9 s			9 s			9 s			10 s			7.8
2 s			2 s			2 s			2 s			1 s			2 s			7.0
0			0			0			1 s			1 s			3 s			1.3
9 sur			7° rus			6° rus			6° rsu			1 sr			0			6.4
7° rs			5° rs			3° rs			1 rs			1 r			1 r			6.5
0 r			0			0			0			0			0			4.3
3° cr		≡° Ш	3° cr		≡° Ш	7° cr		Ш	7° cr			6° cr			7° cr			3.2
4 sc	S		6 sc			5 cs			7 rsu		Ш	5 sur	SSW		6 sur	SSW		3.5
3 rus			3 usr			4 su			4 s			9 s			10 s			4.2
9 s			10 s			10 s			9 s			7 su			7 su			7.6
10 s			10 s			10 s			10 s			10 s			10 s			9.0
1 s			1 s			1 s			0			0			0			4.0
7 s			9 s			10 s			10 s			10 s	NNW		10 s	NNW		3.3
10 a			8 s			8 s			9 s	NW	*°	7 s			10 a		*°	8.8
5.5			5.2			5.7			5.3			5.4			5.3			6.1

a = Stratus. u = Cumulus. i = Cirrus. s = Cumulostratus. c = Cirrocumulus. r = Cirrostratus.

Menge, Form und Zug der Wolken, Bossekop.

1882. November. Mittlere Ortszeit.

Datum	1	2	3	4	5	6
1	9 s NNW ✱^{0}	10 s ✱	10 s	10 s	9 s	9 s ✱^{0}
2	9 su SW	4 su	0	0 Ш	1 s SSW	9 s S
3	6 s	5 s Ⴎ	6 sc	6 sc SSW	8 su SSW	3 su SSW
4	10 s	10 s	10 s	10 s	9 s	9 sr
5	5 s	7 s	6 s	8 s ✱^{0}	6 s ✱^{0}	5 s
6	9 s	9 s	9 s	9 s	7 s	7 s
7	8 sr	3 sr	3 s	1 s	3 s	8 s
8	9 sr	9 sr ✱^{0}	7 sr	4 sr	5 sr ⌴	4 sr
9	1 s	0 s	0	0	0	0
10	10 a	10 a	10 a ✱^{0}	10 a	8 s	8 s ✱^{0}
11	10 s	8 s	5 s	8 s	10 s	3 s
12	4 s ≡^{0}	2 s	1 s	2 s	3 s	4 s
13	10 s ✱^{0}	9 sr	0	1 s	7 sr	8 sr
14	0	0	0	0	1 s	1 s
15	0 s	0	1 s	0	2 s	6 s
16	0	0	0	0	0 s	0 s
17	10 a	10 s	10 s	10 s	10 s	9 s
18	10 a	10 s	3 s	3 s	1 s ≡	1 s ⌴
19	0	0	1 s	1 s	2 s	1 s
20	10 s ✱^{0}	8 s ✱^{0}	8 s	9 s	6 s	8 s
21	1 s	0	0	0	0	0
22	7 sur	10 s	10 s	10 s	10 a	8 s
23	8 suc Ш	10 a ✱	9 su	7 su	8 su	6 su
24	10 s	4 sc Ш	3 sr	1 us Ш	1 su	0 u
25	2 sr	2 sr	5^0 rs Ш	8^0 rs Ш Ⴎ	8^0 rs Ⴎ	7^0 crs Ш Ⴎ
26	10 s	10 s	7 s	7^0 r Ш	5^0 r	5^0 r
27	7^0 rs	8^0 rs Ⴎ	8^0 rs Ⴎ	5^0 rs Ⴎ	3^0 r	2^0 r
28	10 a	10 a ✱	10 a ✱	4 s ✱^{0}	6 sr ✱^{0}	9 s
29	10 s	10 s	10 sr	8^0 rs	10 s	10 s
30	10 a	10 a	10 a	10 a	10 a	10 s
Mittel	6.8	6.3	5.4	5.1	5.3	5.3

Datum	1	2	3	4	5	6
1	10 s NNW	10 s NNW	10 s NW	10 s	10 s	10 s
2	6 sr SSW	8 sr SSW	5 sr SW	1 sr	0 sr	3 s
3	3 s SSW	2 s SW	8 s SW	9 s SSW	10 s	10 a
4	10 su SSW	8 su SSW	9 su SSW	10 s SSW	10 s	10 s
5	8 sr ✱^{0}	5 si	5 sr SSE	5 sur	6 sur	5 sr
6	7 sr	7 sr	10 sr SSE	7 sr	5 sr	5 sr ✱^{0}
7	10 s	10 s	10 s	10 s	10 s	10 s
8	1 si	1 s	4 su N	6 s	7 s	7 s
9	9 s	7 sr	4 sr SSE ⌴	2 s	4 s	3 s
10	2 sir	1 sci	1 sic	1 sr	1 sr ⌴	1 s
11	10 s ✱^{0}	10 s	10 s	10 a ✱^{0}	8 s	10 s
12	10 s	10 s	9 s	7 sr	1 s	8 s
13	8 s NW	7 s WNW	7 s NNW	8 s	4 s	3 s
14	5 us N	6 usr	1 sr	1 s	2 s	4 s ≡^{0}
15	2^0 ris	2^0 ris	1^0 c	1 rs	1 s	1 s
16	3^0 rs	3^0 rcs	3 sr	5 sr	3 sr	10 sr
17	10 s	10 s	10 s	8 sc	1 s	2 s
18	1 c	1 c	0	0	0	1 c
19	7 src SW	9 su SW	10 su	9 s	8 s	7 s
20	10 s S	3 si	5 si	4 su	3 su	1 s
21	1^0 r	1^0 r	1^0 r	1^0 r	1^0 rs	6^0 r Ⴎ
22	10 s ✱^{0}	10 s ✱^{0}	10 s	10 s	9 s NNE	9 sc NNE
23	10 s NE ✱^{0}	10 s	10 s	10 s	10 s ✱^{0}	10 s ✱^{0}
24	0 ∞	0 s ∞	1 s ∞	0 s ∞	0	0 ⌴
25	10 a	10 a ✱^{0}	10 a ✱^{0}	10 a	10 a	10 s
26	5 su	6 su	8 su	4^0 ris	7^0 irs Ⴎ	7^0 rs
27	9 s	10 a	10 a ✱	7 s	8 s	4 s
28	2 s	2 s	4 sr	4 s	4 s	3 s
29	10 s	10 s	10 sr	9 sr	10 sr	10 sr
30	6 sri	5^0 rs	6 sr	3 s	4 s	10 s
Mittel	6.5	6.1	6.4	5.7	5.3	6.0

Summe der Hydrometeore: 59 ✱, 5 ≡, 4 ∞ 7 ⌴, 22 Ⴎ, 13 Ш.

Hydrometeore, Niederschlagsmenge.

Bossekop. Mittlere Ortszeit. **November 1882.**

7	8	9	10	11	Mittag	Niederschlagsmenge m. m.
10 s	7 s	9 s	8 s	9 s NW	9 s NNW	0.0
9 s SSW	7 s SSW	6 s SSW	4 sr SSW	3 sr SSW	5 sr SSW	0.0
7 su SSW	9 su SSW	5 scu SSW	6 su SSW	3 su SSW	2 su SW	0.0
10 s SW	10 s SW	10 s SSW	10 s SSW	10 s SSW	10 s SSW	0.0
8 sr	9 sr SSE	9 s SSE	8 sr	$\ast^0$ 6 sr SSE	$\ast^0$ 7 sri	0.0
9 s	10^0 rsu	8 s S	8 sr	9 sr SSE	9 sr SSE	0.0
10 sc	6 sc SW	9 s	10 s	10 s NW	10 s NW	0.0
4 sru SW	6 su NW	3 src	1 scr	1 si	1 sic	0.1
1 sr	1 sr	1 si	2 sru	3 sur	4 s	0.0
10 s	$\ast^0$ 10 s	8 sc	9 si	$\ast^0$ 3 scri	2 si	0.0
6 s	10 s	10 s	10 s	10 s	10 s	0.1
5 si	9^0 r	10 sr	10 s	10 s	10 s	0.0
5 sr	$\ast^0$ 10 a	$\ast$ 8 su WNW	$\ast^0$ 10 a	$\ast^0$ 8 su NW	8 s NW	1.1
1 i	1 si	7 sci	3^0 reis	3^0 reis NW	6 usr N	0.0
9 sc	7 rs	8^0 rs	4^0 ris	5^0 resi	6^0 crs	0.0
0 sr	1 sr	4^0 r	5^0 cr	4^0 reis	5^0 reis	0.0
10 s	10 s	10 s	10 s	9 s	10 s	0.0
1 s	4^0 cs	⊔ 9 uc SE	8 sc	5 c	3 c	0.0
2 s	3 s SW	3 sr SW	5 sru SW	5 srui SSW	6 srui	0.0
7 s	$\ast^0$ 8 s	6 sur	9^0 rs	$\ast^0$ 4 si SSE	10 s $\ast^0$	0.2
0	0	0	0 s	0 r	0 r	0.0
2 s	5 s NE	10 s	$\ast^0$ 10 s	10 s	$\ast^0$ 9 s	0.0
10 s	10 s	10 su	10 s N	10 s ESE	10 s ESE	0.0
0 u	1 rs	0 u	1 u	1 sr	1 ru	0.0
10^0 rs	Ш 10^0 rs	10^0 rs	10 s	10 s	10 s	0.0
10 s E	6 s	Ш 4 s	4 s	4 su	4 su	0.0
0	0	1 s	Ш 7 s	7 s	8 s	1.0
10 a	$\ast$ 10 a	$\ast$ 4 sr	10 s	$\ast^0$ 3 sr	2 su	**3.0**
10 a	10 a	10 a	3 sur	3 rsu	2^0 cr	0.3
10 s	10 s	10 s	10 s	10 sr	10 sri	0.0
6.2	6.7	6.7	6.8	5.9	6.3	5.8

7	8	9	10	11	12	Tagesmittel der Wolkenmenge.
10 s	10 s	10 s	10 s	10 s	10 s SW	9.5
7 s	8 s	7 s	4 s	2 s	5 s	4.7
10 s	6 s	8 s	10 s	10 s	10 s	6.8
10 s	10 s	9 s	10 s	10 s	8 s	9.7
4 sr	5 sr	3 sr	3 s	3 s	4 s	5.8
8 sr	$\ast^0$ 8 sr	$\ast^0$ 6 sr	10 sr	10 sr	9 sr	8.1
10 s	$\ast^0$ 10 a	$\ast^0$ 10 a	$\ast^0$ 10 s	10 sr	9 sr	8.3
7 s	8 s	1 s	4 s	5 s	6 s	4.6
7 s	10 a	$\ast^0$ 10 a	$\ast^0$ 10 a	10 a	$\ast^0$ 10 a	4.1
3 s	7 s	7 s	3 s	7 s	10 s	5.9
7 s	9 s	9 s	4 s	$\equiv^0$ 4 s	$\equiv^0$ 3 s $\equiv^0$	8.1
9 s	5 s	1 s	3 s	5 s	8 s	6.1
1 s	0	0	0	0	0	5.1
10 s	8 s	10 s	10 s	8 s	2 s	3.8
0	0	1 s	1 s	0	0	2.4
10 sr	10 sr	4 s	9 s	9 s	9 s	4.0
5 sr	8 sr	9 sr	10 a	10 a	10 a	8.8
3 c	5 cs	9 cs	10 cr	10 sc	2 s	4.2
8 s	9 s	10 s	10 s	10 s	9 s	5.6
1 s	3 su	3 s	2 s	1 s	1 s	5.4
6^0 r	Ш 2 sr	4^0 r	Ш 4 sr	Ш 5 sur	6 sur Ш	1.6
9 sc NNE	10 sc	10 s	6 sr	Ш 7 s NNE	9 su	8.8
10 s	10 s	10 s	10 s	10 s	10 s	9.5
2 s	3 s	2 s	2 s	1 s	2 s	1.5
10 s	10 s	9 su	10 s	10 s	10 s SE	8.8
9^0 rs	Ш 8^0 rs	Ш 7^0 ris	Ш 6^0 rus	Ш 6^0 rus	⊔ Ш 5^0 rus Ш	6.4
10 s	$\ast^0$ 10 a	$\ast$ 10 a	$\ast$ 10 a	$\ast$ 10 a	$\ast$ 9 s $\ast$	6.8
3 s	3 sr	Ш Ш 8 sr	Ш Ш 8 sr	8 sr	9 sr	6.1
10 a	10 a	$\ast^0$ 10 a	$\ast^0$ 9 s	9 sc	10 s	8.9
3 s	1 s	1 s	2 s	3 s	10 sr	7.3
6.7	6.9	6.6	6.7	6.8	6.8	6.2

Menge, Form und Zug der Wolken, Bossekop.

1882. December. Mittlere Ortszeit.

Datum	1	2	3	4	5	6	
1	9 sr	8 s	9 s NNW	10 s NNE	$*^0$ 10 s	10 s	
2	1 s	0	0	0	⌴ 0	0	
3	0	0 s	0	0	0	0	
4	0	0 s	0	0	0	0	
5	10 s	10 s	7 s	$*^0$ 8 s	10 s	6 s	
6	1 s	1 s	1 s	1 s	1 s	2 s	
7	0	0	0	0	0	0	
8	0	0	0	0	0	0	
9	5 s	10 s	3 su	2 s	4 sr	0 s	
10	10 s	7 s	1 s	0	0	0	
11	9 sr	3 s	2 s	1 s	2 s	2 s	
12	9 s	9 sr	10 s	10 sr	10 sr	10 sr	
13	10 a	10 a	$*^n$ 10 a	10 a	10 a	$*^n$ 10 a	
14	10 a	$*^0$ 8 s	9 s	7 s	$*^0$ 10 a	* 6 s	$*^0$
15	6 s	3 s	$*^0$ 3 s	4 s	* 10 a	* 10 a	*
16	6 sur	9 sr	8 sr	7 sr	7 s	8 s	
17	4 s	4 s	3 s	7 s	$*^0$ 8 s	$*^n$ 10 s	
18	1 sr	1 sr	1 s	9 s	$≡^0$ 9 s	$≡^0$ 7 s	
19	8 s	1 s	0 s	0	0	0	
20	10^0 r	Ʊ Ш 10 rs	10 a	10^n rs	4 sr	10^n rs	
21	5 rs	Ш 3 s	5 sr	9 sr	5 sr	10 sr	
22	10^0 crus	Ш 10 s	Ʊ 9^0 rusc	Ш 7 rs	Ш 8 rs	Ш 9 sr	Ш
23	4^0 rsu	Ш 3 sur S	1 su	1 urs	Ш 1 urs	Ш 2^0 rus	Ш
24	2 rs	2 rs	3 rs	6^0 ri	3 sirc	Ш 3^0 isr	
25	8^0 r	8 rs	Ʊ 9 rs	Ш 8^0 r	Ʊ 8^0 rs	Ʊ 8^0 rs	
26	1^0 r	3^0 r	3 rs	5^0 rs	Ʊ 1 sr	0 r	
27	10 a	10 a	Ш 10^2 a	10^2 a	* 10^2 a	* 10^2 a	*
28	10 s	10 s	9 s	9 s	Ш 9 sc	$*^0$ Ш 10 a	* Ш
29	10 s	$*^0$ 10 s	10 s	10 s	10 s	10 s	
30	1 s	10 si	10 s	9 s	Ш 9 s	Ʊ 10^n rs	Ш
31	3 sr	Ʊ 3 sr	Ʊ 3 sr	Ʊ 2 sr	Ʊ 2 sr	Ʊ Ш 2 sr	Ʊ Ш
Mittel	5.6	5.4	4.8	5.2	5.2	5.3	

Datum	1	2	3	4	5	6	
1	8 sr	8 sr	5 s	3 s	3 s	3 s	
2	0	1 s	2 s	0 s	0	0	
3	5^0 r	3^0 r	2^0 r	1 s	2 s	2 s	
4	3^0 ris	3^0 rs	4 sr NW	10 s	10 a	10 s	
5	4 srci	5^0 rsi	2 ris	1 rs	1 s	1 s	
6	0	0	0	0	0	0	
7	0	0	0	0	0 s	0	
8	0	0 s	0	0	0	0	
9	1 su	0	1 su	0	⌴ 0	0	
10	9 sr	10r^0 s	9^0 rsi	3^0 rs	4 rs	4 sr	
11	10 a	$*^0$ 8 s	$*^0$ 7 sr	5 s	1 s	0 s	
12	10 s	$*^0$ 10 sr	7 sr	3 sr	8 s	6 s	
13	10 s	10 s	10 s	10 s	10 s	10 s	
14	9 s WNW	$*^0$ 6 su WSW	$*^0$ 5 su	2 sr	0 s	0	
15	3 s	3 s	10 a	$*^0$ 8 s	9 s	3 su	
16	10 a	* 8 s	9 s	$*^0$ 10 a	$*^0$ 10 a	$*^0$ 10 a	$*^0$
17	5 sr	2 s	1 s	1 s	3 s	2 s	Ш
18	10 a	* 10^2 a	* 9 s	8 s	$*^0$ 8 sr	Ш 10 s	$*^0$
19	3 siur SW	5 sri SW	8 sri WSW	9 sr	Ш 9 sr	9 sr	
20	10 s	9 s	8 s W	9 su W	10 s W	8 s W	
21	10 sr	10 sc	10 s	10 s	10 s	10 s	
22	4^0 rs	6^0 rs	Ш 8^0 rs	Ш 9^0 rs	Ш 9^0 rs	Ш 10^0 rsu	Ш
23	2 su	2 suc	3 sr	5^0 rus	2 rs	1 res	
24	1 us	2 su	1 sur	5 s	3 s	1 sr	
25	9 sri	4 sri	3 sri	2 s	1 su	1 s	
26	10 s	9 s S	10 s	10^0 rs	10 sr	10 a	$*^0$
27	10 s	$*^0$ 10 s	10 a	10 a	$*^0$ 8 s	9 s	
28	10 sr	9 s NE	9 s	9 s	9 s	9 s	
29	1 sur	1 sr	1 sr	0	⌴ 0	0	
30	1 sri	1 sr	1 sr	1 s	1 s	2 s	
31	0	0 s	1 s	7 sr	8 sr	7 sr	
Mittel	5.4	5.0	5.0	4.9	4.8	4.5	

Summe der Hydrometeore: 74 *, 9 ≡, 1 ∞, 3 ⌴, 1 ✢, 18 Ʊ, 58 Ш.

Hydrometeore, Niederschlagsmenge.

Bossekop. Mittlere Ortszeit. December 1882.

7	8	9	10	11	Mittag	Niederschlagsmenge mm.
10 s	10 s NNE	6 s NNE	7 su NNE	9 s NNE	8 sc	0.0
o	7 s	o	o	o	o	0.0
o	o	o	o	2°r	2°r	0.0
o	2°ri	3°ris	3°ris	3°rus	2°ris	0.0
4 s	3 s	2°ris	2 si	6°rsci	4 srci	0.0
2 s	1 s	1 s	o	o	o	0.0
o	o	o	o ∞	o	o	0.0
o	o	o	o	o	o	0.0
o	o	1 si	1 su	1 su	1 u	0.0
1 s	3°r	6°rs	8°rsi	9°rsi	9 sri	0.0
3°r	8°r	9°rs	10 s	10 s	10 s	0.0
10 sr	10 sr ✱°	10 a ✱	10 a ✱°	10 a ✱°	10 a ✱	2.2
10 a ✱°	8 s	8 sc	9 s	10 s SW	10 s SW	0.0
10 a ✱°	10 a ✱°	10 a ✱	10 a ✱	10 s WNW	10 a ✱°	0.7
5 s	5 s	7 s	8 s	7 s	6 s	0.1
7 s	10 a ✱°	10 a	8 s	10 a ✱°	10 s	3.6
10 s	9 s	10 s	10 s	8 sr NW	2 s ≡°	0.0
2 s ≡°	3 sr	3 sru	7 scr	6 scr W	10 sr ✱	0.6
o	1 si	2 sri	2 ris	2°ris	3 sir	0.0
10 a	10 a	10 a ✱	10 a	10 s	10 s	0.0
4 sr	3 sr	7 rs	9 sr	6 rsc	10 sc	0.0
2 sr Ш	6 rs	3 src	4°rs	4°rs	3°ris	0.0
2°rus Ш	2°rus	2°rus	1 s	2 sru	1 s	0.0
7°risc	7°rs	2 sr	2 sur	2 suc SW	3 usc SW	0.0
9°rs	4 sr	3 s	5 s	7 si	8 si	0.0
o ≡°	2°rs Ш	2 sr Ш	2 sr	5 s S	9 s S	0.0
10²a ✱	10²a ✱	10²a ✱	10²a ✱°	10 s	10 a ✱°	4.6
8 s N Ш	8 su Ш	7 s NE	7 s ENE	8 sr ENE	9 sr ENE	0.1
9 s Ш	8 scr	2 s	2 sur	2 usr	1 sur	0.0
8°rs Ш	9°rs Ш	5°rs	2 sri	1 si	1 sr	0.0
2 sr Ш	3 sr Ш	2 s	1 s	o s	o	0.0
4.7	5.2	4.6	4.8	5.2	5.2	11.9

7	8	9	10	11	12	Tagesmittel der Wolkenmenge.
3 s	3 s	4 s	2 su	2 su	2 sc	6.3
o	o	o	o	o ✢	o	0.5
2 s	2 s	2 s	1 s	2 s	2 s	1.3
10 s	10 s	10 s	10 s	10 s	10 a ✱°	4.8
1 s	1 s	1 s	2 s	2 s	1 s	3.8
o	o	o	o	o	o	0.5
o	o	o	o	o	o	0.0
o	1 s	10°r	8°r	9°r	1 s	1.2
o	o	3 s	10 s	10 s	9 s	2.6
4 s	3 s	2 s	3 s ≡°	4 s	8 s ≡	4.9
o	o	1 r	2 sr	1 s	3 sr ≡°	4.5
9 sr	9 s	10 s	10 a ✱	10 a	10 a	9.2
10 a	10 a	10 a	10 a	10 a ✱°	9 a	9.8
o	o	o	1 s	2 s	3 s	5.8
9 s	10 a ✱°	9 s	10 sr	10 s	10 sr	7.0
10 a ✱°	10 a ✱	10 a ✱	10 a ✱	9 s ✱°	7 s ≡°	8.9
3 s Ш	7 s	3 s	3 sr	5°rs	2 sr	5.1
9 s	8 s NW	9 s Ш	10 s	3 s	1 s	6.4
7 src	4 sc	5°s Ш	7°r ШШ	8°r ШШ	10°r ШШ	4.3
3 r W	10 sr W	7 sr WNW	6 s WNW	5 s	6 s WNW	8.5
10°rsc	10°rsc Ш	10°rsuc Ш	9°rsuc S ✱Ш	9°rus Ш	10°rus Ш	8.1
8°rsu Ш	9°rs	9°rs	10°rus ШШ	10 sru ШШ	6 sru Ш	7.2
2 sr	2 src	2 rsu	4 rs	3 rs	1 rs	2.1
1 sr	1 su	2°r	2°r	3°ri	5°r	2.9
1 s	o	1°r	2°r	1°r	1°r	4.6
10 sr	10 sr	10°rs Ш	10 sr Ш	10 sr	10 sr Ш	6.3
10 a ✱°	10 a ✱	9 s	10 a ✱	10 a N	6 src	9.7
9 s	7 s	10 s	9 s	10 s ✱°	10 s ✱°	8.9
2 s	8 s	9 s	6 s	1 s	1 s	4.8
2 s	2 s	2 s	2 s	2 s	2 s	3.9
8 sr	10 sr	10 sr	9 s	10 s	10 a ✱°	4.3
4.6	5.1	5.5	5.7	5.5	5.0	5.1

Menge, Form und Zug der Wolken,

1883. Januar. Mittlere Ortszeit. **Bossekop.**

Datum	1		2		3		4		5		6	
1	10 a		10 a		*^{0} 10 a		1 s		5 sr		9 sr	
2	10 a		* 5 rs		7 sr		10 a		* 10 a		10 a	*^{0}
3	9 s		10 s		10 s		10 s		10 a		*^{0} 10 a	*^{0}
4	9 s		*^{2} 5 s		*^{0} 9 s		*^{0} 10 a		* 10 a		* 10 a	*^{0}
5	10 a		*^{0} 10 a		* 10 a		* 10 a		* 10 a		* 10 a	*
6	10 sr		10 a		10 a		10 sr		8 sr		≡^{0} 7 sr	≡^{0}
7	10 s		●^{0} 10 s		10 s		9 s		5 s		5 s	
8	8 s		7 s		4 s		2 s		3 s		●^{0} 2 s	
9	10 a		*^{0} 8 s		10 a		*^{0} 4 s		*^{0} 4 s		10 a	*^{0}
10	2 s		2 s		3 s		5 s		≡^{0} 10 s		3 s	
11	10 a		● 10 a		* 9 su		9 s		5 s		10 a	*
12	10 a		* 10 a		* 10 a		*^{0} 10 a		* 10 a		* 10 a	*
13	9 s		9 s		10 s		* 10 s		10 s		10 s	
14	2 s		2 s		1 s		*^{0} 1 s		1 s		2 s	
15	10 sr		10 s		7 s		8 s		9 s		10 s	
16	1 r		1 s		1 s		1 s		1 s		2 s	
17	0 i		Ш 0		0		0		0		0	
18	0		0		5^0 r		4 su		10 rs		10 s	
19	10 s		7 s	W	10 s		10 s		10 s		8 sr	
20	10 s		10 s		7 su		8 sr		Ш 7 sur		Ш 3 su	
21	4 su		Ш 8 su		9 su		Ш 6 sur		Ш 10 s		10 s	
22	10 s		10 a		*^{0} 10 s		*^{0} 10 s		10 a		* 10 a	*
23	10 s		10 s		10 s		10 s		10 s		10 sru	
24	10 su		10 sucr		9 sur		4 sur		2 su		8 us	
25	8 sr	WNW	Ш 10 s		10 sr		10 sr	W	Ш 10 sr		10 sr	
26	0		0		1 sr		5^0 r		Ш 10 sr		Ш 10 sr	
27	10 s		10 s		10 sr		10 s		10 a		10 s	*^{0}
28	10 s		10 a		* 10 a		*^{0} 10 a		*^{0} 10 a		*^{0} 10 a	*
29	1 s		1 s		2 r		Ш 2 r		3^0 r		2 r	
30	9 s		*^{0} 10 s		10 s		10 s		10 s		10 s	
31	2 s		2 s		2 s		2 s		2 s		3 s	
Mittel	7.2		7.0		7.3		6.8		7.3		7.5	

Datum	1		2		3		4		5		6	
1	10 s		10 s		10 s		10 sr		10 s		10 s	
2	10^2 a		* 10^2 a		* 10^2 a		* 10^2 a		*^{0} 10^2 a		10^2 a	
3	3 su	NW	8 s		3 s		6 s		2 s		10 a	*
4	7 s	NW	8 s	NW	10 a		10 s		10 sr		10 a	
5	3 s		2 s		2 s		1 s		3 s		3 s	
6	9 s		10 sr	WNW	10 s		10 s		9 s		9 s	
7	7 sc	WNW	9 sci	WNW	10 sc		10 s		9 s		10 s	●^{0}
8	7 src	SW	10 a		* 7 suc	W	10 a		* 10 a		* 10 a	*^{0}
9	10 a		* 10 a		* 10 a		*^{0} 10 a		* 6 s		8 s	*^{0}
10	10^0 r		10 s		10 s		10 a		10 sr		10 a	
11	10 a		* 10 a		*^{0} 10 a		10 a		10 a		10 s	
12	7 su	N	9 s		8 s	N	10 s		10 s		9 s	
13	10 su	SE	10 suc	SE	9 suc		2 scr		1 si		1^0 r	
14	10 s		10 s		10 s	N	9 sur	N	10 sr		10 s	
15	2 rs		0		0		0 i		0		0	
16	3 rs		3 s		1 r		Ш 1 r		Ш 0		Ш 0	Ш
17	1 sc		1 sc		1 s		1 s		7 sr	SSW	Ш 10 sr	Ш
18	5 sru	W	6 sru	W	6 suc		5 sc		7 sc	W	Ш 10 s	
19	5 si	WNW	8^0 rsi		2 si		3 sru	W	7 su	WNW	7 sur	Ш Ш
20	6 sr		4 s		7 sr		4 sc		3 scr		8 csr	
21	8 s		10 s		10 s		9 s		10 a		* 10 s	*^{0}
22	9 s	WNW	6 rcs	WNW	10 rsc		10 s		10 s		10 s	
23	3 sruc	W	5 sruc	WNW	5 sur	WNW	5 su	WNW	5 sur		7 su	
24	5 si	WNW	3 si		5 sui	W	7 sui	W	9 s		10 s	
25	10 sc		10 s		10 s		9 s		10 s		10 a	
26	3^0 ris		2 sr		5 sr	SSW	4 sr		4 sr		8 s	
27	4 sr		5 rcs		3 rsu		3 sr		2 s		3 s	
28	3 sru		5 sru		7 sru		7 sr		3 sr		1 sr	
29	7 sru		8 rs		3 sr		3 sru		3 sru		3 s	
30	10 a		*^{0} 10 s		10 a		10 a		*^{0} 10 s		10 a	
31	10 s		*^{0} 10 s		*^{0} 10 s		10 s		10 s		10 sr	
Mittel	6.7		7.2		6.9		6.7		6.8		7.6	

Summe der Hydrometeore: 13 ●, 134 *, 10 ≡, 2 ⌴, 3 Ш, 39 Ш.

Hydrometeore, Niederschlagsmenge.

Bossekop. Mittlere Ortszeit. **Januar 1883.**

7	8	9	10	11	Mittag		Niederschl.-menge m. m.
3 s	1 sr	3 sri	6 sri	7 s	10 s	*°	0.0
10 a	* 10 a	* 10 a	* 10^2 a	* 10^2 a	* 10^2 a	*	2.1
10 s	*" 10 a	*" 10 a	*° 10 s NW	*° 8 su NW	6 su NW		4.4
10 a	10 a	* 9 s	* 10 a	* 8 s	*° 6 su NW		2.2
10 a	* 9 s	9 s	8 s	7 s	3 sr		2.6
4 s	≡" 3 sr	9 s	10 s	8 sr	7 sr W		0.0
7 s	3 su	4 su NW	4 su WNW	5 scu WNW	6 sc WNW		0.1
8 s	9 s	●" 8 s	●" 5 suc WSW	9 sr	10 a	● $*^2$	3.5
10 a	* 10 a	*" 6 s	10 s	10 s	*° 10 a NW	*	2.9
1 s	2 s	9 sr	8 sr	10° rs	10° rs		0.1
6 s	* 10 sr	* 8 sur	4 s	6 s NW	*° 8 s NW	*"	1.3
9 sr	8 sr N	8 su NW	9 s	4 s N	8 s N		0.8
10 a	*' 10 a	10 s	10 s	10 s	10 s		0.0
4 s	10 s	10 s	10 s	10 s	10 s		0.0
10 a	9 s	9 s	8 sc	8 sc	7 scr		0.0
2 s	2 sr	1 rsi	1 r	1 r	2 r		0.0
0	0	0 r	0 s	0 s	1 s		0.0
10 s	10 s	10 s	9 su	6 suc W	5 sur W		0.0
4 s	6 s	4 s	5 s	6 sc WNW	5 si S		0.0
6 s	4 s	3 sr	3 sr	5 sr	4 sr		0.0
10 s	9 s	9 su NE	10 s	9 s	8 s		0.1
10 a	*° 10 a	*° 10 a	10 s NW	9 s	9 s WNW		0.2
10 s	7 s	10 sr W	6 surc W	4 surc W	3 srcu W		0.0
7 us W	6 s W	3 usr	3 siu W	3 si	●° 5 si WNW	●°	0.0
9 sr	Ш 10 sr	7 sr	9 s	8 s	8 sr		0.0
7 sur	8 sur	3 sur	3 sur	2 sr	2 sr		0.0
9 su	5 suc	2 sur	2 sc	3 ucs WSW	5 sr		0.0
10 s	10 sr	10 sr	8 sru	8 surc	5 sriuc		0.0
1 rs	3 rs	2 rs	1 sru	7 sr	7 sru		0.0
10 a	*° 10 s	*° 10 a	10 a	10 a	*°' 10 s		0.1
6 s	10 s	10 s	10 s	10 s	10 s	*°	0.3
7.2	7.2	7.0	6.8	6.8	6.8		20.7

7	8	9	10	11	12		Tagesmittel der Wolkenmenge.
10 s	5 s	6 s	10 sr	10 a	10 a		7.8
10^2 a	10 a	10 a	10 a	7 s	8 s		9.5
10 s	*° 10^2 a	*" 10^2 a	* 10^2 a	* 10^2 a	$*^2$ 10^2 a	$*^2$	8.5
10 sr	10 a	* 10 a	* 10 a	*° 10 a	*° 10 a	*°	9.2
2 s	10 a	*° 10 sr	3 s	3 s	8 sr		6.5
9 s	10 s	●° 10 s	10 s	10 s	10 s		8.8
10 a	●" 10 a	●" 6 s	●" 7 s	8 s	9 s		7.6
3 s	10 s	10 a	* 9 a	*" 10 a	* 10 a	*	7.5
10 a	*° 10 a	* 10^2 a	$*^2$ 10 s	*° 5 s	*° ≡° 2 s		8.5
10 a	*° 10 a	*" 10 a	*° 10 a	8 sr	7 s		7.5
10 a	*° 10 a	*° 10 a	*° 10 a	*° 10 a	*° 10 a	*°	8.9
9 s	10 sr	6 s	≡° 10 s	10 s	*° 10 s		8.9
1° r	1 sr	Ш 2 rs	2 rs	2 s	2 s		6.7
10 s	10 sr	10 s	10 s	10 s	9 sr		7.5
0 i	1° r	Ш 2° r	Ш 7° r	Ш 10° r	Ш 6° r	Ш	5.5
0	Ш Ш 0	Ш 0	Ш 4° r	Ш 5° r	Ш 2° r	Ш	1.5
7 s SSW	Ш 10 sr SSW	6 s SSW	4° r	1° r	0		2.1
10 s	9 cs WSW	9 s	8 rs SW	Ш 10 s	9 s WSW		7.2
8 s	7 s	8 su	Ш 8 sc	Ш 10 s	10 s		7.0
3 suc	5 sr	Ш 4 sr	2 su	1 s	1 s		4.9
10 s	9 s	9 s	9 s	10 s	10 s		9.0
10 s	10 s	10 s	Ш 10 s	Ш 9 sc	Ш 10 s		9.7
10 sur	10 sur	9 sru	10 sru	10 su	10 su		7.9
9 s	9 sc W	10 su W	10 s	10 a	10 a		7.0
10 sr	10^2 rs	2 sr	2 r	0	0		8.0
9 s	10 s	10 s	10 a	10 a	10 s		5.7
3 s	≡" 3 s	2 s	2 s	2 s	5 s		5.1
2 s	1 s	⊔" 2 s	≡° 3 s	≡" 2 s	2 s		6.2
9 s	9 s	4 s	3 s	9 s	*° 10 s	*°	4.3
10 a	10 a	*° 3 s	*° 2 s	2 s	⊔ 2 s		8.7
8 s	10 s	*° 8 s	10 a	7 s	≡° 10 a	*	7.6
7.5	8.0	7.0	7.2	7.1	7.2		7.1

a = Stratus. u = Cumulus. i = Cirrus. s = Cumulostratus. c = Cirrocumulus. r = Cirrostratus.

Menge, Form und Zug der Wolken,

1883. Februar. Mittlere Ortszeit. **Bossekop.**

Datum	1	2	3	4	5	6
1	10 a	✱ 10 s	9 s	9 s	4 s	3 s
2	9 s	✱⁰ 10 s	9 sr	7 s	8 s	7 s
3	9 s	4 s	2 s	10 a	✱⁰ 5 s	6 s
4	10 s	5 s	≡⁰ 2 s	≡⁰ 2 s	1 s	0 s
5	9 sr	10 a	8 s	8 s	10 s	10 s
6	0 s	0	0	0	0	0
7	10 s	10 s	10 s	9 s	9 s	9 s
8	0	0	0	0	0	0
9	0	0	1 s	1 s	1 s	0
10	2 s	2 s	2 s	4 s	≡⁰ 8 s	8 s
11	0	0 s	0 s	0	2 s	3 s
12	7 s	10 s	8 s	10 s	10 s	10 s
13	8 s	7 s	1 s	3 s	5 s	4 s
14	4 rs	2 s	2 s	≡⁰ 1 s	≡⁰ 2 s	0 s
15	9 sr	8 sc	2 cis	0	0	0
16	10 s	10 s	10 s	9 us	8 us	6 su
17	10 s	10 s	10 s	10 s	10 sr	10 s
18	10 s	10 s	6 sr	Ш 10⁰ rs	3 sr	3 sr
19	0 r	0 r	0	0	0	0
20	1 ir	0	0	0	0	0
21	9 s	8 siu	5 sru	3 sru	6 rsu	8 scu
22	10 su	10 su	10 s	9 su	3 suir	3 sir
23	6 sr	7 s	Ш 7 sc	9 sr	9 sr	10 s
24	3 s	10 a	✱⁰ 9 s	✱⁰ 5 s	✱⁰ 7 s	3 s
25	8 sri	10 s	10 a	✱⁰ 10 a	✱⁰ 10 a	✱⁰ 10 a ✱
26	5 s	4 s	2 su	Ш 9 su W	2 su WNW	1 su
27	10 a	✱⁰ 10 a	✱⁰ 10 a	✱⁰ 10 a	✱⁰ 10 a	✱³ 10 a ✱
28	0	1 s	1 s	1 s	≡⁰ 2 s	≡⁰ 10 a
Mittel	6.0	6.0	4.9	5.3	4.8	4.8

Datum	1	2	3	4	5	6
1	4 rsc	3 rs NW	9 s	10 s	10 a	10 a
2	10 suc	9 sur	10 su	10 rs	10 rs	10 sr
3	9 s	✱⁰ 9 s	✱⁰ 10 s	9 su	9 su	9 su
4	6 sr	9 s	✱ 5 sc	2 s	9 s	5 s
5	3 s	4 su	7 su NW	8 su NW	8 sc	9 s
6	10 s	10 s	10 sc	9 sr	9 sr	6 s
7	7 rsuci	7 rsuc	5 rsuc W	6 crs	7 rcs	4 rs
8	10⁰ r	4 sric	9⁰ rs	4⁰ ru	6⁰ r	4 rs
9	0	0	0 s	0 s	0 rs	0 sr
10	10 sr	9 sc	8 sc SW	9 sc	10 sc	9 sc
11	5⁰ ri	4 rsi	7 sri	10 a	10 a	10 s
12	4 siru SW	3 scur SW	3 curs	5 curs	6 csur	Ш 5 su SW
13	5⁰ irs	10⁰ irs	9⁰ ris	4 sri	8 sru	8 sr
14	4⁰ rs	4⁰ rs	3 sr	3 is	3 si	6⁰ is
15	4⁰ crs	⊕ 6⁰ rcs	⊕ 8⁰ rs	8⁰ rs	7⁰ rs	6 sr
16	8 su	9 su SW	9 su	10 sru	9 sru SW	10 s
17	6 su WNW	2 su NW	6 su NW	10 a	10 a	● 10 a ●⁰
18	6 sri W	9⁰ irs	5 irsc	3 isrc	4 sri	4 rsu
19	9 src	4 scu	5 sur	8 scir	7 si	6 siu
20	1 s	1 s	1 su	1 s	1 su	2 su
21	5 sur W	2 su W	3 sur WSW	3 suir	5 su SW	5 s
22	8 sur SW	10 su SW	7 sui SSW	5 sur	4 sur	2 sc
23	10 a	✱ 10 a	7 sui	7 suci	2 sur	4 su NW
24	3 sr	8 sc	5 rs	4 reisu	10 srcu	10 s
25	7 sr	5 sr	4 sur N	5 s N	10 a	✱ 9 s
26	2 su	2 su NW	1 rsu	7 sr NW	2 sr	≡⁰ 2 sr ≡⁰
27	6 s W	10 a	✱⁰ 10 a	✱ 10 a	✱⁰ 10 a	✱⁰ 10 a
28	10 a	✱ 10 a	✱² 10 s	✱⁰ 10 a	✱ 10 s NNW	10 a
Mittel	6.1	6.2	6.3	6.4	7.0	6.6

Hydrometeore, Niederschlagsmenge.

Bossekop. Mittlere Ortszeit. Februar 1883.

7	8	9	10	11	Mittag	Niederschl.-menge m. m.
6 su	4 su W	2 su	5 suci	7 suri NW	6 surc NW	1.2
10 s	10 s	10 s	10 sur	10 sur	10 sur	0.0
7 sc	8 s	6 sr	3 su	3 su NNW	6 s	0.6
0 s	1 s	1 s	3 sr	1 sr	2 s	0.0
7 s	6 s WNW	4 s	5 s NW	3 s	3 s	0.0
0	1 ui	3 usrci	3 insrc	7 uris	8 usir NW	0.0
9 s	9 src	10 rsu	7 rscui W	6 rsic WSW	7 rsi W	0.0
0	0	0	0	0 r	5^0 r	0.0
0 s	1 rs	1 rs	1 s	0	0	0.0
10 s	10 scr	9 sc	10 csr	10 csr	10 scr	0.0
6 suci WSW	5 suc WSW	4 suci W	6 rsc WNW	7 risc	7^0 ris	0.5
10 a *	10 s *^{0}	10 s SSW	6 sir SW	5 suri SW	5 suc SW	0.5
7 su	5 su	3 us	1 si	1 sui	1 sru	0.0
2 sr	2 sr	4 sri	5 sri	5^0 rs	4^0 ri	0.0
1^0 i ⌴	0	2 urs	1^0 r	1^0 r	1 cs	0.0
6 us WSW	8 us SW	8 us SW	8 su WSW	7 su SW	8 su WSW	0.0
10 s	10 s NW	10 su WNW	8 su W	8 su W	6 su WNW	0.3
5^0 r	6^0 r	7^0 rs	10^0 rsi	7 s	9 sri W	0.0
0 us	0 us	3 us	9 su	7 sciur	6 rsu	0.0
0 s	0	0 s	0	0 s	0 s	0.0
10 su	10 s	10 s	10 scr SW	9 src SW	9 su	0.0
1 si	7 sir	7 is	6 sui SW	7 sui SW	7 sui SW	0.0
9 su	8 sr	9 sr	10 s *^{0}	10 a *	10 a *	0.1
3 s	2 s	3 s	1 s	1 s	1 sr	0.0
10 a *	10 suc E *^{0}	10 s	8 sr	7 s	8 sr	1.6
1 su ⌴	4 suci WNW	9 s	10 a *^{0}	10 a *	8 s	1.3
10 a *	10 a *	10 a *	10 s	9 su W	7 su SSW	1.8
9 s	7 s NNW	9 sr	10 s *^{0}	10 s *^{0}	8 su N	0.8
5.3	5.5	5.8	5.9	5.6	5.8	8.7

7	8	9	10	11	12	Tagesmittel der Wolkenmenge.
10 s *^{0}	10 s *	9 s *^{0}	10 s *	10 a *^{0}	10 a *^{0}	7.5
10 sr	5 sr ≡^{0}	4 s ≡^{0}	4 s ≡^{0}	10 a	10 s	8.8
10 s *^{0}	9 s	10 s	10 s	10 s	3 s	7.3
6 s ≡^{0}	8 s *^{0}	8 s *^{0} ≡^{0}	9 s	9 s	9 s	4.7
9 s	5 s	9 s	9 s ≡^{0}	3 s	0 s	6.5
10 s	10 s	10 s	10 s	10 s	10 s	5.7
1 s	0	0	0	0	0	5.9
3 s ≡^{0}	0	0	0 s	0	0	1.9
0 ≡^{0}	1 s ≡^{0}	1 s ≡^{0}	8 s ≡^{0}	10 s	4 s	1.3
3 sc	4 sc	9 s	9 sr	9 s	0 s	7.3
10 a *^{0}	10 a *^{0}	10 s	3 s	10 a	7 s	5.7
4 s	4 s	7 s	10 s	10 s	10 s	7.2
3 sr Ш	7 sr ШШ	7 sr ШШ	4 sr Ш	7 s Ш	3 s Ш	5.0
9 isrc	9 sc Ш	9 sc	8 us Ш	9 scu Ш	8 scu	4.5
6^0 crs Ш	5 crs	7^0 rc Ш	9 rs Ш	3 sr	10 sc	4.3
10 s	10 s	8 s Ш	9 s	10 s	10 s	8.8
10 s	8 sr NW Ш	10 sr ШШ	10 sr Ш	10 sr	10 s	8.9
2 su	1 ru	2 ru	1^0 i	1 s	0 r	5.2
5 scr	5 rsuc ШШ	5 scr WSW Ш	7 rsiu SW	3 rsiu Ш	2 rsiu	3.8
2 u	3 ur	7 rsu	6 sur *^{0} Ш	4 usr	9 s	1.6
7 scru Ш	1 s	2 su	8 su	9 su	10 su	6.5
3 s	7 s	2 s	2 s	3 s	4 sc	5.7
1 s	3 su	4 su	9 s *^{0}	6 s	10 a *	7.4
10 s *^{0}	10 sr	10 sr	10 sr	9 sru	8 sri	6.0
10 a *	5 s	6 s	4 s	5 s	5 s	7.8
3 s ≡^{0}	3 s ≡^{0}	10 s	10 s	10 a	10 a *^{0}	5.3
10 a	8 s ≡^{0}	9 s	10 a	10 s ≡^{0}	3 s ≡^{0}	9.3
10 a	10 a	10 a	10 s	7 s	7 s	7.6
6.3	5.8	6.6	7.1	7.0	6.1	6.0

a = Stratus. u = Cumulus. i = Cirrus. s = Cumulostratus. c = Cirrocumulus. r = Cirrostratus.

Menge, Form und Zug der Wolken,

1883. März. Mittlere Ortszeit. **Bossekop.**

Datum	1		2		3		4		5		6		
1	10 s		*° 7 s		10 n		*° 9 s		*° 10 n		* 8 sr		
2	8 s		10 sr		8 sr		4 s		10 sr		10 n		
3	10 n		10 n		*° 10 a		* 10 a		*° 10² a		* 10 a		*
4	3 s		2 s		1 s		3 s		9 s		10 sc		
5	4 s		*° 8 s		9 s		*° 8 s		10 n		*° 7 sc		
6	10 n		*° 10 n		10 s		3 s		10 s		8 s		
7	10 n		10 n		* 10 n		* 10 s		10 s		10 a		*
8	5 s		≡° 5 s		7 s		*° 9 s		*° 10 n		* 10² n		*'
9	10 n		10 s		10 s		3 s		≡° 3 s		8 su		
10	10 a		10 a		*° 10 a		* 10 s		10 n		*° 10 a		*°
11	10 s		10 s		10 s		4 s		2 s		9 s		
12	5 s		*° ≡° 9 s		5 s		≡° 9 s		8 s		10 s	N	
13	10 n		* 4 s		≡° 3 s		8 su		≡° 8 su		≡° 6 suci		
14	10 s		*° 10² s		10² a		*° 10 a		10 s		*° 10 su		*°
15	0 s		0 s		0 s		1 s		⊔ 1 s		⊔ 6 s		⊔
16	10 s		10 s		3 sui		1 s		8 s	S	8 sr	SSW	
17	10 s	N	10 s	N	9 scu		Ⓦ 10 s		10 s		10 s		
18	10 s		10 s		10 s		9 s		9 s	N	10 s		
19	10 s		10 s		10 s		10 s		10 s		10 s	WNW	
20	1 s		1 si		8 sui		5 sc		4 s		8 s	NE	
21	10 s		10 s		10 s		10 s		10 s		10 n		
22	9 su	N	10 s		9 s		Ⓦ 10 sr		4 sr		10 s	N	
23	10 s		*° 10 s		10 s		10 n		10 n		10 n		
24	10 s		10 s		*° 10 a		*° 10 s		*° 10 n		* 10 n		
25	10 s		10 s		*° 7 s		7 s		10 s		*° 10 n		*
26	10 s		*° 10 s		10 s		10 s		10 s		10 s		
27	1 s		2 s		≡° 1 s		2 rs		1 sr		1° r		
28	1 s		1 s		1 s		2 su		⊔ 2 sur		2 sur		
29	1 s		1 s		1 s		4 s	W	3 si		2 si		
30	9 s		≡° 10 s		≡° 10 s		9 s		10 s		9 sr		
31	10 n		*° 10 s		10 s		10 s		7 sur	SSE	7° resu	SSE	
Mittel	7.6		7.7		7.5		7.4		7.7		8.4		

Datum	1		2		3		4		5		6		
1	9 sr		10 s		10 s		10 s		10 s		10 s		
2	5 sru	WNW	5 sru	WNW	9 sr	W	8 sr	W	5 s	W	9 s		●°
3	10 n		*° 10 n		* 10 a		* 9 s	NW	*° 10 n		10 a		*°
4	9 scu	W	9 su	WNW	9 su	WNW	9 sur	W	●° 9 sur	WNW	●° 8 su	WNW	●°
5	10 a		* 10 a		* 10 su		*° 7 sui	NW	8 sur	NW	9 sr		
6	10 a		10 n		*° 9 sur		8 siu		6 siu	NNW	7 s		
7	10 s		10 n		* 8 s		*° 8 s		*° 10 n		*° 9 sr		
8	9 s	NW	8 su	NNW	7 su	N	8 su		8 su	N	9 su		
9	4 su	NNW	8 sui	NNW	8 su	NNW	9 s	NW	10 s	NNW	10 s	NNW	
10	10 s		10 su		10 s		10 su		10 su		10 su		
11	8 usr	NNE	9 rsu		10 a		* 10 s		*° 10 n		*° 10 a		*
12	10 s		10 sr		⊕ 10 s		10 s		9 s		10 s		
13	7 sur	N	*° 8 sru	N	6 sru	NNW	6 sur	N	8 sur	N	10 sur	N	
14	9 su	N	10 su	N	9 su	N	9 su	N.	8 su	N	9 su	NW	
15	0 r		0 i		0		0		1 s		2 su		
16	0		0		0		0 i		0 i		0 i		
17	10 s		10 s		10 s		10 s		10 s		10 s	NNW	
18	10 s		10 s		10 s		10 s		10 s		10 s		
19	9 sui		●° 10 s	NW	10 a		* 10 a		6 s	N	10 s		
20	3 su		10 s		10 s		9 su	NE	9 su	NE	5 su	NE	
21	10 su	N	10 su		10 su		10 s		*° 10 s		*° 10 s		
22	10 s		10 s	NW	10 sr		9 sr		9 s		9 s		
23	10 a		10 sr		10 sr	NW	10 s		5 su	NW	5 su		
24	10 s	E	9 sru	E	8 sriu		8 srui	E	*° 9 sur	E	*° 9 sur	E	
25	8 sucir		10 su		10 su		10 s		10 s		10 a		*°
26	9° rsi		⊕ 5° irs		6° ist		7° irs		7° ris		9° rsi		
27	1 rs		1 r		1 r		1 r		1 r		1 rs		
28	2° ric		2° ru		2° ru		2 rus		3 rsu		3° rscu		
29	2 srui		3 sreiu		3 rsiu		6 ris		9 sr		9 sr		
30	7 scru		10 sc	W	9 sc		9 sci	WNW	10 sc	W	10 s		
31	10 sr		10 sr		9 ru		4 sr		10° rsi		8° rsi		
Mittel	7.5		8.0		7.8		7.6		7.7		8.1		

Summe der Hydrometeore: 10 ●, 118 *, 1 △, 21 ≡, 4 ⊔, 5 ⊕, 2 Ⓤ, 3 Ⓦ.

Hydrometeore, Niederschlagsmenge.

Bossekop. Mittlere Ortszeit. **März 1883.**

7		8		9		10		11		Mittag			Niederschlagsmenge m. m.
5 sru		8 sr		10 s		9 sr		7^0 rs		8^0 rs			0.6
10 s	WNW	10 s	WNW	9 si	WNW	8 sr	NW	●^{0} 5 sr	W	6 sr	WNW		3.1
10 a		10 a		10 a		10 a		10 a		*^{0} 10 a		*^{0}	2.6
10 s		10 s		10 a		*^{0} 10 s		9 s		9 sc	W		0.1
8 s		8 s		10 a		*^{0} 10 a		* 10 a		* 10 a		*	0.7
10 sr		7 sru		7 sru		8 su		7 sru	NNW	9 sur			0.2
10 a		*^{0} 9 s		*^{0} 7 sur		7 sur	N	6 sur		9 s	N	*^{0}	1.2
10 s	N	* 10 s	N	*^{0} 10 a	N	*^{0} 9 su		6 su	NW	7 su	NNW		0.9
10 su		9 su		6 su	NW	2 su		2 su	NW	2 su			0.0
10 a		* 10 s		10 s		10 s		*^{0} 10 s		10 s	NE		1.6
7 sr		7^0 rs		⊕ 7^0 rs		⊕ 10 a		* 10 s		*^{0} 9 sru			1.1
10 sr	N	10 sr	N	10 sr	N	10 s		*^{0} 10 sr	N	⊕ 10 sr			0.5
10 s	N	* 10 siu		* 10 su		10 a		* 8 sru	N	8 sur	N		0.8
10 s		10 s		10 su		10 su	N	10 su	N	10 su			0.3
5 s		3 sc		0		0 s		0		0 s			0.0
1 s		0		0		0		0		0			0.0
10 s		10 s		10 s		10 s		10 s		10 s			0.0
10 s		10 s	N	9 s		10 s		9 s		10 s			0.0
10 s	NNW	9 si	W	8 sc	WNW	10 s	WNW	10 sc	NW	9 sui	NW	●^{0}	0.0
7 su		5 us		2 su		3 su	N	7 su		2 su			0.0
10 s		*^{0} 10 s		9 s	NNE	10 s		9 su	NNE	10 s			0.0
10 s	NNW	10 s		10 s	NW	10 s		10 s		10 s			0.1
10 a		10 a		10 a		10 a		10 a		10 a			0.0
10 s		10 s		10 s		9 sr		10 s		10 s			0.7
8 sur		10 s		10 s		10 s		9 sur		7 suri			0.0
10 s		10 s		10 s		10 s		10 sr		10 sr			0.0
1 ru		1 sr		1 s		1 sr		1 rs		1^0 rs			0.0
3 sur		4 suir		4 suir		2 sic		2 iru		2^0 ric			0.0
2 irs		1 sru		3 sr		3 siu	WSW	3 sriu	WSW	1 suir			0.0
9 s		9 sru		8 sru	WNW	9 sru	W	9 suir		6 sur			0.1
7^0 risu	SSE	7^0 ris		10^0 ru		10^0 ru		9^0 ru		10^0 rsu			0.0
8.2		8.0		7.7		7.7		7.4		7.3			14.6

7		8		9		10		11		12			Tagesmittel der Wolkenmenge.
10 s		10 s		10 s		10 s		10 s		10 s			9.2
10^2 a		●^{0} 10^2 a		●^{0} 10^2 a		* 10 a		10^2 a		* 10^2 a		*	8.3
10 s		4 s		≡^{0} 10 a		*^{0} 5 s		4 s		4 s			9.0
10 a		●^{0} 2 s		3 s		3 s		4 s		*^{0} 10 a		*^{0}	7.1
8 su		8 sr		5 sr		≡^{0} 6 s		≡^{0} 10 a		Δ^0 10 a			8.5
4 si		10 s		9 s		* 10 a		* 10 a		* 10 a			8.4
7 s		10 a		*^{0} 9 s		*^{0} 9 a		* 10 a		* 3 s		*^{0}	8.8
8 s		8 s		7 s		≡^{0} 5 s		≡^{0} 8 s		≡^{0} 9 s			8.0
9 s		10 s		2 s		5 s		5 s		8 s			6.8
10 su		3 s		8 su		6 s		8 s		10 s			9.4
10 s		10 s		*^{0} ≡^{0} 6 s		≡^{0} 9 s		≡^{0} 9 s		*^{0} ≡^{0} 10 a		*	8.6
10 a		* 10 a		*^{0} 10 a		10 s		10 s		≡^{0} 10 a		*^{0}	9.4
10 sru		10 s		*^{0} 10 a		*^{0} 10 su		9 su		10 s		*"	8.3
8 su	NE	4 s		3 s		4 s		1 s		2 s			8.2
8 su	SE	9 s	SE	10 s	SE	10 s		*^{0} 10 s		*^{0} 10 s		*^{0}	3.2
0 si		0 si		0 s		7 su	N	2 su	N	10 s	N		2.5
10 s		10 s		10 s		10 s		10 su		10 s		*^{0}	10.0
10 s		10 s		10 s		10 sr		Ш 10 sr		Ш 10 s			9.8
10 a		* 5 s	N	8 s	NE	10 su		10 su		1 su			9.0
7 su	NE	5 su		4 s		9 s		9 su		10 su			6.0
10 s		10 s		10 s		10 s	N	7 su	N	Ш 10 s	N		9.8
9 s		9 s		8 sr		8 sr	WNW	10 a		* 10 s		*^{0}	9.3
6 su		5 s		4 s		6 s		4 s		7 s			8.4
9 su		9 s		10 s		10 s		10 s		9 s			9.5
10 s	N	10 s	N	10 s	N	10 s		10 s		10 s			9.1
9^0 rs		5^0 rs		3 s		3 su		2 s		1 s			7.8
1 s		1 s		1 s		1 s		0 s		1 s			1.0
2 sur		2 su		2 s		1 s		0 s		0			2.0
10 sru		10 sr		10 s		10 s		10 s		10 s			4.9
10 s		10 a		*^{0} 8 su		*^{0} 10 s		10 a		10 a			9.3
10^0 rsi		8^0 rsic		4 cs		2 sr		5 su		1 s			7.8
8.2		7.3		6.9		7.4		7.3		7.6			7.7

a = Stratus. u = Cumulus. i = Cirrus. s = Cumulostratus. c = Cirrocumulus. r = Cirrostratus.

Menge, Form und Zug der Wolken,

1883. April. Mittlere Ortszeit. **Bossekop.**

Datum	1	2	3	4	5	6
1	1 s	2 s	4 su SSW	3 sur SSW	3 ser	7^0 rs
2	10 a	10 s	10 s	10 a	10 a	10 a
3	10 s	8 s	2 s	1 s	2 sr	3 sr
4	7 s	5 s	2 s	0 s	0 s	1 sr
5	0	0	0	0 u	1 us	1 us
6	10 s	≡^{0} 10 s	10 s	10 s	10 sr	10 sr
7	9 sr	≡^{0} 7 sr	≡^{0} 2 sir	2 src	2 sur	1^0 rui
8	10 s	10 s	10 a	10 s	10 s	9 sr
9	10 a	10 a	●^{0} 10 s	10 s	10 s	●^{0} 10 s
10	10 a	*^{0} 10 a	10 a	*^{0} 10 s	10 s	*^{0} 10 s *^{0}
11	2 sr	5 sru	6 sru	3^0 res	4 sre	6 rs
12	9 s	7 sr	8 sr	10 s	10 a	*^{0} 10^2 a *
13	10 s	10 s	9 s	9^0 rs	7^0 irs	10^0 rsei
14	10^0 rs	Ш 10 sr	10 sr	10 sr	10 sru	10 su
15	9 rs	Ш 8 src	7 ser WSW	7 scur SW	7 siuc SW	6 sru WSW
16	7 su	5 su SW	8 sui	9 sur SSW	8 sur SSW	8 sucr SW
17	10 s	10 s	10 s S	10 sur S	9 sur SSW	8 scru SSW
18	8 s	9 s	5 su	1 s	0	0
19	9 s	●^{0} 10 s	9 su NW	7 su WNW	8 us	7 us
20	9 s NW	10 s NW	10 s NW	10 s	6 ser	3 src
21	0 i	0 i	0 i	0 i	0	0
22	0	0	0	1 ri	1 ri	1 r
23	0	0	2^0 ri	1^0 rui	2^0 ris	2^0 ris
24	0 r	0 r	0 sr	0	0 s	0 s
25	2 si	1 sr	1 sri	3^0 ris	2^0 rs	5^0 rs ⊕
26	10 a	10 s SW	●^{0} 10 s SW	10 s	10 s	10 s
27	10 s	10 s	10 s	*^{0} 10 a	*^{0} 10 a	*^{0} 10 s *^{0}
28	10 s	10 s	10 s	10 s	10 s	10 s ●^{0} *^{0}
29	10 s NW	10 s	10 s	10 s	*^{0} 10 s	10 s
30	10 s NNW	*^{0} 9 su NNE	6 su NE	9 su NNE	9 su NNE	10 s NNE
Mittel	7.1	6.9	6.4	6.2	6.0	6.3

Datum	1	2	3	4	5	6
1	7^0 rs	8^0 rs	⊕ 9^0 rs	⊕ 10 sr	10 sr	10 s
2	10 a	* 10 a	*^{0} 10 a	*^{0} 10 su	9 su NW	8 su NW
3	3 sric	7 srui SSE	8 su	9 su	3 sur	3 suc
4	0 s	0 s	0	0	0	0
5	1 su	2 su	7 sur	8 siru S	7 siur	7 srui
6	7 sruc SW	7 src SW	7 csru	7 scur	9 csu	6 scur
7	6^0 ri	4^0 ri	4^0 ris	9 sr	10 sr	9 sr
8	10 s NW	●^{0} 10 s	8 sr W	8 sr W	9 s	10 sr
9	10 su	9 s WSW	9 su SW	9 su W	10 s W	10 s
10	9 su WNW	10 su	10 s	10 s	10 s	10 s
11	10^0 r	⊕ 7^0 rs	⊕ 8^0 res	⊕ 9^0 rs	8^0 rs	8^0 rs
12	8 su W	4 su WNW	5 su W	5 su NW	4 su WNW	10 su
13	10 sr WSW	10 src W	10 suc	10^0 rs	10 sr	9 sr
14	10 su	10 sr	9 suir	9 suir	8 sciu	8 rcru
15	10 s	●^{0} 10 a	10 s	10 s	10 s SSW	9 sur SSW
16	9 sur SSW	10 sur SSW	10 sur	10 sur	10 sur SW	10 sur
17	9 sucr SW	9 sur SW	10 sur SW	10 sur SW	10 s	10 a ●^{0}
18	10 su	10 su	10 a	●^{0} 10 su	9 suir W	8 sui W
19	6 su	4 su	6 su	7 su NW	8 su NW	9 su NW ●^{0}
20	0	0	0	0	0 r	0 r
21	1^0 ir	3^0 ir	1^0 r	0	0 r	0 r
22	0 u	1 ur	1 ur	1 ur	3 surc	6 suc NW
23	3 crui	2 rcu	1 ris	0 u	1 u	0 u
24	0	0	0	0	0	0
25	5^0 cru	7^0 cru	8^0 rcu	3 sru	9 rsu	9^0 risu ⊕
26	10 s	●^{0} 10 sr	⊕ 10 s	10 s	●^{0} 10 s	●^{0} 10 s
27	10 a	10 a	*^{0} 10 a	*^{0} 10 a	*^{0} 10 a	* 10 a *^{0}
28	10 a	*^{0} 10^2 a	* 10 s	*^{0} 10 a	*^{0} 10 s	*^{0} 10 s *^{0}
29	10 s	*^{0} 10 s	*^{0} 10 s	10 s NW	10 s NNW	10 s NNW *^{0}
30	1^0 ru	1^0 ru	0 r	1 sr	1 sr	5 s
Mittel	6.5	6.5	6.7	6.8	6.9	7.1

Summe der Hydrometeore: 25 ●, 53 *, 9 ≡, 1 ⟶, 15 ⊕, 9 Ш.

Hydrometeore, Niederschlagsmenge.

Bossekop. Mittlere Ortszeit. April 1883

7	8	9	10	11	Mittag		Niederschlagsmenge m. m.
8^0 rs	10^0 r	9^0 r	9^0 ris	⊕ 10^0 rs	⊕ 9^0 ris		0.0
10 a	10 a	10 a	* 10 a	* 10 a	*≡ 10 a	*	0.7
2 s	1 s	1 sr	1 r	1^0 rc	1^0 rc		0.0
0 u	3 u	0	0 s	0 s	0 sui		0.0
2 us	2 su SSW	1 u	0 u	0 u	0 su		0.0
10 sr	10 sr	10 sr	10 sr	9 sru	7 sruc		0.0
2^0 ri	2 ris	3 ris	5^0 ri	7 ris	4^0 ri		0.0
9 sur SW	9 sur	10 su	10 s	●^{0} 10 su	10 s		0.0
10 sc	8 src	10 s	10 su	9 su	10 sr		0.0
10 s NW	10 s	10 s	10 s	10 s	10 s		0.0
10^0 r	9^0 r	5^0 rc	10^0 ris	⊕ 10^0 rics	⊕ 10^0 rs	⊕	0.0
10^0 a	* 10 a	9 su	9 su NW	9 su WNW	9 su WNW		1.1
10 sir	10 s	10 s	10 s SSW	8 suc SSW	7^0 ircs		0.0
10 su	10 s	10 s	10 s	10 s	10 su		0.0
7 suic SSW	8 rsu SW	9 sru SW	9 su	10 s SSW	10 s		0.0
6 suir SW	4 sui SW	3 suri SW	7 sur SW	8 sriu SSW	9 sur SSW	⊕	0.0
7 scru SSW	7 scriu SSW	9 surc SSW	10 sur SSW	10 su SSW	9 sur SW		0.0
0	0	0 r	1 ru	6 sru	9 su		0.1
5 us WNW	7 su	7 su	9 su	8 su	7 su		0.0
1 sr	4 s SSW	3 s SSW	0 s	0 s	0		0.0
0	0	0	0	0 r	1^0 ir		0.0
0	0	0	0	0 u	0 u		0.0
3^0 ris	5^0 rsi	7^0 rsi	5^0 rcui E	4 crsiu	5 crius		0.0
1 su	0 u	0 s	0	0	0		0.0
5^0 risu	5^0 risu	⊕ 3^0 risuc	3 sucr	3^0 ru	3^0 ru		0.0
10 a	●^{0} 10 a	●^{0} 10 a	●^{0} 10 s	10 a	●^{0} 10 a	●^{0}	0.8
10 s	*^{0} 10 s	*^{0} 10 s	*^{0} 10 s	*^{0} 10 s	10 s		1.1
10 s	10 s	10 a	*^{0} 10 a	* 10^2 a	* 10^2 a	*	1.0
10 s	10 s	10 s	10 s	10 s	10 s		0.1
10 s ENE	10 s E	4 sur E	1 su	0 u	0 u		0.1
6.3	6.5	6.1	6.3	6.4	6.3		5.0

7	8	9	10	11	12		Tagesmittel der Wolkenmenge.
10 s	10 s	10 s	10 s	6 s	10 a		7.7
9 sr NW	9 sr	5 s	9 s	10 s	10 s		9.5
3 su	4 su	7 s	10 s	9 s	5 s		4.4
0 u	0 u	0 u	0	0	0		0.7
8^0 rsiu	8^0 rsu	2 su	≡^{0} 3 sui	4 s	9 s	≡^{0}	3.1
10 s	10 s	10 s	10 sr	10 sr	10 sr		9.1
3 src	2 src	4 src	7 src	7 sr	10 sr		5.0
10 sr	10 a	●^{0} 9 src	10 s	10 s	10 a		9.6
8 su WSW	8 su WNW	9 s WNW	10 s	10 a	10 a		9.5
10 s	10 s	10 s	●^{0} 10 s	10 s	4 su		9.7
10 sr	10 sr	10 s	4 sr	3 sr	3 sr		7.1
10 su	10 s	*^{0} 10 su	10 suc	10 su	10 su		8.6
10 s	10 s	10 sr	8 sr	Ш 10^0 rs	Ш 10^0 rs	Ш	9.5
7 scru	7 suc SW	7 suc SW	7 suc SW	8 scur	Ш 8 src	Ш	9.1
8 sr	7 sr SSW	9 sr S	9 sr S	9 su S	9 s		8.6
10 sur	9 sur	9 sur	7 s S	≡^{0} Ш 7 s	≡^{0} 10 s		8.0
10 sr	●^{0} 10 sr SW	10 rs	8 sru	9 su	8 s		9.3
7 sui W	6 sui W	7 sur	≡^{0} 9 su	3 su	3 su		5.5
9 su NW	●^{0} 9 su NW	5 su NW	7 su NW	9 s WNW	9 s NW		7.5
0 r	1 r	1 ir	1 ir	1 ir	1 ir		2.5
0 r	0	0	1^0 r	1^0 r	1^0 r		0.4
8 suc NW	7 suc NW	8 scu N	8 suc	2 su	Ш 1 sr		2.0
0 su	0 su	0 s	0 u	0 u	⊔ 0 r		1.6
0	1 su	0 s	1 s	1 sr	2 rsi		0.3
9 csr	10 s	10 s	10 a	10 a	10 a		5.7
10 s	10 s	10 s	10 s	●^{0} 10 a	●^{0} *^{0} 10 s		10.0
10 a	*^{0} 10 a	*^{0} 10 s	10 s	10 s	10 s		10.0
10 a	*^{0} 10 a	* 10 a	*^{0} 10 a	*^{0} 10 a	10 s		10.0
10 su NNW	9 su NNW	10 su NNW	10 su NNW	10 s N	*^{0} 10 s NNW		10.0
6 s NNE	6 s NNE	8 su NNE	10 a	* 8 su N	9 su NNE		5.6
7.2	7.1	7.0	7.3	6.9	7.1		6.7

Menge, Form und Zug der Wolken,

1883. Mai. Mittlere Ortszeit. **Bossekop.**

Datum	1		2		3		4		5		6		
1	10 s	NNE	9 s	NNE	∗° 9 su	NNE	∗° 10 su	NNE	∗° 10 su		9 su		
2	2 scru		5 scr		8 csr		8 suc	SE	9 su	SE	7 su	SE	
3	3° rsu		5° crus		8 csur		9 sr		9 scr		10 a		∗°
4	10 s	NE	10 s	NE	10² a		∗ 10 s		∗" 10 a		∗ 10 a		∗
5	6 su	NNW	5 s	N	7 su	N	3 s		9 s	NW	3 s	NW	
6	9 su	W	8 su	W	7 su	W	8 su	WNW	7 su	WNW	7 su	NW	
7	10 sr		10 sr		10 sr		10 s		10 s		10 s		
8	7 scr	SSW	7 scr		5 rsci		6° irs		5° icsr		3 sir		
9	1° r		1 rs		0 r		0 r		1 rs		2° ris		
10	10 sr	SW	10 sr	SW	9 srci	WSW	10 src		9 csu		7 csi		
11	9 su	W	7 sui	W	5 suc	SW	9 surc	SW	7 sciru		8 rsic		
12	10 s		●° 10 a		● 10 a		● 10 s		●" 10 s	ENE	10 a		●°
13	10 a		∗ 10 s		∗° 10 s		∗" 10 s		10 s		10 s		
14	10 s		10 sr		●° ∗" 10 sr		∗° 10 a		∗ ≡° 10 s		10 s		∗"
15	10 s		●" 10 s		● 10 s		●° 10 s		10 s		10 s	W	
16	9 su	SW	9 su		9 su	W	10 s		10 s		10 s		
17	10 sr		●" 10 s		●° ≡° 10 s		●" 10 a		10 a		10 s		
18	10 s		●° 10 s		10 s		10 s		●° 10 s		●" 10 s		●"
19	10 s		10 s		10 s		●" 10 s		●° 10 s		10 s		●"
20	10 a		●° ≡ 10 s		●" ≡ 10 s		≡° 10 s		●" 10 s		10 s		
21	10 s		10 s		10 s		10 s		10 s		10 s		
22	10 s		10 s		10 s		10 s	NW	10 s	NW	10 s	NW	
23	3 s		2 s		1 s		1 sr		1 sur		1 ru		
24	10 su		10 sru		●° 10 sr		●" 10 sr		●" 10 s		10 sr		●°
25	8 sucr	S	8 suric	SSW	9 suric	SSW	10 sucir	SSW	10 suric	SW	9 suric	WSW	
26	9 scui		3 sui		9 sci		10 sc		10 sc		7 csi		
27	9 sr		5 sr		5 scr		4 sucri	SSE	3 scuri		6 suic	SSE	
28	8 sr		8 scr		8 scr		10 sr		10 sr		10 s		●°
29	8 sciru		8 scir		7° ris		8° ris		9° ris		8° ri		
30	1° ri		2° ri		3° ri		2° ri		7° cri		⊕ 8° cir		
31	8 su	S	9 su	S	7 us	SSW	9 suc	SSW	10 su		9 suc	SW	
Mittel	8.1		7.8		7.9		8.3		8.6		8.2		

Datum	1		2		3		4		5		6		
1	7 usr	E	4 uscr	E	2 us	E	2 us		6 usr		7 us	NE	
2	6 su	SE	5 us	SE	4 us	SE	4 su	SE	3 su	SE	2 sur		
3	10 su	NE	10 su	ENE	10 su		10 sur	NE	10 a		∗° 10 a		
4	10 s		∗° 10 a		∗° 10 a		∗° 10 a		∗° 10 s		10 s		
5	6 uri		4 uri		3 ur		1 usir		4° ir		3° riu		
6	10 sur		10 sr		10 s		10 s		10 s		10 s		
7	10 a		∗ 10 a		∗ 10 a		10 a		●" 10 s		10 s		
8	9 s	S	7 s	SSW	5 scui	S	3 su		1 s		0 s		
9	8° rs		7° rsi	W	9° rsci	W	8 sur	WSW	8 sui	SW	8 suc	SW	
10	10 s		8 sci		9 sci	SW	9 s	SW	9 s	SW	10 s	SW	
11	10 s		10 a		10 s		10 s		10 s		●" 10 s		
12	10 a		● ∗ ≡° 10 a		● ∗ ≡° 10 a		● ∗ ≡° 10 a		∗ ≡° 10 a		∗ ≡° 10 a		∗ ≡°
13	10 s	NE	10 s		●° 10 a		∗ ≡° 10 s		●" 10 a		●° ∗° ≡° 10 s		●° ∗°
14	10 s		●° 10 sr		10 sr		10 su		10 a		●° 10 a		●°
15	7 sr		10 s		10 s		10 s		10 sr		10 s		●°
16	10 s		●" 10 s		●° 10 s	NW	10 s		9 sr	NW	10 s		
17	10 su		●" 10 su		● 10 sur		●° 10° rus		⊕ 10 crus		10 sru		
18	10 su		10 suc		10 su		9 sur		10 su		10 su		
19	10 s		●° 10 s		●° 10 s		●° 10 s		10 s		10 s		
20	10 s		10 s		10 s		10 s		10 s		10 s		
21	10 su		10 su	NW	10 s		10 su		10 s		10 su		
22	4 us	S	1 u		1 u		1 rs		1° ru		1° r		
23	6 sui	S	8 sui	S	9 su	S	7 suic	S	3 suci		2 rscu		
24	8 sui	S	8 surci		8 sur		8 su	S	7 su	S	7 su	S	
25	6 siu	WSW	8 s		8 sr	W	7 sr		8 s		8 s		
26	7° icrsu	S	6° icrsu		7 sciur		6° ciru		6° icr		4° icr		
27	3° riu		4° rius		2° riu		1 rus		1 su		0 u		
28	10 s	W	●° 10 a		● 10 s	W	● 10 su		● 8 su		5 su	NW	
29	7° r		5° ir		1° ir		1° irc		1° ir		2° ri		
30	9° rcsi		8 scr		6 cus		5 sr		4 sr		6 scr		
31	0 u		1 u		3 us	S	6 usc		3 ucr		5° cu		
Mittel	8.2		7.9		7.6		7.4		7.2		7.1		

Summe der Hydrometeore: 96 ●, 54 ∗, 24 ≡, 8 ⊕.

Hydrometeore, Niederschlagsmenge.

Bossekop. Mittlere Ortszeit. **Mai 1883.**

7		8		9		10		11		Mittag			Niederschl.-menge m. m.
6 su	NE	3 us	NE	5 usc	NE	5 sur	E	7 surc	E	7 suc	E		0.0
6 su	SE	8 su		6 su	SE	7 su	SE	7 su	SE	7 su	SE		0.0
10 s		*^{0} 10 su		10 scu		9 sui	NE	8 suci	NE	10 sur	NE		0.0
10^0 u		*^{0} 10 s		*^{0} 10 s		*^{0} 10 s		*^{0} 10 s		*^{0} 10 su			0.7
8 si	NW	8 su		7 sui	WNW	8 sui		7 uir		6 uir			0.1
7 sui	WNW	8 sui	NW	9 s		9 sur	NW.	10 sur	NW	10 sur	NW		0.0
10 s		10 sr		9 sri	S	10 sr		10 a		* 10 a		*	1.5
8 si		9 s		10 s		10 s		10 s		10 s			0.0
5^0 irs		6^0 irs		4 irs		10^0 rs		10^0 rs		⊕ 8^0 r		⊕	0.0
8^0 csri		9^0 sre		10 s	WSW	8 sr		10 s	WSW	9 sr			0.0
8 csu		9 sre	SW	8 surc	SW	9 suc	WSW	10 sucr	WSW	10 s			0.1
10 a		* 10 a		● 10 a		●^{0} 10 a		●^{0} ≡^{0} 10 a		* ≡^{0} 10 a		● * ≡^{0}	11.2
10 s		10 s		10 s		10 s		10 s	ENE	10 s	NE		1.1
10 s		10 s		*^{0} 10 sr		10 s		*^{0} 10 a		●^{0} *^{0} 10 s		●^{0}	1.3
10 s		●^{0} 10 s		9 sr		9 sr		8 sri		8 scr			0.5
10 s		10 s		10 s		● 10 s		●^{0} 10 a		● ≡^{0} 10 a		● ≡^{0}	1.1
10 a		●^{0} 10 s		10 su		10 sur		10 sur		10 sur			1.7
10 s		● 10 s		●^{0} 10 s		●^{0} 10 s		10 s	WSW	10 su			1.3
10 s		●^{0} 10 s		10 s		10 s		●^{0} 10 s		10 s			0.7
10 s		10 s		10 s		10 s		10 s		10 s			0.9
10 suc		9 sur		7 suc		8 su		9 su		10 su			0.0
10 s	NW	10 s		10 s	NW	10 s	W	9 s	W	8 su	W		0.0
1 sr		1 rs		2 sur		6 su	SSW	6 su	SSW	7 suc	SSW		0.0
9 sru		10 sru	S	10 sur	S	10 su	S	10 sur	S	9 sur			0.0
8 suic	SW	4 usi		9 su	WSW	9 sri		5 srci		5 rui			0.0
4 cir		5^0 ci		5^0 ci		⊕ 5^0 ciu		3^0 ciu		6^0 ciu			0.0
6 suci	SE	4 suri		5 sucir		5 uisr	SW	3 uri		2^0 riu			0.0
10 s		●^{0} 3 scui		8 sru		9 scui		10 su	W	10 s			1.4
8^0 ir		3^0 ir		2^0 ri		1^0 r		0 i		3^0 ir			0.0
6^0 cr		5 cr		9 cr		9 sri		9 rsc		10^0 rsiu			0.0
5 suci	WSW	5 usci	WSW	4 usi	WSW	3 usi		1 ui		0 su			1.2
8.2		7.6		8.0		8.4		8.1		8.2			24.8

7		8		9		10		11		12			Tagesmittel der Wolkenmenge.
9 su	NE	7 us		8 su		9 scu		4 scru		3 surc			6.6
1 usr		1 usr		1 usr		4 sc		3 rus		2^0 rs			4.8
10 a		10 s		10 su		10 s	NE	10 s	NE	10 s	NE		9.2
10 a		* 9 suc	NW	9 suc	NW	5 suc		4 suc		5 suc			9.3
6^0 rsi		9 sr		9 sr		10 s		10 s		9 su	WNW		6.3
9 sr		9 sr		8 scr		8 sri		9^0 rcsi		9 rs			8.8
10 rs		⊕ 9 sr	SSW	9 s	SSW	9 s		8 sr		5 sr			9.5
0 s		1^0 rs		1^0 ir		2^0 ri		1^0 ir		1^0 r			5.0
9 scui	SW	9 sur	WSW	10 su		10 a		10 sr		10 s			6.4
9 s	WSW	10 s		10 s		9 s		9 s	SW	9 su	W		9.2
10 s		10 s		●^{0} 10 s		●^{0} 10 a		●^{0} 10 s		●^{0} 10 s		●^{0}	9.1
10 a		* ≡^{0} 10 a		* ≡^{0} 10 a		* ≡^{0} 10 a		* ≡^{0} 10 s		*^{0} 10 s		*^{0}	10.0
10 s	W	●^{0} *^{0} 10 sr	SW	10 sr		10 sr		10 s		*^{0} 10 s	W		10.0
10 s		●^{0} 10 s		●^{0} 9 scr		10 sr		10 s		● 10 s		●^{0}	10.0
10 s		10 su		10 cru		10 suc	WSW	10 su	WSW	10 su	WSW		9.6
10 s		10 s		10 s		10 s	WNW	10 sr		6^0 rsi			9.7
9 sur		10 s		●^{0} 10 s		●^{0} 10 a		●^{0} 10 a		●^{0} 10 a		●	10.0
10 suc		9 suc		10 s		10 su		10 s		10 s		●	9.9
10 s		10 s		10 s		10 s		10 s		●^{0} ≡^{0} 10 s		●^{0} ≡^{0}	10.0
10 s		10 s		10 s		10 s		10 s		10 s			10.0
10 su		10 us		10 su		10 s		10 s		10 s			9.7
1^0 rs		1^0 rs		1^0 rs		1 sr		5 s		4 s	WSW		5.8
2 rsi		3 risu		8 csr	SE	10 scr		10 su		10 s			4.6
5 su	S	7 su	S	4 sur	S	6 scui	S	8 suc	S	10 suc	SSW		8.5
10 s		●^{0} 10 sc		10 sc	SW	10 sc	SW	●^{0} 10 sc	SW	9 sci	SW		8.2
3^0 cir		3^0 crsi		2 sci		1 sri		1 sr		7 sr			5.4
0 ur		1^0 ru		3^0 rcu		4^0 ri		3^0 rci		7^0 rsci			3.6
5 su		3 su	NW	2 su		4 su	NW	3 sur	NW	1 usi			7.3
7^0 ri		⊕ 5^0 rci		6^0 ric		⊕ 2^0 ri		5^0 ric		3^0 ri			4.6
7 sc		7 sur		9 sur		9 su	S	9 su	S	●^{0} 9 su	S	●^{0}	6.6
8 sucr	S	10 su		●^{0} 10 su		10 s		●^{0} 10 s		● 10 s		●	6.1
7.4		7.5		7.7		7.8		7.8		7.7			7.9

a = Stratus. u = Cumulus. i = Cirrus. s = Cumulostratus. c = Cirrocumulus. r = Cirrostratus.

Menge, Form und Zug der Wolken, Bossekop.

1883. Juni. Mittlere Ortszeit.

Datum	1	2	3	4	5	6
1	10 s ●	10 s ●	10 s ●	10 s NW ●^{0}	10 s NW ●	9 su NW
2	3^0 ri	2^0 ri	5^0 ri	7^0 rs	6^0 rs	8^0 rsi
3	5^0 re	4^0 re	2 reu	3 uer	2 uic	2^0 iru
4	7 sueri S	6 sucr ESE	3 usri SSE	5 usri	5 sruci	8 sru
5	9 su	10 s	10 s N	10 s	10 s	10 s
6	6^0 rs	6^0 rs	5^0 rs	8^0 rs	3^0 iru	4 sui SSE
7	3 sc	3 sc ≡^{0}	2 sr	1 sr ≡^{n}	1 sr ≡^{0}	0 sr ≡^{0}
8	6 cru ≡^{0}	7 cur ≡^{0}	7^0 ciru ≡^{n}	7^0 csr ≡^{n}	6^0 csr ≡^{n}	7^0 resi ≡^{n}
9	1 sr ≡^{n}	2^0 ru ≡^{0}	1 uc ≡^{0}	1 rs ≡^{n}	0 r ≡^{n}	0 ≡^{0}
10	9 sr S	9 sru S ●^{n}	8 sucr S	7 sucr SW	2 res	2 riu
11	10 sr ●^{n}	10 s ●^{n}	10 s ●^{0}	10 su NW	10 s NW ●^{0}	10 s
12	9 su	10 su	9 su	8 sc NNW	10 s	10 s
13	9^0 irsu	10^0 cirs	9 cirsu	10 sr	10 s	10 s
14	7 scr S	4 suic	3 rsui	5^0 rsuc ⊕	9^0 rscu	9^0 rcsu
15	4 surc WSW	7 suci SW	4 sui SW	3 sui	3 suci	10 suc WSW
16	5 sc	9 suc WNW ●^{0}	9 su	4 suc W ●^{0}	8 su W	9 sui WNW
17	10 s	10 s	10 src	10 s ●^{0}	10 s ●^{0}	10 s ●^{0}
18	10 su ●^{n} ≡^{n}	10 s ●^{0}	10 s WSW ●^{0}	10 su	10 su	10 su
19	3 sur WSW	5 su WSW	3 su	2 su	3 su NW	6 su NW
20	5 suc WSW	6 su W	7 su W	6 su W	9 su WNW	9 su WNW
21	5 sci	6 scr	8 su	8 sucr W	6 suc WNW	9 su WNW
22	9 src	9 sr WNW	9 sr	8 src	9 src	10 sru
23	10 s	10 s	10 s	10 s	10 s	9 sc S
24	4^0 irsuc	5^0 ris	4^0 ircu	4^0 ciru	4^0 ciru W	3^0 riu
25	5 suir	6 rcui	4 ciru	6 scru	7 csriu	4^0 cru
26	8^0 irs	9^0 riu	10^0 ris	10^0 ris	10 s ≡	10 u ≡
27	1^0 r ≡^{0}	1 sr ≡^{0}	2^0 ics ≡^{n}	1 sr ≡^{0}	0 s ≡^{0}	0 ≡^{0}
28	0 su ≡^{0}	1 suc ≡^{0}	1 sc ≡^{0}	1 scr ≡^{0}	1^0 ur ≡^{n}	1^0 ri
29	8 sci	10 s	10 s	10 s	10 s ●^{0}	10 s ●
30	10 s W	10 s W	10 s W	10 s W	10 s WNW	10 s WNW
Mittel	6.1	6.9	6.5	6.5	6.5	7.0

Datum	1	2	3	4	5	6
1	4 us W	3 us WNW	2 us WSW	2 ur	1 u	2 ru
2	2^0 iru SSE	3^0 iru	3 sui	2 us	3 us	2 u
3	8^0 ru ⊕	5^0 ru ⊕	10^0 ru	10^0 ru	8 sru	9 sur
4	10 su S ●^{0}	9 su S ●^{0}	5 sur	9 rusi S ≡^{0}	10 rsu	7 rsu
5	10 s	10 s	10 s	10 s	10 s	10 s
6	0 r ≡^{0}	0 u ≡^{0}	0 u ≡^{n}	0 u ≡^{n}	1 us ≡^{0}	3 su SSE ≡^{0}
7	6 usr S ≡^{n}	5 usr SSE ≡^{0}	5 us S ≡^{0}	4 us SSE ≡^{0}	3 us ≡^{0}	4 us ≡^{0}
8	3 ur ≡^{0}	3 ur ≡^{0}	4 urs	7 sur ≡^{0}	9 sur S ●^{0}	9 sur ●
9	5 ur ≡^{0}	9 usr ≡^{0}	8 usr ≡^{0}	7 sur ≡^{n}	5 sur ≡^{n}	9 sru
10	10 usr SW ●^{0} ≡^{0}	10 sur ●^{0}	10 su	10 s	10 su SSW	10 s
11	9 sur	7 sur	9 sur W	10 s	10 s	10 s
12	4^0 iru	2 urc	1 usi	1 ur	1 ur	1 ur
13	10 s ● ≡^{0}	10 a ● ≡^{0}	10 s ●^{0}	10 s ●	10 s	10 s
14	10 s ●^{0}	9 sur SW	10 sur	9 sur	9 sur	10 su
15	3 usr W	4 usir W	6 usir W	6 usir	7 urs W	8 sur ●^{0}
16	10 su WNW	10 su WNW	9 su W	9 su W	6 sur W	9 suri WSW
17	7 su W ●	4 surc SW	7 surc WSW	7 sui WSW	8 su SW	9 su SW
18	10 srcu	10 sru	10 su	10 sur	9 surc	7 ruci WSW
19	4 su	3 su WSW	2 usr	2 usr	5^0 iurs	6^0 rusi
20	2 us NW	2 us	3 usc NW	4 user WNW	5 scur	6 sur
21	3 rius	5^0 iru	5^0 riu	2 suri	2 rsui	8^0 cru ⊕
22	10 su NW	9 su NW	9 su NW	9 suci NW	9 suci	10 sucr N
23	4 usri	1 uir	1 ur	1 ur	5 ciu	4^0 reiu
24	1 rc	5 ucr	3 urc	3 usc	1 ur	6 us
25	2^0 ru	3^0 ru	2^0 cru	0 u	0	0 r
26	10 rsu W ≡^{0}	5 srui W ≡^{0}	5 rsci	5 cru ≡^{n}	3 rcu ≡^{0}	3^0 riu ≡^{0}
27	1 u ≡^{0}	1 u ≡^{0}	2 ur ≡^{0}	1 ru ≡^{0}	2^0 riu ≡^{0}	3^0 iu ≡^{0}
28	8^0 rius ≡^{n} ⊕	8^0 rusic ≡^{0}	10^0 rsui ≡^{0} ⊕	10 su SSW ●^{0} ≡^{0}	10 su S ●	10 s ● R
29	10 s	10 s	10 s	10 s	10 su	10 s
30	10 s ●^{n} ≡^{0}	9 su WSW ●^{n} ≡^{0}	10 su	8 scu	4 surc	7 rscui
Mittel	6.2	5.8	6.0	5.9	5.9	6.7

Summe der Hydrometeore: 65 ●, 156 ≡, 1 R, 7 ⊕.

Hydrometeore, Niederschlagsmenge.

Bossekop. Mittlere Ortszeit. **Juni 1883.**

7			8			9			10			11			Mittag			Niederschl.-menge m. m.
10 su	NW		7 su	NW		9 su	NW		9 su	NW		6 us	WNW		5 su	W		5.5
8^0 ris			5^0 riu			3^0 iru			2^0 iru			1^0 iru			3^0 iru			0.0
5^0 ir			8^0 iru			9^0 iru			9^0 riu			10^0 ru			6^0 ru		⊕	0.0
5 sueri			7 suei	SSE		9 sur	SSE		6 su	SSE	≡^{0}	4 su		≡^{0}	5 su	SSE	≡^{0}	1.3
10 s			10 s			10 s			10 s			10 s			10 s			0.4
8 sui	SSE		9 sur	SE		5 iru		≡^{0}	0		≡^{0}	0		≡^{0}	0		≡^{0}	0.0
0 re		≡^{0}	0 r		≡^{0}	0 r		≡^{0}	1 ru		≡^{0}	3 ru	S	≡^{n}	2 us		≡^{0}	0.0
9^0 rsui		≡	8^0 rui		≡^{0}	3 suc		≡^{0}	6^0 rsi		≡^{0}	9^0 rs		≡^{0}	10^0 rs		≡	0.4
0		≡^{0}	0		≡^{n}	0		≡^{0}	1 u		≡^{n}	0 u		≡^{0}	1 u		≡	0.0
2^0 r			0 u			3 ius		≡^{n}	5 ius		≡^{0}	7 irus		≡	10 rsu	SW	≡	0.0
10 s			10 s			10 s	NW		10 su			10 su			10 su			0.4
10 s			10 s			10 s			10 s			7 user			7^0 irus	SSW		0.0
10 s			10 s			10 s		●^{0}	10 s		● ≡^{0}	10 s		●^{0} ≡^{0}	10 s		● ≡^{0}	3.0
10^0 rsu	W		10^0 rsu	W		10^0 resu			10 sru			10 s		●	9 sur	WSW		1.0
10 suc			6 sur			3 sur			4 usr			5 us	W		7 usr	W		0.0
9 sui		●^{0}	8 sui	W		10 su	NW	●^{0}	10 su	W	●^{0}	10 su	NW	●^{0}	10 su		●	0.6
10 s		●^{0}	10 s			10 sur		●	9 su	SW		9 su	SW		5 su	W		1.7
10 sur			10 sru			10 sru			10 su			10 sr			10 sr	NNW		0.0
7 sur	NNW		9 sur			9 sui	WNW		10 su	WNW		10 su	WNW		9 su			0.0
9 su	W		10 su	W		10 su	W		7 su	WNW		7 su	NW		9 su	NW	●^{0}	0.0
6 suc	NW		3 sucr			2 suc			2 usri			2 riu			2 rius			0.0
10 sru	NW		10 src			10 su			10 su	NW		10 su	NW		10 su	NW		0.0
10 s			9 csr			8 sruci	SSW		8 su			8 su			6 sur			0.0
2^0 riu			1^0 iru			2 crui			2 cri			1^0 cir			0 r			0.0
3^0 ieru			4^0 ireu			3^0 ciru			3^0 ciru			3^0 ru			4^0 riu			0.0
10 a		≡	10 a		≡	10 a		≡	10 a		≡^{0}	10 s		≡^{0}	10 su	W	≡^{0}	0.0
0		≡^{n}	0 u		≡^{0}	0 r		≡^{0}	0 s		≡^{0}	0 u		≡^{0}	1 su		≡	0.0
2^0 cir			2^0 ir			2^0 ir			5^0 ir			7^0 iru		≡^{n}	7^0 riu		≡^{0}	4.8
10 s		●^{0}	10 s			10 s			10 s			10 s			10 s			0.8
10 s			10 se	W		10 s	W		10 s	W		10 s		●^{0} ≡^{0}	10 su		●^{0} ≡^{0}	0.0
7.2			6.9			6.7			6.6			6.6			6.6			10.9

7			8			9			10			11			12			Tagesmittel der Wolkenmenge.
2 ru			3 ru			2^0 ru			2^0 ri			5^0 r			7^0 ri			5.8
1 ur			0 i			0			1^0 r			1^0 r			2^0 ri			3.0
10 sr			9 sur			9 suri			8 suir			4 seir	ESE		3 sri			6.6
7 sru			10 sur			10 sur		●^{0}	9 sur	S		8 suir	S		8 sur	S		7.2
10 s			10 s		●	10 sru			10 sr			9^0 rs			6^0 rs			9.8
9 su		●^{n} ≡^{n}	9 su	S	●^{0} ≡^{n}	9 sur			9 su			8 su			4 sur			4.4
3 us	SSE	≡^{n}	4 su		≡^{0}	4 ues		≡^{0}	4 usr	S	≡^{0}	3 su	S	≡^{0}	4 ures		≡^{0}	3.7
9 sur	S	≡^{0}	8 usr	S	≡^{0}	2 uri		≡^{0}	1 iru		≡^{0}	2 irs		≡^{0}	2 res		≡^{0}	6.0
9 src		≡^{n}	10 rsu		≡^{0}	10^n rs			10 rsu	S		5 rsu	S		9 sur	S		4.3
10 s	SW		10 su			9 sru			9 rsc			10 sr			10 s			7.6
10 su		≡^{0}	10 su		≡^{0}	10 su		≡^{0}	10 su	W	≡^{0}	10 su			10 su			9.8
4 iusc			7 sui	SE		8 suirc	SE		10 suir	SE		10 s	SE		7 sui			6.9
10 s			10 s			9 su			9 suc			9 suc	S		7 sur	S		9.7
9 sur	WNW		9 sur			7 suir			8 sur	WNW		6 sur	W		6 sur	W		8.3
4 sur			3 usr			3 user			2 sur			1 urs			1 s			4.8
8 sur	WSW		10 su			10 su	W	●^{n}	10 su			10 s			10 s			8.8
8 su	SW		7 su	WSW		7 su	WSW		9 su		≡^{0}	8 su	WSW	≡^{n}	9 su	SW	≡^{0}	8.5
7 uesi	WSW		6 rsui	WNW		4 crus			2 suci			2 su	WSW		2 su	SW		8.3
4 sreui			9 sur			9 su	NW		9 su	WSW		8 su	WSW		5 su	WSW		5.9
8 su			4 sur			4 su			7 su			7 su	WNW		6 su			6.3
8^0 reiu			9 rsciu			9 reisu			8 esur			8 sc			9 sc			5.6
10 sucr			9 scru			10 sc	NW		10 s			10 s			10 s		●^{n}	9.5
4^0 iru			3^0 cri			4^0 cir			4^0 icr			3^0 ric			3^0 irsu			6.0
2 su			3 sucr			1^0 rui			1^0 ri			3^0 isr			5 suir			2.8
1^0 ucr			2^0 reui			7^0 cirus			8^0 cirs			5^0 ires			8^0 ri			3.8
2^0 ru		≡^{0}	1^0 r		≡^{0}	6^0 ir		≡^{0}	3^0 ri		≡^{n}	1^0 r		≡^{0}	1^0 r		≡^{0}	6.8
4 uci		≡^{0}	4 uci		≡^{n}	4 suci		≡^{0}	6 cs		≡^{0}	3 suc		≡^{n}	1 su		≡^{0}	1.6
10 s		●^{n}	10 s	S		9 s		●	9 suc		●^{n}	7 suc	E		9 suc			5.8
9 s			5 scru			9 surc			9 s			10 s			10 s			9.6
9 rsicu			10 sr			8 sreui			9 s	W	≡^{n}	9 sui		●^{0} ≡^{n}	9 sur		●^{0}	9.3
6.7			6.8			6.8			6.9			6.2			6,1			6.5

a = Stratus. u = Cumulus. i = Cirrus. s = Cumulostratus. c = Cirrocumulus. r = Cirrostratus.

Menge, Form und Zug der Wolken, Bossekop.

1883. Juli. Mittlere Ortszeit.

Datum	1	2	3	4	5	6
1	5 sic SW	9 s	10 s	10 s W	10 s W $\bullet^0$	10 s NW $\bullet^0$
2	10 su $\equiv^0$	9 su WNW	9 su WNW	10 su WNW	10 su WNW	10 su WNW
3	10 su NNW	10 su NNW	10 su NNW	10 su	10 su NNW	10 su
4	9 sur NW	10 su NW $\bullet$	9 suci NW	10 su NW	10 s NW	10 s $\bullet$ $\equiv^0$
5	10 su	10 s	10 s	10 s	10 su NNW	10 su
6	9 sucr	9 suc WSW	10 sur WNW	9 src	10 sc	10 sr
7	10 sr	10 src	10 src	9 scri	8 scri	9 scr
8	9 su	9 su N	8 sucr N	8 sucr	10 scu	10 su
9	10 s ENE	10 s E	10 s ENE	10 s NE	10 s N	10 s
10	10 s	10 s $\bullet^0$	10 s	10 sc E	10 s E	10 s
11	10 su	10 s	10 s N	10 s N	10 s N	10 s N
12	8^0 rsi	9^0 rsi	7^0 ris	9^0 ris	7^0 ris	9^0 ris
13	7^0 rics	6^0 cris	5 reisu	8 csu	9 su	10 s
14	10 sruc	5 suri	6 suri	8 scr	9 sr	9 sr
15	9 suri SW	9 su WSW	9 su W	10 s WSW	10 s WSW	10 s
16	10 su $\bullet^0$	10 s	10 s SSE $\bullet^0$	10 s SSE $\bullet^0$	10 s SE $\bullet^0$	10 s SE
17	7^0 rs	6^0 rsi	6^0 ris	6 sir	6 sir	5 sir
18	7 sr ESE	2 si	1 siu	1 siu	1 si	1 su
19	7 suc SW	9 suc WSW	8 suc WSW	9 su WSW	9 su WSW	7 suc WSW
20	3 scu	4 scur	2 scru	9 suc ENE	10 s E	9 suc
21	10 s	10 s	10 s	10 s	10 s	10 s
22	1 sr	0 s	1 urs	1^0 rsu	1^0 crs	1^0 rsu
23	9 cs	7 cs	6 cs	7 sc	4 scri	3 sci
24	2 csi	1 cis	1 uis	2^0 iru	6^0 iru	8^0 iru
25	2 sri	7^0 res	7^0 resi	7 sci	10 sur SSE	9 sci
26	9^0 csr	7 csr	9 scr	5 rsr	2 rsi	2 rsi
27	10 s NW	10 s	10 s	10 s	10 s	10 s
28	7 s	8 s	9 s	9 s	9 s	8 s
29	4^0 cir	2^0 cir	5^0 cir	9^0 cir $\oplus$	9^0 irc $\oplus$	10^0 ri $\oplus$
30	0 r	0	0	0	0	0
31	0 s	1 s	5 ucs NW	3 usc NW	3 csu	1 cu
Mittel	7.2	7.1	7.2	7.7	7.8	7.8

Datum	1	2	3	4	5	6
1	10 su	9 su W	10 su W	8 suc W $\equiv^0$	7 sucr W $\equiv^0$	8 sur W $\equiv^0$
2	10 s	10 s NW	10 su NNW	10 su NW	10 su NW	10 su NW
3	10 s	10 s	10 s NNW	10 s	10 s $\bullet$	10 s
4	10 s NW	10 s NW	10 s NW	10 s NW	10 s NNW	10 s NNW
5	9 sur	8 sur	7 suci N	4 suci N	4 suci	5 sucr
6	7 sri	7 sir	9 scrui	9 scrui	9 srcui	9 sruc
7	9 suc ENE	9 suc ENE	8 suc	8 suc ENE	6 suc ESE	6 su E
8	10 sru $\bullet^0$	9 sru N	9 su	9 su	9 sui NNE	10 sui E
9	10 su	10 s	10 su	10 su	10 s	10 s
10	6 cus	3 crus	4 csru	8 csru	9 scru	9 scr
11	2^0 ciu	2 scu	3 sucu	2 scui	2 sui	2 sui
12	10^0 riu	10^0 riuc	9^0 riu	7^0 riuc	6^0 reiu	6^0 rieu
13	7 csrui	7 csru	5 crsu	4 csur	3 scu	2 urs
14	5 cusr	5 cuirs	6 usirc NW	7 sur WNW	7 sur	9 sur WNW
15	5 rus $\oplus$	6 usr W	10 su $\bullet^0$	10 su $\bullet^0$	9 suc	4 sui
16	9 su	8 suc	6 scu SE	9 scru	8 risu $\oplus$	8^0 reisu $\oplus$
17	2 sui	3 su E	3 su ESE	9 su E	9 su	9 su
18	2 us	1 us	2 us	1 us	2 usc	2 suc
19	8 su N	9 su	8 su	7 su $\bullet^0$	7 suri	8 sur
20	10 su	9 su ENE	9 su ENE	10 su	10 s	10 s NE
21	0 i	0 r	0 ru	0 r	1^0 r	1^0 ri
22	1^0 riu	3^0 riuc	4 rusic SSW	7 usr	5 sur	9 sur
23	4 suc	2 sur	3 sur	3 surc SW	7 sui WSW	5 suci
24	9 suri	9 surc SSW	10 sru	10 sru SSW	10 srcu SW	10 sru
25	8 suri SSW	7 sur SSW	6 us SSW	6 us	7 usc SW	8 usri SW
26	7 usi SW	7 sur WSW	8 suir	8 suri SW	10 sur SW	10 su
27	10 s	10 s	9 su NNW	8 su NNW	8 su NNW	8 su NW
28	0 r	0 i	0 r	0 r	1^0 ri	2^0 ric
29	7^0 ri	4^0 ri	3^0 ri	2^0 ri	3^0 ir $\equiv^0$	2^0 ir $\equiv^0$
30	0	0	0 ru	0	0	0
31	1^0 in	1^0 i	1^0 ru	1^0 ru	1^0 r	1^0 r
Mittel	6.4	6.1	6.2	6.4	6.5	6.5

Summe der Hydrometeore: 31 $\bullet$, 17 $\equiv$, 9 $\oplus$.

Hydrometeore, Niederschlagsmenge.

Bossekop. Mittlere Ortszeit. **Juli 1883**

7		8		9		10		11		Mittag		Niederschl.-menge m. m.
10 s	NW	10 a		● 10 s		● 10 s		10 s		10 su		1.3
10 su	WNW	10 su		10 su		10 s	WNW	● 10 s	WNW	●° 10 s	N	0.2
10 s		10 suc	NNW	10 s	NNW	10 s	NNW	10 s		10 s	NNW	0.2
10 s	NNW	9 su	NNW	10 su		10 s	NW	10 s	W	10 s	WNW	0.3
10 s		10 s	N	10 s	N	10 su		10 sur		9 sui		0.0
10 scr		10 sur		8 ris		7 ris		8 sri		8 sir		0.0
9 suci		7 suci	SE	8 suci	SE	8 suci	SE	9 suc	ESE	9 scu	ENE	0.0
10 sru		10 rsui		10 rsu		10 sru		10 sru		10 rsu		0.0
10 s		●° 10 s		10 s		10 s		10 s		10 su		0.0
10 s		10 s		10 sr		10 su		9 su		3 suc		0.0
10 s		8 sur	NE	3 sur		3 srui		3° rius		2° crius		0.0
10° rs		10° rin		⊕ 10° ru		⊕ 9 urse		9 ruse		9 rsu		0.0
10 s		10 s		10 s		10 s		9 se		7 esru		0.0
10 sr		10 sr		9 sre		9 scur		8 scur		6 cius		0.0
10 s		10 su		9 su	W	8 su	SSW	2 usr		6 urs	WSW	0.1
10 s		10 s		10 s	SSE	8 su	SE	7 suc	SSE	8 suc	SSE	0.0
10 sr		10 s		6 sur		2 sur		2 sui		2 suci		0.0
2 su		4 suc		8 suc		2 usi		3 usci		2 us		0.0
9 su	WSW	9 su	WSW	7 su	WSW	8 su	WSW	5 us	ENE	4 us	ENE	0.0
9 s		8 s		3 su	NE	2 su		8 su		9 su		0.0
10 s		8 sur	SE	2 ure		1 ur		0 ur		0 ur		0.0
2 urs		5 scru		4 sucr		1 suri		2° rinc		2° riu		0.0
2 sci		1 usi		1 ur		4 uci		7 su		4 us		0.0
7° icr		4 iren		7 uir	SSW	9 uri		9 ur		8 uri	SSW	0.0
10 su	SSE	●° 10 s		●° ≡ 9 sui	SSE	7 suri	S	⊕ 10 sur	S	10 sur	S	0.5
5 resi		8 rsui		8 rsui		7 sur	SW	4 usi		7 usir	WSW	0.1
10 s		10 s		10 s		10 s		10 s		9 su	N	0.0
1 s		0 s		0		0		0 r		0 r		0.0
9° ric		6° ric		3° rci		5° ri		7° ri		7° ri		0.0
0		0		0		0		0		0		0.0
1 cu		1 cu		1 u		≡° 0		0		0 i		0.0
7.9		7.7		7.0		6.5		6.5		6.2		2.7

7		8		9		10		11		12		Tagesmittel der Wolkenmenge.
10 su	WNW	≡° 9 suc		≡° 10 su	W	≡° 10 su	W	≡° 10 su		≡° 10 su	W ≡°	9.4
10 su	NNW	10 su	N	10 su	N	10 su	N	10 su	NNW	10 su	NNW	9.9
10 s		10 s		●° 10 sur	NW	●° 9 suic		9 sucr	NW	9 sur	NW ●	9.9
10 s	NNW	10 s	NNW	10 su	NNW	9 su	NNW	9 su	NNW	9 su	NW	9.8
6 sucr		7 suci	N	9 ucs	N	10 suc	N	9 suci	NE	8 suci	WNW	8.5
8 srciu		8 csr		9 scr		7 src		7 scr		10 sr		8.6
6 su	ESE	6 su	ESE	8 sur		8 sur		10 su		10 su		8.3
10 s	E	10 s	E	10 s	E	10 su	E	10 s	ENE	10 s	ENE	9.6
10 su		●° 10 s		●° 10 s		10 s	SE	10 s		10 s		10.0
10 sc		10 s		9 sr		10 s		10 s		10 s		8.8
1 ui		2 sur		5 sucr		7 suri		8° irs		7° isr		5.5
6° reis		7° ricu		6° rei		7° reiu		7° reiu		8° rics		8.1
2 surc		4 rsuc		3 rsuc		4 rsu		4 srui		7 sric		6.4
7 sur	NW	8 sur		2 sur		2 sur		4 suri	SW	8 suc	SW	7.0
9 su		9 su		9 suc		10 s		●° 10 s		●° 10 s	●°	8.5
9 csru		8 srciu		8° rcsu	E	8° rsui		7° rsci		7° rsi		8.7
10 su		10 su		10 s	ESE	10 s	ESE	10 s	ESE	10 s	ESE	6.8
3 scu		5 scur		7 us	W	8 suc	W	9 su	W	8 su	WSW	3.5
3 sur		1 uscr		1 s		1 su	NW	1 scu		1 sur		6.1
10 su		10 su		10 s		10 s		10 s		10 s	WSW	8.1
2° ri		3° ric		3° ri		3° ric		5° rics		1 sr		4.2
9 sur		7 scu	WSW	7 suc	SW	8 su	WSW	9 su		9 sc	WSW	4.1
8 suci		8 suc	SW	8 suc	SW	8 suc	WSW	4 cs		2 cs		4.9
10 rs	SW	10 rcs		10 rcs		9 csr		10 csr		6 scr		7.4
9 rsui		9 sru		9 sru		9° rs		8 cs		9 cs		8.0
10 su		●° 10 su		●° 10 s		10 s		10 s		10 s		7.6
9 su	NW	9 su		8 su	NW	7 su	WNW	7 su	WNW	8 s	WNW	9.2
4° ri		6° ri		7° ri		2° ric		6° ric		3° cri		3.4
1° ir		≡° 1° ir		≡° 0 r		0 r		0		0 r		4.1
0		0		0		0		0		0		0.0
0 r		0 r		0 ru		1° r		0 r		0 r		1.0
6.8		7.0		7.0		7.0		7.2		7.1		6.9

Menge, Form und Zug der Wolken, Bossekop.

1883. August. Mittlere Ortszeit.

Datum	1		2		3		4		5		6	
1	2° r		3° r		3° ri		2° ri		2° ir		2° irs	
2	5° ci		2° c		1° c		1 sc		0 s		0 s	
3	2° cr		1° rci		1° rc		1° rs		0 rs		1 sr	
4	10 su	NE	9 sur	N	9 su	NNW	9 scu	NE	10 sur	NE	9 sur	E
5	6 csr		8 sc		6 sc		3 cs		7 cs		8 suc	E
6	9 s		7 s	SE	9 s		10 s		10 s		10 s	
7	10 s	S	10 su	S	10 s	S	10 s		10 s		10 s	
8	3 suc		1 suc		2 uscr		⌓ 1 urs		4 uci		5 ucir	
9	1 ur		1 sr		1 sru		3 suci		⌓ 2 sciu	SE	3 snic	
10	1 sr		1 sr		0 sr		1 s		0 sr		0 r	
11	9 sc		10 s		9 s		9 scr		8 sur		9 sr	
12	9 sru		10 sr		8 sr		10 sri		9 sci		10 sc	
13	10 s	ESE	10 s		●° 10 a		10 s		10 s		10 s	
14	10 a		● 10^2 a		●° 10^2 a		● 10^2 a		● ≡ 10 a		●° ≡° 10 a	●° ≡°
15	10 s		●° 10 s		●° 10 s		●° 10 s		10 suc	S	10 su	
16	3 scr		4 sr		9 sr	SSE	9 sr		4 sir		6 sir	SSE
17	10° res		9° res		7 rs	S	8° rsu		7° rs		7° ris	
18	9 sc	ESE	9 sc	E	10 s		●° 10 su		●° 10 s		10 s	
19	9 su		8 sui		9 suc	S	9 surc	S	9 surci	SSW	●° 10 rsuic	S
20	1 s		3 scr		5 sui		7 surc	SW	5 suri	SW	8 sui	SW
21	10 s		● 10 s		●° 10 s	W	9 su	W	8 su	WNW	9 su	WNW
22	2° rc		Ш 2° rc		Ш 3° rc		3° rs		1 sr		1 crs	
23	1 sc		5 sc	SSW	7 sc	WSW	4 scr	SSW	7 sr	SW	8 sru	SSW
24	10 s		● 10 s	SSW	● 10 su	SW	● 10 s	SSW	●° 10 sc	S	10 s	S ●°
25	10 s		● 10 s		● 10 s		● 10 s		● 10 a		● 10 a	●
26	10 s		●° 10 s		10 s		●° 10 s		10 s		10 s	
27	9 s		8 res		9 sr	S	10 s	SSW	8 sr		9 rs	
28	4 sri		5 scr		7 scru	SSW	8 scru		8 csru	S	8 csru	S
29	9 s		9 s	S	9 suc	SSE	8 su	SSE	8 suc	SSE	6 scu	SSE
30	10 s		●° 10 s		● 10 s		● 10 s		10 s		10 s	●
31	9 s		10 s		10 s		10 s		9 sc		10 sc	
Mittel	6.8		6.9		7.2		7.3		7.0		7.4	

Datum	1		2		3		4		5		6	
1	5° irc		2° irc		1° irc		0 rc		0 c		0 c	
2	2° r		4° ri		5° ri		5° cir		7° ric		9° ri	
3	1° r		4° ri		5° ric		6° ri		6° r		8° rsic	
4	10 s		●° 10 su		9 su	NE	9 suc		9 su	NNE	8 scu	
5	6 su		4 su	E	4 su		4 su	ESE	4 scu	E	3 su	ESE
6	10 s		● 10 s		● 10 s	ENE	10 s	SE	● ≡° 10 s	ESE	10 s	SE
7	7 su		5 su		2 us		2 us		3 usc	NW	5 su	NW
8	1 u		1 u		1 u		1 ur		1 ur		1 ur	
9	8 su		7 suc		10 su		9 suc		6 su		4 su	
10	0		0		0		0 ur		1 irus		1 usr	
11	9 suc	SE	9 su	SE	9 su	SE	10 su		9 su	SE	7 suc	E
12	9 sur		9 sur		9 su		8 sui	S	6 suci		6 suc	
13	10 su		●° 10 su		●° 10 su		●° 10 s		●° 10 s		●° 10 s	●°
14	10 surc	SW	10 su	SW	10 su		10 s		10 s		10 s	
15	10 su		10 su		9 su		9 sur	S	9 sur	S	10 suri	S
16	8 suri	SSE	8 surci	SSE	8 surci	SSE	5 irsuc	SE	6 rcisu		8 crisu	
17	3° isr		6 sir	SE	8 scur		9 su	S	9 su	S	10 su	S
18	9 suc		8 su	SSE	5 su	S	9 su		10 su		9 su	S
19	10 su	S	●° 10 su	SW	●° 10 s	SW	●° 10 s		● 10 su		10 s	●°
20	8 suri	WNW	7 su	W	6 sur	W	7 su	W	6 su	W	9 sur	WSW
21	10 su	NW	10 su	W	9 su		9 su	W	6 sur	WSW	1 sru	
22	10° ru		⊕ 9° ru		⊕ 9° rcsu		8 crsu		8 sucr	W	9 sur	W
23	10 s		10 sru		10 rsu		10 rsu		10 rsu		10 rs	
24	10 s		● 10 s		● 10 s		● 10 s		● 10 s		● 10 s	●
25	10 a		● 10 a		● 10 a		● 10 a		● 10 a		● 10 a	●
26	4 suc		10 su	S	10 s	S	10 s	SSW	10 s	SSW	10 s	●° ≡°
27	10 sru	S	10 sru		10 sru		9 sru	SSW	8 surc	S	7 rcus	S
28	5 sur	S	2 sur	SSW	1 sur		0 sr		0 sr		1 sru	SSE
29	8 su	SSE	4 su	SSE	9 su	SSE	10 su		10 s	SSE	10 s	
30	9 suc	NW	7 usci		5 usic		8 scu		7 scu		8 sur	
31	10 s	E	10 s		9 su	NE	10 su	NE	●° 10 su	ENE	●° 10 suc	ENE ●°
Mittel	7.5		7.3		7.2		7.3		7.1		7.2	

Summe der Hydrometeore: 109 ●, 7 ≡, 4 ⌓, 4 ⊕, 4 Ш.

Hydrometeore, Niederschlagsmenge.

Bossekop. Mittlere Ortszeit. August 1883.

7			8			9			10			11			Mittag			Niederschl.-menge m. m.
1^0 ir			2^0 ir			2^0 ir			3^0 cri			4^0 crin			4^0 cri			0.0
0			0			0			0 s			0			0			0.0
1 sr			1^0 rs			1^0 ru			1^0 ri			1^0 ri			1^0 r			0.0
3 usc	NE		10 su			10 s			10 s			10 s			10 s			0.0
8 suc	E		5 suc	E		5 suc	E		5 scu			3 suc			4 suc			0.0
10 s			10 s			10 s	ESE		10 s			10 s	ENE		10 s	ENE	●	4.5
9 su	S		10 s			10 s			9 su			8 su			8 su			0.0
5 ucr			2 uc			1 uc			1 uc			1 us			1 u			0.0
3 cuis			3^0 iesu			3^0 iesu			4 suir	SE		8 sur	SE		8 su	SSE		0.0
1^0 r			0			0			0			0			0			0.0
9 sr			10 s			10 s			10 s		●^{0}	10 s			10 su	SE		0.1
10 sc			9 sci			10 suc			8 sirc			6 sucr	S		9 su			0.0
10 s			10 s			10 s			10 s			10 sr			10 sr			2.6
10 a			10 s			10 s			10 su	SW		10 su			10 sur			2.4
10 s	SE		9 suc	SE		10 s		●	10 s			10 s			10 s			0.1
6 surie			6 scur			8 sru			8 surc	SSE		8 suri	SSE		7 suri	SSE		0.0
7^0 ris			6^0 ri			4^0 ri			5^0 rei			3^0 ri			4^0 ris			0.0
10 su	S		9 su	S		9 su	S		9 su	S		8 suc	S		9 su	S		0.0
10 sur	SSW		10 sur	SSW		10 rsu	SSW		10 sru	SSW		10 su		●^{0} ≡^{0}	10 su		●^{0} ≡^{0}	1.3
8 sure	WSW		9 suci			9 sur	W		7 uris			8 sur	W		6 suir	W		0.0
9 su			7 su	WNW		9 su	NW		7 su	NW		9 su	NW		9 su	NW		0.5
2^0 rc			8^0 ric			10^0 rc			10^0 reu			10^0 ru		⊕	10^0 ru		⊕	0.0
9 sru	WSW		7 sur	SW		8 sur	SW		7 suri			8 sur	SSW		9 su	SSW		0.0
10 s	S	●^{0}	10 su	S		10 a		●	10 s	S	●	10 s	S	●	10 s	S	●	21.0
10 a		●^{0}	19 s		●	10 a		●	10 a		●	10 a		●	10 a		●	21.2
10 s			10 s			10 s			10 su			10 s	ESE		10 su	SE		0.8
9 rsu			9 sur	SSW		8 sur	SSW		9 sur	SSW		9 scur	SSW		10 sru			0.0
7^0 crisu	S		6^0 riesu	S		7 rsu	S		4 urs	S		6 usr	S		5 usr	SSW		0.0
8 sc	SSE		7 sc	SSE		6 csu			7 csu			10 su	SSE		9 su	SSE		0.0
10 s		●^{0}	10 s			10 s			10 su			10 sn	NW		9 usc	W		1.7
9 sc	E		8 csu			7 sucr			6 suc	N		9 su	NNE		10 su			0.6
7.2			7.2			7.3			7.1			7.4			7.5			56.7

7			8			9			10			11			12			Tagesmittel der Wolkenmenge.
0 c			1^0 c			1^0 c			1 cr			3^0 c			1^0 c			1.9
8 ri			6^0 ric			8^0 rci			7^0 cri			7^0 cri			3^0 rci			3.3
9^0 rsic			9^0 rsci			8^0 rsc			8 sreu	E	●	9 su	E		9 su			3.9
2 scu			1 su			1 su			1 su			2 s			2 sc			7.2
2 su			2 su			7 su	ESE		7 s			8 s			10 s			5.4
10 s	SE		10 s	SSE		9 s	SE		10 su	SE		10 su	S		10 s	S		9.8
5 su	NW		6 sur	NW		7 su	NW		7 su	NW		7 su	WNW		5 su	W		7.3
1 ur			1 rius			3 siru			4 suri	SW		2 sur			1 riu			1.8
7 su			9 su			9 su			4 sr			2 sr			1 sr			4.8
2 surc	SSE		3 cr			4 cr			7 usr			5 scr			8 scr			1.5
8 suc	ESE		9 su	SE		10 suc	SE		10 su	SW		10 su			10 su			9.3
6 suc	W		7 sur	W		8 sucr	W		8 su	W		8 su	WSW		9 su	SE		8.4
10 s		●	10 s		●	10 s		●^{0}	10 s		●	10 a		●	10 a		●^{0}	10.0
10 s	SSE		9 sr			10 sr			10 sr			10 sr			10 sr		●^{0}	10.0
10 su	S		10 sur	S		10 s			9 s			8 sr			9 s			9.7
8 cris			8 resi			7 res			10 src			9 sr			9 res			7.2
9 su	S		9 su			10 s			10 s	S		9 s	S		9 s	S		7.4
9 su			9 su	SSE		9 su			8 suc	S		9 su	S		9 su	S		9.0
10 s		●^{0}	10 s			10 s			10 s		●^{0}	8 s	S		3 s		Ш	9.4
9 su	WSW		9 su	W		9 su	W		6 su		●^{0}	8 su			9 s		●^{0}	7.0
2^0 rs			2^0 rs			2^0 rc			2^0 rc			2^0 rc		⌓	2^0 r		Ш	6.8
9 sur	W	●^{0}	9 sru	SSW	●^{0}	10 s		●^{0}	9 sc	WNW		7 sc			2 sc		⌓	6.7
10 rs			10 rs			10 sru			10 su			9 su			10 s		●^{0}	8.3
10 a		●	10 a		●	10 a		●	10 a		●	10 s		●	10 s		●	10.0
10 a		●	10 a		●	10 a		●	10 s		●	10 s		●	10 s		●	10.0
10 s	S		10 s	S		10 s	S		10 s			8 s			9 s			9.6
7 cru			7 reus			7 rius			6 ris			7 suri	SW		3 sri			8.3
4 cs			5 s			10 s			9 s	SSE		9 s	SSE		8 su			5.4
10 s			10 s			10 s			10 s			10 s			10 s			8.6
9 csu			10 su			10 s		●^{0}	9 s			9 s			6 sr			9.0
10 s	ENE		10 s			10 s			10 s			10 s			10 s			9.4
7.3			7.5			8.0			7.8			7.6			7.0			7.3

a = Stratus. u = Cumulus. i = Cirrus. s = Cumulostratus. c = Cirrocumulus. r = Cirrostratus.

Monats- und
Bossekop.

Luftdruck.

700 mm +

	1	2	3	4	5	6	7	8	9	10	11	Mittag
1882 August	**51.56**	51.51	51.40	51.30	51.25	51.20	**51.15**	51.19	51.21	51.26	51.29	51.32
September	55.12	54.99	54.91	54.84	54.84	54.74	**54.73**	**54.73**	54.74	54.80	54.80	54.97
October	60.64	60.56	60.45	60.42	60.33	60.24	**60.21**	60.30	60.29	60.35	60.40	60.42
November	55.60	55.54	55.55	55.49	55.48	55.45	**55.40**	55.44	55.61	55.72	**55.83**	55.74
December	56.66	56.59	56.55	56.47	56.45	56.45	**56.40**	56.47	56.57	56.70	**56.85**	56.80
1883 Januar	**50.06**	50.04	49.95	49.83	49.77	49.74	49.67	49.77	49.83	49.89	49.92	49.92
Februar	52.45	52.47	52.44	52.46	52.39	52.36	52.34	**52.33**	52.41	52.39	52.58	52.63
März	50.87	50.90	50.88	50.87	50.73	50.72	50.66	50.61	50.57	50.63	50.64	50.65
April	60.78	**60.77**	60.81	60.83	60.85	60.84	60.88	60.96	60.98	60.97	60.99	60.97
Mai	**55.38**	55.36	55.34	55.31	55.24	55.24	55.23	55.22	55.28	55.26	55.36	55.35
Juni	58.88	**58.89**	**58.89**	58.85	58.79	58.72	58.65	58.63	58.64	58.61	58.57	58.54
Juli	55.61	55.62	**55.65**	55.61	55.62	55.57	55.53	55.51	55.50	55.44	55.37	55.30
August	**54.42**	54.38	54.37	54.30	54.25	54.24	54.16	54.13	54.12	54.10	54.03	53.94
Herbst	57.12	57.03	56.97	56.92	56.88	56.81	**56.78**	56.82	56.88	56.99	57.04	57.04
Winter	53.06	53.03	52.98	52.92	52.87	52.85	**52.80**	52.86	52.94	52.99	53.12	53.12
Frühling	55.68	55.68	55.68	55.67	55.61	55.60	55.59	55.60	55.61	55.62	55.66	55.66
Sommer	**55.83**	55.82	55.81	55.75	55.72	55.67	55.61	55.60	55.60	55.58	55.53	55.49
Jahr	55.42	55.39	55.36	55.32	55.27	55.23	**55.20**	55.22	55.26	55.29	55.31	55.33

Temperatur der Luft.

C.

	1	2	3	4	5	6	7	8	9	10	11	Mittag
1882 August	11.75	11.50	11.41	**11.39**	11.68	12.19	12.77	12.99	13.37	13.77	14.03	14.38
September	**6.10**	6.43	6.44	6.23	6.17	6.35	6.91	7.73	8.63	9.25	9.62	10.00
October	2.77	2.71	2.60	2.76	2.72	2.76	2.59	2.86	3.17	3.90	4.14	4.74
November	−8.27	**−8.23**	−8.34	−8.53	−8.58	−8.65	−8.67	−8.55	−8.73	−8.59	−8.53	−8.39
December	−10.31	−10.16	**−10.10**	−10.29	−10.31	−10.31	−10.70	−10.83	−10.87	**−11.20**	−10.98	−10.76
1883 Januar	−6.74	−6.77	**−7.02**	−6.84	−6.81	−6.86	−6.63	−6.59	−6.65	−6.57	−6.33	−6.35
Februar	−5.78	−5.91	−5.89	−5.96	−6.12	−6.40	−6.39	**−6.48**	−5.47	−4.81	−4.08	−3.34
März	−5.87	−5.73	−6.03	−6.11	−6.17	**−6.27**	−5.96	−5.38	−4.85	−4.03	−3.27	−2.90
April	−0.13	−0.49	−0.64	**−0.93**	−0.85	−0.40	0.42	1.50	2.43	2.55	2.73	2.82
Mai	2.98	**2.60**	2.99	3.16	3.71	4.54	5.04	5.63	6.12	6.32	6.55	6.71
Juni	9.00	**8.79**	9.07	9.35	10.23	10.74	11.28	11.48	12.11	12.32	12.29	12.67
Juli	9.38	**9.10**	9.16	9.50	10.20	10.87	11.19	11.39	11.66	12.13	12.37	12.88
August	8.54	8.00	**7.88**	7.98	8.49	9.51	10.40	10.78	11.51	12.21	12.39	12.64
Herbst	0.20	0.30	0.23	0.15	**0.10**	0.15	0.25	0.68	1.02	1.52	1.84	2.12
Winter	−7.61	−7.61	−7.67	−7.70	−7.75	−7.86	−7.91	**−7.96**	−7.66	−7.53	−7.13	**−6.82**
Frühling	−1.01	−1.18	−1.23	**−1.29**	−1.10	−0.71	−0.17	0.58	1.23	1.61	1.99	2.21
Sommer	9.54	**9.21**	9.29	9.51	10.17	10.82	11.35	11.58	12.07	12.48	12.62	13.02
Jahr	0.28	0.18	**0.15**	0.17	0.35	0.60	0.88	1.22	1.67	2.02	2.33	2.63

Geschwindigkeit des Windes.

m. p. s.

	1	2	3	4	5	6	7	8	9	10	11	Mittag
1882 August	2.3	**2.0**	2.3	2.2	2.7	2.5	2.6	2.9	3.2	3.5	3.5	3.7
September	2.9	2.7	3.1	3.5	3.4	3.4	3.5	3.5	3.3	3.9	4.2	4.2
October	4.2	3.9	3.9	4.2	3.7	3.9	3.8	4.0	3.9	4.1	4.1	3.6
November	4.1	**4.3**	4.2	4.1	4.2	4.1	**4.3**	**4.3**	4.2	**4.3**	4.1	4.0
December	4.4	4.2	4.4	**3.9**	4.7	4.7	4.6	4.7	**5.3**	4.3	**3.9**	4.6
1883 Januar	4.7	5.6	5.2	5.5	4.9	5.1	4.7	5.0	5.1	5.6	**5.9**	5.1
Februar	4.7	**4.0**	4.7	**4.0**	**4.0**	4.4	**4.0**	4.4	4.3	4.6	4.8	4.8
März	4.6	5.8	5.0	4.6	4.5	4.8	5.1	5.4	5.1	5.0	5.1	5.4
April	2.9	3.0	**2.7**	3.1	2.8	3.0	2.9	2.9	3.2	3.4	3.9	3.9
Mai	2.1	2.1	2.5	2.3	2.1	2.3	2.6	3.1	3.5	3.7	3.7	**4.0**
Juni	2.2	**1.9**	2.2	2.1	2.2	2.2	2.5	3.1	3.5	3.6	3.9	3.9
Juli	1.7	1.7	**1.6**	2.2	2.1	2.0	1.9	2.5	2.7	3.4	3.8	4.1
August	**1.3**	1.8	1.8	1.9	2.0	2.0	2.3	2.7	3.1	3.3	3.1	**3.7**
Herbst	3.7	3.6	3.7	3.9	3.8	3.8	3.9	3.9	3.8	**4.1**	**4.1**	3.9
Winter	4.6	4.6	4.8	4.5	4.5	4.7	**4.3**	4.7	4.9	4.8	4.9	4.8
Frühling	3.2	3.6	3.4	3.3	**3.1**	3.4	3.5	3.8	3.9	4.0	4.2	4.4
Sommer	1.9	**1.8**	1.9	2.1	2.2	2.2	2.3	2.8	3.1	3.5	3.7	3.9
Jahr	3.4	3.4	3.5	3.5	3.4	3.7	3.7	3.8	3.9	4.1	4.2	4.2

Jahresmittel.
Bossekop.

700 mm + **Luftdruck.**

1	2	3	4	5	6	7	8	9	10	11	12	Mittel
51.32	51.23	51.23	51.21	51.22	51.27	51.31	51.31	51.35	51.35	51.39	51.46	51.30
55.01	55.05	55.12	55.19	55.28	55.39	55.48	**55.56**	55.52	55.49	55.47	55.38	55.10
60.42	60.39	60.41	60.42	60.55	60.61	60.67	60.69	**60.72**	60.69	60.68	60.64	60.48
55.70	55.66	55.60	55.58	55.61	55.58	55.55	55.55	55.59	55.60	55.57	55.55	55.58
56.70	56.63	56.56	56.63	56.62	56.55	56.50	56.53	56.63	56.69	56.72	56.71	56.60
49.87	49.85	49.80	49.79	49.80	49.74	49.67	49.63	**49.55**	49.61	49.69	49.72	**49.80**
52.74	52.79	52.93	53.01	52.98	52.98	52.98	52.95	53.04	53.04	**53.07**	53.04	52.70
50.67	50.64	50.64	50.57	**50.54**	50.59	50.63	50.74	50.85	50.96	50.98	**51.00**	50.73
60.92	60.91	60.85	60.82	60.86	60.83	60.90	61.02	**61.07**	61.06	61.04	61.01	**60.91**
55.37	55.35	55.31	55.22	55.15	55.08	**55.07**	55.11	55.14	55.26	55.32	55.34	55.26
58.52	58.44	58.32	58.22	**58.19**	58.24	58.28	58.33	58.41	58.56	58.71	58.80	58.57
55.20	55.15	55.10	55.07	**55.05**	55.11	55.13	55.19	55.35	55.49	55.27	**55.65**	55.39
53.87	53.76	53.64	53.55	**53.54**	53.57	53.59	53.67	53.75	53.83	53.87	53.97	53.96
57.04	57.03	57.04	57.06	57.15	57.19	57.23	57.27	**57.28**	57.26	57.24	57.19	57.05
53.10	53.09	53.10	53.14	53.13	53.09	53.05	53.04	53.07	53.11	**53.16**	**53.16**	53.03
55.65	55.63	55.60	55.54	55.52	**55.50**	55.53	55.62	55.69	55.76	**55.78**	**55.78**	55.63
55.44	55.36	55.29	55.22	**55.21**	55.26	55.29	55.34	55.44	55.55	55.64	55.72	55.53
55.31	55.28	55.26	55.24	55.25	55.26	55.28	55.32	55.37	55.42	55.45	**55.46**	55.31
						C.						**Temperatur der Luft.**
14.50	**14.78**	**14.78**	14.55	14.33	13.88	13.57	13.07	12.70	12.12	11.91	11.66	**13.04**
10.38	10.30	**10.57**	10.44	10.12	9.31	8.47	7.82	7.24	7.00	6.96	6.82	8.14
5.14	4.97	4.68	4.13	3.80	3.54	3.35	3.21	2.95	2.80	2.66	**2.58**	3.41
−8.52	−8.75	−8.73	**−8.93**	−8.92	−8.72	−8.81	−8.69	−8.88	−8.87	−8.79	−8.85	−8.65
−10.79	−10.83	−10.89	−11.19	−11.04	−10.88	−10.81	−10.84	−10.67	−10.52	−10.51	−10.57	**−10.68**
−6.50	−6.41	−6.37	−6.63	−6.83	−6.59	−6.67	−6.34	−6.19	**−5.90**	−6.17	−6.14	−6.54
−3.22	−3.45	−3.86	−4.38	−4.49	−4.73	−4.76	−4.92	−4.84	−5.20	−5.50	−5.35	−5.06
−2.67	**−2.54**	−2.67	−2.76	−3.49	−4.11	−4.69	−5.00	−5.37	−5.84	−5.90	−6.15	−4.74
3.11	**3.61**	3.51	3.13	2.91	2.55	1.99	1.52	0.77	0.78	0.48	0.15	1.40
7.06	7.28	7.20	7.27	**7.31**	7.01	6.64	6.31	5.65	4.96	4.18	3.64	5.46
12.60	13.18	13.00	**13.47**	13.21	13.05	12.91	12.68	12.19	11.59	10.63	9.80	11.57
13.05	13.29	13.43	13.30	**13.46**	13.36	13.08	12.76	12.18	11.39	10.48	9.86	11.64
13.03	13.14	**13.66**	13.37	13.10	13.06	12.59	11.93	11.06	10.43	9.74	9.33	11.03
2.33	2.17	2.17	1.88	1.67	1.38	1.00	0.78	0.44	0.31	0.28	0.18	0.97
−6.84	−6.90	−7.04	−7.40	−7.45	−7.40	−7.41	−7.37	−7.23	−7.21	−7.39	−7.35	−7.43
2.50	**2.78**	2.68	2.55	2.24	1.82	1.31	0.94	0.35	−0.03	−0.41	−0.79	0.71
13.14	13.48	13.55	**13.58**	13.46	13.29	13.02	12.65	12.08	11.42	10.65	10.05	11.75
2.78	**2.88**	2.82	2.65	2.48	2.27	1.98	1.75	1.41	1.12	0.78	0.52	1.50
						m. p. s.						**Geschwindigkeit des Windes.**
3.7	3.9	**4.3**	3.7	3.8	3.7	3.1	2.6	2.4	2.4	**2.0**	2.4	3.0
4.0	4.0	4.1	**4.3**	3.5	3.3	2.7	2.9	2.7	**2.5**	2.8	2.9	3.4
4.2	4.1	4.2	**4.4**	3.9	**3.4**	3.9	4.0	4.0	4.0	3.8	4.0	4.0
4.0	3.6	4.1	**3.4**	4.2	4.1	4.2	3.9	3.9	3.9	3.7	3.6	4.0
4.4	4.2	4.4	4.8	4.2	4.4	4.4	4.9	**5.3**	4.5	4.5	4.4	4.5
4.9	5.4	5.7	5.6	5.4	4.7	4.5	**4.4**	4.8	4.5	4.6	4.8	**5.1**
5.0	**5.3**	4.9	5.0	**5.3**	4.9	4.7	4.6	4.6	4.3	**4.0**	4.7	4.6
4.5	5.0	4.6	5.2	5.6	5.1	5.5	5.7	**6.6**	4.8	4.8	**4.2**	**5.1**
3.6	3.8	3.8	**4.2**	3.5	3.7	3.1	3.5	3.3	3.7	3.2	3.0	3.3
3.8	3.7	3.7	**4.0**	3.7	3.5	3.4	2.6	**2.0**	2.2	2.1	2.4	3.0
4.0	3.9	4.2	**4.3**	**4.3**	4.0	3.3	3.4	3.0	2.5	2.3	**1.9**	3.1
4.5	4.8	**5.1**	4.7	4.6	4.2	3.6	3.3	2.5	2.3	1.9	1.7	3.0
3.3	3.6	**3.7**	3.6	3.2	2.7	2.4	2.0	1.9	1.6	1.5	1.8	**2.5**
4.1	3.9	4.1	4.0	3.9	3.6	3.6	3.6	3.5	3.5	**3.4**	3.5	3.8
4.6	5.0	5.0	**5.1**	5.0	4.7	4.5	4.6	4.9	4.4	4.4	4.6	4.7
4.0	4.2	4.0	**4.5**	4.3	4.1	4.0	3.9	4.0	3.6	3.4	3.2	3.8
4.0	4.1	**4.4**	4.2	4.1	3.8	3.2	3.0	2.6	2.3	2.0	1.9	3.1
4.2	4.3	4.4	**4.5**	4.3	4.1	3.8	3.8	3.7	3.5	**3.3**	**3.3**	3.8

Monats- und
Bossekop.

Absolute Feuchtigkeit der Luft. mm.	1	2	3	4	5	6	7	8	9	10	11	Mittag
1882 August	9.19	9.19	9.09	9.09	9.17	9.26	9.32	9.41	9.34	9.38	9.40	9.44
September	6.13	6.09	6.07	**5.96**	**5.96**	6.10	6.14	6.26	6.30	6.41	6.43	6.43
October	4.95	4.85	4.83	4.87	4.82	4.81	4.82	4.78	4.86	4.91	5.07	5.05
November	2.15	**2.19**	2.15	2.16	2.13	2.11	2.14	2.15	2.12	2.10	2.09	2.11
December	1.70	1.83	1.79	1.79	1.84	**1.85**	1.77	1.78	1.79	1.77	1.80	1.81
1883 Januar	2.39	2.39	2.36	2.36	2.36	2.38	2.34	2.35	2.30	2.30	2.35	2.33
Februar	2.35	2.36	2.36	2.34	2.29	2.26	2.29	**2.25**	2.35	2.38	2.53	**2.59**
März	2.52	2.45	2.44	**2.32**	2.44	2.45	2.44	2.42	2.44	2.54	2.61	2.61
April	3.48	3.41	3.36	**3.28**	3.33	3.37	3.42	3.51	3.58	3.64	3.61	3.64
Mai	**4.50**	4.51	**4.50**	4.56	4.70	4.71	4.65	4.71	4.74	4.69	4.73	4.78
Juni	6.97	6.94	6.91	**6.85**	6.91	6.94	6.93	6.93	6.96	7.03	7.06	7.11
Juli	7.14	6.98	**6.95**	6.97	7.00	7.07	7.08	7.08	7.10	7.20	7.18	7.21
August	6.93	6.78	6.78	**6.77**	6.82	6.92	6.98	7.01	7.04	7.10	7.20	7.21
Herbst	4.41	4.34	4.35	4.33	**4.30**	4.34	4.37	4.40	4.43	4.47	4.53	4.53
Winter	2.18	2.19	2.17	2.16	2.16	2.16	**2.13**	**2.13**	2.15	2.15	2.23	2.24
Frühling	3.47	3.46	3.43	**3.39**	3.49	3.51	3.50	3.55	3.59	3.62	3.65	3.68
Sommer	7.39	7.30	7.26	**7.25**	7.30	7.37	7.39	7.41	7.44	7.49	7.51	7.55
Jahr	4.36	4.32	4.30	**4.28**	4.31	4.34	4.35	4.37	4.40	4.43	4.48	4.50
Relative Feuchtigkeit der Luft. pc.												
1882 August	89.2	**90.7**	90.3	90.4	89.5	87.2	84.5	84.1	81.5	79.9	78.6	77.6
September	**84.4**	83.9	83.5	83.2	83.6	83.9	81.7	79.4	75.6	73.3	71.8	69.8
October	**85.3**	84.4	84.4	84.0	83.3	82.8	84.1	82.1	81.1	78.6	76.9	76.2
November	86.3	87.3	87.1	88.1	87.6	87.2	88.0	87.7	88.0	86.9	86.1	86.2
December	83.8	83.9	**82.8**	84.7	86.3	86.6	86.7	87.1	87.4	**89.2**	88.3	87.4
1883 Januar	82.5	82.7	83.1	83.3	82.2	**83.5**	81.3	81.9	80.5	80.1	80.3	**79.3**
Februar	78.2	79.1	79.4	78.6	78.8	79.8	**80.5**	80.0	76.4	73.6	73.3	70.8
März	83.9	81.3	82.5	79.8	83.4	84.1	82.1	78.3	75.8	74.1	71.5	70.3
April	75.5	**76.0**	**76.0**	75.6	75.9	74.5	71.3	68.1	64.6	65.5	64.4	64.2
Mai	78.2	**79.6**	77.9	77.9	76.9	72.5	70.2	68.1	66.0	64.9	65.4	65.8
Juni	80.2	**81.4**	79.5	78.0	73.7	71.5	69.4	68.5	66.4	66.1	66.7	65.4
Juli	**80.8**	80.6	80.0	78.3	75.1	72.7	71.0	70.0	68.9	67.7	66.6	64.8
August	83.3	84.1	**84.8**	84.0	81.4	77.8	74.6	71.8	70.1	67.9	68.2	67.5
Herbst	**85.3**	85.2	85.0	85.1	84.8	84.6	84.6	83.1	81.6	79.6	78.3	77.4
Winter	81.5	81.9	81.8	82.2	82.4	**83.3**	82.8	83.0	81.4	81.0	80.9	79.2
Frühling	**79.2**	79.0	78.8	77.8	78.7	77.0	74.5	71.5	68.8	68.2	67.1	66.8
Sommer	82.4	**83.1**	82.3	81.2	78.1	75.6	73.3	72.2	70.4	69.2	68.9	67.6
Jahr	82.1	**82.3**	82.0	81.6	81.0	80.1	78.8	77.5	75.6	74.5	73.8	72.8
Wolkenmenge. Scala: 0—10												
1882 August	8.2	8.1	7.9	7.5	7.8	7.8	8.2	8.1	8.0	7.7	8.1	7.8
September	6.7	6.3	6.5	6.7	6.7	6.9	7.1	7.2	7.4	7.3	6.9	6.6
October	5.6	5.6	6.1	6.2	6.4	6.9	7.3	6.4	6.7	6.3	5.8	5.9
November	6.8	6.3	5.4	5.1	5.3	5.3	6.2	6.7	6.7	6.8	5.9	6.3
December	5.6	5.4	4.8	5.2	5.2	5.3	4.7	5.2	4.6	4.8	5.2	5.2
1883 Januar	7.2	7.0	7.3	6.8	7.3	7.5	7.2	7.2	7.0	6.8	6.8	6.8
Februar	6.0	6.0	4.9	5.3	4.8	4.8	5.3	5.5	5.8	5.9	5.6	5.8
März	7.6	7.7	7.5	7.4	7.7	8.4	8.2	8.0	7.7	7.7	7.4	7.3
April	7.1	6.9	6.4	6.2	6.0	6.3	6.3	6.5	6.1	6.3	6.4	6.3
Mai	8.1	7.8	7.9	8.3	8.6	8.2	8.2	7.6	8.0	8.4	8.1	8.2
Juni	6.1	6.9	6.5	6.5	6.5	7.0	7.2	6.9	6.7	6.6	6.6	6.6
Juli	7.2	7.1	7.2	7.7	7.8	7.8	7.9	7.7	7.0	6.5	6.5	6.2
August	6.8	6.9	7.2	7.3	7.0	7.4	7.2	7.2	7.3	7.1	7.4	7.5
Herbst	6.4	[illegible]	6.0	6.0	6.1	6.4	6.9	6.8	6.9	6.8	6.2	6.3
Winter	6.3	6.1	5.7	5.8	5.8	5.9	5.7	6.0	5.8	5.8	5.9	5.9
Frühling	7.6	7.5	7.3	7.3	7.4	7.6	7.6	7.4	7.3	7.5	7.3	7.3
Sommer	6.9	7.2	7.1	7.2	7.2	7.5	7.6	7.4	7.1	6.8	6.9	6.8
Jahr	6.8	6.7	6.5	6.6	6.6	6.8	6.9	6.9	6.8	6.7	6.6	6.5

Jahresmittel.
Bossekop.

mm. **Absolute Feuchtigkeit der Luft.**

1	2	3	4	5	6	7	8	9	10	11	12	Mittel
9.39	9.26	9.37	9.29	9.25	9.36	**9.47**	9.39	9.25	9.21	9.15	**8.99**	**9.27**
6.47	6.55	6.53	6.49	6.50	**6.56**	6.50	6.45	6.39	6.33	6.25	6.17	6.31
5.04	**5.16**	5.15	5.09	5.01	4.93	4.90	**4.76**	4.77	4.85	4.81	4.82	4.91
2.14	2.13	2.13	2.12	2.08	**2.06**	2.08	2.09	2.09	2.07	2.07	2.08	2.11
1.82	1.81	1.79	1.79	**1.76**	1.79	**1.76**	**1.76**	1.81	1.81	1.81	1.79	**1.80**
2.31	2.35	2.35	2.32	**2.26**	2.32	2.36	2.37	**2.49**	2.48	2.47	**2.49**	2.37
2.59	2.57	2.56	2.50	2.55	2.50	2.53	2.50	2.48	2.44	2.40	2.40	2.44
2.63	2.65	**2.68**	2.66	2.51	2.49	2.53	2.42	2.46	2.43	2.47	2.48	2.50
3.76	3.74	**3.85**	3.71	3.78	3.74	3.70	3.70	3.60	3.59	3.55	3.51	3.58
4.76	4.72	4.77	4.81	4.83	4.77	4.83	4.79	**4.88**	4.77	4.79	4.64	4.72
7.15	7.16	7.26	7.07	7.15	7.23	7.07	7.18	7.20	**7.31**	7.28	7.11	7.07
7.26	7.27	7.31	7.33	7.21	7.36	**7.45**	7.41	7.40	7.36	7.22	7.17	7.19
7.25	7.25	7.26	**7.37**	7.26	7.27	7.30	7.24	7.25	7.20	7.10	7.01	7.10
4.55	**4.61**	4.60	4.53	4.53	4.52	4.49	4.43	4.42	4.42	4.38	4.36	4.44
2.24	2.24	2.23	2.20	2.19	2.20	2.22	2.21	**2.26**	2.34	2.23	2.33	2.30
3.72	3.70	**3.77**	3.73	3.71	3.67	3.69	3.64	3.65	3.60	3.60	3.54	3.60
7.58	7.56	7.61	7.58	7.54	7.63	**7.64**	7.63	7.62	7.62	7.54	7.43	7.48
4.52	4.53	**4.55**	4.51	4.49	4.50	4.51	4.48	4.49	4.47	4.44	4.39	4.43
						pc.			**Relative Feuchtigkeit der Luft.**			
76.8	**74.0**	74.1	75.3	76.2	78.5	81.3	83.0	83.8	86.8	87.4	87.4	82.8
68.5	69.8	68.9	69.2	69.9	74.3	78.3	80.9	83.4	83.9	83.1	82.9	77.8
74.4	76.2	77.1	80.1	80.4	81.1	81.4	80.0	81.6	83.7	83.7	84.0	81.2
87.6	88.2	88.0	**88.5**	87.7	**85.7**	87.0	86.8	88.1	87.2	86.9	87.6	**87.3**
87.4	87.3	86.0	87.3	85.7	86.2	84.8	84.7	85.2	84.2	84.6	84.3	85.9
79.8	80.8	80.6	81.6	81.1	80.2	82.5	82.0	83.0	82.0	82.6	82.5	81.6
69.9	70.8	73.0	74.4	75.9	76.5	77.4	77.7	76.8	77.6	78.3	77.5	76.4
69.9	**69.5**	70.8	70.2	70.4	73.0	77.3	76.2	79.4	81.0	82.0	**84.4**	77.1
65.5	**63.2**	65.6	64.6	66.6	67.4	69.0	71.5	73.2	73.3	74.1	75.3	70.0
63.8	**62.8**	63.6	63.9	64.1	64.0	66.2	67.3	70.8	72.6	75.8	76.8	**69.8**
65.9	63.9	64.9	**61.6**	63.7	64.5	64.1	65.9	68.2	71.6	75.8	78.4	**69.8**
64.6	63.9	63.6	64.5	**62.9**	64.5	66.5	67.5	69.8	73.2	76.1	78.6	70.5
66.3	65.7	**64.9**	65.6	66.0	66.6	68.4	70.6	74.6	76.8	79.0	79.8	73.3
76.8	78.1	78.0	79.3	79.3	80.4	82.2	82.6	84.4	84.9	84.6	84.8	82.1
79.0	79.6	79.8	81.1	80.9	81.0	81.6	81.5	81.7	81.3	81.8	81.4	81.3
66.4	**65.2**	66.7	66.2	67.0	68.1	70.8	71.7	74.5	75.6	77.3	78.8	72.3
67.3	65.9	66.0	**65.5**	65.9	67.2	68.5	70.1	72.4	75.5	78.4	80.2	72.8
72.4	**72.2**	72.6	73.0	73.3	74.2	75.8	76.5	78.2	79.4	80.5	81.3	77.1
						Scala: 0 – 10					**Wolkenmenge.**	
7.7	7.7	7.8	8.0	8.0	7.8	7.6	7.4	7.9	7.5	8.1	8.0	**7.9**
6.7	6.6	6.8	6.6	7.1	7.1	6.7	6.6	6.8	7.1	6.6	6.7	6.8
6.2	6.5	6.5	6.2	6.1	6.1	5.5	5.2	5.7	5.3	5.4	5.3	6.1
6.5	6.1	6.4	5.7	5.2	6.0	6.7	6.9	6.6	6.7	6.8	6.8	6.2
5.4	5.0	5.0	4.9	4.8	4.5	4.6	5.1	5.5	5.7	5.5	5.0	**5.1**
6.7	7.2	6.9	6.7	6.8	7.6	7.5	8.0	7.0	7.2	7.1	7.2	7.1
6.1	6.2	6.3	6.4	7.0	6.6	6.3	5.8	6.6	7.1	7.0	6.1	6.0
7.5	8.0	7.8	7.6	7.7	8.1	8.2	7.3	6.9	7.4	7.3	7.6	7.7
6.5	6.5	6.7	6.8	6.9	7.1	7.2	7.1	7.0	7.3	6.9	7.1	6.7
8.3	7.9	7.6	7.4	7.2	7.1	7.4	7.5	7.7	7.8	7.8	7.7	**7.9**
6.2	5.8	6.0	5.9	5.9	6.7	6.7	6.8	6.8	6.9	6.2	6.1	6.5
6.4	6.1	6.2	6.4	6.5	6.5	6.8	7.0	7.0	7.0	7.2	7.1	6.9
7.5	7.3	7.2	7.3	7.1	7.2	7.3	7.5	8.0	7.8	7.6	7.0	7.3
6.5	6.4	6.6	6.2	6.1	6.4	6.3	6.2	6.4	6.4	6.3	6.3	6.4
6.1	6.1	6.1	6.0	6.2	6.2	6.1	6.3	6.4	6.7	6.5	6.1	6.1
7.4	7.5	7.4	7.3	7.3	7.4	7.6	7.3	7.2	7.5	7.3*	7.5	7.4
6.7	6.5	6.6	6.7	6.7	6.6	6.6	6.8	6.9	7.2	7.1	6.9	7.0
6.7	6.6	6.7	6.5	6.6	6.7	6.6	6.6	6.7	6.9	6.8	6.7	6.7

Zug der oberen Wolken

Mittlere Ortszeit.

1882			
August	3.	10 p	S
	4.	3 a	SW
	5.	6 a	SW
		8 a	SW
	6.	Mittag	SW
	7.	1 p	W
		2 p	W
	11.	7 a	W
		8 a	W
	12.	1 p	NW
		3 p	NW
	14.	8 p	WNW
	15.	6 a	SW
	16.	6 a	W
	20.	2 p	W
		3 p	N
	21.	4 a	W
		5 a	WSW
		11 a	W
		Mittag	SW
		8 p	N
	22.	9 a	SE
	26.	6 a	S
		1 p	NE
		2 p	NE
		4 p	S
Septbr.	1.	11 a	S
		8 p	WSW
	3.	9 a	SSE
	4.	6 a	NW
		9 a	WSW
		10 a	W
		11 a	NW
		Mittag	WNW
		1 p	W
		2 p	W
		3 p	W
		4 p	W
		5 p	W
		6 p	W
		7 p	W
	5.	2 a	W
		5 a	W
		7 a	W
		10 a	W
		2 p	W
		6 p	NW

1882			
Septbr.	5.	7 p	NW
		8 p	S
	6.	7 a	SSW
		4 p	SW
	7.	9 a	SW
	9.	6 a	SW
		7 a	SW
		8 a	SW
	10.	Mittag	W
	11.	6 p	WSW
	12.	9 a	W
		1 p	SW
		3 p	W
	15.	2 p	SW
		3 p	WSW
	19.	6 a	NW
	20.	6 p	NW
	22.	Mittag	NW
		2 p	NW
		4 p	NW
		5 p	NW
		6 p	NW
	23.	7 a	W
		8 a	W
		9 a	SW
		3 p	W
		7 p	W
	24.	6 a	SW
Octbr.	1.	2 a	S
		3 a	S
	4.	7 a	SSW
		8 a	SSW
		9 a	SSW
		10 a	SSW
		11 a	SSW
	5.	Mittag	NNW
	15.	11 a	ESE
		2 p	ESE
		3 p	E
		4 p	ESE
	19.	Mittag	SW
	20.	4 p	S
	21.	9 a	SSE
	23.	3 p	WSW
	24.	3 p	SW
		5 p	SW

1882			
Octbr.	25.	1 p	S
		2 p	S
	27.	1 p	S
	29.	8 a	SW
		9 a	SW
		10 a	SW
		11 a	SW
Novbr.	18.	11 a	SSE
		Mittag	SSE
	29.	Mittag	WNW
Decbr.	18.	10 a	NNE
	21.	1 p	WSW
	23.	4 p	SSE
1883			
Januar	7.	2 p	NW
	8.	1 p	W
	28.	Mittag	S
		1 p	SSE
		2 p	SSE
Febr.	11.	11 a	SW
		Mittag	W
		1 p	WSW
	12.	Mittag	SW
		1 p	SW
		2 p	SW
		3 p	SW
	13.	Mittag	W
		1 p	W
	14.	4 p	W
		9 p	SSW
	20.	10 p	S
		11 p	SSW
	23.	4 p	W
März	28.	11 a	W
		Mittag	W
	29.	2 p	SW
	31.	7 a	W
		8 a	W
April	1.	5 a	ESE
		7 a	SSE
	5.	4 p	SW
	6.	3 p	S
		6 p	S

1883			
April	7.	7 a	SW
		8 a	SW
		10 a	WSW
		11 a	W
		Mittag	WNW
		1 p	W
		2 p	W
		3 p	E
		7 p	WNW
		8 p	W
		9 p	W
	11.	4 a	NW
		6 a	NW
	13.	5 a	WNW
		Mittag	NW
	14.	5 p	SSW
		6 p	SSW
		7 p	SSW
	15.	4 a	SW
	16.	7 a	W°
		9 a	NW
	17.	6 a	SSE
	18.	7 p	W
		8 p	W
	22.	9 p	N
	23.	Mittag	WSW
	25.	7 a	W
		8 a	WSW
Mai	1.	Mittag	E
	3.	11 a	WSW
	9.	2 p	W
	10.	5 a	WSW
		6 a	WSW
		7 a	WSW
		8 a	WSW
	11.	5 a	SSW
		6 a	SW
		7 a	W
	23.	9 a	S
		8 p	WSW
		9 p	SW
	25.	1 a	WNW
		2 a	WNW
		3 a	WSW
		4 a	WSW
	26.	6 a	SW
		7 a	SW

1883			
Mai	26.	8 a	SSW
		10 a	SSW
		6 p	NE
	27.	2 a	SSE
		6 a	SE
		8 a	SSE
		9 a	SE
		3 p	W
	28.	10 a	SSE
	29.	1 a	W
		5 a	SW
		Mittag	W
		1 p	W
		2 p	W
		4 p	WNW
	30.	2 a	W
		3 a	W
		5 a	W
		6 a	W
		7 a	W
		8 a	W
		9 a	W
		Mittag	W
		4 p	SSW
		6 p	WSW
Juni	3.	12 p	S
	4.	7 p	SSE
	8.	11 p	SE
	10.	9 a	WSW
		10 a	WSW
		11 a	SW
	11.	1 p	W
		2 p	WNW
	12.	11 a	SSW
		Mittag	SW
		7 p	WSW
		8 p	W
		9 p	W
	13.	1 a	SW
		2 a	SW
		3 a	SSW
	15.	3 p	W
	16.	4 a	W
	18.	8 p	SW
		9 p	WSW

1883			
Juni	19.	5 p	WSW
		6 p	SW
	20.	3 p	NW
	21.	4 a	WNW
		11 a	W
		1 p	WNW
		2 p	W
		6 p	WNW
		7 p	WNW
		8 p	W
		10 p	WNW
	22.	4 p	W
		5 p	W
		8 p	W
	23.	6 a	NW
		8 a	WNW
		5 p	W
		6 p	W
		8 p	SW
		9 p	NW / WSW
		11 p	WSW
		12 p	WSW
	24.	2 a	W
		3 a	W
		4 a	WNW
		5 a	WNW
		6 a	WNW
		7 a	WNW
		10 a	W
		12 p	W
	25.	1 a	W
		2 a	W
		3 a	W
		4 a	W
		5 a	W
		6 a	W
		7 a	W
		8 a	W
		9 a	W
		10 a	W
		7 p	WSW
		9 p	W
	26.	4 p	W
		9 p	*WNW

1883			
Juni	27.	6 p	ENE
		7 p	N
		8 p	N / WSW
		9 p	WSW
		10 p	W
	28.	12 p	ESE
	30.	6 p	WSW
Juli	1.	1 a	W
	7.	7 a	N
	10.	1 p	E
	12.	10 a	SE
		11 a	SE
		1 p	SE
		4 p	ENE
		5 p	E
		6 p	E
		7 p	E
		8 p	E
	13.	4 a	S
	18.	8 p	W
	19.	11 p	W
	20.	1 a	NNE
		2 a	NNE
	21.	8 p	W
	22.	3 p	SSW
	23.	2 a	W
		3 a	W
		6 p	SW
		7 p	SW
		11 p	W
	24.	4 a	SW
		5 a	SW
		6 a	SW
		7 a	SW
	25.	4 a	SE
		6 a	W
	26.	3 p	S
	28.	6 p	NW
		7 p	N
		11 p	WNW
		12 p	W
	29.	1 a	NW
		3 a	W

1883			
Juli	31.	5 a	NNW
		6 a	NNW
August	1.	11 a	NW
		Mittag	NW
		1 p	NW
		11 p	NW
	2.	1 a	NW
		4 p	SSE
	2.	5 p	SSE
		9 p	SSE
		10 p	ESE
		11 p	SSE
		12 p	E
	5.	5 a	E
		10 a	E
	9.	4 a	W
		7 a	N
		8 a	W
		9 a	WNW
	10.	8 p	SW
	12.	5 p	W
		6 p	W
	16.	4 p	SE
		5 p	E
		6 p	S
		7 p	S
		8 p	SSE
		9 p	S
	17.	1 p	SE
	18.	10 p	W
	19.	3 a	W
	20.	10 a	W
	22.	11 p	W
	26.	1 p	S
	27.	11 a	W
		7 p	SSW
		8 p	SSW
	28.	2 a	W
		3 a	W
	29.	9 a	SSE
		10 a	SSE
	30.	2 p	SW
		3 p	SW
	31.	8 a	N

Bemerkungen.

Mittlere Ortszeit.

h = am Horizonte. Z = Zenith. H = Höhe. A = Azimuth.

1882.

August.

1. 8 a Etwas aufheiternd.
2. 2 a Heiter im N.
   3 a Heller Streifen im N.
   4 a Heiter im NNW.
   6 a Niedrige Wolkenbank im N.
   8 a Heiter im N.
   9 a Etwas dunstig.
   1, 3, 4, 5 p $\equiv^0$ N.
   6, 7 p $\equiv^0$ S.
   8 p Heiter im N.
3. 1 a Heiter im SE.
   9 a Heller Streifen im N.
5. 5 p Regenschauer von SE—NW.
8. 8 a $\equiv^0$ N.
   6, 7, 8 p $\equiv^0$ W.
9. 3 a Heiter im W.
   8 a Einzelne Regentropfen.
10. 2, 3, 4, 5, 6, 7 a $\equiv^0$ N.
   8, 9 a ≡ N.
   11^{23} a ●
11. 2 a Heiter im N.
   3, 4 a $\equiv^0$ N.
   5^{23} p—5^{38} p ●
12. 5, 6, 7 a $\equiv^0$ N.
   8 a ≡ N.
13. 1 p Heller Streifen im N.
14. 1 a $\equiv^0$ N.
   2 a $\equiv^0$ W.
   3 a $\equiv^0$ N.
   4 a $\equiv^0$ h.
15. 4 a ≡ S.
   1, 2, 3, 4, 5, 6, 7 p ≡ über dem Fjord im N.
16. 7 p ≡ N.
17. 11 a $\equiv^0$ N—W.
   10 p Heiter im N.
   11 p Heller Streifen im N.
18. 1 p ≡ N.
   3 p ≡ h.
   4 p ≡ W.
19. 2, 3 a ≡ N.
21. 5 p Schwach. Gewitter im WSW.
   6 p Doppelter ⌒.
22. 4 a $\equiv^0$ N und W—S.

1882.

August.

22. 5 a Niedriger ≡ W—SE.
   7 a Niedriger ≡ über dem Fjord.
23. 4. 5, 6, 7, 8, 9 p $\equiv^0$ N.
24. 5 a $\equiv^0$ S—E.
   8 a $\equiv^0$ S—E.
26. 11 p Heiter Horizont im N.
   12 p Heiter im N.
27. 1 a Heiter im N.
28. 5, 6, 7, 8, 9 a $\equiv^0$ N.
   8^{23} p Regentropfen.
31. 9 a ⌒ N, ≡ W—N.
   9^{5} a ●, Starker Wind.
   10 p ≡ N.

September.

1. 1 a Heiter im N.
   2, 3, a ≡ WNW.
   5, 6, 7 a Niedrige Wolkenbank im NNW.
   9 a Ci-band NNE—SSW.
   10 p ≡ N.
2. 6 a Ci-band NW—SE.
   5^{19} p Regentropfen.
3. 5 a ≡ über dem Fjord.
4. 9 p ≡ N.
6. 7^{23} p ●
7. 10 a Heller Streifen im E.
   1 p ≡ N.
8. 5 a Windböe.
   9 a Wind nimmt an Stärke zu.
9. 3, 4 a ≡ Nh.
   7, 8 p ≡ NNW.
10. 1 a Heller Streifen im N.
   5 a Einzelne Regentropfen.
11. 4, 7, 9 10, 11 a / Mittag, 1, 2, 3, 4, 5 p } $\equiv^0$ N.
   10, 11, 12 p Starker Thau.
15. 2^{18} a $●^0$
   2, 3 p Cicu-band W—E durch das Z.
16. 4 a Heller Streifen im E.
17. 8 a ≡ S.
   9, 10, 11 a ≡ SW—Eh.
   Mittag ≡ W—SE. Heiter NNWh.
   1 p ≡ Wh—Eh.

1882.

September.

17. 2 p ≡ Sh—Eh.
3 p ≡ SW—SE.
5, 6, 7 p ≡ W.

18. 5 a ≡ S.
6, 7 a ≡ h.
12 p Heiter im W.

20. 5 a ≡ N.
7^{38} a ●^{0}.
10 a ≡ N und W.
Mittag ≡ W.

21. 7 a ≡ W.
8 9 a ≡ NW.
10 a ≡ h.
4 p Nebensonne links unter einem Winkel von 25°.

24. 5 a Cicu-band durch das Z, den Nordlichtbändern des Abends ähnlich.

27. 2 a Windböen.
6 p Zwei parallele Ci-bänder W—E, nahe dem Z.

29. 8, 9, 10 a ≡ N.
11 a ≡ über dem Fjord.

30. 6, 9, 10, 12 p. Cust-Wolken ziehen sehr rasch.

October.

1. 1, 7 a Cust-Wolken ziehen rasch.

2. 9 a ≡ über dem Fjord.
10^{18} a ●.

5. 5 p Etwas vor 2 Uhr setzte ein Sturm aus W ein.
2^{18} p Windgeschwindigkeit 20 m. per Sec.
3^{27} p . . . . 23 „ „ „
4^{26} p . . . . 27 „ „ „
5^{8} p . . . . 25 „ „ „

6. 5, 6 a ≡ NW.
8 a ≡ NNW.
9^{23} a ●.
10 a ⌒ WNW.
10^{18} a Regen stärker als bei der stündlichen Beobachtung.
11 a ≡ NW.
Mittag ≡ NNW—N. ⌒ NNW.
4^{38} p ✱^{0}
5^{13} p ✱^{n}

8. 9^{23} a ●^{n}
11 a, Mittag ⌒ NW.
1 p ⌒ WNW.
5 p ≡ über dem Fjord.

10. 3^{38} a ●^{0}
11 a, Mittag, 2 p ≡ N.

11. 6 a ≡ über dem Fjord.
7, 8 a ≡^{0} WNWh.

13. 7 a ≡ über dem Fjord.
8 a Einzelne Schneeflocken vor der Beobachtung.

14. 2 p ●^{0} zwischen 1 und 2 Uhr.

16. 6 a Spuren eines Cist-Schleiers im NW.

19. 8 a ≡ N.

21. 6 a ≡ h und über dem Fjord.
9 a ≡ über dem Fjord.
10 a, 3, 4 p ≡ h.

22. 10, 11, 12 p Starker Thau.

23. 1 a Starker Thau.

24. 11 a, Mittag, 5, 6 p ≡ Nh.

26. 11, 12 p Rascher Wolkenzug.

28. 5 p Heiter WSWh.

1882.

October.

31. 3^{47} a ✱^{0}
11 a ≡ N.
3^{33} p ✱
8, 9 p Einzelne Sterne durch die Bewölkung sichtbar.

November.

1. 9 a ✱ zwischen 8 und 9 Uhr
11 a Rascher Wolkenzug.

2. 10 a Rascher Wolkenzug.
Mittag Cist-band WNW—ESE.

3. 2 a Starke Windstösse.
Mittag Rascher Wolkenzug.

4. 7, 9 a Rascher Wolkenzug.

6. 1 a Nach der stündlichen Beobachtung starke Windstösse.
2 a Starke Windstösse.

10. 10 p Diffractionsring um Jupiter.

12. 7 a Ci-band; Radiationspunkt Nh und Sh, nicht sehr deutlich.

14. 7 a Ci-band S—E.

19. 7 p Schmale, heitere Streifen W—E durch das Z.

21. 4 p Cist-band W—E durch das Z.

23. 1 p Nur vereinzelte Schneeflocken.

25. 2, 3 a Cist-band.
Mittag ≡ W.

26. 5 p Cist-band WSW—ENE.
10 p Cist-band W—ESE durch das Z.

27. 7, 8, 9 a ≡ über dem Gebirge im N und über dem Fjord.

28. 10 a ≡ über dem Fjord.

December.

2. 11 a Niedriger ≡ über dem Fjord.
10 p ≡^{0} h.

5. 9 a Die Barometerablesung durch die geöffnete Thür beeinflusst:

	Barometer Thermom.:	Höhe:
8 a	12.°8	764.7
9 a	8.°8	65.0
10 a	12.°9	65.0

7. 10 a ∞ über dem Fjord.
5 p Spuren von Cust NWh. Nach der stündlichen Beobachtung zunehmende Windgeschwindigkeit.

8. 2 p Cust NWh.

11. 10 a Die Barometerablesung durch die geöffnete Thür beeinflusst:

	Barometer Thermom.:	Höhe:
9 a	16.°7	763.1
10 a	3.°0	61.6
11 a	10.°8	61.8

11. 2 p ≡ Nh—Wh.

12. 8 a ≡ S.
1 p ≡ h.

13. 4 a Vor der stündlichen Beobachtung einzelne Windstösse.
Mittag Zunehmende Windgeschwindigkeit.
3, 9, 11 p Wechselnde Windgeschwindigkeit.

1882.

December.

13. 10^{43} p △.

16. 10 a ≡ NNW.

11 a Mittag ≡ über dem Fjord.

2 p ≡ NW.

17. 4 a Körniger Schnee.

5 a Einzelne starke Windböen.

10^{2} a Zunehmende Windgeschwindigkeit.

18. 1, 2, 3, 4, 5, 6 p Das Psychrometer-Thermometer hinsichtlich des Nullpunktes untersucht; als trockenes Thermometer Åderman No. 5, in ganze Grade eingetheilt, Correction + 0°.1, als nasses Thermometer Åderman No. 23, in $^1/_5$° eingetheilt, Correction 0°.0, verwendet.

19. 6 p Nach der stündlichen Beobachtung starke Windstösse.

8 p Nach der stündlichen Beobachtung zunehmende Windgeschwindigkeit.

21. 7 p Cist-band W—E.

26. 2 a Vor der stündlichen Beobachtung starke Windstösse und $≡^0$.

6 a $≡^0$ N.

27. 11 a, 1, 2 p ≡ über dem Fjord.

31. Mittag, 1 p ∞ über dem Fjord.

1883.

Januar.

1. Mittag, 1, 2 p ≡ über dem Fjord.

3. 2 p ✱ über dem Fjord.

4. 3 a Starke Windstösse.

5. 9, 10, 11 a, Mittag ≡ N.

8 p Sterne im NW sichtbar.

9 p ≡ N—E.

6. 11 p Nach der stündlichen Beobachtung starke Windstösse.

7. 2, 3 a ≡ Z.

8. 5 a ≡ W—N. Starke Windstösse.

9 a ≡ NW.

10 a $≡^0$ N.

1^{23} p ✱

9. 10 a ≡ NW.

11 a ≡ N.

1 p Einzelne Sterne sichtbar.

10. 5 p ≡ N. und S.

11. 7 a ≡ h.

8 a Vor und nach der stündlichen Beobachtung stärkerer Wind.

14. 8 a Heiterer Streifen ESEh.

16. 1 a Nach der stündlichen Beobachtung starke Windstösse.

9^{48} a Cist-band N—SSW.

19. 1 p Nach der stündlichen Beobachtung zunehmende Windgeschwindigkeit.

22. 3 a ≡ S.

24. 6 a Nebenmond rechts. Winkelabstand $27^1/_2$°.

26. Mittag Vor der stündlichen Beobachtung war die Temperatur des Arbeitszimmers 21° C., weshalb die Thür geöffnet und erst unmittelbar vor der Barometerlesung wieder geschlossen wurde. Der reducirte Barometerstand 740.5 ist daher wahrscheinlich zu hoch. Mittelst graphischer Interpolation ergab sich 740.1

1883.

Januar.

29. 11 p Nach der stündlichen Beobachtung Windstille.

30. Mittag ≡ NNW.

8 p Einzelne Sterne im S sichtbar.

31. 8 p ≡ N.

Februar.

3. 2 p ≡ N.

4. 1 a Einzelne helle Sterne sichtbar.

12. 8 a ≡ N.

20. 12 p Vor der stündlichen Beobachtung schwächerer Wind.

21. 1 a Wolken fast unbeweglich.

23. 9 a ≡ über dem Fjord.

10 a ≡ W—N.

24. 3, 5, 6, 7 a ≡ N.

25. 10^{23} a $✱^0$.

6^{18} p ✱.

26. 10^{48} a Starker Schneefall bei östlichem Wind. Temp. −7°.2.

10^{59} a Wind nun aus W.

11 a Es schneit, doch nicht sehr stark. Etwas aufhellend im W.

11^{48} a Temp. −5°.5. Sonne nicht sichtbar.

Mittag Heiter im W. Sonne sichtbar.

27. 4^{48} p Ein starker rother Farbenglanz hinter dem Gebirge im WNW.

5 p Die rothe Farbe verschwunden.

10^{8} p $✱^0$.

28. 11 a Vor der stündlichen Beobachtung 10 Str. $✱^2$.

3 p Vor der stündlichen Beobachtung 10 Str. ✱.

März.

1. 4^{23} a ✱.

2. 5^{58} p △, nur von momentaner Dauer.

12 p Vor der stündlichen Beobachtung $✱^2$.

3. 3^{8} a Bewölkung 3 Cust.

10, 11, Mittag Aus W—WNW starker, sturmähnlicher Wind mit Schneetreiben. Immer neue Schneemassen dringen in das Thermometerhaus ein, so dass alle Thermometer mit Schnee belegt sind. 15^m vor der stündlichen Beobachtung stehen beide Thermometer gleich hoch. Die Kugel des trockenen Thermometers wird abgetrocknet und die des nassen befeuchtet. Im Beobachtungsmomente steht das feuchte Thermometer einige Zehntel eines Grades tiefer als das trockene, doch ist hier zu bemerken, dass letzteres wieder etwas mit Schnee belegt war.

12^{48} p Bewölkung 8. Psychrometer −1°.4, −2°.4 Kein Schneefall.

1 p Bewölkung wieder 10 mit Schneetreiben. Möglicherweise ist das trockene Thermometer infolge des Schneetreibens befeuchtet worden.

5. 3 p ≡ N, W und S.

11 p △. Die Graupelnkörner sehr klein wie Grütze. Möglicherweise körniger Schnee.

11^{8} p ✱.

6. 3 a Einzelne Sterne sichtbar.

8^{50} p Feiner körniger Schnee beginnt plötzlich zu fallen.

9^{3} p Fast Windstille.

1883.

März.

7. 1^{25} a $*^0$.

2, 3, 7, 8, 9 a Circa 12^m vor der stündlichen Beobachtung beide Psychrometer-Thermometer mit Schnee belegt; das trockene Thermometer wird abgetrocknet, das nasse befeuchtet. Im Beobachtungsmomente die Thermometer wieder mit Schnee belegt. Kein Unterschied zwischen dem Stande beider Thermometer.

8 a ≡ N.

10 p Bewölkung 4 Cust.

8. 3 a ≡ N.

1 p ≡ NW.

10. 7 a Vor der stündlichen Beobachtung $*^2$.

9^3 a $*^0$.

11. 1 a Einzelne Sterne sichtbar.

7 a ∞ über dem Fjord.

8^{45} p *.

12. 1 a Körniger Schnee (△?).

10^h a Eine starke Böe mit Graupeln von der Grösse kleiner Erbsen und ziemlich hart. Das Gehen unmöglich, wenn das Gesicht gegen den Wind gerichtet.

13. 9^{13} a *.

8, 9, 12 p Körniger Schnee.

14. 1, 5, 6 a Körniger Schnee.

17. 12 p Vor der stündlichen Beobachtung stärkerer Schneefall.

19. 7 p Schneetreiben.

21. 12^{45}, 1^{45} p Körniger Schnee.

26. 11 a, Mittag ≡ N.

4 p Parallele Ci-bänder. S 11° W—N 11° E.

27. 4 a Cist-band vom N 56° Wh. aus sich in einer Länge von etwas über 90° über das Firmament fächerförmig erstreckend.

6, 7 a ≡ über dem Gebirge im NW.

28. 9 a Ein fächerförmiges Ci-band NW—N—ENE. mit der convexen Seite gegen N. und Bewegung gegen E.

29. 3 p Ein bogenförmiges Cist-band von WNW—S—SE. Sein höchster Punkt hatte die Coordinaten H = 24° 35′. A = S 44° 30′ E. Es hatte eine rasche Bewegung gegen NW, passirte um ca. 3^{30} das Z. Die Horizontpunkte unverändert.

April.

1. 7 a Mehrere parallele Cist-bänder WSW—ENE. sowohl am N- als S-Firmamente; sie bewegten sich ziemlich rasch vertical zur Längenrichtung, also von SSE nach NNW.

2. Mittag, 1 p ≡ über dem Fjord.

3. 11 a, Mittag Parallele Cist-bänder SSW—S—ENE.

Mittag Ausserdem ein Cicu-band SW—N—NNE.

1^{40} p Temp. der Luft: 1.8°.

9. 10^{45} a Temp. der Luft: 6.6°.

11. 1 a Von der Wolkenbank am NNEh aus gingen Cist-bänder zu beiden Seiten des Z und am Sh convergirend.

4, 5 a. Schwache Cist-bänder zu beiden Seiten des Z in der Richtung N—S.

14. 11 p Cist-band von WSW—NE. der Scheitel des unteren Randes H = 15°. A = N 34° W.

1883.

April.

12 p H = 8° 30′, A = N 45° W.

15. 1 a H = 7° 30′, A = N 55° W.

16. 5 a Cust-Wolken bewegen sich aus SSW mit beträchtlicher Geschwindigkeit.

6 a Untere Cust-Wolken bewegen sich aus SW mit beträchtlicher Geschwindigkeit. Windrichtung variabel zwischen SSE und SW.

7 a Sehr niedrige Cust-Wolken ziehen aus SW mit beträchtlicher Geschwindigkeit. Ci-Wolken ziehen langsam aus W.

8, 9, 10 a Sehr niedrige Cust-Wolken ziehen aus SW mit sehr rascher Fortbewegung.

11 a, Mittag, 1, 2, 3 p Sehr niedrige Cust-Wolken ziehen aus SSW mit sehr rascher Fortbewegung. Menge der treibenden Wolken stetig abnehmend.

25. 7^{58} a Stück eines leuchtenden Bogens in Ci-Wolken gerade über der Sonne und dieser die convexe Seite zukehrend: H ca. 68½°: Fragmente eines ⊕. verschwinden bald.

9 a Cist, Ci, Cicu S 50° Wh—N 50° Eh. durch das Z orientirt.

10^h a Mehrere parallele Cist-bänder S 22° W—S 79° E.

6 p Prachtvoll irisirende Cicu-Wolke in unmittelbarer Nähe der Sonne.

27. 3 p ≡ über dem Fjord.

28. 5 a ≡ N.

6 a ≡ W.

2 p Beide Thermometer mit Schnee belegt.

29. 11 p Körniger Schnee.

30. 2 a $≡^2$ über dem Kaafjord. Einzelne kleine heitere Partien des Firmaments im NE. Im N Cu-bänke, sonst Cust.

1, 2 p Mehrere parallele Cist-bänder SSEh—WNW.

Mai.

4. 2^{17} a $*^0$.

1 p ≡ h.

10 p * zwischen 9 und 10 p.

5. 1, 2 a ≡ Nh.

5 a ≡ NNW.

9. 3 a Cist-band NNEh—SSW. durch das Z.

4 a Dasselbe Band hat sich etwas weiter nach E gezogen.

10 p Ein kurzer Regenschauer: nur einige Tropfen im Regenmesser.

13. 3, 11 p Körniger Schnee.

14. 10 a ≡ S und W.

Mittag ≡ N und W.

15. 5 p $●^0$ zwischen 4 und 5 p.

5^{23} p ●.

17. 3 a $≡^0$ N.

7 p $●^0$ dann und wann zwischen 6 und 7 p.

18. 6 a $≡^0$ N.

21. 6 a Nach der stündlichen Beobachtung starke Windstösse.

24. 8 a Die unteren Wolken ziehen rasch aus S.

9 a Nach der stündlichen Beobachtung fast die doppelte Windgeschwindigkeit.

25. 3 a Während der 6 letzten Stunden ziehen die unteren Wolken mit rascher Fortbewegung aus S und SSW.

1883.

Mai.

7 p Einzelne Regentropfen.

10 p ⌒.

29. 8 a Ein Ci-band vom Nh durch das Z bis Sh, hat ein lederartiges Aussehen.

31. 7^{8} p Ein kurzer Regenschauer aus S. Nichts im Regenmesser.

8^{H} p $●^{0}$.

12 p ≡ N.

Juni.

1. 2 a ≡ N.

6^{48} Regenschauer. Nichts im Regenmesser.

3. 9 p Doppelter ⌒.

5. 7^{43} p ⌒.

8 p Doppelter ⌒. ≡ SE.

6^{4}—6^{13} p Zwei schwache Donnerschläge wurden auf dem Wege von Lampe nach Jörnholmen, circa 4 Kilometer südlich von der Station gehört. Das Gewitter scheinbar aus S heraufziehend. Schwacher Regen nach dem Gewitter, kein Blitz beobachtet. Wind sehr schwach; seine Richtung konnte wegen der Terrainverhältnisse des engen Thales nicht bestimmt werden. Der Donner wurde auch auf der Station wahrgenommen.

7 p ≡ S.

8 p Ein doppelter ⌒.

7. 3 a $≡^{0}$ NW.

8. 9 a Eine Angabe der Menge und Form der Wolken ' ist wegen der dunstigen Luft unsicher.

4^{H} p Mehrere schwache Donnerschläge im S.

5, 6 p $≡^{0}$ N.

10. 7, 8 a $≡^{0}$ Nh.

1^{52} p Ein heftiger Donnerschlag im S.

1^{58} p Zwei heftige Donnerschläge im S.

2 p Ein schwächerer und mehr rollender Donnerschlag als die früheren. Richtung unsicher.

2^{8} p Blitz innerhalb eines Regenschauers im NW.

2^{9} p Donnerschlag.

2^{58} p Ein Donnerschlag im ESE.

3^{1} p Ein Donnerschlag im ESE.

3^{20} p Ein heftiger Donnerschlag, kein Blitz zu sehen.

3^{22} p Ein heftiger Donnerschlag mit Blitz.

6^{23} p. $●^{0}$.

12 p ⌒ SE—SSW.

11. 11 a, Mittag, 1 p $≡^{0}$ über dem Fjord.

12. 11 p $≡^{0}$ über dem Fjord.

13. 1, 2, 3 a $≡^{0}$ über dem Fjord.

1 a Parallele Ci- und Cist-bänder S 11° W—N 11°E. Zug aus SW.

2 a Parallele Cicu- und Ci-bänder SSW—NNE.

14. 5 a Parallele Cist-bänder N—S.

12^{23} p ●.

16. 6 p $●^{0}$ zwischen $5^{1}/_{2}$ und 6 p. Nichts im Regenmesser.

8 p $●^{0}$ dann und wann von etwa 7 p an.

17. 10^{10}—10^{46} a ●.

11^{23}—11^{33} a ●.

1883.

Juni.

17. 3^{16} p. Ein schönes Ci-band vom N 73° Eh durch das Z.

4 p. Das Band theilweise aufgelöst.

18. 9 p Ci-bänder vom NEh durch das Z bis zum SWh und über dem Süd-Firmament.

19. 6 p Cist-Wolken SW—NE orientirt.

20. Mittag $●^{0}$ dann und wann von etwa 11 a an.

21. 10 a Ci-bänder am NW-Firmament, reichen nicht bis zum Horizonte.

25. 10^{23} p Parallele Ci- und Cist-bänder vom Eh bis Wh. Zug aus W.

26. 9 p Parallele Ci- und Cist-bänder ENEh bis WSWh. Zug aus WNW.

27. 9 a $≡^{0}$ NW.

28. 5^{17}, 5^{40}, 5^{50}, 5^{51}, 6^{3}, 6^{6}, 6^{13}, 6^{15} Donner und Blitz SSW—ENE. Stärke des Donners 2, Stärke des Blitzes 1. (Scala: 0—4).

Juli.

1. 11^{7} p $●^{0}$.

2. 4 p Kurz vor der stündlichen Beobachtung $●^{0}$.

7 p Von 6 p. an dann und wann $●^{0}$. Nichts im Regenmesser.

4. 5 a $≡^{0}$ über dem Fjord.

6. 10 p Regenbogenfragment im N.

8. 0^{38} a $●^{0}$. Nichts im Regenmesser.

3 a Irisirende Cicu-Wolken über der Sonne.

1 p Einzelne Regentropfen.

10. 2 a Äusserst feiner Staubregen.

15. 4 p ≡ SW.

17. Mittag, 1 p $≡^{0}$ N.

9, 10 p Heiter Nh.

19. 1^{23} p $●^{0}$.

11 p Cicu-band SW—NNE, nördlich vom Z.

22. 9 p $≡^{0}$ N.

11 p ⌒.

23. 8 p $≡^{0}$ N.

29. 1 a Parallele Cist-Streifen WNWh—NEh orientirt.

31. 10 a $≡^{0}$ NW.

August.

2. 1 a Parallele Cicu-bänder NW—SE durch das Z.

3. 9^{H} p ⌒ im E. Dichte Cust-Wolken ziehen am Eh empor.

10 p Ein doppelter ⌒.

6. Mittag ● von 11^{58} a ab.

1 p $≡^{0}$ W.

7. 2, 3, 4 p $≡^{0}$ niedrig im NW.

10. 7, 8, 9 p $≡^{0}$ N.

13. 3 a $≡^{0}$ über dem Fjord.

4, 5, 6, 7, 8 a $≡^{0}$ h.

9, 10, 11 p $≡^{0}$ über dem Fjord.

14. 1, 2, 3, 4 p $≡^{0}$ über dem Fjord.

5 p $≡^{0}$ Sh.

5^{23} p $●^{0}$.

19. 7 p ⌒.

12 p Niedrig $≡^{0}$.

20. 10 p Nur einzelne Regentropfen.

21. 4 a Rasche Fortbewegung der Wolken.

23. 11 a Die Cust-Wolken bewegen sich rasch aus SSW; die darüber liegenden Cu-Wolken scheinbar ohne Bewegung.

1883.

August.

24. 6, 7 a Nur einzelne Regentropfen.
5, 6 p ≡⁰ über dem Fjord.
7 p ≡ h und über dem Fjord.
8 p ≡ über dem Fjord.
9 p ≡ h.

1883.

August.

25. 4 a ≡ h.
27. 8, 9 a Die unteren Wolken ziehen rasch aus SSW.
29. 11^{17} p Kurzer Regenschauer.
31. 4 p Nur einzelne Regentropfen.
9^{58} p ●⁰.

FACULTATIVE BEOBACHTUNGEN.

Temperatur-Messungen im Altenfjord.

Behufs Bestimmung der Temperatur des Wassers für verschiedene Tiefen im Altenfjord wurden zwei nach ganzen Celsius-Graden getheilte und dem meteorologischen Institute zu Christiania angehörige Umkehr-Thermometer Negretti-Zambra C. 156 und C. 157 mitgenommen. Ein Loth nebst Leine, welch' letztere von 10 zu 10 Engl. Faden mittelst Lappen von verschiedener Farbe markirt war, wurden in Bossekop angeschafft.

Die Umkehr-Thermometer wurden am 21. September und 2 October 1882 mit dem Normal-Thermometer (Secretan) der Station verglichen und am 22. Mai in schmelzendem Schnee in Bezug auf ihren Nullpunkt geprüft. Aus diesen Untersuchungen ergaben sich folgende Correctionen, die bei der Reduction der Beobachtungen zur Verwendung gelangten:

	Correction für	
Bei	C. 156	C. 157.
0° C.	+ 0°.15	+ 0°.13.
5°	+ 0°.10	+ 0°.04.
10°	+ 0°.02	— 0°.04.

Am 23. September 1882 stellte ich einige vorläufige Untersuchungen an, um einen für die Vornahme der Beobachtungen geeigneten Ort zu ermitteln. Die Tiefe wurde indessen an allen untersuchten Stellen, circa 5 Kilometer in nordwestlicher Richtung von Bossekop, zu gering gefunden, weshalb es nothwendig schien, die Untersuchungen weiter seewärts, als ich an jenem Tage Gelegenheit hatte, auszudehnen. Ich übertrug daher Herrn Hesselberg die Ermittelung eines geeigneten Beobachtungsplatzes mit einer Tiefe von wenigstens 100 Engl. Faden. Nach mehrfachen Versuchen wählte man schliesslich einen circa 11 Kilometer nördlich von Bossekop, zwischen der kleinen Insel Bratholmen und dem Festlande gelegenen Punkt und zwar auf der östlichen Seite des Altenfjords mit einer Tiefe von etwa 100 Faden. Hier führte nun Herr Hesselberg in dem Zeitraume vom 12. October 1882 bis zum 5. September 1883 einmal monatlich seine Beobachtungen und zwar von 10 zu 10 Faden aus. Sämmtliche Untersuchungen wurden von einem offenen Boote aus angestellt.

Aus folgender Tabelle gewinnt man eine Übersicht über die gefundenen Resultate. Es ist hier zu bemerken, dass am 12. October infolge eines Missverständnisses die Messungen von 10 zu 10 Faden vom Meeresboden anstatt von der Oberfläche aus vorgenommen wurden. Die Reihe für die beobachteten Temperaturen ist demzufolge eigentlich folgendermassen aufzustellen:

1882. October 12.

Tiefe.	Temp. C.
0 Faden	6.9
5	8.0
17	9.1
27	9.2
37	9.2
47	9.0
57	7.8
67	6.4
77	5.1
87	4.7
97	4.6
107	4.3

Der Symmetrie wegen habe ich indessen mittelst graphischer Interpolation aus dieser Reihe die Temperaturen für 10, 20, 30, ... Faden entnommen und die so erhaltenen Zahlenwerthe in die allgemeine Tabelle eingetragen.

Tiefsee-Temperaturen im Altenfjord.

Tiefe		1882			1883								
		Oct. 12	Nov. 21	Dec. 19	Jan. 22	Febr. 24	März 24	April 21	Mai 22	Juni 19	Juli 17	Aug. 14	Sept. 5
m.	Eng. Faden	N & Z C. 156	N & Z C. 156	N & Z C. 156	N & Z C. 156	N & Z C. 156	N & Z C. 156	N & Z C. 156	N & Z C. 157	N & Z C. 157	N & Z C. 157	N & Z C. 157	N & Z C. 157
0	0	6°.9	6°.2	3°.9	1°.6	1°.4	0°.3	3°.8	4°.8	11°.9	13°.2	10°.0	8°.4
9	5	8.0	6.3	3.5	2.1	1.4	0.7	3.0	3.5	6.9	6.1	7.3	7.2
18	10	8.6	6.3	3.3	2.1	1.3	1.0	3.1	3.4	5.6	5.2	5.3	6.8
37	20	9.2	6.3	4.0	2.1	1.8	1.1	3.1	3.5	4.5	4.5	4.8	5.0
55	30	9.25	6.3	4.2	2.2	2.0	1.5	3.2	3.9	4.1	4.4	4.5	4.8
73	40	9.2	6.3	4.2	2.2	2.1	1.9	3.6	4.1	3.8	4.1	4.2	4.5
91	50	8.7	6.3	4.1	2.3	2.1	2.1	4.0	4.1	3.8	3.9	4.1	4.6
110	60	7.3	6.35	4.1	3.1	2.4	4.1	4.1	4.2	3.8	4.1	4.3	4.6
128	70	6.0	6.6	4.1	3.9	3.1	4.2	4.3	4.6	4.1	4.6	4.6	4.7
146	80	4.9	6.1	4.2	4.1	3.7	5.0	4.7	4.9	4.4	4.9	4.8	4.8
165	90	4.7	5.7	5.0	4.2	4.1	5.0	5.0	5.2	4.7	5.0	5.0	4.9
183	100	4.5	5.1	5.0	4.5	4.5	5.1	5.2		4.8	5.1	5.0	4.9
	Boden	4.3	5.1	5.0	4.6				5.2		5.1		4.9
Tiefe des Bodens	Eng. F.	107	103	106	104	100	100	100	98	100	108	100	105
	m.	196	188	194	190	183	183	183	179	183	198	183	192
Temp. d. Luft		3°	−8°	−3°	−4°	−3°	−1°	4°	5°	11°	14°	11°	11°

Sämmtliche in der Tabelle enthaltenen Temperatur-Ablesungen sind von etwaigen Instrumentalfehlern befreit worden. Neben der in Engl. Faden angegebenen Tiefe ist dieselbe auch in Metern (m) aufgeführt.

Die hier mitgetheilten Ergebnisse der Temperatur-Messungen im Altenfjord sind von Herrn Professor Mohn in seiner neuesten Abhandlung über Tiefen. Temperaturverhältnisse und Strömungen des Nord-Meeres benutzt worden. [1])

[1] The Norwegian North Atlantic Expedition 1876—1878. H. Mohn. The North Ocean, its Depths, Temperature and Circulation p. 92—93.

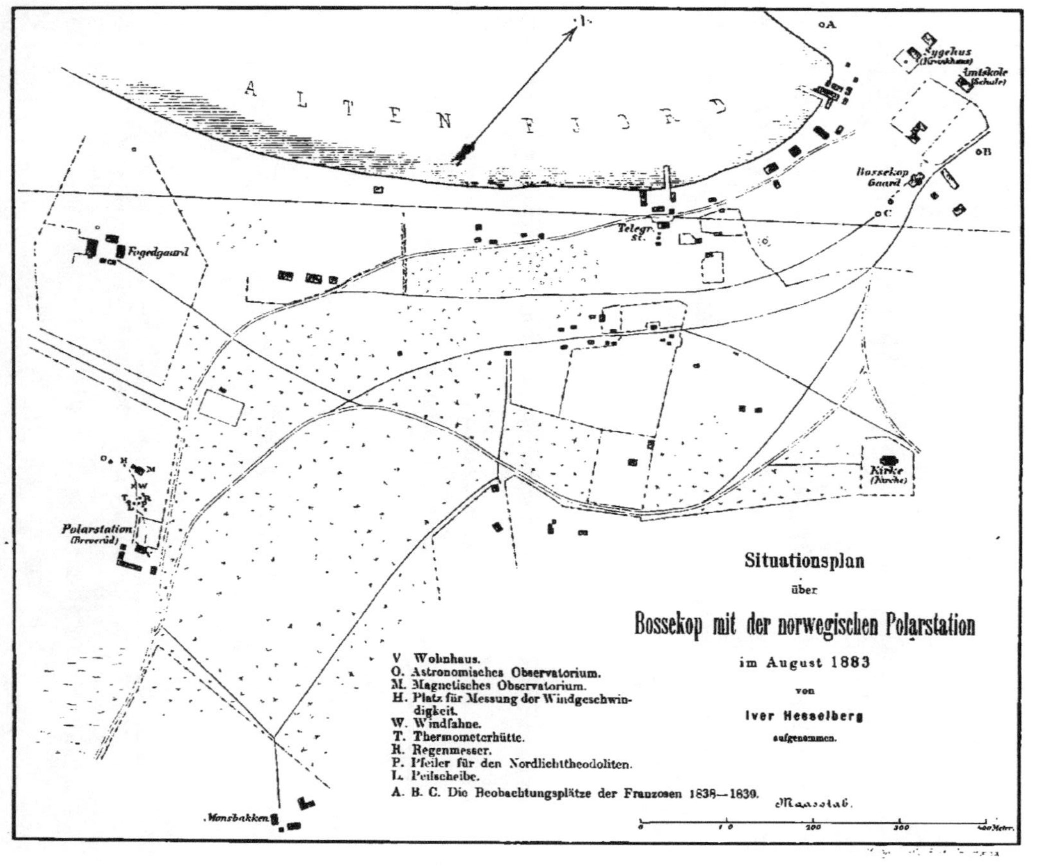

ALTEN FJORD
Sygehus
(Krankhaus)
Amtskole
(Schule)
Bossekop
Gaard
Telegr.
St.
Fogedgaard
Kirke
(Kirche)
Polarstation
(Breverud)
Mensbakken
Situationsplan
über
Bossekop mit der norwegischen Polarstation
im August 1883
von
Iver Hesselberg
aufgenommen.
V Wohnhaus.
O. Astronomisches Observatorium.
M. Magnetisches Observatorium.
H. Platz für Messung der Windgeschwindigkeit.
W. Windfahne.
T. Thermometerhütte.
R. Regenmesser.
P. Pfeiler für den Nordlichttheodoliten.
L. Peilscheibe.
A. B. C. Die Beobachtungsplätze der Franzosen 1838—1839.
Maasstab.
0
200
300
400 Meter.

Taf. II.

BOSSEKOP
1882–1883

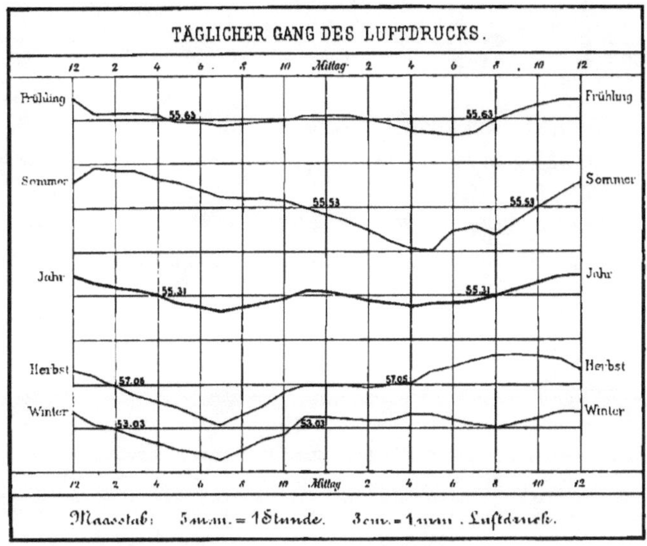

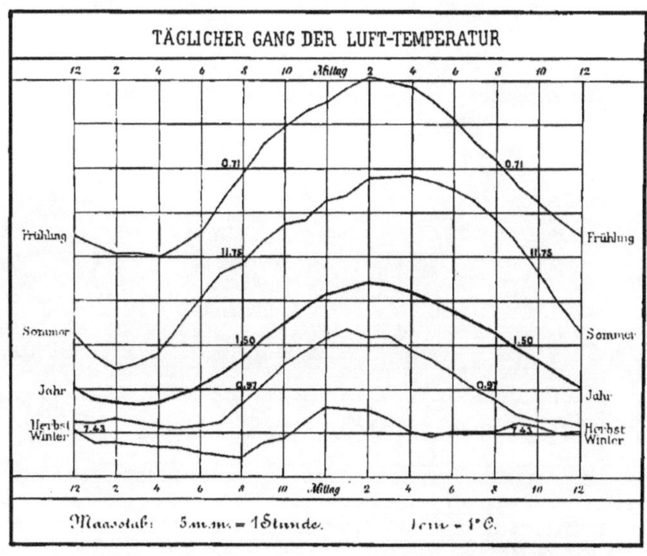

BOSSEKOP
1882-1883.

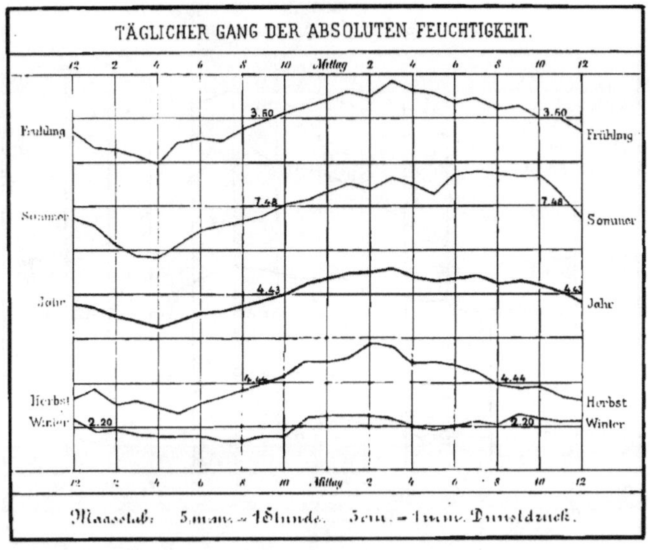

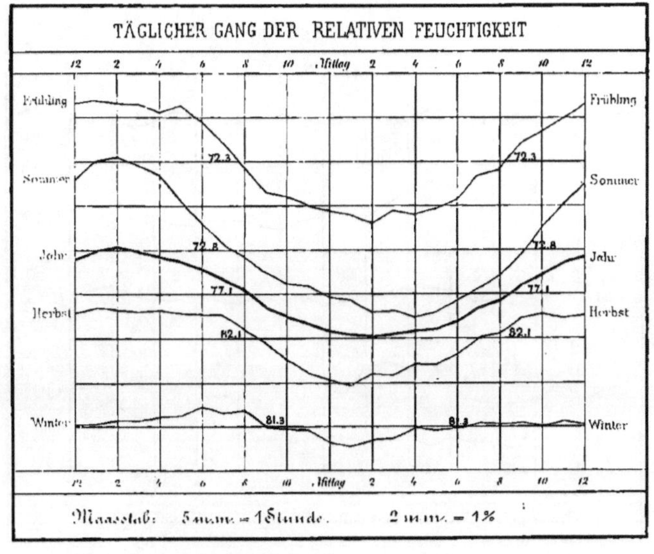

BOSSEKOP
1882–1883.

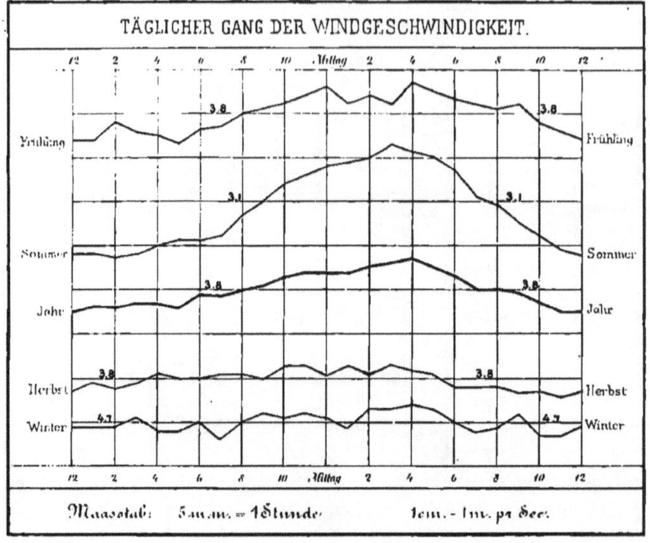

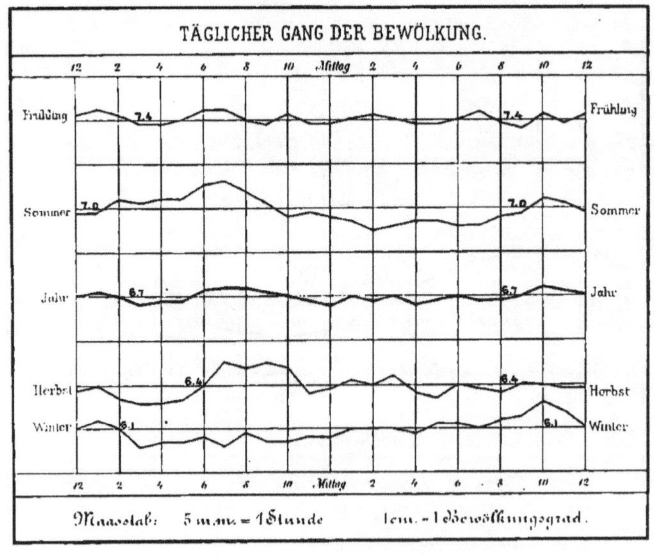

www.ingramcontent.com/pod-product-compliance
Lightning Source LLC
Chambersburg PA
CBHW031457160426
43195CB00010BB/1011